DOCUMENTS INÉDITS SUR LA VIE ÉCONOMIQUE
ET POLITIQUE DE LA RÉVOLUTION FRANÇAISE

LE CLUB DES JACOBINS

DE TULLE

PROCÈS-VERBAUX

DE TOUTES LES SÉANCES

DEPUIS L'ORIGINE JUSQU'A LA DISSOLUTION DE CETTE SOCIÉTÉ

(1790 à 1795)

Publiés par Victor FOROT

Correspondant du Ministère de l'Instruction publique
Président du Comité départemental
pour la recherche et la publication des documents sur la vie économique
de la Révolution Française en Corrèze.

PRIX : 10 FRANCS

TULLE
Imprimerie du *CORRÉZIEN RÉPUBLICAIN*
1, Rue Général Delmas, 1

1912

DOCUMENTS INÉDITS SUR LA VIE ÉCONOMIQUE
ET POLITIQUE DE LA RÉVOLUTION FRANÇAISE

LE CLUB DES JACOBINS
DE TULLE

PROCÈS-VERBAUX
DE TOUTES LES SÉANCES
DEPUIS L'ORIGINE JUSQU'A LA DISSOLUTION DE CETTE SOCIÉTÉ

(1790 à 1795)

PUBLIÉS PAR VICTOR FOROT

*Correspondant du Ministère de l'Instruction publique
Président du Comité départemental
pour la recherche et la publication des documents sur la vie économique
de la Révolution Française en Corrèze.*

PRIX : 10 FRANCS

TULLE
IMPRIMERIE DU *CORRÉZIEN RÉPUBLICAIN*
1, Rue Général Delmas, 1

1912

LE CLUB DES JACOBINS

DE TULLE

Juin 1790 à Mars 1795

Il y a un quart de siècle, lorsque je m'occupais de politique et étais l'adjoint de mon ami Edouard Charain, maire de la ville de Tulle, j'eus souvent l'occasion de consulter les vieux registres de la mairie pour rechercher des dates ou autres renseignements. Un jour, un vieil in-folio me tomba sous la main : c'était le registre des délibérations d'une société politique pendant la Révolution. J'y donnais un coup d'œil, et, intéressé par quelques pages, je me proposais de le feuilleter à loisir.

Plus tard, je pris quelques notes ; enfin, un autre jour je voulus parcourir en entier ce document.

Bien des années ont passé depuis ; je suis guéri de la maladie politique que j'avais alors et, dans le calme de ma retraite, sous l'ombrage de mes vieux châtaigniers de Bourrelou, je viens de retrouver mes notes d'autrefois.

Je crois qu'elles peuvent être publiées, c'est pourquoi je veux relire ce livre de la *Société des Amis de la Constitution,* dont plusieurs des miens ont fait partie

J'en ferai le résumé, supprimant les longueurs inévitables dans tous les procès-verbaux des séances, mais citant tout ce qui peut intéresser le lecteur. J'y ajouterai quelques notes qui, souvent, seront utiles pour l'explication des faits énoncés.

Je tiens à dire ici que j'avais pris la résolution de publier le résumé de ce registre de délibérations avant que les Chambres se soient occupées du projet de loi qui a abouti à la nomination, par le gouvernement, d'une commission chargée de recueillir les documents d'archives sur la vie économique de la Révolution française.

Désigné par M. le Ministre de l'Instruction publique et des Beaux-Arts, avec vingt-trois de nos compatriotes ou amis de notre pays, pour faire partie de la commission d'études du département de la Corrèze, ces Messieurs m'ont fait l'honneur de m'élire à la présidence de cette commission. Je les remercie en leur dédiant ce travail.

Victor FOROT.

Le Comité d'études pour le département de la Corrèze, constitué en vue de communiquer et de collaborer avec la Commission chargée de rechercher et de publier les documents économiques de la Révolution française, est composé comme suit :

MM. André, professeur d'histoire au Lycée de Tulle ; Delbos, professeur au Collège de Treignac ; Delmond, directeur d'école à Allassac ; Espéret, professeur d'histoire au Collège de Brive ; Émile Fage, président de la Société des Lettres, Sciences et Arts de la Corrèze, à Tulle ; — Victor Forot, président de la Société d'Ethnographie et d'Arts populaires, à Tulle ; — Gouyon, notaire, conseiller général, à Juillac ; — Joubert, professeur au Collège de Brive ; — de Jouvenel, chef du cabinet de M. le garde des sceaux, ministre de la justice ; — Lamouzelle, conseiller de préfecture, à Tulle ; — Masdranges, instituteur à Brive ; — Mielvacque, secrétaire de la « Renaissance latine », à Paris ; — Monjauze, publiciste à Brive ; — Pouloux, docteur en médecine, conseiller général de la Corrèze ; — Rabès, juge au tribunal civil de Tulle ; — Ernest Rupin, président de la Société Scientifique, Historique et Archéologique de la Corrèze, à Brive ; — Tirat, professeur d'histoire au Lycée de Tulle ; — Var, notaire à Ussel ; — Verlhac, publiciste à Brive ; — Vidalin, docteur en médecine, maire de Naves ; — Vuillier, artiste peintre, à Gimel. — Membres de droit : M. l'Inspecteur d'Académie et M. l'Archiviste départemental.

A l'unanimité, le bureau fut composé comme suit :
MM. Forot, président ;
Gouyon, premier vice-président ;
Var, deuxième vice-président ;
André, Lamouzelle et Tirat, secrétaires.

Ce Comité départemental, nommé en mars 1905, a perdu quelques-uns de ses membres : MM. André et Lamouzelle ont changé de résidence, et MM. Fage, Espéret et Rupin sont décédés.

Récemment, M. le docteur R. Laffon, maire de Saint-Cernin-de-Larche, était nommé membre du Comité et M. Mathieu, archiviste départemental, était élu secrétaire.

———

La Société des Amis de la Constitution a eu une trop grande autorité à Tulle pendant la période révolutionnaire pour qu'il ne lui soit pas consacré quelques pages pour la faire bien connaître.

Les archives municipales de Tulle possèdent deux registres des séances tenues par cette Société, nous allons en faire une analyse qui permettra plus tard de faire l'historique complet de cette Société.

Le premier registre que nous avons sous les yeux est un in-folio (0.42 x 0.26) relié en parchemin vierge, avec deux attaches en cuir, comme cela se pratiquait à l'époque. L'intérieur de la couverture (*verso*) porte une vignette d'encadrement, assez grossièrement imprimée, à l'intérieur de laquelle se trouve écrite, à la main, l'adresse suivante :

Simon père, reilleur,
rue de la Barrière,
près Sainte-Claire,
à Tulle

Sur ce même *verso* de couverture, et en travers, est inscrite cette mention :

Comité des recherches, le ff. Lanot cadet, Cloitre, Gany, Teyssier, marchand.

En tête, un *artiste* de l'époque a dessiné un croquis représentant une potence avec une échelle et un mannequin suspendu par la taille.

Sur la première page on lit le titre suivant en écriture bâtarde :

Registre
Des Amis de la Constitution,
Pour l'an second de
La liberté française

Tout autour de ce titre, des parafes, des signatures, des mots détachés, tels :

Pour 1789 — Louis-Seigneur-'Ayen — La Société des -- Point de Seigne — Villeneuve — Ludière — Villeneuve 1791 — Je suis à vous — Pour nous — L'ulléro fils — Grenadier — Borie.

Enfin, d'une bonne écriture :

Laval jeune bon
patriote pour la vie
Prêt à mourir pour la patrie.

Au bas de la page, en signature :

Laval cadet.

Le verso de cette première page a été fortement collé au recto de la seconde ou troisième, portant inscrit le règlement de la Société qu'il est encore possible de lire en partie par transparence.

Enfin, la page suivante, à laquelle nous donnerons le numéro 5 pour la pagination, porte quelques lignes de la fin du règlement que nous reproduisons ci-après (1) :

RÈGLEMENT DE LA SOCIÉTÉ RÉPUBLICAINE DE LA COMMUNE DE TULLE

Article premier. GRADE. Il y aura un président, deux secrétaires et un trésorier ;

Article second. La présidence et le secrétariat dureront un mois et seront renouvellés au scrutin à la majorité absolue des suffrages ; le trésorier ne sera renouvellé que tous les trois mois et rendra compte à toute réquisition.

FONCTIONS DU PRÉSIDENT. Les fonctions du président seront de maintenir l'ordre dans l'assemblée, d'y faire

---

(1) Ce règlement qu'il n'était pas possible de reconstituer, les deux dernières pages ayant été déchirées, et l'autre collée à la première du registre, a été fort heureusement écrit en superbe batarde de l'époque à la fin du registre, ce qui nous permet de le donner ici.

observer les règlements, d'y accorder la parole, d'énoncer les questions sur lesquelles l'assemblée aura à délibérer, d'annoncer le résultat des suffrages, de prononcer les décisions de la Société et d'y porter la parole en son nom ; les lettres et paquets destinés à la Société seront ouverts dans l'assemblée par le président. Le président annoncera le jour et l'heure des séances extraordinaires, il fera l'ouverture et la clôture de toutes les assemblées et, dans tous les cas, il sera soumis à la volonté de l'assemblée. En l'absence du président, l'ex-président, ou le plus ancien des secrétaires, le remplacera dans ses fonctions.

Le président annoncera, à la fin de chaque séance, les objets dont on devra s'occuper dans la séance suivante.

EMPLOI DES SECRETAIRES. Les fonctions du secrétaire consistent en la rédaction du procès-verbal de chaque séance ; ils tiendront une liste des membres de la Société, une autre des associés, dont plusieurs copies seront affichées dans la salle des séances, et une autre restera sur le bureau ; ils tiendront un tableau des personnes présentes, dans la forme qui sera indiquée ; ils seront chargés de tous les papiers de la Société et des soins relatifs à l'impression des ouvrages qu'elle aura résolu de faire imprimer.

FONCTIONS DU TRESORIER. Le trésorier recevra la contribution de chaque membre pour les dépenses de la Société ; il payera ces mêmes dépenses à raison des fonds qu'il aura reçu ; il sera chargé en outre de tous les soins économiques.

ORDRE DE LA SALLE. Il y aura quatre commissaires pour la police de la salle ; ces commissaires seront renouvelés tous les mois à la pluralité relative.

Les jours de séance demeurent fixés tous les jours

de courrier, à sept heures du soir, sauf les jours de fêtes et dimanches qu'elles commenceront à quatre heures précises.

La séance commencera par la lecture du procès-verbal de la précédente assemblée.

La séance ouverte, chacun restera assis.

Le silence sera constamment observé.

La sonnette sera le signal du silence, et celui qui continuerait de parler, malgré le signal, sera repris par le président au nom de la Société.

Tout membre peut réclamer le silence et l'ordre, mais il s'adressera au président.

Nul n'approchera du bureau pour parler au président ou au secrétaire.

ORDRE POUR LA PAROLE. Aucun membre ne pourra parler sans avoir demandé la parole au président et l'avoir obtenue.

Si plusieurs membres demandent la parole, le président l'accordera à celui qui l'aura demandée le premier.

S'il s'élève quelques réclamations sur sa décision, la Société se prononcera.

Nul ne doit être interrompu quand il parle.

Si un membre s'écarte de la question, le président l'y rappellera.

S'il manque de respect à la Société, ou s'il se livre à des personnalités, le président le rappellera à l'ordre ; si le président néglige son devoir, tout membre aura le droit, dans tous les cas, de le rappeler à l'exécution du règlement.

DES MOTIONS. Tout membre aura la faculté de faire une motion, et après qu'elle aura été amplement discutée, le président sera tenu de consulter l'assemblée, et elle ne pourra être mise aux voix qu'après que la rédaction en aura été adoptée par la Société.

Toute motion sera écrite, pour être déposée sur le bureau, après qu'elle aura été admise à la discussion.

Toute motion présentée doit être appuyée par deux membres de la Société, sans quoi elle ne pourra être discutée.

Avant qu'on puisse discuter une motion, l'assemblée décidera auparavant s'il y a lieu ou non de délibérer.

Pendant qu'une question sera débattue, on ne recevra point d'autre motion, si ce n'est pour amendement.

La discussion étant épuisée, l'auteur réduira sa motion sous la forme de question pour être délibérée par oui ou non.

Toute question sera décidée à la majorité des suffrages ; la Société ne pourra rapporter aucun arrêté qu'après avoir été discuté pendant trois séances consécutives, à moins que la Société déclare qu'il y a urgence.

Aucun membre ne pourra parler plus de trois fois sur la même discussion.

Le mode de la discussion se fera par ordre d'inscription.

MODE DE RECEPTION. On ne fera pas usage du scrutin pour l'admission des personnes présentées à la Société ; elles devront être proposées par un membre et appuyées par cinq. Leur nom restera inscrit pendant trois séances sur un tableau destiné à cet usage, avec le nom du membre qui les présente, et de ceux qui les appuyent ; pendant le même temps chacun pourra faire des objections contre eux, ensuite leur admission sera jugée à la pluralité des voix.

Aucun candidat ne pourra être ballotté qu'après avoir subi six mois d'épreuve ; sont exceptés de la disposition du présent article les gens qui n'ont pas atteint l'âge de 21 ans et tous les cultivateurs indistinctement ; ils pourront être ballottés après l'exposition de leur nom dans la salle pendant trois séances consécutives.

La discussion ne pourra s'ouvrir sur la réception des fonctionnaires publics qui ne sont pas membres d'une autre société.

Les personnes sur l'admission desquelles il aura été prononcé un ajournement ne pourront être proposées de nouveau avant l'intervalle d'un mois, à moins que l'ajournement ne soit prononcé à jour fixe.

Motifs d'exclusion. Lorsqu'un membre de la Société sera convaincu d'avoir manifesté des principes contraires à la Constitution, il sera, d'après la gravité des circonstances, réprimandé par le président, ou exclus de la Société, d'après un jugement de la majorité des voix.

La même exclusion sera prononcée pour ceux qui, sans motifs légitimes, se seraient absentés de la Société pendant un mois.

Rien ne sera livré à l'impression que du consentement de la Société, et ce sera toujours en son nom que la rédaction paraîtra, soit pour détruire les prétentions particulières, soit parce qu'un chacun y aura coopéré par ses remarques, sa critique ou ses additions.

———

Revenons à la page 5 et voyons la note qui suit le règlement ; elle est ainsi conçue :

Veu et approuvé par nous, Membres de la Société, sans préjudice des augmentations à faire s'il y a lieu.

Suivent sept grandes pages de signatures que nous allons essayer de déchiffrer.

Seigne, prêtre, président ; — Reignac, avocat ; — Bardon, avocat ; — Reignac-Desfarges, secrétaire (le nom de Desfarges a, plus tard, été recouvert de plusieurs traits de plume) ; — Juyé de Labesse (le qualificatif *de Labesse* a été recouvert aussi de plusieurs traits de plume) ; — Vialle, fils, avocat ; — Bussières ; — Grandchamp, fils, (ce nom est effacé de deux forts traits de plume et à côté une autre main a écrit : *Ce nom a été brûlé*) ; — Delpau, jeune ; — Lanot, aîné ; — Tramond ; — Berthelmy ; — Pineaud ; — Lanot, jeune, — Rigolle, lieutenant ; — Pamm (?) ; — Béral, jeune ; — Béral, aîné ; — Floucaud ; — Béral, cadet ; — Beaudoin ; — Dulignon ; — Boric ; — Lacombe ; — Rivière, colonel de la garde nationale de Chamboulive, électeur ; — Dubois ; — Labounoux, maire, juge, électeur de Saint-Angel ; — Pourchet, aîné ; — Pourchet, chpn ; — Cendriat, ayné ; — Dalmet, de Saint-Bazile, district de Brive, officier municipal ; — Peuch ; — Reignac fils ; — Beynes ; — Bardon, expert géomètre ... ; — Roume ; — Pertuis, électeur ; — Vachot ; — Ventejoul ; — Dufraysse, ad. ; — Briant, maire de Saint-Merd ; — Dupeyrou, capitaine de la garde nationale ; — Lallé, électeur ; — Bosredon, électeur de Clergoux, résidant à Marcillac ; — Marrel, maire d'Eyren ; — (Illisible), procureur de la commune de Clergoux et électeur ; — Migniac, électeur du village du Noyer, paroisse de Saint-Pardoux-la-Croisille ; — Clercyc, aîné ; — Montrieux ; — Teyssier ; — Treuil ; — Bellegardes ; — Pauphille, aîné ; — Juyé, 3e du nom ; — Barry ; — Duché ; — Mas, affilié ; — Pauphille, cadet ; — Teyssier ; — J.-B. Brunon ; — Lanot, cadet ; — Eyrolles, aîné ; — Pineaud, cadet ; — Valette ; — Vieillemarette ; — Ventejoul fils ; — Massounie ; — J. Chèse, commandant de la garde nationale de Chameyrac ; — Chaverliange fils ; — Vincent Cloistre ; — Maschat ; — Lagarde ; — Fage ; —

Dulac ; — Chassaignac ; — Maigne ; — Marchant ; — Poulverel ; — Germignac, président du D. L. C. ; — Yvernat aîné, administrateur ; — Rivière, administrateur ; — Rousselle, le plus jeune ; — J.-A. Pénières Delzors ; — Crauffon, administrateur ; — Larouverade, administrateur ; — R. Pénières ; — Dubois ; — J.-B. Duval ; — Borie ; — Tailliandier ; — Chateil ; — Vidalin, fils ; — Tersal ; — Dumond ; — Lagier ; — Villeneuve ; — Laval ; — Teyssier ; — Malaurie ; — Mouret, fils ; — Reix ; — Bleygeat ; — Boulle ; — Forot, dit Saugon ; — Marbot ; — Chastaing ; — Monteil ; — Pastrie fils, marchand ; — Louis Piron ; — Besserat ; — Roux ; — Jean Maisonnade ; — Guillaume Delfau ; — Mauranges ; — Estorges, homme de loix (ce nom a été recouvert par de gros traits de plume) ; — Parrotte ; — Vachot ; — Colein Pierre Colein ; — Mons ; — Pierre-Félix Frappier ; — Massoulier ; — Contrastin ; — Antoine Maugen ; — Coustillac ; — Jean Monmaur ; — J.-B. Bedel, professeur de physique ; — Faugeyron Desvergnes ; — Roussane ; — Marsillion ; — Jacques Villebase ; — Pierre Maturier ; — Pierre-Jean Treich ; — Jean Baptiste Barbes ; — Mas ; — Antoine Donève, de Breuil ; — Tereygeol ; — Béril, porte drapeau de Chameyrac ; — Antoine Duval, professeur ; — Antoine Roussarie ; — Mons, électeur ; — Bertrand Debessas ; — Pralin Pinot ; — Chambon-Aubin Bigory, juge de paix ; — Cibot ; — Jacques Géraudie ; Lavialle ; — Jean Chanton ; — Bassignac ; — Jacques Reynaud, de Lissac, vicaire de Paissac ; — Darcambal ; — frère Sainctipoly ; — Jean Noyer ; — Joseph Roussarie ; — Joseph Bach ; — Brunie, jeune ; — Espinat, prêtre ; — Barry, cadet ; — François-Marie Villeneuve ; — Grillère ; — Charain ; — Dufaure ; — Mazurié ; — Cancolse ; — Duché, cadet ; — Jean-Baptiste Plézanet ; — Labrige, fils ; — J. Salles ; — Victor Lanneau, préfet du Collège ; — Dodet ; — Rabès ; — Barry ; — Maigne ; — Lacombe, ayné ; — Tramond, fils ; — Terriou ; — Pierre Clafan, fils ; — Martial Dancé ; — Jarrige, maire de Lafage ; — Besse ; — Tabaste, officier municipal de Marcilliac ; — Bassaler, du village de Bassaler, paroisse de Naves ; — Fouillade ; — Gaillardon ; — Trainsoutrot, de Gimel ; — Calveil, prêtre-curé d'Albussac ; — Traverse ; — Roubertou, de Gimel ; — Pastrie, maselier du quartier d'Alverge ; — Jean Bayne, de Maymac ; — Léonard Péroussie, de Bar ; — Pierre Trensoutrot, de Gimel ; — Gaubert, membre de la Société de Sarlat ; — L'abbé Lacoussière ; — Miziniac, juge de paix du canton de Clergoux ; — Brival père, homme del oi, d'Ussel : — Jean Maisonneuve ; Pierre Broch, garçon chapelier, de Saint-Martial-de-Gimel, restant à Tulle ; — † Jean-Joseph Brival, évêque ; — Pandrigne, de Sainte-Fortunade ; — Joseph Teyssier ; — Dorfeuille, cadet ; — Mons, fils ; — Pastrie, mazelier ; — Rochemont ; — Tronchet ; — Lacambre, curé de Corrèze ; — Rebufy ; — Vachot, de Chameyrac ; — Chastaing ; — Ambié ; — Saugon ; — Baroy ; — Léonard Giot ; — Ramond ; — † Jean Danglars, évêque du département du Lot ; — Peyrat, vicaire de l'église épiscopale du département du Lot ; — Duphenieux, membre du Directoire du département du Lot ; — Pourchet, de Naves ; — Peschadour, de Cornil ; — Dufaure ; — Baluze ; — Dubois, cadet ; — Dambuit ; — Boudric ; — Julien Massoulier ; — Baluze ; — Rabès, fils, — Vialle, diacre ; — Ludière, él. tu. ; — Vergne, clerc tonsuré ; — Antoine Nallié, officier municipal du Chastan ; — Claude Granjou ; — Chabrerie ; — Lallé, segond ; — Lallé, fils ; — Chassaniade, commandant de la garde nationale ; — Tavé, procureur de la commune du Petit-Chastang ; — Mathurier ; — Bertin ; — Bourget ; — Vallée ; — Boric, fils ayné ; — Drigou, Elie ; — Levau, fils; — Dubousquet; — Borie, aîné de l'hôpital de Tulle; — Galinou; — Louis Clercye; — Malet; — Bouillard; — Salles, plus jeune; — Jean Broc; — Laurent Meneyrol; — Broc; — Bernard Grillière; — Devès, chirurgien, juré; — Jean Maison; — Saugon, étudiant; — Maurice; — Lachaud; — Chambre; — Radigon, prêtre; — Rabanide, prêtre; — Roumanète; — Bardou Debrun; — Decoux; — Donnet, curé de Perpezac-le-Noir; — J. Foucaud, cadet; — Dulac, homme de loy et avoué; — Lacombe, jeune; — Vialle; — Ventejol; — Ludière, aîné; — Maschat, jeune; — Neuville; — Laborderie; — Prouzergues, préfet; — Tébeygeol; — Rigoux; — Mas; — Amat, aîné; — Besquet; — Paul Gile; — Jean Sauveur; — Jean Lauren, — Baptiste Lauren; — Jean Antoine; — Ant. Combes; — Laurot; — Monéger; — Pierre Moulladour; — Jean Chastan; — Léonard Deschamp; — Chauvet; — Barthélemy Colin; — Jean Saugon; — Jean Champeval; — Bauveau; — Pierre Petit; — Pierre, du village de Sole liabou; — Pierre Leygonie; — Dodet, armurier; — Pierre Vergne; — Leygonie fils (ce nom a été en partie effacé par usure du papier); — Bastid; — Mons, invalide; — Pascal Roux; — Beyac; — Farges; — Salesse; — Fauchet; — Nauche; — Miginiac; — Ludière; — François Bassot; — Jean Meynard; — Gabriel Bechamon; — Jean Desgranges; — Lachaud; — Brugeille; — Mas; — Saugon; — Antoine Syndriac; — Saint-Amour; — Neyrat; — Saelle; — Maurelou; — Vergne, fils, cadet; — Aimar Meneit; — Pastrie; — Moussours; — Surgel, fils; — Besse; — Mas; — Boiver; — Leyrat; — Vauzange, jeune; — Lagarde; — Saulles, père; — Laporte; — Lacombe, près des Récollets; — Emeri; — Hen. Pirou, fondeur; — Vergne; — Hélie Boulle; — Chastaing; — Jean Massouline; — Lavarcille; — Martial Dumas; —

Rominhac ; — Vauzanges, fils aîné ; — Valadier ; — Maret ; — Madranges ; — Valade ; — Nicolas Falière ; — Colain ; — Décembre ; — Rangie ; — Lagier, éné ; — Taillant, clerc ; — Taillant, prêtre ; — Tabanou, fils ; — Antoine Farges ; — Lagarde, jeune ; — Vergne, aîné ; — Denis Guerrier ; — Talin, clerc tonsuré ; — Compas ; — Lagarde ; — Clément, étudiant ; — Estorges Jean, homme de loi ; — Borie ; — Jean Leygonie ; — Etienne Constant, voiturier ; — Boredon ; — Dubois, de Gimel ; — Boudrye ; — Borie ; — Borie, fils ; — Terrade ; — Vergne ; — Lafarge, méd. ; — Bleynie ; — D. E. Mathieu, de Saint-Merd ; — Bésil ; — Mastet ; — Prabonne Donnève ; — Léonard Boudrie ; — Dumond ; — Léonard Rioux ; — Léonard Coursac, du vil. de La Chèze, près de Chanac ; — Boyer, chirurgien et cergen des chaceurs ; — Gouttes, cadet ; — Guirande ; — Vincent, ingénieur ; — Baucaud ; — Mariau ; — Maisonneuve ; — Lacour ; — Rioux ; — Couzau ; — Bassaler, officier municipal ; — Daubet, cadet ; — Groussat ; — Salesse-Lavergne ; — Vachot ; — Tisaine ; — Mouzac ; — Coustilleux ; — Biarrie, directeur ; — Laval, acolyte ; — Maury ; — Vergne, vic. sup. du séminaire ; — Bachèlerie, clerc tonsuré, agrégé ; — Farges ; — Boudry ; — Duval, major ; — Breix ; — Desager ; — Charles Pradinas, de Chanteix, cultivateur ; — Roux, fils ; — Saty, vic. ép. ; — J.-C. Jumel ; — Faugères, vic. épis. de la Corrèze ; — Guy, fils aîné ; — Chomette, fils ; — Beneytou ; — François Godheux, vicaire épiscopal ; — François Verdier, volontaire ; — Faure ; — Lunéville ; — Vergne ; — Four ; — Verdier ; — Chastang ; — Deslang ; — Chaumeil ; — Libouroux eînes ; — Jean Bossoutrot ; — Jean Salesse et Jean Fage, cultivateurs de la commune de Chanteix ; — Dumas aîné ; — Villeneuve ; — Sauty aîné ; — Regis jeune ; — Roume ; — Vauzanges ; — Brudieu ; —

Jean Prach ; — A. Juge ; — Collignon ; — Jean Salanou ; — Mons fils ; — Mougenc ; — Durand, capitaine, 3e du nom ; — Floucaud ; — Maturier fils ; — Prévost.

Les noms qui suivent ont été rayés de la liste par des traits ; de plus, il y en a aussi quelques autres qu'il nous a été impossible de lire sous les ratures :

A.-L. Sartelon, fils ; —Vidal ; — Leyx ; — Sartelon ; — Labernardie ; — Ramond, cadet ; — Merpillat ; — Duchenon ; — Tabanon.

C'est un total de plus de cinq cents signatures, mais le nombre des membres de la Société fut bien plus grand ; nous le savons par les noms des affiliés qui sont énumérés au cours des séances. Après avoir fait l'analyse des procès-verbaux de ces séances, nous publierons une liste des *Noms des citoyens composant la Société populaire de Tulle, dressée en conformité de la loi du 25 vendémiaire de l'an III*e (17 octobre 1794). Nous y ajouterons par ordre alphabétique tous les noms des citoyens ayant fait partie de la Société dans le courant des années 1790 à 1795. Cela facilitera les recherches.

La première séance de la Société fut tenue à Tulle dans la salle de la bibliothèque du couvent des Récollets, aujourd'hui caserne d'infanterie du même nom.

Voici la copie textuelle du premier procès-verbal qui figure au registre :

Présidence de M. l'abbé Seigne

Aujourd'hui 5 juin 1790, l'assemblée des Amis de la Constitution, extraordinairement assemblée, a délibéré : 1° Qu'il se tiendrait deux assemblées par semaine, savoir : le lundy, à une heure après midy, et le mercredi, à trois heures de relevée.

2° Il a été délibéré que chaque membre de la susdite Société porteroit à la séance de mercredy prochain son avis par écrit au sujet de l'avis qu'elle a délibéré de donner aux électeurs pour le choix des officiers du département.

3° Il a été pareillement arrêtté qu'on enverrait incessamment aux folliculaires connus, le procès-verbail de délibération et l'adresse à l'Assemblée nationale y jointe en adhésion, à tous les décrets et notament à celluy du 13 avril dernier, avec improbation de la protestation des 304 du 19 août et ont signé : *Seigne*, prêtre, président, *Lanot* jeune, *Vialle*, *Bussière*, *Jugé de Labesse*, *Lanot* aîné, *Desclavières*, *Beaudoin*, *Reignac*, avocat . ·., *Borie*, *Desprès*, *Pineaud*, *Tramond*, secrétaire.

Séance du 14 juin 1790

Le 14 juin 1790, sont nommés pour rédiger l'avis à donner par la Société aux électeurs pour le département, MM. Bardon, Vialle, avocat (1), et Bussière, notaire.

Dans le courant du mois, la Société a reçu de M. Brival la carte du département de la Corrèze, le journal des débats, les décrets de l'Assemblée nationale, 20 exemplaires de son précis à l'adresse de MM. du présidial de Tulle (2).

La Société a correspondu avec les clubs de Brive,

---

(1) Ce Vialle avocat n'était autre que Joseph-Anne-Vialle, le continuateur du *Dictionnaire du Patois du Bas-Limousin* (Corrèze) commencé par l'abbé Béronie.

(2) M. Brival fut procureur du roi au Présidial de Tulle. Procureur de la commune de Tulle, député conventionnel, il vota la mort de Louis XVI sans sursis. Le précis à l'adresse de MM. du présidial de Tulle, dont il est ici question, était écrit au sujet des troubles de

Bordeaux, des Jacobins de Paris, de Nantes, de Marseille.

Dans le courant du mois de juin, la Société avait adressé une pétition à l'Assemblée nationale pour faire accélérer les opérations des commissaires chargés de former le département de la Corrèze.

« M .Ludière, député, avait paru s'opposer à l'effet de notre pétition, la Société lui a écrit pour lui en faire des reproches ; ce Monsieur a répondu et paroit se disculper. »

Comme suite à la pétition de la Société, les commissaires du département ont reçu un décret leur ordonnant de procéder sans délai à l'élection des membres du département.

Séance du 5 juillet 1790

Plusieurs députés des gardes nationales du département, assistant à la séance, présentent une adresse à la Société, la remerciant de ses démarches auprès de l'Assemblée nationale. Il est décidé que cette adresse serait imprimée.

MM. Reijal, Roche et Veyssier, membre du club de Turenne, demandent que leur club soit admis à correspondre avec la Société.

MM. Labounoux, maire de la ville de Saint-Angel et électeur, Borie, maire de Saint-Bazile et électeur, Château, major de la garde nationale de la ville de Bort et électeur, sont autorisés à assister aux séances de la Société pendant le séjour qu'ils feront à Tulle ; M. Gauny, membre du club de Limoges, assiste à la séance.

Séance du 8 juillet 1790, l'an second de la liberté

« L'adresse aux électeurs du département de la Cor-

Favars. Voir *L'Année de la Peur à Tulle*, par Victor Forot, Paris, librairie Cheronnet

rèze, faite par la Société, a été remise au sieur Chirac pour être imprimée sur-le-champ, avec la pétition faite au Comité de Constitution contre les commissaires du roi, avec le décret qui s'en est ensuivi, pour le tout être imprimé en tête de la ditte adresse. »

Séance du 9 juillet 1790

« La motion relative à M. le curé de Seilhac est ajournée à dimanche prochain ». Sont reçus membres de la Société les sieurs Pourchet, aîné, et plus jeune, capitaine et sous-lieutenant des chasseurs, Duffaure et Roume.

Séance du 11 juillet 1790

Plusieurs électeurs du département assistent à la séance.

La Société demande son affiliation à la Société de Montpellier.

Il est donné lecture d'une supplique du club de Brive, adressée au club des jacobins de Paris « pour le prier de s'intéresser auprès de la nation et des gardes nationales qui seront à Paris le jour de la Fédération, affin d'obtenir une amnistie pour les malheureux dans les prisons pour cause d'insurrection. »

L'Assemblée décide d'adresser une même supplique au même club des jacobins de Paris (1).

Ce même jour, 11 juillet 1790, une députation fut envoyée auprès de MM. les électeurs du département de la Corrèze, réunis dans l'église des Feuillants, « pour leur témoigner de la manière la plus expressive le

---

(1. Il était ici question pour les clubs de Brive et de Tulle d'obtenir la mise en liberté du tambour-major de la garde nationale de Brive, le sieur Dureux et aussi des malheureux cultivateurs de Saint-Hilaire, Chameyrac, Favars, Saint-Germain et autres détenus dans les prisons de Tulle pour faits d'insurrection.

zèle et le dévouement sans borne, de tous les membres de la Société.

« Le président, après avoir fait prêter le serment d'usage à deux nouveaux membres, a fermé la séance aux manières usitées » (1).

Séance du 15 juillet 1790

Il est décidé que la lettre reçue de Paris intitulée « Société des Amis de la Constitution » et celle écrite à la Société « par grand nombre de gardes nationales assemblées en notre ville » seraient livrées à l'impression (2).

Sont admis comme membres de la Société: *Béral* aîné et *Lacombe*, féodiste. MM. Vialle et Bardon sont désignés pour répondre à une lettre de M. de Chignac (3), commissaire du roi.

A l'avenir, et par dérogation au règlement, les candidats désirant se faire admettre dans la Société devront s'adresser directement au président ou au secrétaire.

Séance du 18 juillet 1790

La présidence de la Société est de nouveau donnée à M. l'abbé Seigne et MM. Bussières et Juges sont élus secrétaires.

---

(1) Cette formule que nous donnons pour une fois seulement, bien qu'elle soit répétée souvent sur le registre, indique qu'il existait une manière spéciale de terminer les séances. — C'était probablement une sorte de rite franc-maçonnique. Nous verrons d'ailleurs plus loin que les trois points étaient aussi employés.

(2) Il s'agissait, croyons-nous de la protestation des gardes nationales réunies contre l'acte commis par le commandant du détachement de Royal-Navarre-Cavalerie, en garnison à Tulle. M. de Masset qui avait refusé de s'associer à la manifestation populaire de la Fédération. — Voir *Le Royal-Navarre-Cavalerie et son chef en Corrèze* par Victor Forot, librairie Paul Cheronnet, 19, rue des Grands-Augustins, Paris.

(3) M. de Chiniac était lieutenant de la Sénéchaussée d'Uzerche et maire de cette ville, comme aussi commissaire pour la rédaction du cahier des doléances du Tiers Etat. Voir *L'an 1789 en Bas-Limousin* par Victor Forot. Paris, librairie de l'art Français.

Les nouveaux membres prêtent le serment d'usage.
M. Brival, procureur de la commune, fait don de la suite du *Journal des Débats*.

Il est donné lecture de la lettre que la Société répond à M. de Chignac, et il est décidé qu'elle serait immédiatement envoyée à l'impression.

Plusieurs membres du corps électoral assistent à la séance.

Séance du 19 juillet 1790

M. Borie est élu trésorier.

Sont élus membres de la Société: Elie Boisse, notaire royal et procureur de la commune de Génis; François Ligeoix, notaire royal; Jean Deprès, bourgeois, officier municipal; Aubin Chassagne, lieutenant de la justice; Jean Meunier, officier municipal, tous de la commune de Peyzac, et Louis Combescot, commandant la garde nationale de Saint-Mexant. Ces demandes ont été unanimement accueillies sous la promesse que nous ont fait ces Messieurs de nous dénoncer tous ceux qui pourroient par leurs actions ou leurs paroles propager des principes contraires à la Constitution, en conséquence ils ont prêté le serment d'être fidelles à la nation, à la loi et au roi.

Séance du 26 juillet 1790

Le président dit qu'il lui avait été remis par M. Vachot icy présent un bref du Comité du régiment de Nouaille-dragons en date du 20 juin dernier, portant que ledit sieur Vachot étoit président de cette honorable Société. On a témoigné les plus vifs applaudissements à l'heureux choix de ce Comité; ledit sieur Vachot a répondu avec l'énergie qui lui est propre à cet acte d'union et a prié M. le président de proposer son affiliation. Cette demande mise en délibération a été vivement accueillie par tous les membres qui ont demandé que ce bref fut remis en nos archives, comme une marque sensible de notre attachement pour cet honorable membre. En conséquence il a prêté le serment d'être fidelle à la nation, à la loy et au Roi et de propager avec énergie des maximes de liberté et de soutenir la Constitution du royaume. (1).

Dans cette même séance du 26 juillet il est décidé qu'on écrira une lettre au club des jacobins de Paris,

---

(1) Le Vachot dont il est question est notre compatriote le général de la République.
Bien que nous sachions que M. A. Rebière a publié dans le *Bulletin des Lettres, Sciences et Arts de la Corrèze* (1ᵉ livraison de 1891) un état des services de ce général, nous sommes heureux d'en publier un second qui diffère sur quelques points du précédent. Le nôtre a le mérite d'être copié sur une note écrite de la main même du général, sur le registre des délibérations de la municipalité de Tulle, à la date du 9 floréal an VII (registre nº 63 série D.)

Teneur du 1ᵉʳ tableau ouvert en exécution de l'art. 25 de l'instruction du ministre de la guerre du 29 germinal dernier, sur la loi du 18 du même mois, relative au complètement de la levée des deux cent mille hommes.

A l'administration municipale de Tulle département de la Corrèze le 7ᵉ floréal an 7ᵉ.

VACHOT MARTIAL, *né le 22ᵉ may 1763 domicilié à Tulle, général de brigade.*

ETAT DE SERVICE

Dragon au régiment de Noaille le 27 janvier 1785, retiré par congé le 20 juin 1790.
Gendarme national au dépôt de la Corrèze le 20 juin 1792.
Adjudant général chef de bataillon le 1ᵉ septembre 1793.
Général de brigade le 25 septembre 1793.
Général de division le... messidor an 2ᵉ.
Nommé par les représentants du peuple, n'a pas eu d'autre brevet.
Général de brigade le 25ᵉ prairial an 3ᵉ.
Mis à la disposition du ministre de la guerre par arrêté du Dᵉ exécutif du 21ᵉ germinal an 4, pour occuper dans mon grade le premier employ vacant, jouissant du traitement de resforme par arrêté du directoire exécutif du 21 nivôse an 5ᵉ

VACHOT *général de Brigade.*

A cette note nous ajouterons qu'après le 21 nivôse an V (10 janvier 1797) le général Vachot fut rappelé, en août 1809, pour être employé à l'armée du Nord et passa dans les gardes nationales le 26 septembre 1809, fut licencié en mars 1810. Rappelé à l'activité le 8 février 1812, il fut nommé commandant du département des Bouches-du-Wesel (32ᵉ division militaire). Passa au corps d'observation de

au sujet de la « dénonciation de la Municipalité au Comité des rapports contre la légion de Tulle. » (1).

Nouveaux membres admis : Dupeyrou, bourgeois du bourg de Saint-Hilaire ; Teyssier, bachelier ; Eyrolle, lieutenant de la compagnie de la Barrière. Plusieurs électeurs du département assistent à la séance.

Séance du 29 juillet 1790

MM. Brioude, maire de Saint-Merd, et Pertuis, électeurs, sont admis comme membres, et prêtent le serment d'usage.

L'assemblée exclut de la Société M. Desprès « qui s'est permis non seulement de ne point assister aux séances depuis longtemps, mais même de tenir des propos indécents contre notre Société. »

Il est en outre décidé qu'on écrirait à toutes les Sociétés de France.

MM. Bosredon, Jean-Baptiste Lallé et Jean-Baptiste Sella, électeurs du canton de Clergoux, sont admis comme membres de la Société.

Séance du 7 août 1790

Le Président signale « un libelle diffamatoire contre la Société » qui a été affiché la veille « en plein midi dans la rue du Trech » ; l'assemblée décide qu'il « serait

---

l'Elbe (2ᵉ division) le 16 février 1813. Il mourut sur le champ de bataille de Goldberg (Silésie) le 23 août 1813.

Le général Vachot (Martial) était né, nous assure-t-on, dans une des premières maisons de la rue des Portes-Chanac, précisément au nº . Par ce temps de *placomanie* ne pourrait-on pas poser à Tulle une tablette rappelant les noms de ces deux enfants de Tulle qui ont tenu un si beau rang dans notre armée, car ils étaient deux Martial et François Vachot : deux généraux âgés de moins de trente ans !

(1) Cette dénonciation avait été faite au sujet d'un jugement, illégalement rendu par la garde nationale de Tulle contre le capitaine de Masset. Ce jugement concluait au renvoi du commandant du détachement du Royal-Navarre.

donné plainte au nom de la Société, au lieutenant criminel, avec dénonciation au procureur du roi, contre les auteurs de la libelle fauteurs et adhérents, affin de les faire punir suivant l'exigence du cas et obtenir la réparation que nous avons droit d'exiger. »

Séance du 11 août 1790

Lecture des correspondances reçues « du club d'Aix en Arlois » et de Béthune qui acceptent l'affiliation proposée. Réception de brochures envoyées par les Jacobins de Paris.

Il est décidé qu'on écrira « à tous les cloubs avec lesquels nous sommes affiliés pour les instruire de notre position relativement à l'opinion publique sur l'objet de notre Société et les vues qu'elle se propose ». Il est en outre convenu « de joindre à cette lettre un détail de l'affaire qui a eu lieu entre la municipalité et la garde nationale de cette ville (1).

Enfin, une réponse imprimée sera faite « à l'infâme et lâche libelle ». Cette réponse sera faite « d'une manière modérée, dépouillée des infâmes ordures et épithètes que l'on trouve dans ce libelle, mais de manière à convaincre les auteurs et colporteurs que nous les accablons de notre mépris, que nous les défions de quitter l'avilissante obscurité où ils se tiennent cachés et de se montrer au grand jour, et que nous déclarons rester à jamais unis, malgré leurs manœuvres, pour les surveiller et les empêcher de faire aucun acte tendant à rien de contraire à la Constitution et au bien public, et qu'enfin forts de notre estime et de celle des braves gens, nous nous regardons comme honorés de la malveillance d'un auteur qui garde l'anonime. »

---

(1) V. Forot — *Le Royal-Navarre et son chef en Corrèze* donne tous les détails de cette affaire. — Brive, imp. Roche 1906, in-8°.

M. Bari est nommé trésorier, il reçoit des mains de son prédécesseur l'état constatant que la Société a en caisse 31 livres 10 sous et qu'il est dû 60 livres. (1).

Séance du 18 août 1790

La lecture du procès-verbal de la précédente séance soulève une discussion animée ; le procès-verbal est cependant adopté « selon sa forme et teneur. »

Un membre propose « de s'occuper de l'histoire et l'origine des troubles en Bas-Limousin, comme d'un moyen propre à ramener l'opinion publique sur notre compte », mais cette motion est rejetée.

La Société demande l'affiliation aux clubs de Limoges et d'Aurillac.

Il est fait un appel aux Sociétaires qui n'ont pas payé leur cotisation (2).

Séance du 19 août 1790

Il est décidé qu'à l'avenir les candidats ne seront admis dans la Société qu'après avoir obtenu les trois quarts des voix des membres présents.

Les sieurs Eyrolle, aubergiste, et Laval cadet ne réunissent pas le nombre de voix nécessaire, mais le sieur Mas, de la Barussie, est admis.

---

(1) A noter que pour la première fois M. Berthelmy signe le procès-verbal de la séance en qualité de secrétaire. Le rôle important que E. A. Berthelmy a joué pendant la Révolution nous impose le devoir de signaler son début dans la vie politique. Nous signalerons aussi qu'il signe très lisiblement *Berthelmy* et non Berthelemy comme l'ont voulu quelques auteurs.

Etienne-Ambroise Berthelmy était sous-ingénieur des Ponts et Chaussées pour le Bas-Limousin, avec résidence à Tulle, lorsque la Révolution éclata. En 1791 il fut nommé capitaine de la compagnie des grenadiers des gardes nationales de la Corrèze. Chef de bataillon à l'armée du Rhin en juin 1792, il devint général de brigade, chef de l'état major de l'armée du Nord en août de la même année. Arrêté comme complice du général Ouchard, il fut mis en liberté après la chute de Robespierre, et nommé général de brigade à l'armée des Pyrénées-Orientales. De retour à Tulle en l'an IV, il fut réintégré

Une motion est faite en faveur de MM. les ecclésiastiques, mais elle n'obtient que l'assentiment de son auteur.

Un membre rapporte que «dans les campagnes, certains de MM. les curés, et notamment celuy de Seilhac, ne faisaient point lecture, au prône, des décrets de l'Assemblée nationale ; que les ci-devant privilégiés, au lieu de se mettre en règle relativement à leurs droits supprimés en jouissaient encore et en abusoient. Que le dit honorable membre avoit vu chasser ignominieusement des bancs d'un seigneur des paysans qui s'y étoient présentés.» Une commission est nommée pour la rédaction d'une plainte.

Séance du 21 août 1790

Il est décidé qu'une lettre serait adressée à la «municipalité pour la rappeler à l'exécution des règlements de police par elle promulgués ; lui faire part de notre étonnement sur son inaction à cet égard ; lui remontrer qu'elle ne doit pas ignorer les criaillements nocturnes d'une populace effrénée et qui ne craint pas les insultes dirigées contre les cloubs en particulier ; lui remontrer qu'elle doit d'autant moins prétexter cause d'ignorance à cet égard, que M. Sudour, l'un d'eux, en a été le très proche témoin dans une circonstance.

---

dans les Ponts et Chaussées. La même année il fut nommé commissaire du Directoire exécutif près l'administration centrale de la Corrèze, puis agent général des contributions de ce département. Il siégea au Conseil des Cinq Cents comme représentant de la circonscription de Tulle. Il fut, après 1830, maire de la commune de Chameyrac. Il mourut au cours d'un voyage à Paris, en juin 1841, à l'âge de 79 ans.

M. G. Clément-Simon a publié une biographie de Berthelmy dans le *Bulletin de la Société des Lettres Sciences et Arts de la Corrèze* en 1879.

(2) Bien que le procès-verbal n'en fasse pas mention, M. Bardon avocat, a été élu président dans la séance du 11 août, puisqu'il signe les procès-verbaux en cette qualité.

Et lui observer enfin que lorsque le club ou quelques membres de ce corps ont assisté à quelque bravade pour des gens qu'ils estimoient, ils se sont bien gardé de dire des sottises de personne et que par conséquent on ne peut pas alléguer qu'on use de réciprocité à leur égard.

« Que cette lettre seroit terminée par une protestation de fidélité à nos principes et au maintien de notre Association, de notre mépris pour les lâches qui osent prendre le moment de la nuit pour vomir leurs sottises et que la démarche que nous faisons aujourd'hui est pour éviter tout trouble pour la suite. »

Revenant sur une précédente décision, il est arrêté que les candidats seront reçus à la majorité absolue des membres présents. MM. Boudrie, Laval cadet, Pineaud cadet, Pauphille, Eyrolles, Fage, Clercye aîné sont admis.

Séance du 22 août 1790

Mesdames Reignac, Villeneuve et Vachot sont autorisées à assister à la séance (1).

Lecture est donnée de la correspondance provenant de Limoges et d'Argentat. La première acceptant l'affiliation, la seconde demandant aussi à être affiliée. Ces lettres sont présentées par M. Murel, de Limoges, et Delmas, d'Argentat.

Sont admis : MM. Juyé, cadet, et Duché.

Il est décidé que le lendemain on sommerait MM. les officiers municipaux de répondre à la lettre qui leur avait été envoyée la veille.

---

(1) La présence de ces femmes du monde au sein d'une réunion politique, et presque secrète, mérite d'être signalée. C'est un fait caractérisant l'époque, ou mieux les tendances, de la société tulloise au début de la Révolution. Ces dames appartenaient au meilleur monde et leurs maris occupaient déjà des situations en vue dans la province. Ils furent plus tard, peu après même, les principaux administrateurs du département.

Séance du 25 août 1790

La Société de Béthune ayant adressé un exemplaire de sa *motion contre le décret du marc d'argent*, celle de Tulle s'associe aux «expressions contenues dans cet ouvrage», elle décide en outre de renouveller «par le présent procès-verbal, notre respect inviolable pour les décrets de l'Assemblée nationale, même notre entière soumission à nous conformer à celui contre lequel nous réclamons jusqu'à ce que les représentants de la nation l'ayent annulé.»

MM. Juyé cadet, Pauphille frères et Bellegarde, nouveaux membres, prêtent serment. M. Juyé prononce le discours suivant qui a les honneurs de la reproduction sur le registre des procès-verbaux :

« Messieurs,

» Etant dans un âge où il n'est plus permis d'être
» inutile, où l'oisiveté seroit dangereuse pour moi et
» criminelle envers la patrie, balancerai-je d'entrer dans
» une Société dont tous les individus sacrifiant leur for-
» ce, leurs talens et leur vie même, mettent leur bon-
» heur à servir leurs concitoyens. Oui, vous les éclai-
» rez par vos lumières, vous les guidez par la sagesse de
» vos conseils et vous soutenez des loix naissantes, con-
» tre le caprice et l'ambition des ennemis de la chose
» publique. Quel est, Messieurs, le français, soldat et ci-
» toyen, qui ne voit pas avec plaisir le bien que peut
» procurer et qu'a déjà opéré votre Société ; car, en effet,
» à qui devons-nous l'organisation du département, si-
» non à vos lumières et à votre patriotisme, ô habi-
» tans de Tulles, serez-vous toujours prévenus contre
» vos véritables amis et vous laisserez-vous toujours
» guider par des gens qui ne désirent que de voir
» plonger le fer meurtrier dans votre sein ? Non, sans
» doute, le bandeau tombera et vous connaîtrez, hélas
» peut-être trop tard, que vous avez été trompés.

» Je sais, Messieurs, qu'en entrant dans votre Société
» je me livre aux regards empoisonnés de la haine,
» mais le citoyen qui voit les horreurs auxquelles vous
» êtes exposés et qui demeure incertain encore n'a pas
» les vertus du citoyen et n'en remplit pas les devoirs.
» La vérité percera et son flambeau sera pour vous
» celui de la vengeance, et vous serez alors justifiés.
» Quand même vous seriez assurés de ne l'être jamais
» je suis persuadé que vous n'en feriez pas moins ce que
» vous devez faire. Celui qui refuse de s'engager dans
» le chemin difficile où son devoir l'appelle est un hom-
» me sans force et sans courage ; ce n'est pas un homme,
» ce n'est pas un citoyen, et je crois l'être. Vous pou-
» vez n'avoir pas le succès que vous espérez et lais-
» ser votre ouvrage imparfait, des vaines craintes ne
» doivent pas vous arrêter. Oui, Messieurs, continuez
» votre ouvrage, le nombre de vos prosélytes s'accroit
» tous les jours ; ayez cependant égard à la délicatesse de
» la multitude, montrez toujours la vérité par le côté
» aimable, tâchez de gagner les cœurs avant d'atta-
» quer l'esprit, inspirez avec adresse l'amour de la pa-
» trie en jettant sur l'aristocratie un ridicule qui la
» rende odieuse et méprisable, sacrifiez toujours vos
» talens pour la chose publique et par ce moyen vous
» vous acquérez une gloire qui ne sera ensevelie que
» sous les ruines du monde. »

La séance se termine par la dénonciation contre un
« ci-devant privilégié qui, dans un acte de baptême, a
» pris la qualité de Messire au mépris des décrets de
» l'Assemblée nationale. » MM. Bardon et Juyé sont
chargés de s'assurer du fait.

Séance du 29 août 1790

Réception de M. Pourchet troisième. Son père assiste à la séance.

Séance du 30 août 1790

Une lettre de crédit est donnée au frère Reignac pour se présenter au club des jacobins de Paris.

Il est donné lecture d'un mémoire qui va être livré à l'impression pour ramener le peuple et rétablir l'opinion publique sur notre compte.

Une lettre est écrite au club de Meyssac.

Séance du 1er septembre 1790

Jean-Hercule Mas et Jean-Louis Duché sont admis. Jérôme Miginiac, officier municipal de la paroisse de Clergoux, et Jean Perle, officier municipal de la paroisse de Champagnac-la-Noaille, assistent à la séance.

« Sur la dénonciation faite des qualités de chevalier, Messire, seigneur châtelain et autres qu'avaient, mal à propos et contre les décrets de l'Assemblée nationale, pris les sieurs Lomenie et Lafagerdie, il a été arrêté que les extraits des registres de la paroisse Saint-Julien seroient envoyés à MM. du Directoire du département avec les réflexions relatives à la nature de ce délit.

Délibéré de plus que sur la dénonciation qui nous a été faite par un honorable membre de ce que MM. les chanoines se fesoient encore donner l'encens aux offices divins, il en seroit fait rapport aussi en dénonciation à MM. du département pour les engager à faire rentrer ces Messieurs dans la disposition du décret du 19 juin dernier.

Il a été de plus délibéré que l'on écriroit à la Société patriotique des Amis de la Constitution de la ville de Limoges, ainsi qu'à celle d'Aurillac, relativement aux troubles que nous avions éprouvés. » (1).

---

(1) Il s'agissait des troubles de Favars dont tous les détails se trouvent dans l'*Année de la peur*. Il y avait eu aussi des troubles à Allassac.

Le sieur Malaurie, député du quartier d'Alverge, vient prier la Société d'assister « à un repas d'union qui doit avoir lieu dimanche prochain. La Société a vu avec plaisir les marques d'amitié que ce quartier lui donnoit et a délibéré qu'elle assisteroit au repas d'union. »

Séance du 5 septembre 1790

Il est procédé à la nomination d'un président et d'un secrétaire « vu les circonstances malheureuses qui nous privent des deux de nos honorables membres qui occupoient ces deux places. »

M. l'abbé Seigne est élu président et M. Bardon secrétaire.

Il est en outre décidé qu'une adresse serait envoyée par la Société à son président absent pour être transmise à la Société de Bordeaux.

Séance du 12 septembre 1790

Ce procès-verbal mérite d'être publié *in-extenso*.

« Aujourd'hui 12 septembre, l'an second de la Liberté, la Société régulièrement convoquée et assemblée dans la prison de cette ville, il a été fait lecture du procès-verbal rédigé dans le lieu accoutumé où se tiennent les séances. Ensuite, un membre a dit : « Personne de « vous, Messieurs et chers frères, n'ignore que nos frè- « res affiliés du club de Brives, instruits des persécu- « tions que nous éprouvons ici et particulièrement les « frères prisoniers, nous ont fait une députation pour « nous témoigner et leur sensibilité et leur juste indi- « gnation. Les motifs qui les ont déterminés sont consi- « gnés dans un procès-verbal de la séance extraordinai- « re qu'ils ont tenue à cet effet et dans la lettre de cré- « dit dont étoient pourvus les deux frères députés. Ces « pièces seront sans doute déposées dans nos archives et « conservées avec soin comme un témoignage de l'at-

— 31 —

« tachement de nos frères affiliés de Brives, et de leur
« démarche et noble et généreuse. Je propose, a continué
« ledit membre, de répondre à ces chers frères, sur le
« contenu de leur procès-verbal, et de leur faire aussi
« une députation de deux au moins d'entre nous qui
« leur porteront l'arrêté qui suit, sauf discussion et
« approbation de votre part. »

« La Société ayant délibéré sur l'envoi proposé pour MM. de Brives d'un ou plusieurs députés pris soit parmi eux, soit parmi nous, pour aller vers l'Assemblée nationale et y porter tant l'affaire qui intéresse les prisoniers que ce qui concerne les différentes persécutions qu'éprouve toute la Société en général, il demeure arrêté qu'il sera sursis pendant quelque temps à la détermination que nous prendrons à cet égard, mais qu'au cas où on se décide pour l'affirmative, MM. du club de Brives seront priés de nommer un député parmi eux, et qu'il en sera nommé un autre parmi nous, afin que de concert ils aillent plaider notre cause devant l'Assemblée nationale.

« Après discussion, il a été délibéré que la Société adoptait en entier l'arrêté proposé, et qu'on en feroit part à MM. de Brives par une députation de deux de nos membres au moins.

« Un autre membre de la Société a encore proposé d'écrire aux cloubs de Brives et de leur dire qu'un des moyens que nous jugions les plus propres à ramener le peuple de notre ville à la bienveillance qu'il nous doit seroit de faire venir de Brives une ou deux charetées de pain que nous pourrions faire vendre ici 3 sols et un liard ou 3 sols et 1/2 au plus au lieu de 4 sols moins un liard que le vendent nos boulangers, que ce moyen d'ailleurs contriburoit vraisemblablement à faire diminuer le prix du bled, et que nous ne doutions pas non seulement de leur adhézion à cette démarche, mais que nous étions encore bien convaincus qu'ils nous seconderoient et porteroient tant le peuple de leur ville que leurs officiers municipaux à ne pas s'y opposer, et qu'ils engageroient en outre les boulangers à nous servir et à nous faire assez de pain pour en charger une voiture. Il a été proposé aussi de charger de cette négociation nos députés qui représenteroient qu'il étoit en quelque sorte de l'intérêt de la municipalité de Brives de ne pas s'y opposer, attendu qu'elle avoit été dénoncée par celle de Tulle pour accaparer les bleds, à ce qu'elle prétendoit, et en empêcher le libre passage.

« L'affaire ayant été discutée, elle a été unanimement adoptée.

« Un autre membre a aussi proposé de faire à MM. les électeurs du district un envoi de notre dernier imprimé ayant pour titre: *Qu'es ce que le Club*, deux membres de la Société se sont chargés d'expédier les paquets et faire les lettres d'avis.

« Personne n'ayant plus rien à proposer, pour le bien public, la séance qui avoit été ouverte sous la présidence de M. Delmas, président du club d'Argentat et notre affilié et qui a été proclamé notre président pendant son séjour dans notre ville, a été fermée.

DELMAS, président ;
BERTHELMY, *secrétaire*.

Séance du 15 septembre 1790

M. Berthelmy « nous a fait lecture d'une lettre par laquelle il conte que notre municipalité a dénoncé à M. de La Meillère une prétendue faute de notre membre pour s'être trouvé dans une rixe où il fut assailli. Notre Société, justement indignée d'une manœuvre aussi indigne, où ce membre a été plus d'une fois calomnié pour son ardent patriotisme et se réservant de faire connaitre et dénoncer les auteurs, a arrêté à l'unanimité d'écrire aud. sieur Lameière pour le détromper sur le compte de notre membre et d'écrire aussy à M. Charles Lanot, membre de l'Assemblée nationale et du club des Jacobins pour le même effet.

« Arrêté en outre que deux députés qui sont M. Seigne et M. Pauphille aîné se rendront devers M. Vialle, un de nos membres, pour le prier de nous donner le discours qu'il prononça au palais pour la justification de trois de nos membres, pour être led. mémoire livré à l'impression. (1).

« On a procédé à une nouvelle nomination d'officiers et M. Bardon a été continué président et MM. Lanot aîné et Bussières ont été nommés secrétaires. »

M. Pierre Burc, teinturier du quartier d'Alverge, est admis.

Séance du 16 septembre 1790

Il est donné lecture de la lettre écrite à M. Lameitlère, en faveur de Berthélmy.

Il est décidé que si le sieur Pineaud, membre de la Société, se présentait, « sa réception serait ajournée à un mois. »

Séance du 19 septembre 1790

La Société de Brive avise qu'elle tient le pain demandé à la disposition de la Société de Tulle ; il est en conséquence décidé qu'un voiturier partira demain pour Brive, le citoyen Berthelmy l'accompagnera. Le transport sera payé à raison d'une livre cinq sols par quintal.

---

(1) Il s'agit des débats qui paraissent se produire entre les deux partis politiques du moment, mais surtout des bagarres produites par les soldats du Royal-Navarre alors en garnison à Tulle dont il est fait un historique complet dans le *Royal-Navarre-Cavalerie et son chef* par Victor Forot.

Les citoyens Berthelmy et Bardon sont envoyés auprès de la municipalité pour inspecter les registres et s'assurer s'il y a eu une dénonciation contre la Société auprès de l'Assemblée nationale.

« Une réponse sera faite à M. Lidon, membre du club de Brive, pour le remercier des heureuses nouvelles qu'il nous a annoncées touchant la démarche généreuse de nos frères de Bordeaux à notre égard. »

Les « frères de Paris » seront avertis que la municipalité de Tulle se proposait de dénoncer la Société à l'Assemblée nationale.

Il est répondu au club de Meymac et l'affiliation est demandée à celui de Clermont.

Séance du 22 septembre 1790

Il est donné lecture de lettres émanant des Sociétés de Limoges, Versailles, Châlon-sur-Saône et d'une adresse de cette dernière Société à « celle de la Révolution d'Angleterre à Londres ». Et encore d'une lettre « du véritable père Duchêne » sur les assignats.

Une lettre particulière annonce « que les habitants de Limoges s'intéressent beaucoup aux maux qui nous affligent en nous offrant les secours dont nous pourrions avoir besoin. »

Il est donné connaissance de divers imprimés envoyés par l'Assemblée nationale, ainsi que d'une adresse de la Société de l'Union et de l'Egalité à laquelle la Société décide de s'affilier.

Lecture est faite d'une lettre de Ventéjoul fils, de Seilhac, mention honorable en sera faite sur les registres de la Société et des remerciements sont votés à ce citoyen.

Etienne Chabrerie, habitant de Bouysse, paroisse de Corrèze, est admis, mais il n'a su signer.

Séance du 26 septembre 1790

MM. Brunon ; Valade, chapelier ; Daubech, de Saint-Calmine ; Vieillemarette fils et Bayne sont admis. Le f∴ Béral est nommé archiviste et le f∴ Pauphile aîné trésorier (1).

Séance du 29 septembre 1790

Lecture est donnée de diverses lettres des Clubs ou Sociétés de Strasbourg, Brive, Bordeaux et d'une lettre écrite par le Club de Bordeaux à la Société de Brive «par laquelle il paroit que cette Société veut entrer pour dix louis dans la dépense à faire pour l'envoi d'un député à Paris.»

Des remerciements sont votés à ces deux Sociétés et il est décidé «que jusqu'à nouveaux événements dans notre affaire on ne s'empresseroit pas d'envoyer de député à Paris.»

«Un membre ayant dénoncé certains abus qui règnent dans la paroisse de Chaumeil, il a été délibéré qu'on écriroit à la municipalité du lieu pour s'en instruire plus particulièrement.»

Il est décidé qu'une adresse serait envoyée aux électeurs «relativement à la nomination aux places de judicature.» Sur la proposition d'un membre, l'assemblée délibère qu'une messe de mort sera célébrée le dimanche suivant en mémoire des «braves camarades qui ont péri dans l'affaire si malheureuse de Nancy.» L'abbé Seigne, président du Club, est prié de célébrer cette messe à laquelle la Société invitera la garde natio-

---

(1) A noter que les trois points maçonniques ∴ sont pour la première fois employés dans les procès-verbaux pour indiquer le mot frère.

nale, la municipalité, les administrateurs du district et du département. (1).

MM. Lanot, troisième du nom, et Valade, sont admis.

Assistaient à la séance : MM. Laborde, père et fils, le premier membre de la Société de Souilhac, le second de celle de Toulouse ; MM. Pérédieux père, électeur, et son fils, membres du Club de Meyssac ; M. Verdier, membre du Club d'Argental.

Séance du 1er octobre 1790

La date de la cérémonie relative aux affaires de Nancy est fixée au mercredi 6 octobre courant, dans l'église des Récollets. « Qu écriroit à Brives pour prier quatre amateurs de venir y assister. » La municipalité et les corps administratifs seront invités. L'affiliation demandée par la Société d'Aix est acceptée.

Séance du 4 octobre 1790

Les administrateurs du district avisent qu'ils assisteront *en particuliers* à la cérémonie du 6 octobre. MM. les administrateurs du département acceptent aussi l'invitation à cette cérémonie.

---

(1) Il s'agit ici de la révolte de la garnison de Nancy (août 1790). Les troupes composées entre autres d'un régiment de cavalerie (le Royal-maistre-de-Camp) et d'un régiment suisse de Châteauvieux réclamèrent leur solde. Les sujets français obtinrent satisfaction, mais les Suisses ne furent pas écoutés et se révoltèrent. L'Auvergnat marquis de Bouillé, alors gouverneur des trois évêchés de l'Alsace et de la Franche-Comté, marcha sur Nancy avec les mercenaires allemands. Les régiments français se rendirent, mais les Suisses s'enfermèrent dans la ville, soutenus par les gardes nationaux nancéens. Bouillé entra dans Nancy et exerça une terrible répression: après avoir fait tuer nombre de gardes nationaux, en forçant les portes de la ville, il fit condamner à mort vingt-trois suisses et quarante furent déportés aux galères, — Le roi félicita son gouverneur, mais deux ans plus tard, en 1792, l'assemblée législative gracia les Suisses déportés.

M. Gimazane, électeur, loue la Société de son patriotisme et lui accuse réception de ses imprimés.

La réception de M. Massonie, arquebusier, est ajournée à trois mois.

Séance du 6 octobre 1790

« Aujourd'hui six octobre, l'an second de la liberté, la Société des Amis de la Constitution, assemblée dans la salle des Récollets en la manière accoutumée, un des membres a demandé que l'éloge funèbre prononcé par le président immédiatement après le service fait pour le repos des âmes de nos braves camarades péris dans les malheureuses affaires arrivées à Nancy et à Montauban, fut mise à l'impression. La Société n'ayant d'autre vue que la propagation des sentiments patriotiques et conséquemment le bien du peuple a unanimement délibéré que ce mouvement du plus pur patriotisme seroit incessamment soumis à la presse pour en avoir six cents exemplaires. Il a été de plus délibéré que l'on fairoit également imprimer : 1° la lettre d'invitation faite à la municipalité, aux administrateurs du district, aux administrateurs du département, à la garde nationalle par la voye du colonel ; 2° les différentes réponses que la Société a reçu de ces différents corps et que ces différentes lettres seront mises en tête du procès-verbal narratif de tout ce qui s'est passé à la cérémonie. Et pour l'exécution de ce dessus tous les membres présents à la séance ont signés... » (1).

Le f.·. Ganne est nommé « auditeur de compte ».

---

(1) Parmi les signatures nous pouvons lire celles de Bardon, président, Béral, jeune; Juyé, jeune; Lanot, aîné, secrétaire; Berthelmy; Ganne; Béral cadet; Monteil; Teyssier; Pineaud, l'aîné; Bardon; Barry; Beaunin; J Brusson; Delfau jeune; Peuch, négociant; Lanot, jeune; Rigolles; Pineaud, cadet, négociant; Pourchet, capitaine; Reignac, fils; Duché; Borie; Dubois; Malaurie; Fouchet aîné; Mouroux; Lanot, cadet; Ceindrial et Pauphille.

« Le f∴ Pineaud cadet, agrégé, a prêté son serment et sur la motion faitte par un des membres qu'attendu que l'ajournement prononcé contre le f∴ Pineaud aîné étoit expiré, il demandait qu'il renouvella son serment ; le f∴ Pineaud, de bonne volonté, s'est prêté à cette cérémonie.

Séance du 7 octobre 1790

Le trésorier rend compte de sa gestion.

Séance du 9 octobre 1790

Il est donné lecture d'une lettre de Cahors contenant une adresse à l'Assemblée nationale tendant à obtenir que les assemblées des corps administratifs soient tenues publiquement.

La municipalité de Marseille informe la Société qu'elle a « cassé l'état-major de sa garde nationale » parce qu'elle s'est « aperçue que les états-majors des gardes nationales se sont coalizés la plus part avec les ennemis du bien public, pour anéantir la liberté. Cela, dit la lettre, vous fera ouvrir les yeux sur le danger de la durée des places dans les mêmes mains. »

Il est proposé d'envoyer une adresse à l'Assemblée nationale au sujet « de l'expulsion de certains soldats patriotes de leur régiment et lui exposer en outre que nous venons d'en voir un exemple récent sous nos yeux. »

Ce procès-verbal est signé par Bardon et Lanot, « hommes de loi » et Berthelmy, « ingénieur de la nation. »

Séance du 10 octobre 1790

Une adresse à l'Assemblée nationale est votée au sujet de l'expulsion de leur régiment de certains cavaliers de Royal-Navarre.

Le froid commençait probablement à se faire sentir car il fut décidé que le f∴ Pauphille s'occuperoit de chercher un logement » parce que « l'hiver on ne pourrbit absolument tenir les séances dans la salle actuelle. »

Le f∴ Valade prête serment.

Séance du 14 octobre 1790

La Société d'Ambert (Puy-de-Dôme), demande l'affiliation.

Un cavalier du régiment Royal-Navarre écrit de Brive qu'il a été renvoyé de son corps par les aristocrates.

Il est donné lecture de plusieurs lettres provenant des Sociétés de Besançon, Lille et Rennes. Cette dernière tend à réclamer le désarmement des gardes nationales, proposition qui est approuvée.

M. Gany est chargé de répondre à M. Lambeau, cavalier, dont il est parlé ci-dessus.

« Un membre a fait la motion de répondre au plaidoyer de M. Servientis, dans lequel il nous a accusé d'être les moteurs de tous les troubles, et d'élever aux places ceux qui n'en étaient pas dignes, et bien d'autres personnalités des plus odieuses. La motion, mise aux voix, il a été décidé que M. Berthelmy présenterait un projet de réponse la séance prochaine. Et ayant été observé qu'il était de notre devoir de donner un détail circonstancié de notre affaire aux Sociétés de Bordeaux et de Toulouse qui se sont vivement intéressées à nos malheurs, M. Gany s'est chargé d'y répondre. »

M. Lafeuille, avocat, est admis.

Séance du 17 octobre 1790

M. Borie ayant demandé son admission le 14 courant, « la Société délibérant sur le patriotisme d'un citoyen dont les sentiments ont été équivoques, a ajourné sa proposition à trois mois. »

M. Ceindrat aîné est admis et il est décidé que

l'ajournement prononcé contre le f∴ Massonie était « illégal et irrégulier. »

Séance du 18 octobre 1790

La Société des Amis de la Constitution de Paris envoie quatre exemplaires d'une adresse « sur l'importance des bons choix dans l'élection des juges. »

La Société de Limoges envoie deux cents exemplaires d'une adresse de cette Société aux habitants de Tulle.

Un député de la Société d'Argentat, M. Jean-Baptiste Boulègue, présente une lettre à la Société de Lille demandant que toutes les Sociétés affiliées se réunissent pour faire une pétition à l'Assemblée nationale, au Comité d'aliénation de cette assemblée, aux députés de notre baillage et du baillage voisin, « tendante à faire accélérer l'exécution du décret portant la vente des biens domaniaux. » Un projet d'adresse sera rédigé et communiqué à la Société d'Argentat.

Une lettre annonce que la Société de Besançon a été suspendue par la municipalité du lieu, en attendant une décision de l'Assemblée nationale. Une adresse est envoyée à l'Assemblée et au Club des Jacobins de Paris contre cette suspension.

Les sieurs Chavrillange fils, chapelier, et Maschat sont admis. Le « C∴ f∴ Dufraysse, homme de loi », prête serment. MM. Ventéjoul, fils, de Seilhac ; Mansac ; Duluc, notaire ducal et Tyreygeol sont affiliés.

Séance du 20 octobre 1790

MM. Cendriac, Massonie et Dupeyroux, de Saint-Hilaire-le-Peyroux, prêtent serment. Le sieur Cloître père, arquebusier, et Bleygeat, marchand, demandent leur admission.

Lecture de diverses lettres des Sociétés de Niort et

de Nancy. Un registre spécial pour transcrire la correspondance sera tenu. Les f∴ Bardon, médecin, et Marouby le tiendront pendant un mois.

Un commissaire spécial pour proposer les récipiendaires est nommé pour chaque quartier. Ce sont : MM. Ceindriac pour le quartier d'Alverge ; Pourchet jeune pour la Barussie ; Seigne, prêtre, pour la Barrière ; et Lanot pour la Place.

Séance du 24 octobre 1790

Lecture de la correspondance de Nimes, Toulouse, Aix, et du Club des Jacobins de Paris. Cette dernière lettre sera communiquée à MM. du directoire du département et du district. Celle de Toulouse sera communiquée à M. Floucaud, colonel de la garde nationale, «pour le prier de vouloir bien la communiquer à la garde nationale par une lecture publique.»

Le f∴ Reignac, qui revient de Paris, fait un «discours plein de sentiments patriotiques, et du civisme qui caractérise le bon français.»

Séance du 28 octobre 1790

L'assemblée a pris avoir pris connaissance d'une «lettre imprimée signée *Jean-qui-vit* et d'un prospectus venant du même, a été unanimement d'avis qu'on garderoit le silence à ce sujet».

Il est déposé sur le bureau un projet d'adresse au corps électoral relatif au choix des juges du district. Ce projet sera imprimé et distribué.

Lecture de diverses lettres de remerciements pour l'envoi des procès-verbaux de la cérémonie faite en mémoire des frères de Nancy.

M. Cloitre est admis.

Séance du 31 octobre 1790

Le sieur Bleygeat est exclu pour toujours de la Société, par la voie du scrutin.

Le f∴ Barry demande une lettre l'accréditant auprès de la Société de Clermont pour un voyage qu'il va faire en cette ville. — Accordé.

Il est donné lecture d'une lettre de Toulouse et d'une autre de M. Brival, procureur général du département. Cette dernière « a mérité un applaudissement général. »

« M. Boune, soit disant oratorien, proposé par un des membres, a été ajourné à trois mois. »

Séance du 1er novembre 1790

Lecture de la correspondance. L'assemblée n'étant pas en nombre, il n'a été pris aucune décision.

Séance du 3 novembre 1790

La Société écrit à celle de Limoges « qu'elle adhéroit de cœur, d'affection et d'intérêt à la motion qu'elle a faite d'envoyer à frais communs un député à la Société des mêmes amis établie à Londres. »

Il est décidé que des exemplaires du procès qui a été fait à la Société seront envoyés à toutes les Sociétés du département ainsi qu'à toutes les gardes nationales.

Séance du 7 novembre 1790

L'affiliation demandée par la Société de Beaulieu est acceptée, « l'objet de leur pétition débattu à raison de quelques nuages répandus sur quelques mauvais citoyens des environs. »

M. Mansal, électeur de Beaumont, est affilié par acclamation. M. Lagarde, commissaire de police de Tulle, est admis.

« Un membre ayant observé, avec raison, que depuis long tems la division régnait dans la ville sans qu'il fut possible d'en deviner précisément la cause, a proposé, comme le moyen le plus propre à ramener l'union, de donner un bal patriotique où tous les citoyens seroient invités ». Après longue et laborieuse discussion, la proposition est adoptée. MM. les administrateurs du département, du district, les officiers du tribunal du district et les officiers municipaux seront invités, immédiatement, par deux députés. Avant la clôture de la séance ces députés sont de retour et annoncent que les invitations ont été acceptées avec le plus vif empressement.

Il est décidé que la Société tiendra une séance publique dans la quinzaine — le dimanche.

Séance du 10 novembre 1790

Le Club des Jacobins informe la Société qu'il a fait des démarches en faveur des membres de la Société de Tulle qui avaient été dénoncés à l'Assemblée nationale par le Présidial de cette ville et « il paroit que cette malheureuse affaire a fait une très grande sensation dans cette auguste Assemblée, avec promesse de s'en occuper vivement. »

En même temps que des renseignements sur la Société d'Argentat, les Jacobins de Paris demandent une liste des membres de cette Société et aussi celle des membres de la Société de Tulle. La lettre du Club de Paris est signée *Polverel*.

Il est créé un Comité de correspondance composé de MM. Bardon, Reignac, avocat, Lanot, avocat, Berthelmy et Béral ainé.

L'assemblée procède « à l'élection des charges » : sont élus : président, le f.·. Reignac, avocat ; secrétaires, les f.·. Béral jeune et Lanot ainé.

Les ff.·. Reignac, nouveau président, Bardon, président sortant, et Juyé prononcent des discours patriotiques.

Séance du 11 novembre 1790

Lecture est faite d'une « lettre imprimée signée Grégoire, curé d'Emermenil et député à l'Assemblée nationale, demandant des renseignements sur les patois et mœurs des gens de campagne. Une autre lettre imprimée, de M. Grégoire, sur les malheurs, les droits et les réclamations des gens de couleur de Saint-Domingues et des autres îles françaises de l'Amérique.

Une lettre de Brest annonce que la Société de cette ville a «rappelé à la subordination quelques individus des équipages de l'armée navale.»

L'assemblée nomme un comité de recherches qui est composé de MM. Cloître, Bussières, Peuch, Gany et Teyssier, marchand.

Il est décidé qu'une liste de tous les membres de la Société serait envoyée au Club des Jacobins de Paris.

Séance du 13 novembre 1790

Il est donné lecture d'une adresse envoyée au roi par la Société de Toulouse, aussi d'une pétition au Directoire du district de Béziers par la Société de cette ville.

Le sieur Lambeau, ancien cavalier du Royal-Navarre, envoie un mémoire pour la Société des Amis de la Constitution de Paris.

Il est écrit une lettre de regrets à la Société de Brive au sujet de la disparition du cher frère Delayeu». (1).

Autre lettre remerciant «de l'accueil vraiment fraternel que nos députés avaient reçu à Brive».

Une adresse de remerciement sera adressée à la Société de Brive.

---

(1) C'est Desailleux qu'il faut lire. Ce citoyen fut envoyé en qualité de commissaire auprès de l'Assemblée nationale au sujet de l'affaire de Favars. A son retour il fut nommé juge au tribunal de Brive et devint président de la Société des Amis de la Constitution. Il disparut au sortir de la première séance, qu'il présida à Brive, et son cadavre fut retrouvé, peu après, dans l'écluse d'un moulin. — Il est à peu près certain qu'il fut assassiné, mais on n'a jamais retrouvé les coupables. Un monument fut plus tard élevé à sa mémoire près du Pont Cardinal. — Il n'existe plus.

Séance du 19 novembre 1790

Lecture de la correspondance avec la Société de Lizieux.

Séance du 21 novembre 1790

Huit membres de l'administration du département assistent à la séance ; ce sont : MM. Germiniac, président, Borie, de Saint-Bazile, Marbot, Chassaignac, Rivière, Crauffon, Lafond, de Beaulieu, et Hautfort.

L'assemblée décide de s'intéresser, auprès de « la Société mère de Paris », pour appuyer le mémoire présenté par le sieur Lambau, ancien cavalier du Royal Navarre, renvoyé de son régiment.

La conduite qu'a tenue à la visitation de Tulle « un abbé cy devant prévôt de la cathédrale de Toulon » sera dénoncée aux corps administratifs ; il en sera de même pour le « cy devant marquis de Seilhac à raison de la détention d'armes et de munitions dans son château, ainsi que de la construction de certaines canonières au rampart de sa cour. »

Une dénonciation est faite « de MM. de Sedières et Dumas, de Chameyrac, qui se trouvent dans de violents soupçons d'insurrection. »

Réception de cinq nouveaux membres : MM. Brival, Lagier aîné, Poulverel cadet, Poulverel jeune et Goudelou. MM. Dumas, marchand, et Tersal, serrurier, demandent à être admis.

Séance du 24 novembre 1790

Un Comité des rapports est institué ; il est composé de MM. Bussières, Bardon, géomètre, Bardon, médecin, et Juyé jeune.

Sont admis : Bleyjat, bridier ; Taillandier, mazelier ; Duval, vitrier, Chatel, chapelier.

Lecture de lettres des Sociétés de Lyon et Riom.

Séance du 26 novembre 1790

Lecture de la correspondance des Sociétés d'Aix, Bordeaux, Béziers, Toulouse, Avignon, etc.

Séance du 27 novembre 1790

La nouvelle de la découverte du cadavre de M. Désailleux est annoncée. «A la communication concernant cet illustre martyr de la Constitution, tous les membres, l'âme navrée de douleur et de tristesse, et pénétrés d'indignation contre les meurtriers de cet intrépide soutien de la patrie, ont unanimement délibéré qu'il seroit fait sur le champ une adresse à nos chers et malheureux ff∴ les Amis de la Constitution et gardes nationaux de la ville de Brive, pour leur exprimer les sentiments dans lesquels cette cruelle nouvelle a plonger leurs âmes et pour les assurer que dans touttes les occasions ils peuvent compter sur l'intérêt que nous prenons à tout ce qui peut les regarder.»

Il est en outre décidé qu'un service funèbre aura lieu sous peu en mémoire de M. Desailleux. L'assemblée décide encore «que tous les membres de la Société porteront le deuil jusqu'à l'exécution de cette cérémonie lugubre.»

M. Iches, commandant de la garde nationale de Chameyrac, est admis par acclamations.

MM. Bardon, Espezolle et Vidalin sont admis. Le f∴ Duval prête serment et fait «un discours rempli de patriotisme».

«M. Germinfac, président du département de la Corrèze, et MM. Chassaignac, Ivernat, Marchand, Craufon, Montel, Poumard, Lapouyade et Larouveyrade, tous administrateurs du même département, ont demandé à être affiliés à notre Société; toute l'assemblée a applaudi à cette demande et l'a accueillie avec reconnaissance et chacun de ces MM. a de suite prêté le serment ordinaire et prononcé un discours vraiment capable d'émouvoir le cœur de tous les patriotes et digne des honorables magistrats qui les prononçaient. »

M. Germiniac, président de l'assemblée départementale, est invité à prendre la présidence de la séance chaque fois qu'il voudra bien y assister.

Il est décidé que MM. Bardon, avocat, Berthelmy, ingénieur, et Delzors aîné « feroient une adresse aux habitants de la campagne pour les prévenir contre les manœuvres criminelles de l'évêque de la Corrèze et de ses subalternes (1).

Le service funèbre en mémoire de M. Desailleux est fixé au mercredi suivant. Une députation est envoyée à MM. les administrateurs du département et du district, à MM. les officiers municipaux et à M. le commandant de la garde nationale pour les prier d'y assister.

MM. Delzors aîné et cadet sont admis et prêtent serment.

La motion de réunion, demandée par les Avignonais à l'Assemblée nationale, est appuyée par la Société. Il est décidé qu'une correspondance sera établie avec la ville d'Arras.

Séance du 30 novembre 1790

L'assemblée décide d'envoyer au sieur Mercier, auteur des *Annales Patriotiques*, une dénonciation « à l'opinion publique de la conduite du sieur évêque de la Corrèze et de quelques prêtres de son diocèse ».

Il est représenté « que les citoyens n'étoient point en sûreté dans cette ville » et à ce sujet trois députés sont envoyés vers MM. les officiers municipaux « pour les

---

(1) L'évêque d'alors était M. Raféli de Saint-Sauveur, dont il est parlé dans *l'Année de la Peur à Tulle*.

prier de faire assembler la commune pour délibérer s'il ne seroit pas convenable de remonter les gardes pendant la nuit».

Un membre propose «de faire dresser un monument pour transmettre à la postérité la mémoire de notre cher frère Desailleux, mort pour la patrie, et de faire célébrer chaque année, tant que notre Société existerait, un service en mémoire du patriotisme de ce véritable martyr de la Constitution. — L'assemblée adopte cette proposition et le frère Berthelmy se charge de donner le plan de ce monument, réellement cher à tout bon patriote.»

Chacun des membres de la Société devait contribuer à son élévation.

La municipalité fait répondre à la Société que prenant sa demande en considération, le Conseil général serait convoqué pour en délibérer.

Les curés de Saint-Pierre et de Saint-Julien de Tulle sont dénoncés comme percevant indûment le casuel de leurs bénéfices, mais un membre fait observer qu'il n'y a aucun décret interdisant ce cumul. Il sera avisé dans une prochaine séance.

Boric, teinturier, et Jacques Tomesson demandent à être admis. Il n'y a pas d'opposition.

Séance du 3 décembre 1790

«On a fait lecture d'une lettre du président du département de la Corrèze par laquelle il nous invite, au nom du Conseil général, à assister à l'ostentation de la Bastille. Un membre ayant fait observer à la Société que tous les membres avoient reçu la même invitation comme gardes nationaux, il est arrêté que la Société répondroit à ces invitations moitié comme ami de la Constitution et moitié en gardes nationaux.» (1).

---

(1) On sait que Palloy (le patriote, comme il s'était titré lui-même)

Séance du 7 décembre 1790

Il est donné lecture d'un décret qui permet aux curés de percevoir le casuel jusqu'au 1er janvier 1791. — Il n'y a donc pas lieu de délibérer sur la plainte portée contre les curés de Saint-Pierre et de Saint-Julien dans la séance du 30 novembre dernier.

M. Tersat est admis.

On discute la forme des admissions et il est décidé que tout récipiendaire ne pourra être reçu que deux séances après la demande faite, sauf les membres d'une autre Société analogue qui pourront être affiliés aussitôt.

La Société de Brive est informée de la décision prise au sujet du monument à élever à la mémoire de M. Desailleux.

Une proposition est faite pour empêcher le duel en général, mais elle est renvoyée à la prochaine séance.

Une adresse sera envoyée aux membres du département pour faire exécuter le décret qui abolit le droit d'avoir des armoiries.

Séance du 8 décembre 1790

Lecture d'une lettre de la Société de Brest au sujet d'une adresse envoyée à l'Assemblée nationale par les marins et militaires de l'escadre.

M. Borie, teinturier, est admis.

---

eut l'idée d'envoyer dans chaque département, et même dans les colonies françaises, une pierre taillée représentant la Bastille. Un de ces petits monuments fut expédié à Tulle, nous en avons parlé dans notre volume sur *les Fêtes nationales et les cérémonies publiques à Tulle sous la Révolution et la Première République* et nous avons publié à ce sujet une série d'articles dans le journal l'*Action Républicaine* de la Corrèze, n°s du 9 septembre 1909 et suivants jusqu'en février 1910.

Séance du 12 décembre 1790

L'adresse de la Société aux habitants des campagnes est adoptée.

Sont admis: Tournesson, Marbot, membre du Directoire (1), Delager, curé de Saint-Hilaire, Delon, membre du Conseil administratif, Massoulier, maire électeur de Chanac, Pauphille, regisseur de la manufacture d'armes, Reke, de Souilhac, et Jean Boitte père.

Lectures de lettres de Marseille et de Thann.

Séance du 13 décembre 1790

Sont admis: Antoine Borde ; François Beferard ; Jean-François Lalle, procureur de la commune de Chanac ; Julien Massoulier, capitaine des grenadiers de Chanac ; Jean Teyssier, capitaine des chasseurs de Chanac ; Jean-Baptiste Mouret, sculpteur (2) ; Jean Malaurie, et Dumond.

Lecture de lettres de Limoges, Paris, Douai, Lisieux, Saint-Omer et Aurillac. Cette dernière, reçue par un courrier, annonce que « les ci-devant nobles de cette ville sont partis pour se rendre du côté de Lyon et l'on assure qu'il y a une conspiration ».

Séance du 19 décembre 1790

M. Brival est élu président et MM. Ceindriac et Béral jeune secrétaires.

---

(1) Marbot (Jean-Antoine) était né en 1754 à La Rivière, petit village de la paroisse d'Altillac, canton de Mercœur (Corrèze). Il servit aux gardes du corps sous Louis XVI. La paroisse d'Altillac l'envoya à la réunion des délégués de la sénéchaussée de Brive en mars 1789. Cette sénéchaussée le délégua pour assister à l'assemblée générale de Tulle, pour la nomination des députés aux États généraux. Il fut é u membre du Directoire du département de la Corrèze en juillet 1790. Député de notre département à l'Assemblée nationale, il reprit du service en 1793 et fut mis à la tête du camp de Toulouse. Il passa, avec le grade de général de division, à l'armée des Pyrénées-Orientales. — Membre du Conseil des Anciens, il fut chargé, après le 30 prairial, du commandement de la 17ᵉ division militaire. Envoyé en Italie il y succomba en 1799, pendant

Il est décidé « de solliciter auprès de l'Assemblée nationale un décret qui oblige les émigrans de la nation à rentrer en France, ou faute par eux de se rendre, les prive des revenus dont ils jouissent ».

Séance du 22 décembre 1790

Une lettre de Clermont annonce qu'il s'est formé dans cette ville une *Société des Amis de la Paix*.

Une « lettre des gardes nationaux, officiers municipaux et membres du Club de Brive remercie la Société pour la part prise à l'évènement de M. Desailleux.

Sont admis : Maschat, chapelier ; Guillemy, organiste ; Contrastin, chasseur, et Bleygeat.

Il est donné lecture d'une lettre « du commandant de la garde nationale de Brive », qui prévient « des dispositions des patriotes de cette ville pour s'assurer des émigrants qui vont se joindre aux ennemis de notre Constitution ». Il est arrêté en outre que « l'on enverroit à MM. les administrateurs du Directoire du département cette lettre de M. Lidon (3), afin de les engager à prendre les mêmes précautions que celles qui ont été prises à Brive ».

Une députation de trois membres est envoyée au

---

le siège de Gênes, victime d'une épidémie. Les deux fils de Marbot, nés à Altillac, arrivèrent l'un et l'autre au grade de général.

(2) Ce Jean-Baptiste Mouret était un descendant des Mouret sculpteurs très connus en Bas-Limousin, dont nous avons publié une biographie dans notre volume sur les *Sculpteurs et peintres du Bas-Limousin aux XVIIe et XVIIIe siècles*.

(3) Lidon (Bernard), avocat à Brive, où il était né, fut élu commandant de la garde nationale de cette ville en 1789, devint président de la Société des Amis de la Constitution à Brive et fut nommé membre de l'administration départementale en 1791. Elu, député à la Convention nationale en 1792. Il vota la mort de Louis XVI sans sursis. Poursuivi lors de la proscription des Girondins, il se suicida à la Géronie, près Cublac (Dordogne), où il se cachait, le 24 brumaire an II (14 novembre 1793).

Directoire du département pour leur communiquer deux lettres de Brive. A leur retour, les députés disent que la réponse est « que c'étoit à la municipalité à veiller pour la police de la ville, et que s'ils s'y refusoient alors ils prendront notre demande en considération, et pour ce qui concernoit la pétition que la Société leur avoit faite concernant les droits de voir les regis'res de la municipalité, ils alloient s'en occuper tout de suite ».

Séance du 24 décembre 1790

M. Jarrige, maire et électeur de Lafage, est admis. Une lettre d'Avignon annonce la formation dans cette ville d'un *Club des Jacobins* ; elle demande l'affiliation qui est accordée.

Séance du 25 décembre 1790

L'assemblée décide qu'à partir de ce jour « le nom de *Monsieur* seroit dorénavant proscrit dans notre Société et qu'on ne donneroit que la qualité de *frère* même au président ».

Le f.·. Brival donne sa démission de président, « parce que ses affaires particulières ne lui permettent pas d'occuper longtemps le fauteuil ». Le f.·. Berthelmy est élu président.

Séance du 29 décembre 1790

Cette séance a lieu « dans la salle du f.·. Reignac ». Il est donné lecture de lettres et adresses des Sociétés de Tours, Reims, Commercy.

Il est aussi donné lecture d'un prospectus pour la formation d'une *Société des Amis de la Paix* à Limoges et d'un second touchant la formation d'un *Club de Dames* dans cette même ville.

Une autre lettre de Clermont-Ferrand donne la relation de la conspiration de Lyon. Une proposition tendant à demander au Directoire du département que des commissaires soient nommés pour maintenir le bon ordre dans les trois sections assemblées pour l'élection du juge de paix est ajournée sur la demande d'un frère.

Séance du 2 janvier 1791

Cette séance a lieu «dans la salle de la bibliothèque des Récollets, lieu de ses séances.»

Il est fait lecture d'une lettre de la Société de Saint-Marcellin, «sur l'organisation civile du clergé qui a mérité les applaudissements universels».

Il est décidé que la Société informerait celle de Châlons-sur-Saône, «de la formation du Club batard de Clermont-Tonnerre à Paris et de la formation d'une pareille Société dans notre enceinte». (1).

Séance du 5 janvier 1791

Il est fait lecture d'une lettre de la Société des Amis de la Constitution d'Argental, qui annonce que cette ville est menacée de voir former dans son sein un de ces clubs monstrueux qui infectent la France».

Sont admis : François Pastrie, mazelier ; Noël Forot, dit Saugon, arquebusier ; Lagarde cadet, soldat au régiment d'Anjou ; Gérard Mazeyric, quartier-maître de la garde nationale de Nonard ; Pierre Colin, chasseur, commis aux chemins ; Crozat, de Chanac ; François Fargeret, de Chanac, et Villeneuve, fils, étudiant, qui prononce le discours suivant :

«Messieurs,

Je suis sensible autant qu'on le puisse à l'honneur que vous avez bien voulu me faire; qu'il est

---

(1) Il s'agissait de la Société des *Vrais amis de la Révolution et de la paix* dont nous avons publié la circulaire et fait connaître les noms des membres dans le *Royal-Navarre-Cavalerie*.

« glorieux, en effet, pour un jeune homme, comme moi,
« d'être admis parmi l'élite des sages patriotes ; je ne
« prétends pas dire, en vous donnant cette qualité, que
« vous êtes les seuls sages, les seuls patriotes, ce seroit,
« en peu de mots, faire une mauvaise apologie du reste
« des citoyens, et l'Etat seroit trop à plaindre ; sembla-
« ble à cet homme entroiné par un torrent que rien
« ne peut arrêter, pourriez-vous soutenir le poids de
« la deffense de la Constitution, sans le secours du
« reste des citoyens ? Rappelez-vous les efforts de vos
« ennemis pour vous perdre ; ils vous représentent au
« peuple comme les ennemis de la Constitution, cachés
« sous le voile du patriotisme, comme un serpent caché
« sous des feuilles qui n'attend que le moment favorable
« pour darder son venin. Mais votre prudence, et la
« pureté de vos sentiments ont combattus pour vous
« et vous avez triomphé ! puisse le ciel couronner vos
« vertus et puisse-t-il confondre vos ennemis ! »

Séance du 9 janvier 1791

Deux commissaires sont nommés pour prendre expédition des pétitions adressées au département, « à raison des nullités commises dans la nomination du juge de paix, et deux autres commissaires sont chargés de faire une pétition à l'Assemblée nationale sur ce même sujet ».

L'assemblée décide qu'une pétition sera adressée au département pour « l'engager à choisir par préférence des patriotes reconnus pour former la gendarmerie nationale. La Société immédiatement envoie une députation au département « pour dénoncer la démarche des ci-devant nobles à l'égard de l'enterrement de M. Labrousse (1).

---

(1) Les détails de cette affaire ont été publiés dans notre volume *Le Royal-Navarre-Cavalerie* p. 44 et s.

Sont admis : Roussel, troisième du nom ; Monteil, tailleur ; Lacroix, officier municipal de Sainte-Fortunade ; Noël Chastain ; Pierre-Joseph Mami, canonnier, et Jean-Joseph Gillet, maître émouleur.

Il est fait lecture d'une lettre de Bayonne et l'assemblée décide d'appuyer « les réclamations de ses frères de Bayonne concernant la garde d'honneur du roy, en y faisant l'amendement suivant qui est que la garde nommera ses officiers et qu'ils seront payés par la nation ».

Il sera écrit au Club des Jacobins de Paris pour le décider à accorder l'affiliation à la Société d'Argentat.

Séance du 12 janvier 1791

Le frère Maureli, membre de la Société d'Argentat, a pris le fauteuil à la prière de la Société. Il est fait lecture de la correspondance de Perpignan, Limoges, Brest, Amiens, Vienne.

Il est demandé « à l'Assemblée nationale la publicité perpétuelle et constitutionnelle des séances des corps législatifs, administratifs et municipaux ».

Sur la communication qui a été faite par le Club des Jacobins de Paris concernant une adresse à l'Assemblée nationale sur le duel, la Société a « arrêté que son Comité de correspondance en faisant parvenir son adhésion à l'adresse sur le duel fairoit part au Club des Jacobins de son arrêté portant qu'aucun membre n'acceptera ny ne proposera le duel, sous peine d'être exclu de la Société ».

Séance du 15 janvier 1791

Sont admis : Ludière, potier d'étain ; Pastrie fils, négociant ; Lagrange, chasseur, et Piron, platineur.

Le Comité des recherches est chargé « de découvrir les démarches anti-constitutionnelles des ennemis de l'ordre ».

Séance du 22 janvier 1791

Une lettre d'Avignon annonce la prise de la ville et du Comtat Venaissin par les patriotes.

La Société d'Aix informe celle de Tulle qu'une conspiration a été découverte dans leur ville.

Dans cette séance, divers discours sont prononcés par des membres du département. Il est décidé que celui de M. Marbot sera imprimé, ainsi que ceux de MM. Lanot, homme de loi, et Rabanide, prêtre.

Un membre dénonce « certains curés qui se permettent certains propos incendiaires ; il a été arrêté que jusqu'à mercredi prochain on feroit des perquisitions à ce sujet ».

Séance du 24 janvier 1791

Le f∴ trésorier ayant donné sa démission, le f∴ Béral jeune est élu à sa place.

Séance du 26 janvier 1791

Le f∴ Maisonnade, sergent de la garde nationale de Chameyrac, prête serment. Une motion de dénoncer l'évêque de la Corrèze à l'Assemblée nationale à cause de « sa conduite à l'égard des prêtres qui ont prêté le serment et à lui renouveler le serment de maintenir et faire exécuter tous les décrets », a été ajournée à la prochaine séance.

Séance du 28 janvier 1791

La Société de Meyssac fait déposer sur le bureau par deux de ses membres, Tyrcygeol et Barot, un paquet contenant cinq exemplaires de l'adresse aux bons citoyens des Amis de la Constitution de l'ordre et de la paix de Tulle qui leur avait été envoyé.

Une lettre du f∴ Roche, de Turenne, déclare que les membres qui composent la Société de Souilhac « sont dans les bons principes». L'affiliation demandée par cette Société est accordée.

Une lettre de la Société de Marseille contient une adresse à l'Assemblée nationale demandant «qu'à l'avenir nos rois et les princes du sang ne pourront se choisir une épouse que dans le sein de la nation». La discussion est ajournée.

Séance du 30 janvier 1791

Les Récollets de Tulle préviennent la Société qu'ils «ne veulent plus se charger des effets qui leur ont été confiés par la municipalité». L'assemblée envoie aussitôt une députation à MM. du district pour être autorisés à continuer leurs séances dans un local des Récollets. Ils sont provisoirement autorisés à se réunir dans le réfectoire.

Au cours de la séance, deux théatins demandent à être entendus : Ils font trois dénonciations : La première concerne le bureau de l'hôpital de Tulle, «qui est inconstitutionnel», étant composé de deux ci-devant nobles, de deux ci-devant bénéficiers et de deux membres du Tiers».

«La seconde porte que dans la ville de Brive la municipalité a fait prêter serment à un instituteur public nommé Verlhac ; attendu que l'éducation est un des points les plus essentiels, et que M. Rigaudie, instituteur de la ville de Tulle, loin de suivre les principes de son confrère, se déchaîne contre les représentants du peuple français et que par conséquent il seroit fort à propos de prendre pour modèle la ville de Brive.»

La troisième dénonciation, faite par MM. les Théatins, concerne M. Barry, vicaire de Saint-Pierre de Tulle. «M. Barry, disent-ils, a refusé d'entendre au tribunal de réconciliation (on ne disait plus au confessionnal à ce moment) un de ses anciens pénitents pour avoir prêté le serment décrété par l'Assemblée nationale et sanctionné par le roi, relativement à la Constitution civile du clergé».

Il fut décidé que les dénonciations des moines seraient portées à la connaissance des administrateurs du département.

A la suite de ces dénonciations, un membre fit un discours «rempli du patriotisme le plus pur».

Le f∴ Dufour s'engagea à «réfuter publiquement les mauvaises raisons alléguées par M. Rafélis, ci-devant évêque de Tulle, et nombre de prêtres acoquinés à sa façon de penser et d'agir».

Trois délégués, MM. Berthelmy, ingénieur, Bardon, féodiste, et Seigne, prêtre, sont envoyés auprès de M. l'évêque de Tulle pour lui annoncer qu'un des membres de la Société, de concert avec M. Béral, curé de Saint-Chamant, «se feroient un véritable plaisir de le désabuser, ainsi que ses confrères les prêtres, de leur opiniâtreté à refuser d'obéir à la loi la plus sage ; qu'ils n'employeraient d'autres armes que celles de la raison et qu'on lui demandait en conséquence de vouloir bien fixer l'endroit et le jour auquel on pourroit entrer en lisse pour l'avantage de la Constitution».

«Mais comme l'on ne s'y attendoit que trop, nos frères députés ont eu bien de la peine pour arriver jusqu'au salon de Monsieur Rafélis, et après s'être un peu remis de l'étonnement causé par des *Amis de la Constitution*: «Messieurs, leur a-t-il dit, avec cet air dédaigneux «qui caractérise toujours les imbéciles parvenus à force «d'intrigues, Messieurs, le Pape et le corps épiscopal «se sont expliqués clairement et cela doit nous suffire. Réponse bien digne de son auteur.»

La Société dénonça le fait à l'administration du département dans la même journée et adressa aussi à l'Assemblée nationale une plainte contre l'évêque et les prêtres du département qui étaient réfractaires au décret du 27 novembre 1790, « attendu qu'ils étoient en général de mauvaise foi ».

Le f.·. Lanot, homme de loi, est élu président ; les ff.·. Pauphille aîné et Roussel sont élus secrétaires.

Sont admis : Blaise Plantade ; Teyssière cadet, de Vedrenne, paroisse de Chanac ; Paral, marchand ; Terrière, sergent-major de la garde nationale de Corrèze ; Vachot, le plus jeune ; Marsillon aîné et Destord. — François Espinasse a été refusé.

A la fin de cette séance, « nombre de dames et de demoiselles patriotes ont été introduites dans la salle et l'assemblée a donné des preuves non équivoques du plaisir qu'elle éprouvait de voir réunies dans son enceinte la beauté, l'esprit et surtout le patriotisme de l'élite charmante de ces jeunes citoyennes. Sous des auspices aussi favorables on a continué de parler pour l'avantage national jusques au moment où personne n'ayant plus rien à proposer pour le bien commun, le président a jugé à propos de lever la séance. »

Séance du 2 février 1791

M. Reignac, homme de loi et administrateur du département, dit qu'il rendra compte à la prochaine séance du département des faits signalés à la séance de la Société de ce jour qui sont les suivants :

1º « Que les sœurs grises de Tulle inspiraient aux demoiselles dont l'éducation leur était confiée des principes anti-civiques ;

2º « Qu'elles leur avaient même défendu de se confesser à l'abbé Rabanide précisément parce qu'il avait prêté le serment du 27 novembre ;

3º « Que les sœurs grises de l'hôpital de cette ville avaient empêché une jeune fille confiée à leurs soins de se confesser pareillement à M. l'abbé Rabanide et que cette fille était morte sans confession ;

4° « Que ces sœurs grises avaient été jusqu'à refuser la communion de la main de M. Borie, aumônier de l'hôpital ;

« Qu'enfin M. Borie avait été vivement insulté par la sœur de l'abbé Graviche. »

Il est donné lecture de lettres des différentes Sociétés des Amis de la Révolution, de Paris, Aurillac, Lille, Melun, Amiens.

Sont admis : Duché jeune et Massoulier.

M. Faure demande à faire partie de la Société, observant « que le Club des Amis de la paix l'avait couché dans leur registre sans qu'il en fut averti, ni prévenu ».

Séance du 6 février 1791

Le f.·. Reignac renouvelle les dénonciations contre les sœurs grises. — La question sera étudiée et décision sera prise dans une prochaine séance afin de mieux informer.

Lecture est faite de différentes pièces provenant de Carcassonne, Figeac, Toulouse et Brive. Au sujet de cette dernière, une députation de quatre membres est envoyée à Brive pour assister à la cérémonie funèbre en mémoire de M. Desailleux.

Par une lettre « de M. Linas, de Lagraulière, M. Santy, ci-devant, Chalon, administrateur du département », est dénoncé comme n'étant pas citoyen actif. — M. Berthelmy est chargé de l'enquête à faire à ce sujet.

Le citoyen Lambeau, ancien cavalier du Royal-Navarre, remercie la Société de ses bons offices auprès de la Société de Paris. « Il n'a pas osé venir pour remercier, vu qu'il craignait que sa présence à la Société n'occasionnât du trouble. »

Un Théatin dénonce par écrit l'abbé Barry qui n'a pas voulu l'entendre en confession parce qu'il avait prêté le serment.

Le citoyen Montbrial, administrateur du département, ayant refusé de signer les délibérations de cette assemblée au sujet du clergé, sera dénoncé par la Société à l'Assemblée nationale.

Un officier du Royal-Navarre sera signalé au département « pour s'être conduit anti-patriotiquement ». (1).

Il est demandé que la municipalité de Tulle rende compte par écrit des dépenses publiques.

Séance du 9 février 1791

Lecture est faite de la correspondance où se trouve une lettre de Villeneuve fils, des *Amis de la Paix* de Tulle ; elle a été renvoyée à ces Messieurs sans être décachetée, vue qu'on avait décidé qu'on n'aurait point de correspondance avec eux ».

Les dénonciations relatives à l'abbé Barry, à l'officier du Royal-Navarre et à la municipalité sont renvoyées au département.

Les f∴ Béral cadet, Béral aîné, Gardelou et Lagarde signalent plusieurs faits attribués à un cavalier du Royal-Navarre.

Il est demandé que le département enjoigne à la municipalité de rendre ses comptes publics par la voie de l'impression.

La Société décide d'écrire à un Club de femmes qui vient de se former à Saint-Julien.

Demande est faite au département de faire supprimer les armoiries, et notamment celles de l'évêque.

Pierre Contrastin, huissier ; Antoine Maugein, dit le Faure ; Puyrayemond, vicaire d'Auriac-de-Bar ; Laporte, de Chameyrac, officier municipal ; Joseph Béril, porte-drapeau de Chameyrac ; Jean Montmaure, maître

---

(1) Il s'agissait du capitaine Masset. — Cette affaire a fait l'objet d'une étude spéciale : *Le Royal-Navarre-Cavalerie et son chef*, par Victor Forot. Paris librairie P. Cheronnet 1986.

tailleur ; Jean-Mercure Maugein, procureur de la commune de Saint-Martin sont admis.

Séance du 13 février 1791

Il est fait lecture de l'instruction au peuple faite par l'Assemblée nationale sur l'organisation civile du clergé, ainsi que d'une lettre de Seilhac émanant de la garde nationale de cette commune, dans laquelle il est dit « qu'on ne cesse dans leur canton d'induire dans l'erreur les cultivateurs ; mais qu'ils font tous les derniers efforts pour les dessiller. »

La demande d'affiliation de la Société d'Uzès ne sera acceptée qu'après enquête sur les principes professés par les membres de cette Société.

Sont admis : Bedel, professeur au collège de Tulle ; Desvergne, professeur au même collège ; Coutillard, professeur au même collège, et Lacombe, chapelier.

Une pétition est faite au district pour qu'il s'assure que la poudre, gargousses et cartouches de la garde nationale de Tulle sont entre bonnes mains.

Il est décidé que le sieur Jaucen, ci-devant qualifié, de Poissac, sera dénoncé au département pour avoir « laissé subsister dans sa cour les poteaux qui déposent de son ancienne vexation féodale ».

Sont admis, les sieurs : Broch, imprimeur de Tulle ; Antoine Margery, de Laguenne ; Darcambal, major de la garde nationale de Tulle ; Fénis, curé de Naves (1) ; Lespinat, vicaire de la même paroisse ; Marcadié, de la Barussie ; Mazes, sargelier, de la Barussie ; Jean de Lan, canonnier de Souilhac ; Mazin, de Laguenne ; Baile, officier municipal d'Uzerche.

Le f.·. Lanot cadet est nommé archiviste adjoint.

---

(1) Au sujet de ce prêtre voir la *Monographie de la commune de Naves*, tome II par Victor Forot.

Sont admis : Boric, de Chamboulive ; Pierre Ferrière, aussi de Chamboulive ; Salesse, de Chambouzac ; Roussarie père ; Colin, maître charpentier ; Barbe ; Duval et Villefloze.

Le sieur Baudri, vicaire de Seilhac, est dénoncé « comme ayant tenu des propos très incendiaires et capables de soulever contre la Constitution des villageois simples et crédules » ; il sera dénoncé au département.

Il est donné avis, par le maire de Chameyrac, que les sieurs Dumas, Saint-Hilaire et Lavaur, ci-devant, de Sainte-Fortunade, ont demandé à la municipalité de Chameyrac des « certificats indéterminés pour faire un voyage dont ils ne faisaient connaître ni l'objet ni la durée, et que cette municipalité ayant refusé ces certificats, ces Messieurs se sont adressés à la municipalité de Tulle et au directoire du district qui le leur ont donné « aussi ample et si indéterminé que ces trois citoyens suspectés de mauvaises intentions l'ont exigé ».

Il est décidé que la municipalité et le directoire du district seront dénoncés au département pour qu'il avise « au moyen et mesures à prendre pour mettre obstacle aux institutions inciviques que pourraient avoir et que semblent manifester ces trois émigrants. »

Une lettre circulaire imprimée sera adressée à toutes les Sociétés affiliées pour les prévenir des « démarches et manœuvres sourdes que semblent tramer des citoyens qui n'ont pu obtenir de leur municipalité des certificats qui leur donnoient les moyens de s'expatrier. »

Séance du 18 février 1791

Une lettre de la Société de Souilhac demande pourquoi M. Laborde a été exclu de la Société de Tulle. — Il sera répondu par le Comité des rapports.

A l'avenir, les récipiendaires ne seront admis qu'après avoir «protesté formellement contre les principes des Amis de la paix».

Une motion tendant à proposer une lutte théologique au sieur Barbière est repoussée, attendu que cette proposition a déjà été faite à tous les prêtres au nom de la Société.

Une demande est adressée au département pour que la garde nationale de Tulle soit sous les armes pendant le temps que les électeurs resteraient en ville.

La Société tiendra séance tous les jours pendant la durée du séjour à Tulle du corps électoral.

Séance du 20 février 1791

Une lettre de f.·. Brival informe la Société que le Directoire du département s'est prononcé sur trois des dénonciations qui lui avaient été faites au sujet de l'enterrement du sieur Labrousse, et sur la conduite du sieur Maschat, marguillier de Saint-Julien, et Graviche, ci-devant chanoine.

La Société de Marseille signale un «extrait du discours précieux de M. Robespierre sur l'organisation de la garde nationale».

La Société de Brive demande qu'une lettre collective soit écrite au Ministre de la guerre pour faire «sentir combien il est dangereux que les aristocrates occupent des places dans la gendarmerie nationale. Elle demande que le Ministre «éloigne de tout grade militaire le profane, le sanguinaire, l'aristocrate Merlhac». Cette proposition est acceptée et on joindra à cette lettre que «M. Combret, ci-devant de Marsillac, a mérité par sa conduite une pareille exclusion».

Une députation des *Jeunes Amis de la Constitution* vient demander d'être affiliée. «Le président témoigne aux enfants de la patrie combien la Société était charmée de les agréger au nombre de ses frères.»

Le f.·. Bardon, dans un éloquent discours, fait ressortir que le serment exigé des prêtres ne porte la plus légère atteinte à la religion.

Il est décidé qu'à l'avenir nul ne sera admis dans la Société s'il n'a obtenu les cinq sixièmes des voix des membres présents à la séance.

MM. Greck, de Meymac, Duval, professeur au collège de Tulle, Mas et Béril, de Chameyrac, prêtent serment.

Séance du 21 février 1791

Une lettre de M. Villeneuve exprime ses regrets de n'avoir pas été admis. Il demande un nouveau vote et ajoute qu'il sera toujours patriote.

Une autre lettre de M. Lacoursière, ci-devant feuillant, «dit que sa santé ne lui permet pas d'assister aux assemblées et qu'il ne peut par conséquent se regarder comme notre frère».

La quatrième lettre est de M. Foulon, major de la garde nationale de Meymac. «C'est une réponse à l'invitation que la Société a fait à toutes les gardes nationales du département de s'affilier à nous, ou plutôt pour déjouer les cabales aristocratiques.»

Des pétitions seront adressées au département et à la municipalité de Tulle et au district «pour nous débarrasse du détachement de Royal-Navarre, attendu que les officiers et plusieurs soldats ont donné des preuves non équivoques d'anti-civisme, et que d'ailleurs ils occasionnaient des dépenses exorbitantes à la ville sans lui être d'aucune utilité».

Une adresse est envoyée au département pour que la municipalité soit invitée à rendre compte de sa gestion suivant les décrets de l'Assemblée nationale.

Il est décidé en outre qu'on demanderait à la municipalité où se trouvaient «les onze barils de poudre fournis aux alertes, attendu que le bruit couroit qu'ils étoient confiés à des mains aristocratiques».

Le sieur Maschat, marguiller de Saint-Julien, ayant

exigé des rétributions défendues par les décrets, la Société priera la personne à qui ces rétributions ont été demandées de se laisser assigner par le marguiller.

Séance du 22 février 1791

Le f∴ Deprès, qui a été longtemps absent, demande à reprendre sa place en prêtant de nouveau le serment exigé. — Adopté.

A l'occasion de la nomination du nouvel évêque, un membre prononce un discours qui sera livré à l'impression.

Une députation est envoyée à la municipalité pour la prier d'ordonner une illumination (1). La municipalité paraît un peu surprise et promet une réponse dans un quart d'heure. — Plus d'une heure s'étant écoulée sans avoir de réponse, une nouvelle démarche est faite ; la municipalité répond alors « qu'elle avait donné des ordres à cet effet puisqu'elle avait fait tirer le canon ».

Sont admis : Semetes, Villeneuve, Laurissière, Bessat, Teyreygeol cadet, Cibot, Mons, Chambon, Lavialle, Gautou, Boussignac et Lissac.

Séance du 23 février 1791

Il sera adressé une plainte à l'Assemblée nationale contre les membres du district d'Ussel qui négligent leur service et occasionnent des dépenses onéreuses aux habitants ; quelques-uns même exercent des fonctions d'avoué, contrairement aux décrets.

Il sera aussi signalé que certains avocats, procureurs,

---

(1) Le nouvel évêque était M. Brival, curé de Lapleau, arrondissement de Tulle. Il remplissait en même temps les fonctions de maire de cet important chef-lieu de canton. Il fut élu évêque de la Corrèze le 22 février 1791 par 84 voix sur 168 votants.

etc., «exigent aujourd'hui des contributions encore plus considérables que dans l'ancien régime».

Une autre pétition sera faite pour que «tous les fonctionnaires publics réfractaires au décret du 27 novembre soient déchus de toutes leurs fonctions et surtout que les évêques soient tenus de sortir de leur département et les curés de leurs paroisses aussitôt qu'ils seront remplacés, jusqu'à ce que le calme soit rétabli ; et que les gardes nationales des campagnes soient armées promptement».

Une lettre circulaire sera adressée «aux habitants des campagnes pour leur assurer qu'au premier péril les Amis de la Constitution voleraient à leur secours».

Une députation est envoyée au f∴ Reignac pour le féliciter de ce que son beau-frère avait été nommé évêque. Il est décidé qu'une lettre de félicitations sera adressée à cet évêque. (1).

La municipalité sera dénoncée au sujet des octrois de la ville.

Il est procédé à la réception de MM. Roussarie troisième ; Brunie, cadet ; Grèze ; Barry, cadet ; Barry, le plus jeune ; Bac, de Naves ; Tramond, de Césarcin ; Saint-Hypoli ; Noyer ; Péchadour ; Plazanet, administrateur du département ; Baluze, cadet.

Séance du 27 février 1791

La Société dénonce à l'accusateur public «trois pré-

---

(1) L'évêque dont il est question était M. Jean-Louis Gouttes, né à Tulle en 1740. Il reçut les ordres après avoir servi dans un régiment de dragons, fut nommé curé d'Argelliers (Provence). Élu député du clergé de Béziers, aux États généraux en 1789, il fut sacré évêque constitutionnel d'Autun par Taleyrand en 1791. Arrêté en 1794 à Paris, il fut condamné à mort et exécuté le même jour. — J. L. Gouttes était un économiste distingué. Un livre qu'il publia en 1780: *Théorie de l'intérêt de l'argent* lui avait mérité l'estime de Turgot.

tres et un ci-devant privilégié qui, dans une orgie bachique, ont tenu les propos les plus indécents contre notre Constitution, dans une auberge de cette ville, avec bien d'autres propos les plus incendiaires».

«Les vicaires de Seilhac, de Saint-Salvadour, l'abbé Combret, ci-devant de Labesserie et Nussac, ci-devant privilégié, ont vomi des injures atroces contre l'Assemblée nationale, le département et surtout le nouvel évêque de la Corrèze». Ce sont les «Jeunes Amis de la Constitution» qui écrivent cela à la Société; leur lettre sera transcrite sur les registres.

Une pétition sera envoyée «aux représentants de la nation pour réduire à cent écus la pention viagère fixée à cinq cens livres pour les curés réfractaires à la loi du 27 novembre.»

Il est décidé qu'une dénonciation sera faite au sujet de la sûreté des munitions de guerre qui sont gardées par le sieur Lacoste, «homme suspect; et qu'il est urgent et prudent qu'elles fussent retirées de ses mains».

La nomination de l'abbé Melon sera dénoncée, «attendu qu'il n'avait point prêté serment, ni à Paris, ni en qualité d'officier municipal, ni qu'il n'était point citoyen actif».

Il est nommé un Comité des rapports, un autre de correspondance et un troisième pour l'épurement des comptes du trésorier.

La garde nationale de Corrèze demande à entretenir correspondance avec la Société par l'organe du sieur Lachassaige, «lequel a été rejeté par la Société»; il sera écrit à la garde nationale de Corrèze.

Séance du 2 mars 1791

La Société de Limoges demande des renseignements au sujet des émigrants, et notamment sur le sieur Merlhac.

Une adresse est envoyée au département contre la nomination à la place d'officier municipal de Saint-Clément, de M. Melon, qui n'est pas citoyen actif et n'a jamais prêté le serment.

Une pétition est adressée au département pour obliger la municipalité de Tulle à rendre ses comptes.

Un certificat de patriotisme est délivré au f.·. Vachot jeune qui veut aller à Paris.

Les sœurs de Sainte-Claire sont dénoncées pour avoir refusé les ornements sacerdotaux pour dire la messe à M. Verdier, ci-devant feuillant. — Il n'est pas délibéré sur ce sujet.

La preuve suffisante que «les prêtres qui avaient tenu des propos indécents et incendiaires chez les demoiselles Villeneuve pour en avoir tenu aussi contre le procureur général du département», n'étant pas faite, il n'est pas donné suite à cette dénonciation.

Ont été admis: Tramond, fils aîné; Brivezac, fils aîné; Charles Pradinel, de Seilhac; Rivassou, du village de Rivassou; Brunie, juge de paix de Cornil, premier électeur de Chamboulive; Plaisance, chasseur de Tulle, et Grillière, marguiller de la paroisse de Saint-Martin de Tulle.

Rabès n'ayant pas été admis, il sera de nouveau voté à son sujet dans la prochaine séance.

Séance du 6 mars 1791

Le f.·. Bussière est élu président; les ff.·. Labichse, Jehane, Bardon, médecin, Deprès et Lanot jeune sont élus secrétaires.

L'article du règlement au sujet des réceptions des candidats est modifié; à l'avenir les candidats qui n'auront fait partie d'aucun club inconstitutionnels seront admis à la pluralité des voix; ceux qui déjà auraient fait partie « de ces sortes de Clubs » (1) devront obtenir les cinq sixièmes des voix.

Le f∴ Leyrat, de la Barussie, ayant « manifesté des sentiments d'inhumanité dans une circonstance des plus touchantes, la Société l'a reconnu indigne de compter parmi ses membres et a arrêté de le rayer du tableau ».

Sont admis : Rabès, huissier à Tulle ; Roussarie, fils aîné ; Brival, vicaire de Lapleau ; l'abbé Lanneau, préfet du collège ; l'abbé Gaillardon, ci-devant feuillant ; et Cassan, curé de Saint-Bonnet-le-Pauvre.

Une adresse est envoyée au Club des Jacobins de Paris pour demander l'abrogation de la loi qui autorise l'inégalité de partage du patrimoine entre les enfants, cette loi étant « injuste, barbare et nuisible à la Société, et contraire à la nature ».

Cette proposition sera envoyée à toutes les Sociétés affiliées.

Une adresse sera envoyée à l'Assemblée nationale pour hâter l'organisation des collèges.

La municipalité de Tulle est dénoncée pour avoir négligé l'exécution du décret qui abolit le costume religieux.

Séance du 9 mars 1791

Sont admis : Amblard, juge de paix à Sainte-Fortunade ; Pierre Antoine, de Souilhac ; les deux Fénis, surnommés Claude ; Martial Saugon, armurier de Tulle ; Bernard Pandrigne, officier municipal de Sainte-Fortunade ; Pierre Galinon, officier municipal du même lieu.

Ont été ajournés à un second vote les sieurs Pierre

---

(1) Cette mesure avait surtout pour but d'atteindre les anciens membres du club des Amis de la paix de Tulle.

Daumar, officier municipal de Lagarde, et Terrioux, électeur de Lagarde.

Il sera établi une correspondance entre la Société et les gardes nationales de Saint-Jal et Neuvic.

Le sieur Lagarde, ci-devant d'Auberty, et le sieur Roudarel, ci-devant de Seilhac, sont dénoncés au département pour « avoir mal à propos maltraité des enfants ».

Il a été décidé que la correspondance entre la Société et la garde nationale d'Uzerche cesserait en raison des « sentiments inconstitutionnels » de cette garde nationale.

Séance du 13 mars 1791

Il est donné lecture d'une lettre imprimée que la Société va envoyer aux habitants du département pour les inviter à se faire donner un reçu toutes les fois qu'ils feront travailler un homme de loi.

Une lettre de M. Debassas, d'Uzerche, invite la Société « à procurer du secours à notre fidèle camarade Duricux dont les malheurs ont altéré la fortune ». (1).

Une autre missive de la Société de Souilhac annonce que le sieur Laborde vient d'être exclu de cette Société « à cause de ses sentiments anticonstitutionnels dont notre Société lui a fourni des preuves suffisantes ».

Il est fait lecture d'une relation des maux subis par la ville d'Uzès.

Un régent de Meymac envoie un projet d'éducation qui est transmis au Comité des rapports.

Les habitants de Ménoire envoient un mémoire contre le f∴ Bourdet.

---

(1) Il s'agissait de Duricux, tambour-major de la garde nationale de Brive, qui avait été incarcéré au sujet des troubles d'Allassac et de Favars. Voir l'*Année de la Peur*, par Victor Forot.

Enfin, un discours envoyé par M. Deschamps, vicaire de Meymac, est transmis au Comité des rapports.

Clusan fils, Martial Daudé et Tramond fils, de Tulle, prêtent serment.

Deux censeurs sont nommés pour «découvrir et dénoncer les assemblées de fanatiques qui se tiennent soit à la ville, soit à la campagne.»

Une «adresse simple sera envoyée aux habitants de la campagne pour les empêcher de tomber dans l'abyme que le fanatisme cherche à creuser sur leurs pas».

Une lettre sera adressée à tous les affiliés pour qu'ils donnent avis à la Société de tous les complots aristocratiques.

Deux députés sont envoyés auprès du corps électoral pour demander à ces Messieurs de se joindre à la Société pour obtenir du département «que les officiers municipaux qui ont signé des pétitions tendantes à conserver dans leurs places les prêtres et fonctionnaires qui ont refusé d'obéir à la loy soient déchus de leurs places.»

Il est demandé au département que les canons de Pompadour soient transportés dans le chef-lieu du département, que ceux qui sont dans la ville soient refondus.

Une proposition de vendre les cloches superflues de la principale paroisse de Tulle pour acheter des canons est ajournée.

«La Société, fâchée de la lenteur des ff∴ Bardon, médecin, et Lafeuillade, homme de loy, à remplir les vœux tendant à dénoncer les prêtres qui avaient tenu des propos incendiaires chés les demoiselles Villeneuve, a nommé un nouveau commissaire qui est le ff∴ Bardon, féodiste».

Séance du 14 mars 1791

Les f∴ Bernard Vinsot, électeur de La Chapelle-

Saint-Géraud ; Pierre Jarrige, maire et électeur de Lafage ; Etienne Armand, maire et électeur de Clergoux ; Pierre Pradalès, procureur de la commune de Marsillac ont prêté serment.

Un membre ayant observé que le département avait autorisé une formule de serment opposé au décret du 9 janvier et conçue en ces termes : « *La nation m'assurant par ses décrets de respecter la foy et de soutenir la religion chrétienne, je jure, etc.* » L'assemblée décide d'envoyer immédiatement deux délégués auprès du Directoire du département pour l'inviter à retirer cette sorte de restriction. Les députés, de retour, annoncent que « le Directoire a déclaré que « la phrase ajoutée au serment n'était ny un préambule, ny une restriction et que d'ailleurs la délibération étoit couchée sur les registres et qu'il y aurait de l'inconvénient à se rétracter. »

L'assemblée, à l'unanimité, décide de dénoncer ce fait à l'Assemblée nationale et l'adresse est « rédigée sans désamparer » ; elle doit partir par le plus prochain courrier.

Séance du 15 mars 1791

Un frère fait tous ses efforts pour justifier la conduite du Directoire du département relativement au préambule qu'il a autorisé avant le serment que doivent prêter les fonctionnaires publics. Il adjure la Société de revenir sur sa décision de la veille, mais « la Société déclare persister dans sa première délibération ». La discussion est animée, un f∴ propose pour éviter les lenteurs d'une pétition d'envoyer sur-le-champ un député auprès de l'Assemblée nationale. « Et animé du zèle dont il n'a cessé de donner des preuves, il a aussitôt offert sa montre pour fournir à la dépense. »

La séance est remise au soir du même jour.

Dans la séance du soir, les mêmes orateurs du matin reprennent leurs thèses et l'Assemblée, qui est très nombreuse, vote à nouveau la dénonciation du Directoire du département, mais en ce qui concerne la députation à envoyer à Paris, elle décide d'en référer à la Société de Brive pour avoir son avis.

En conséquence, quatre députés partiront le lendemain matin pour se rendre à Brive.

Séance du 16 mars 1791

Les députés envoyés à Brive sont de retour, accompagnés par deux députés de la Société de Brive.

Il est décidé après longue discussion que quatre députés se rendraient de nouveau auprès du Directoire du département (deux députés de Tulle et deux de Brive), pour le prier de reprendre en considération son arrêté au sujet du serment.

La séance a été suspendue en attendant le retour des députés.

Dans la séance du soir, un des députés de Brive rend compte de leur mission qui a été infructueuse. L'assemblée décide alors que l'arrêté du département au sujet du serment serait dénoncé, elle charge de cette mission le Club des Jacobins de Paris, M. Faye, membre de la Société de Brive et résidant à Paris, et M. Gouttes, membre de la Société de Tulle, évêque d'Autun.

M. l'abbé Puyramond était invité à prêter le serment avant d'être définitivement admis dans la Société, mais s'étant permis des observations indécentes, la Société, après l'avoir vivement repris, a arrêté de le chasser de la séance.

Sur la demande de la municipalité, un commissaire de la Société est nommé pour leur aider à faire la répartition de l'impôt.

La Société adhère au projet de décret de M. Roberspierre », sur l'organisation des gardes nationales.

Une motion tendant à prier le corps électoral de changer tous les curés pour savoir s'ils ont prêté le serment avec intention de s'y conformer est rejetée. De même que celle consistant à inviter les électeurs de ne pas recevoir le serment avec préambule.

Une lettre de la Société de Meyssac demande à connaître les griefs imputés au f∴ Dulmetz, afin de l'exclure de la Société s'il y a lieu.

Le curé d'Arnac envoie une réponse qu'il a faite à la lettre du cy devant évêque de Limoges.

Séance du 20 mars 1791

Lecture est faite d'une pétition qui demande un « renforcement de troupe de ligne présentée au corps municipal par nombre de citoyens actifs de cette ville ».

Une députation de dix citoyens actifs est sur-le-champ envoyée auprès de la municipalité « pour lui demander qu'il fut défendu au détachement de Royal-Navarre de porter des armes, ainsi qu'ils viennent de le deffendre aux citoyens-soldats ».

Le f∴ Lanot communique à l'assemblée une lettre qui lui a été adressée « en son propre et privé nom » par le sieur Bouy ci-devant de Saint-Hilaire. « Après longue discussion il a été arrêté que la lettre du sieur Bouy sera remise aux archives et que la réponse sera imprimée et renvoyée au Comité des recherches de l'Assemblée nationale et au Club des Jacobins.

Un plan d'éducation envoyé par un instituteur de Meymac est transmis au Comité d'éducation du département de la Corrèze.

Les députés envoyés auprès de la municipalité, de retour, ont annoncé « que le corps municipal avoit entendu dans sa proclamation que le détachement de Royal Navarre ne devoit non plus porter d'armes ».

Il est décidé qu'il sera écrit au Club des Jacobins de

Paris «pour le prévenir que tous les évêques rebelles à la loi doivent se rendre à Paris pour lancer leurs foudres contre les nouveaux élus et les électeurs».

Sont admis : Calvé, curé d'Albussac ; Antoine Broch, armurier ; Antoine Albier ; Bachellerie, maire de St-Martial-de-Gimel ; Ganne, canonnier ; Besse, de Saint-Augustin, électeur ; Farges, huissier à Naves ; Soubrane, notaire ; Mons, dit Feneirole ; Fenis, dit Claude ; Courtois, platineur ; Rochemont, sergent royal ; Duchamp, vicaire de Meymac ; Joseph Faivremond, président de la commune de Saint-Julien-La-Rivière, sergent-major de la garde nationale de la même paroisse ; Antoine Machal ; Pierre Faure, boulanger ; Louis Saugon ; Louis Audubert, jeune, et Joseph Tramond.

«Le sieur Denis a été ajourné à quatre mois sur l'observation d'un frère, pour avoir tenu des propos très anti-patriotiques et notamment d'avoir dit que si la contre-révolution arrivait, il se tournerait contre les patriotes».

Séance du 23 mars 1791

Il est donné lecture d'une lettre du f∴ Trech, de Magnac, dénonçant «l'inconduite des cy devant bourgeois et gentilshommes de Magnac lors de la nomination d'un nouveau juge de paix». Il annonce aussi qu'il s'adresse au Directoire du département pour obtenir la cassation de cette élection.

Le sieur Gabriel Lafon, notaire de Meymac, écrit, se plaignant «d'avoir été maltraité par plusieurs particuliers». La Société appuiera les réclamations de ces f∴.

Divers membres prêtent serment.

L'abbé Gobert, porteur d'une lettre de la Société de Sarlat, est affilié, ainsi que la Société qu'il représente.

Une lettre de Lubersac dénonce les sieurs Lespinat, père et fils, le dernier officier municipal, comme ayant «décrié auprès des habitants des campagnes les prêtres qui ont prêté serment.»

Le Club de Thiviers donne comme références les Clubs de Limoges et Périgueux pour obtenir son affiliation.

Une lettre du sieur Bygorie, de Lubersac, demande que la Société donne sa protection au sieur Graviche, cavalier de maréchaussée à Lubersac, lorsqu'il s'agira d'organiser la gendarmerie nationale. Elle dénonce aussi «les coupables efforts des fanatiques de ce pays». Le département en sera avisé.

Une lettre de la municipalité du Chastang demande des commissaires nommés par la Société pour lui aider à asseoir l'impôt foncier.

Il est donné lecture de diverses lettres des Sociétés du Mans, de Versailles, Clermont, Angers.

Le f∴ Lafeuillade dépose sur le bureau le «projet de dénonciation à l'accusateur public contre les prêtres qui ont scandalisé le public par toutes sortes de propos incendiaires.»

Séance du 26 mars 1791

Sont admis : Miginiac, juge de paix à Clergoux ; Jean Joseph père ; Brival, homme de loi d'Ussel ; Jean Maisonneuve, procureur de la commune de Saint-Martial-de-Gimel.

Protestation contre le port des armes des cavaliers de Royal-Navarre malgré la défense de la municipalité. L'assemblée décide que chaque garde national pourra s'armer. Une adresse est faite au département à ce sujet.

Une députation sera envoyée au devant de l'Evêque de la Corrèze, «pour luy témoigner notre empressement à le recevoir parmi nous». Deux députés sont envoyés auprès de la municipalité «pour la prier de faire passer la caisse afin de rassembler tous les bons patriotes qui désireront y venir ».

Une adresse est envoyée au département pour faire casser la nomination de M. Villefosse comme préfet du collège et « obliger la municipalité de donner à MM. les professeurs une déclaration par laquelle elle reconnaitra ces Messieurs comme incapables de fomenter les troubles qui ont eut lieu dans le collège ».

Il est en outre décidé que la réception du nouvel évêque se fera au Champ-de-Mars, et que les musiciens amateurs y seront invités ainsi que la Société des Jeunes Amis de la Constitution. Le président fera un discours, « les boettes » seront tirées.

Séance du 27 mars 1791

Le vicaire de Sainte-Fortunade sera dénoncé au département en raison des « propos incendiaires » qu'il a tenu à l'arrivée de l'évêque.

« Il a été arrêté que si l'évêque de la Corrèze se présentait pour être reçu dans la Société, comme on a lieu de le présumer de son patriotisme, dont il a donné de si grandes preuves, il seroit reçu par acclamation, comme l'évêque de Lida, aujourd'hui évêque de la capitale, a été reçu au Cloub des Jacobins.

« L'Évêque de la Corrèze s'étant présenté pour devenir membre de la Société, a manifesté touts les sentiments d'un pasteur constitutionel et d'un vrai patriote. Le frère président, après lui avoir témoigné l'attachement de la Société et la joie qu'elle éprouvait à le recevoir dans son sein, lui a proposé de prêter le serment exigé par la Société, ce qu'il a fait avec tout le zèle d'un défenseur de la religion et de la patrie. »

Il est décidé que le procès-verbal de la réception de l'évêque, tant dans la ville que dans la Société, sera imprimé.

La Société des Jeunes Amis de la Constitution de Tulle a « proposé de l'incorporer attendu qu'elle est beaucoup chagrinée par la municipalité ». La décision est ajournée.

Le sieur Moussour est dénoncé « pour avoir tenu les propos les plus criminels et les plus incendiaires ».

Séance du 29 mars 1791

Il est donné lecture d'une lettre de la Société de Clermont-Ferrand qui annonce qu'un arrêté vient d'être pris par eux au sujet de l'admission « des sous-officiers, cavaliers, dragons et autres sujets de troupe de ligne dans le Club des Amis de la Constitution. Il n'est pas donné de suite à cette affaire. Les f∴ Pastric, mazelier, et Mons, dit *Peberol*, prêtent serment.

Une relation de l'affaire de M. Bordier, envoyée par M. Bessas à M. le procureur général Brival, est transmise par ce dernier à la Société.

L'assemblée décide que la Société se rendra en corps le dimanche suivant auprès de M. l'évêque pour lui témoigner le plaisir qu'elle avait eu de le recevoir dans son sein, ainsi que sa sensibilité à l'offre honnête qu'elle avoit reçu de sa part de la salle de l'évêché. »

Margerie, officier municipal de Laguenne, et Mazin, tonnelier, sont dénoncés « pour avoir signé une pétition indécente tendant à conserver en fonction leur curé réfractaire.

Les ff∴ Barbe et Lanneau, préfet du collège, se proposant de partir pour Paris, demandent des certificats, qui sont accordés.

Séance du 30 mars 1791

Une somme de six livres est votée pour l'achat de catéchismes constitutionnels qui seront distribués dans les campagnes.

Une lettre des Jacobins de Paris, accusant réception

de la dénonciation faite par la Société contre le Directoire du département, félicite les Amis de la Constitution de Tulle de leur conduite et annonce que leur dénonciation a été remise au Comité de la Constitution.

Lecture est donnée de diverses lettres des Sociétés de Rouen, Nantes, etc.

La salle de l'évêché où se tiendront bientôt les séances sera blanchie.

Les f∴ Lacombe, curé constitutionnel de Corrèze, Tronchet et Vacher, de Chameyrat, prêtent serment.

Sont admis à faire partie de la Société : Dumond, de la Brunie, paroisse de Seilhac ; Roche, sculpteur ; Rebuffie, chapelier, et Mazin, huissier. « Le sieur Mazin, meunier, est ajourné à dimanche, soupçonné d'être du Club monarchien. »

Séance du 3 avril 1791

MM. Anglard, évêque du Lot, Jean-Baptiste Peyrat, son premier vicaire, et Claude Duphonieux, administrateur du département du Lot, assistent à la séance, porteurs d'une lettre des f∴ de Cahors.

L'évêque du Lot est prié d'interdire les prêtres, aumôniers des religieuses et hôpitaux et autres qui ne se sont pas conformés à la loi. Il répond qu'il « publierait bientôt un mandement dans lequel il annonceroit de venir prendre de nouveaux pouvoirs. »

Une lettre de la garde nationale de Treignac demande à entrer en correspondance avec la Société. — Proposition acceptée.

La Société, indignée, interrompt la lecture d'une lettre « venant d'un cy devant directeur du Séminaire qui porte que les prêtres ne doivent pas prêter le serment comme contraire à notre sainte religion ».

Le f∴ Brival, d'Ussel, informe que « plusieurs fonctionnaires publics qui n'ont pas obéi à la loi s'exhaltent en chaire en propos très incendiaires contre ceux qui doivent les remplacer et dénonce le curé de Meymac pour avoir déserté l'Assemblée nationale pour venir déclamer contre les décrets.» (1).

Prêtent le serment d'usage: les ff∴ Roche, Louis; Saugon, fils; Ferrier; Baron; Albier; Léonard Giau; Guillaume Courtois et Laumond.

Séance du 6 avril 1791

Il est donné lecture de nombreuses lettres, entr'autres une de M. David, curé d'Arnac, qui demande l'impression d'un ouvrage qu'il a envoyé ; une du cercle social, en réponse à la communication faite par la Société «au sujet du Club monarchien de Tulle qui vouloit s'affilier avec cette Société». Une autre du frère Lanneau, en séjour à Paris, qui annonce la mort «du plus zélé défenseur du peuple, Mirabeau, et le deuil où sont les patriotes de la capitale».

Il est décidé que la Société portera le deuil pendant huit jours et qu'une cérémonie funèbre sera faite à l'expiration du deuil. L'évêque est chargé de prononcer une oraison funèbre.

Une lettre de Brignolle contient une adresse à l'Assemblée nationale «pour qu'il soit établi dans chaque département une école de Constitution». Une autre lettre de Poitiers dénonce «le Club littéraire comme n'étant composé que d'ennemis du bien public».

La Société de Grenelle communique une lettre à M. Duportal, ministre de la guerre, «tendante à ce que les soldats ne soient point privés d'assister aux séances des Sociétés patriotiques».

---

(1) Le curé de Meymac était M. Thomas, député du clergé d'Ussel aux Etats généraux. Voir *L'an 1789 en Bas-Limousin*, par Victor Forot.

Le f∴ Brival, évêque du département, est élu président.

Le f∴ Germiniac envoie des exemplaires du discours qu'il a prononcé à la nomination de l'évêque du département.

Le f∴ évêque étant absent, deux ff∴ sont envoyés auprès de lui pour lui demander de permettre que le cérémonie en mémoire de Mirabeau ait lieu dans l'église paroissiale de Saint-Martin, et de vouloir bien «prononcer l'éloge funèbre de ce grand homme».

Une lettre de Rilhac-Treignac dénonce « l'hypocrisie, le fanatisme et l'aristocratie du sieur Jean Juvenel, curé d'Eyburie ; elle sera communiquée au Directoire du département avec appui ».

Il sera écrit au colonel pour le prier «d'assembler le régiment national et luy communiquer la lettre reçue de la garde nationale de Clermont-Ferrand ».

Les ff∴ Beaudoin, Pinaud cadet, Duval cadet, Lanot cadet sont élus secrétaires. Les ff∴ Pourchet, de Naves, et Peschadour, de Cornil, prêtent le serment.

Séance du 8 avril 1791

Sont admis : Baluze, cavalier ; Charlet, curé de Meymac ; Vignol, clerc tonsuré ; Vialle, diacre ; Ludier, clerc tonsuré ; Dubois, cadet ; Bardon, arquebusier ; Boudrie, sellier ; Grillère, chapelier ; Orliaguet, chapelier ; Terrioux, greffier du juge de paix de Corrèze.

Le président de la Société d'Aubusson, M. l'abbé Caste, qui assiste à la séance, demande l'affiliation pour sa Société. Il est sursis à cette affiliation en attendant de plus amples renseignements.

Une lettre de Suisse annonce que six régiments autrichiens ont tenté de traverser le territoire suisse pour se rendre dans la haute Alsace, mais qu'ils ont été repoussés.

Le f∴ évêque fait savoir qu'il ne lui est pas possible

de se charger de prononcer l'oraison funèbre du citoyen Mirabeau, le f∴ Brival, procureur général, a bien voulu s'en charger, mais l'évêque fait savoir qu'il « trouve une entrave à ce que un laïque fasse l'oraison funèbre dans l'église paroissiale de Saint-Martin » et qu'il en a chargé l'abbé Rabanide.

Il est observé que l'évêque a eu tort de choisir l'abbé Rabanide qui ne fait pas partie de la Société, et qu'avant de faire ce choix il aurait dû prévenir la Société. Deux députés sont envoyés à l'évêque pour lui faire part des observations de l'assemblée.

Les députés revenus pour rendre compte de leur mission ont annoncé qu'en présence des observations faites ils proposeraient à la Société de faire la cérémonie aux Récollets et non à l'église paroissiale. — Cela est adopté

Ce même jour, l'abbé Rabanide fait demander son admission dans la Société.

Séance du 10 avril 1791

Les ff∴ Baluze, Dombré, Pierre Dufaure, Dubois, Julien Massounie, ont prêté serment.

Une proposition d'inviter les corps constitués à la cérémonie en mémoire de Mirabeau est rejetée, mais trois membres sont délégués pour faire cette invitation à la municipalité et la prier de faire annoncer cette cérémonie par des affiches.

Un extrait des règlements de la Société sera envoyé au f∴ Cambre, curé de Corrèze, qui le demande pour en faire part aux bons patriotes.

La Société des Jeunes Amis de la Constitution de Tulle est invitée à assister à la cérémonie en mémoire de Mirabeau.

Sont admis: Bussière, aubergiste et Renocia, de Seilhac, et Antoine Naillé, officier municipal du Chastang.

Le registre porte entre deux filets cette indication:
Fin des séances des Récollets.

Séance du 13 avril 1791

Un membre propose que tous les membres de la municipalité ou de la garde nationale du Chastang qui ont assisté à la cérémonie en mémoire de Mirabeau soient admis dans la Société. Ils sont admis par acclamation. Voici leurs noms : Pierre Trocin, procureur de la commune ; G. Bourgeois ; P. Berthou, officiers municipaux ; P. Maturié, commandant de la garde nationale ; Bougeix, Drigoux, Tronche, Deaugier, Faurie, Drigoux, Roussane, Ga ne, Leymarie, Laulier, Tersoux, gardes nationaux.

Sont aussi admis : Vacher, cultivateur ; Béril, officier municipal de Chameyrac ; Lallé fils ; autre Lallé ; Chabrix, Chassaignac, Jean Leyrat ; de Vi'rac, de Champagnac-la-Nouaille et de Clergoux ; Pierre Roux, notable et tambour de la garde nationale du Chas'ang. Ce dernier demande la parole et dit : « J'ai travaillé des communaux et je demande à en être propriétaire ». Il lui est observé que les communaux appartenant à toute la commune, il n'avait pas le droit de s'en approprier une partie.

Une lettre de M. Brival d'Ussel dénonce l'inconduite tant du juge de paix que du tribunal du district d'Ussel.

Une lettre de Lorient demande par une adresse à l'Assemblée nationale que les officiers soient forcés de rejoindre leurs corps respectifs et qu'ils soient tenus de prêter le serment prescrit entre les mains des officiers municipaux, où ils se trouveront.

Avis est donné par la Société de Paris que les adresses envoyées par la Société ont été remises : celle dénonçant le département au sujet du serment, au Comité ecclésiastique et celle demandant l'organisation de l'éducation pour les collèges fait l'objet de l'étude de l'Assemblée.

Séance du 16 avril 1791

Il est écrit une lettre de rappel au Direc'oire du département au sujet de diverses pétitions auxquelles il n'a pas encore répondu.

Sont admis comme membres de la Société : Rabanide, vicaire de Saint-Martin de Tulle ; Rebufic et Dubousquet ; Romaneix, de Seilhac ; Elly, ci-devant commis aux fermes ; Chambareix ; Saint-Hilaire, platineur ; Claircie, cadet (1) ; Bernard Chassagne ; Materbeau, curé de Clergoux ; Rouilliac, contrôleur, de Souillac ; Molle, réviseur de Souillac.

Il est décidé qu'on donnerait des surveillants aux prêtres «pour être plus à portée de les connaître et de veiller sur leur mauvaise conduite.»

Il est décidé qu'on écrira « à toutes les gardes nationales ou municipalités du département pour les exciter à surveiller tous les cy devants fonctionnaires publics réfractaires à la loy qui sont ou peuvent être dans leurs cantons, et le prier de nous donner tous les renseignements qu'ils pouront avoir sur ces réfractaires ».

Le vicaire de Lagarde, réfractaire, est dénoncé pour avoir fait un baptême dans une chambre. L'évêque n'ayant encore pas, à ce moment, publié son mandement, il n'y a pas lieu à délibérer.

Le f∴ Bardon, féodiste, est exclu de la Société pour manque de patriotisme.

Deux membres sont envoyés auprès de la garde nationale pour prendre connaissance d'une lettre qui lui avait été écrite par le Directoire du département.

A leur retour, ces membres annoncent « que le Directoire habillait on ne peut mieux et sellon qu'elle le

---

(1) Ce Clerey (orthographe exacte du nom) a joué un certain rôle à Tulle pendant la Révolution : Voir à son sujet *Les Arrestations à Tulle sous la Terreur*, par Victor Forot.

méritait la municipalité de cette ville, relativement à plusieurs arrêtés qu'elle a eu la bêtise de faire ».

« La Société a arrêté qu'elle prendrait touts les moyens possibles pour rendre publique cette lettre. »

Séance du 20 avril 1791

En réponse à la lettre écrite au Club des Jacobins de Paris au sujet des trois émigrants Dumas, Saint-Hilaire et Sainte-Fortunade, cette Société mande que nous devons « nous contenter de les mépriser et de ne pas faire attention à eux. »

Séance du 20 avril 1791

Le f∴ Delmas, président de la Société d'Argentat, demande qu'aucun membre ne soit admis à la Société de Tulle s'il a son domicile dans un lieu où existe déjà une Société. — Adopté.

Lagarde, chasseur de la garde nationale, qui a demandé son admission, est refusé. Sont admis : Guinto, de Souillac ; Bouisse, curé d'Ussel ; Borie, aumônier de l'hôpital ; Chabanier, charron ; Sauveur, de Souillac ; Faurie, platineur de Souillac ; Bastid, maire de Léobazel ; Lagier, curé de Sainte-Fortunade ; Bardon, secrétaire du département ; Fouillioux, entrepreneur, de Meymac ; Lachaud, de Meymac ; Laurent, canonnier de Souillac ; Pierre Benot, de Souillac ; Jean Fage, canonnier ; Grandig, canonnier ; Mouisso, pâtissier ; Cluzet, fils troisième ; Martin Failli ; François Mas, canonnier ; Talin, de Corrèze ; Jean Chaumeil, maire et électeur de Saint-Mexent ; Bourdu, maire de Favart ; François Bassaler, de Saint-Martial ; Pierre Neyral, du Chastang.

Séance du 26 avril 1791, l'an second de la Liberté

« La Société, assemblée en la salle de l'évêché (1), pré-

---

(1) L'évêché de Tulle était alors situé près de la cathédrale, exac-

sident à la séance le frère Brival, évêque constitutionnel du département de la Corrèze. Un frère ayant demandé la parole, a dit : La garde nationale de Laguenne a été ce matin se rendre tambour batan à l'église de la même paroisse ; ils ont été arrêtés par une femme qui s'est permise de repousser un garde nationalle. Un autre frère a observé que cette municipalité étoit blâmable. Un autre frère a dit que la municipalité devoit être dénoncée d'après la dénonciation qui nous seroit faite bien signée des membres de la garde nationalle de Laguenne. La matière assez discutée, la Société a décidé qu'on ne délibéreroit que lorsque les dénonciateurs auroient parus ».

Plusieurs membres incriminent le Directoire du département et celui du district pour ne pas encore avoir répondu à diverses pétitions que la Société leur a fait parvenir.

Un frère observe « que le Directoire du département avoit prononcé sur des pétitions qui luy ont été faites au sujet des Etangs de Favars, de Naves et autres et qu'il ne pouvait pas concevoir comment ce Directoire avoit pu prononcer sur des objets qui n'étoient pas assurément d'une aussi grande conséquence que les pétitions de la Société qui étoient pour le bien public et selon la forme de la Constitution. Et qu'il voyoit avec peine, comme à l'avenir on le verra, que l'on a menacé des pauvres paysans d'être les auteurs de tous les désordres et que c'étoit les propriétaires qui cherchoient à mettre du désordre parmi les citoyens en disant qu'on attaquoient leurs propriétés et qu'ils en étaient eux seuls les auteurs. Et qu'ils se servoint de ce prétexte pour mettre le trouble. »

---

tement a l'angle aval du pont Choisinet, tout au bord de la rive droite de la Corrèze.

Une lettre ayant été écrite au procureur général à ce sujet, la Société délibèrera aussitôt après sa réponse.

Une lettre de la Société de La Rochelle, demandant que la Société de Tulle s'unisse aux autres pour élever une statue à Mirabeau, est longuement discutée et la question reste en suspend en attendant qu'on écrive à La Rochelle.

Il sera écrit à la Société d'Ajaccio pour lui demander l'affiliation.

Un membre « dénonce l'inconduite du maréchal des logis du détachement de Royal Navarre envoyé à Donzenac par le Directoire du département pour y mettre le bon ordre ». Il dénonce en outre un cavalier de ce même régiment « pour avoir tenu des propos inconstitutionnels en disant même au curé : « Pourquoi voulez-vous rester ici puisqu'on ne vous veut pas ! » Il a en outre observé qu'il mettrait sa dénonciation par écrit et qu'il la signerait. »

Un autre frère dit « que des soldats du Royal Navarre attaquèrent hier un tambour de la garde nationale, battant la retraite, en luy tenant des propos forts durs ».

Sur ces nombreuses plaintes portées contre le détachement du Royal-Navarre, « la Société a arrêté qu'on dénoncerait aux corps administratifs l'inconduite du Royal Navarre, ainsi qu'à M. Duportail, ministre de la guerre, et qu'on enverroit copie de l'arrêt et de la conduite de cet indigne détachement aux départements qu'elle jugerait à propos ».

Revenant sur l'affaire de Laguenne, un garde national de cette ville explique que le matin les gardes nationaux voulant fêter la nomination du chef qu'ils s'étaient choisis se rendaient à l'église et qu'ils ont été insultés par une femme, sans que la municipalité ait voulu intervenir. Il demande donc que cette municipalité soit dénoncée en même temps que la femme qui a causé le désordre. Il est décidé que le plaignant dénoncera la municipalité au Directoire du département.

Le f∴ Marbot annonce qu'il revient de Beaulieu «qui étoit dans les mauvais principes parce qu'ils avoint été aveuglés par les discours des ennemis de la Constitution, mais qu'aujourd'hui ils étoint dans les principes de la Constitution et qu'ils formoint dans ce moment cy une Société patriotique et qu'ils se proposoint de nous demander affiliation».

Le f∴ Reignac, de retour d'un voyage, «a témoigné avec quelle satisfaction il avait été reçu dans les Sociétés où il avait passé» et notamment à Castelnaudary où le «f∴ Durand, curé constitutionnel de Narbonne, lui a remis un discours» qu'il présente à la Société.

Les séances de la Société étant publiques le dimanche, un f∴ propose de ne pas procéder ces jours-là au vote pour la réception des nouveaux membres. — La décision est ajournée.

Séance du 27 avril 1791

Les sieurs Deveix, procureur de la commune et chirurgien de Gimel, Antoine Lachaud, du bourg de Clergoux sont reçus membres de la Société et ont prêté serment, de même que les f∴ Chogon (?), Chambre, Jean Moisson.

Il est donné lecture d'une lettre de M. Montmorin adressée aux ambassadeurs des troupes étrangères, ainsi que d'un discours du roi à l'Assemblée nationale.

Autre lecture d'une lettre des patriotes savoisiens où «ils annnocent qu'ils ont rendu hommage à la mémoire du célèbre Mirabeau».

Enfin lecture d'une «adresse à l'Assemblée nationale venant de Mâcon, où ils démontrent le danger qu'il y aurait si les Electeurs avaient le choix des nouveaux législateurs. Ils demandent que la loi proposée par la Société de Dunkerque autorisant les soldats à assister aux séances de la Société des Amis de la Constitution soit votée. Autre demande pour que les armes promises à chaque département par l'Assemblée nationale soient distribuées. Autre proposition : « Que la garde nationale parisienne soit renforcée par le moyen d'un camp pris dans les gardes nationales des départements ». Enfin, ils expriment le désir que le jeu de paume soit conservé.

Il est donné lecture d'un extrait des délibérations de la Société des Amis de la Constitution de Brest où « ils annoncent qu'un grand nombre de citoyennes ont paru à leur Société pour faire leur profession de foi, avec un discours qu'une de ces citoyennes a prononcé ».

Une lettre d'Argentat annonce « que l'arrêté que nous avions pris leur a servi de base ».

M. l'abbé Radigonde est admis et prête le serment d'usage.

Le frère Lanot jeune est chargé de faire une adresse qui sera envoyée à l'Assemblée nationale pour appuyer les pétitions des f.·. de Mâcon ci-dessus énoncées.

Le frère Lanot aîné est chargé de faire une pétition adressée au département lui rappelant « le retard qu'il met à vouloir mettre en exécution toutes nos pétitions ».

Il est décidé qu'une dénonciation sera faite « pour que la municipalité soit tenue à veiller à ce que tous les citoyens soient armés également », car beaucoup de soldats de la garde nationale étaient sans armes et « un grand nombre d'autres en avaient plus qu'il n'en fallait ».

Une délégation de cultivateurs de Clergoux vient faire une démarche auprès de la Société, disant que « l'étang de M. de Seguière (1) portait beaucoup de tort et occa-

---

(1) Le nom du propriétaire est ici mal écrit, c'est M. de Sédière qu'il faudra lire.
Comme on le sait les étangs sont très nombreux dans cette partie

sionnoit beaucoup de dégâts et des pertes aux particuliers qui avaient des fonds sur le territoire de cet étang et qu'il s'était perdu même beaucoup de bestiaux. Au surplus ces laboureurs nous ont dit que la chaussée de l'étang de M. Seguière avoit été si fort élevée que cela ruinait tous les particuliers et qu'ils demandaient que M. Seguière fut tenu à remettre l'étang dans son premier état et tel que le droit l'exige. Ils ont observé qu'il y avoit péri beaucoup de particuliers».

Après une longue discussion, il est arrêté qu'une adresse seroit envoyée à l'Assemblée nationale pour obtenir la suppression de tous les étangs.

Séance du 1er mai 1791

Le frère Romanet, de Seilhac, prête serment. Un discours envoyé par la Société de Dax au sujet des patentes est pris en considération et sera rendu public.

Il est donné connaissance d'un projet d'organisation de la gendarmerie envoyé par la Société de Saint-Sever, département des Landes. Il sera communiqué au Directoire de notre département.

La Société refuse de s'associer au «projet de décret de M. Robespierre sur l'organisation des gardes nationales parce que les gardes nationales avaient été organisées d'après un décret».

Le frère Marbot dit que «la Société devrait écrire à celle d'Angers pour luy témoigner l'unité de sentiments qui nous fait craindre les effets de la corruption ministérielle et lui observer en même temps que le décret qu'elle sollicite ne pouvant pas prévenir la corruption, il seroit plus à propos que l'Assemblée nationale, di-

---

du département de la Corrèze, il y avait l'étang du Prévôt, des Agadis, de Sedière, du Château, l'Etang Noir, du Bec, du Pilar, de la Boude, de Chauzeix, de Ferrier et l'étang de Taysse et cela dans une superficie d'environ 2.500 hectares.

minuant les moyens de corruption en infligeant de nouvelles dépenses sur la liste civile. «Un autre frère a ajouté qu'il était très important qu'on ajouta que ceux qui sont regardés comme laquais du Roy ne puissent pas être citoyens actifs». Ce projet est adopté et le frère Marbot est chargé de le rédiger.

L'assemblée décide qu'une adresse sera envoyée à l'Assemblée nationale pour demander que tous les fonctionnaires publics soient citoyens actifs. La motion est adoptée. Un amendement, qui est aussi adopté, décide qu'il serait loisible à ces mêmes fonctionnaires de voter dans l'endroit qu'ils habitaient.

Le trésorier rendra ses compte dans une prochaine séance.

Le frère Rabanide, prêtre et vicaire, prête serment, ainsi que le f∴ Bardon, un des secrétaires du département. Ces deux frères prononcent des discours qui sont déposés aux archives de la Société

Il est décidé que «seraient effacés» de la liste des membres de la Société les noms des affiliés «qui ne sont pas venus depuis bien du temps et à cet effet il a nommé Me Brivezac qui n'avoit pas paru».

Un arrêté pris par le département, au sujet de la pétition faite par la Société relativement aux armoiries, est communiqué par le f∴ Brival.

«Ont été ensuite ballottés: Ludière ayné, Chantou, diacre constitutionnel ; Borie, cadet ; Plantade, meunier ; Chauveur, platineur ; Floucaud, cadet ; Lascaud, de Condat, prêtre constitutionnel ; Labrousse et Tuyiac, aussi prêtres constitutionnels ; Blezac, jeune, grenadier ; Dulac, homme de loy, refusé ; Vialle, aubergiste ; Ludière, homme de loy, et Ventejol, cordonnier, reçus ; — Pinzergue, préfet du collège ; Machat, père, sargetier ; Champeval ; — Lagarde, charpentier, n'a pas été reçu.

Séance du 4 mai 1791

Le f∴ Brival, évêque du département, étant absent, le f∴ Berthelmy préside.

Les ff∴ Donnet, curé de Perpezat ; Floucaud, cadet ; Vialle, aubergiste, prêtent serment. — Le f∴ Lanot, secrétaire, fait connaître les noms des candidats au poste de la gendarmerie nationale.

Deux ff∴, Roussel et l'abbé Ludière, sont chargés d'enquêter sur la conduite et les principes que propagent les membres qui désirent se faire recevoir dans ce corps constitutionnel.

Il est demandé une punition contre le f∴ Morisso, suisse, qui est accusé par rapport à un discours qu'il avoit tenu à des femmes au sujet de la religion en disant que la sienne devient égale à la nôtre, ce qui a fait un mauvais effet sur le compte des femmes qui deviennent très susceptibles de bêtise et qui ne peuvent faire qu'un très mauvais effet. Un autre frère a observé que ce n'étoit qu'une bêtise de sa part et croyait qu'il n'y avait lieu à délibérer. Un autre f∴ a observé qu'on ne devoit juger une personne sans l'entendre, ce qui a été adopté.

Lecture de diverses lettres de la municipalité de Tulle et de la Société de Brignole ; cette dernière demande que la Société de Tulle soit affiliée à la leur pour le rachat des captifs chez les nations barbares. « La Société a adopté ce party » ; une adresse sera envoyée à l'Assemblée nationale.

Un membre demande qu'à chaque séance de la Société il soit fait une quête en faveur du rachat des captifs. — Il n'est rien décidé (1).

---

(1) Au sujet des captifs, voir *Les Marguilliers des Mathurins en Limousin*, par Victor Forot, dans le « Bulletin de la Société scientifique, historique et archéologique de la Corrèze », année 1908, 4° livraison.

Après enquête, la Société de Thiviers est affiliée.

Il est donné lecture des papiers publics. Un paquet aristocratique a été jugé indigne d'être lu et très propre à être brûlé.

Séance du 6 mai 1791

L'évêque de la Corrèze ayant été élu président le 6 avril et le mois de sa présidence étant écoulé, il a été procédé à son remplacement, le f∴ Deprès a été élu à sa place (1).

Un f∴ fait remarquer que les séances de la Société ont été tenues à l'évêché pendant la durée de la présidence de l'évêque, mais qu'il y avait « nécessité de sortir de cette habitation »; à cet effet, l'assemblée demande au département de vouloir bien l'autoriser à tenir ses séances dans l'église des Feuillants.

Il est procédé à la réception de « M. Lagarde, chapeur (sic) de la garde nationale. Sont aussi reçus: Dulac, avoué; Estorges, aîné; — Dulac et Ventejol prêtent serment.

« Un f∴ a demandé qu'on ballotte M. Neuville, cy devant monarchien pour avoir été trompé par le fameux Moussour, qui a été proposé dans nottre Société il y a déjà longtemps, ce qui a été adopté. Il nous a démontré le regret qu'il avoit d'y avoir été en nous disant même qu'il avoit été trompé. Il a été reçu ». Ludière aîné a prêté son serment, ainsi que les frères Neuville; Machat jeune; Jean Laurent; Jean Antoine; Antoine Combes; Laurent Meneyrol; Pierre

---

(1) M. Brival, évêque de Tulle, n'a présidé en personne qu'une seule séance de la société, celle du 26 avril, première séance tenue dans une salle de l'évêché.

(2) C'est ce Borderie qui fut frappé par le capitaine de Masset, ce qui occasionna la mort de ce dernier (voir le *Royal-Navarre cavalerie et son Chef*, par Victor Forot.

Meyssadour; Jean Chastou; — on a ballotté M. Borderie, menuisier, il a été reçu, et a prêté son serment. (2)

Dans cette même séance, le sieur Lambeau, ancien cavalier du Royal-Navarre, est venu remercier la Société dess oins qu'elle avait pris en sa faveur au sujet de son renvoi du détachement du Royal-Navarre.

Le f.'. Pouzague, préfet du collège, a prêté son serment, de même que le f.'. Léonard Deschamps, prêtre et vicaire de la paroisse de Saint-Martin de Tulle.

La Société des Jeunes Amis de la Constitution dénonce plusieurs membres de la municipalité de Tulle qui conservent leurs places d'officiers municipaux et celles d'avoués au tribunal du district, au mépris des décrets de l'Assemblée nationale. Une pétition est adressée au département à ce sujet.

La Société de l'île d'Oléron adresse une pétition tendant à la division des biens. « La matière mise en délibération, il a été arrêté que le f.'. Bardon, juge du district, demeurerait chargé, conjointement avec le f.'. Marbot, de faire une adresse au peuple pour prouver la nécessité de ce décret et la rapporteront sur le bureau dans la quinzaine ».

« Il a pareillement été lu une scavante, mais ennuieuse dissertation de M. Naulon, curé de Penne, sur la constitution civile du clergé en France. — Lecture d'une lettre du Club de Londres à celui de Toulouse ; elle sera imprimée aux frais de la Société. — Demande d'affiliation de la « Société naissante de Terasson » ; renseignements seront demandés à Brive. — Le f.'. Marbot lit une lettre répondant à la Société d'Angers et une pétition à l'Assemblée nationale pour la prier de prendre dans sa sagesse les moyens de nous préserver de la corruption ministérielle. »

Séance du 11 mai 1791

Il est donné lecture d'une lettre trouvée dans les poches du sieur Massé, à luy adressée par le sieur Lepaul, porte-drapeau du régiment de Royal-Navarre, qui prouve quel étoit le zèle de ces messieurs pour opérer une contre-révolution.

Une adresse de la Société de Lizieux manifeste des inquiétudes sur la nomination des dépositaires des intérêts de l'empire, comme ministres, ex-ambassadeurs et gardes du trésor national et demande l'adhésion de la Société. Accepté. — Autre adresse de la Société de Quimper au sujet de la nomination de leur évêque constitutionnel.

La Société des Amis de la Constitution de Limoges écrit à la Société de Tulle pour dénoncer le régiment de Royal-Navarre. Il a été arrêté qu'il leur seroit fait réponse portant relation abrégée de la conduite du sieur Massé, cy-devant capitaine dans le régiment, et le détail de ce qui s'est passé dans la journée d'hier et d'y joindre copie des lettres trouvées dans les poches de feu Massé.

Cinq députés des Amis de la Constitution de Brive sont envoyés pour faire part à la Société de Tulle de «leur inquiétudes sur la journée d'hier».

Une adresse est envoyée au Directoire du département pour lui demander de retirer sa pétition au ministre pour introduire dans le département un bataillon d'infanterie. — Un f∴ demande que les administrateurs jettent les yeux sur certains particuliers qui prétendent à des places dans la gendarmerie et qui en paraissent indignes par leur conduite».

Il est décidé qu'il serait fait un repas d'union. Les quatre corps de Brive présents à notre délibération par députés y ont été invités».

Deux membres du district d'Uzerche sont dénoncés

pour s'être vendu à eux-mêmes la terre de la Valette ; le Directoire du département est informé.

L'ancien f.·. Bardon est admis de nouveau dans la Société, sous la promesse qu'il a faite, la main levée à Dieu, de maintenir la constitution civile du clergé.

Dominique Tireygeol, de Beaumont, Laurent Levas ; Antoine, son fils ; Pierre, son second fils ; Louis Bagnac, sous-brigadier ; Jean Boudy, et Gabriel Bechamarq sont admis. Sont proposés : frère Ignace Vergne ; Lacombe, marchand sur la place ; Noche, praticien ; Lagier, aîné, mazelier ; Matoule ; Pierre Rigou, officier municipal de Sainte-Fortunade ; Mas ; Garbouliat ; Boucher et Georges Jabot. — Ont prêté serment : Bosquet, monteur ; Noël Gile ; Jean Sauveur et Mas.

Il est donné lecture des papiers publics.

Séance du 13 mai 1791

La municipalité et la Société des Amis de la Constitution de Meyssac offre ses secours et ses sentiments d'affection à la société de Tulle.

Les cultivateurs de Sedière se plaignent que le juge du district a refusé de recevoir leur plainte «sous prétexte qu'elle n'avait rien d'analogue à celle qu'il instruisait». La décision à prendre a été ajournée.

Un f.·. fait un discours tendant à engager les soldats à une obéissance aveugle. Après discussion il est passé à l'ordre du jour.

Il est décidé qu'une «relation imprimée du crime et de la punition du sieur Masset, ci-devant capitaine de cavalerie, serait envoyée à toutes les sociétés affiliées et à celle de Paris».

Un frère, par un zèle outré pour la Constitution, a fait la motion d'attendre, pour l'exécution de cette dé-

libération, jusqu'à ce que le procès du sieur Poissac
fut terminé, sur une observation que le sieur Jaucent
était député à l'Assemblée nationale et qu'en cette qualité sa personne était inviolable. (1). Cette motion a
été suivie par celle d'un frère tendant à ce que la
Société prit l'engagement de prendre la personne du
sieur Jaucent sous notre protection et d'en faire part
à la Société. La matière n'a souffert qu'une légère discussion et a été délibérée presque à l'unanimité. Cette
motion en a entraîné une autre non moins intéressante,
celle de prévenir les trois corps administratifs que les
autres *refusier* (2) peuvent, sous la sauvegarde des bons
citoyens, sortir en sûreté de cette ville, ce qui a été
pareillement arrêté. »

Sont proposés : Jean Antoine, émouleur ; Combes, machineur ; Daudé, armurier ; Rodes, émouleur, Vergne,
plafonneur ; Ambier, canonier ; Broujote, de Gimel ;
Leymarie, tailleur ; Debonne, gendarme national ; Amat,
armurier ; Pairan, platineur ; François, jardinier de
Lauzelou ; Gargne, officier municipal de Pandrigne ;
Peyrat, de La Morguic ; Colin, grenadier ; Mas, grenadier ; Petit, platineur ; Aindri, platineur ; Ferrière, platineur ; Manchardou ; Ventejol ; Roux ; Bouché, chapelier ; Saugon, fils ; Madagué ; Val, cordonnier ; Noël Gig ;
Vauzange fils ; Gaspard jeune ; Charriliange père ; abbé
Maugein ; Pastric, fondeur ; Lestrade, de Naves ; Bus-

---

(1) M. Etienne-François-Charles Jaucen, baron de Poissac, conseiller au Parlement de Bordeaux, avait été élu député de la noblesse de la sénéchaussée de Tulle. Il fut mêlé à l'affaire du capitaine de Masset, ce dernier ayant été découvert chez lui par le peuple qui demandait son arrestation.
(2) M. Jaucen de Poissac et quelques autres personnes de sa
maison s'étaient réfugiés au siège de l'administration départementale, c'est ce que veut dire le procès-verbal ci-dessus. — Le mot
refusiers est placé au-dessus du mot *prisonniers* qui a été effacé.
Voir, pour toute cette intéressante affaire, notre *Royal-Navarre
Cavalerie*.

sières, de Naves ; Pe Berol Lenni, curé de St-Clément qui ont été reçus à l'exception de Laporte, de Sainte-Fortunade, qui a été exclu à cause de son incivisme. M. Machat, perruquier ; Martial Planone ; Bruxelle, procureur de la commune et Beaucontron, officier municipal du même endroit ; Redor, professeur, d'Ussel ; le jardinier de Poissac ; Delbos, de Soursac ; Charlet ; Grange ; Jean-Jurie Boivert ; Ganières ; Saint-Amour ; Léonard Soubranne ; Soleilabou ; Libouroux ; Boivert Denis ont été proposés et appuyés.

Il est donné lecture d'une lettre de la Société d'Agen refusant la voie du journal de Jaclos comme moyen de correspondance ; d'une autre lettre de la Société de Saint-Severi, portant la forme d'un serment énergique de défendre la liberté, d'éclairer le peuple et de dénoncer les prêtres. »

Séance du 15 mai 1791

Le f∴ Brival, procureur général du département, est chargé de rédiger une adresse à l'Assemblée nationale relativement aux mauvais choix des trésoriers, ministres et ambassadeurs.

Il est décidé qu'aucun membre de la Société ne tiendra aucun discours offensant contre des personnes dont ils auraient pu se plaindre par le passé. Il est voté qu'aucun membre ne porterait aucune arme au repas civique.

Le sieur Vincent, ci-devant curé de Lostange, est dénoncé pour avoir fait prêter à ses paroissiens le serment de ne se confesser qu'aux réfractaires aux décrets. Il a été décidé qu'on statuerait dans la prochaine séance, lorsque l'accusateur apporterait les preuves de son assertion.

Le f∴ Desor, maire de Saint-Julien-aux-Bois, se plaint de l'agiotage des sangsues publiques et des ennemis de la Liberté» ; il propose un décret ; envoyé au Comité de rapports.

Ont prêté serment : Pierre Leygonie ; Vergne, plafonneur ; Mons, invalide ; Legonie ; Baine ; Pascal et Roux. — Ont été ballottés : Joseph Lion ; Léonard Bounoux ; Chassain ; Salles, ancien grenadier ; Pierre Lulier ; Pierre Vergne ; Pierre Leyral ; Antoine Cendriac ; Antoine Leyral ; Jean Poujat ; Jean Madelmont ; Mathieu Moucourie ; Pierre Tavé ; Pastrie ; Mondou, jeune ; Veissière ; Amat ; Lacombe, marchand ; Elie Boule ; Lagier, jeune ; Sargé ; Sauveur ; Lagarde ; Castre ; Bachellerie, maçon ; Cival, d'Uzerche ; Martin Vales ; Mas, du Trech ; Dominique Soulier ; Martial Fourche ; Pierre Vigou ; Bardon, fabricant ; Jean Foissal ; Joseph Leyral ; Eimard Meneyrol ; Tenèze ; Léonard Buzac ; Martial Lanot.

Un f.˙. propose de tenir les séances dans la cy-devant église de Saint-Julien, en raison du grand nombre de ff.˙. qui assistent aux séances. — On attendra pour cela d'avoir reçu le décret qui déclare les églises comme biens nationaux.

Nouvelle plainte des cultivateurs de Sedière qui, dans leur langage simple et naïf ont exposé les griefs contre le ci-devant comte de Sedière et du refus qu'a voit fait le commissaire du tribunal du district de recevoir leur déposition.

Un membre de la Société est délégué auprès du sieur Lacombe, commissaire, pour connaître ses intentions et savoir s'il a fait réellement ce refus et que d'après ses explications on se déterminerait. Le f.˙. Bardon, juge, s'est chargé de le savoir de sa propre bouche.

La municipalité a accordé le drapeau d'union pour arborer au milieu du repas civique.

Un f.˙. fait un discours rempli de patriotisme et surtout d'horreur contre le fanatisme ; il conclu à ce qu'une adresse soit envoyée au département.

Séance du 16 mai 1791

Les f∴ Nogin, oncle et neveu ; Talin, frères ; Miginiac ; Seigne ; Laurent Leval, capitaine des cy-devant employés ; Noce, Antoine et Pierre, son fils, ont prêté serment.

« Il a été fait lecture d'une lettre signée Poissac, dans laquelle il nous remercie des soins que nous avons eu pour assurer ses jours et sa tranquilité. »

Il a été arrêté que cette lettre de Poissac serait imprimée à la suite de la relation de l'affaire du 10 courant.

Il est arrêté qu'on feroit le feu d'artifice à la Saint-Jean, et une commission est nommée pour s'entendre avec la municipalité à ce sujet (1).

Séance du 18 mai 1791

Les f∴ Salesse et Ludière ont prêté serment. Ce dernier exprime toute sa joie d'être admis.

Un exposé des troubles qui ont agité pendant quelque temps la ville de Limoges est lu à la tribune. On donne « le signalement des principaux chefs » de ces troubles. Il est arrêté qu'on donnerait à la garde nationale de cette ville un état circonstancié des individus de Limoges dans le cas d'arrestation afin qu'elle emploie envers eux toute la sévérité des lois ».

Il est fait lecture d'une lettre du f∴ Lanot réfutant le bruit qu'avaient semé des fanatiques calomniateurs au sujet de l'évêque constitutionnel d'Autun et de ses vicaires.

Lecture est faite d'un arrêté du département suivi

---

(1) Les feux dits de la Saint-Jean avaient été supprimés par la municipalité, et ce fut sur la demande de la Société des Amis de la Constitution qu'ils furent rétablis, comme il est dit dans la séance suivante.

de l'avis du district et de la municipalité, autorisant la Société à rétablir le feu de la Saint-Jean.

M. Ambaud, vicaire de Chamberet, demande par écrit d'être admis.

Une lettre de Cherbourg demande l'adhésion de la Société à une pétition de la Société de Strasbourg au corps législatif pour faire licencier de l'armée tous les ennemis de la Constitution. Cette adhésion est donnée, mais selon la loi, elle ne sera signée que d'un seul membre.

Les Sociétés de Corrèze et d'Exideuil demandent à être affiliées. Le f.·. Lanot est chargé «de s'instruire de leurs sentiments».

Il est donné lecture d'une adresse de la Société de Metz aux habitants des frontières, «pour les rassurer sur les bruits mensongers que sèment les ennemis de la liberté et ranimer leur courage».

Une lettre de Beaulieu donne des renseignements sur les sieurs Roche et Peyral, «qui prétendent à la gendarmerie nationale.» Une autre de Turenne sur le même sujet.

Une députation de la garde nationale de Sainte-Fortunade vient offrir ses services. Elle est remerciée par le Président.

Le maire de Lafage dénonce le curé de Saint-Merd pour avoir occasionné un attroupement contre lui parce qu'il portait un décret contre les prêtres réfractaires. Le maire devra fournir des renseignements précis.

Le f.·. Trech-Desfarges écrit une dénonciation contre un autre Trech, administrateur. — Il a été décidé qu'on s'instruirait si les commissaires nommés par le département s'acquittaient de leur devoir et on a nommé commissaire pour surveiller leurs opérations les f.·. Bussières, Estorges et Juyé aîné.

On lit une lettre du même Trech-Desfarges, «qui

renferme une longue énumération des horreurs produites par le fanatisme de Meymac».

On propose un projet de règlement pour le f∴ évêque du département.

Demandent à être admis: Delors, lieutenant du bataillon des Petits-Pères de Paris; Malaire, de Saint-Hilaire; Desmargis. — Des renseignements spéciaux seront pris sur Malaire.

Ont été ballottés: Gabriel Cessal; Lavergne, cadet; Lagier, mazellier; Louis Caniac; Lacombe, aîné; Matout; Jean Maurisane; Joseph Cadet; Constant l'aîné; Jean Fauchet; Jérôme Gargouillat; Coustic; Georges Jarot; Rioux; Ginau Planoire; Machal; Bruxelle; Beaucetrou; Redon; Delbos, de Soursac; Grange; Jean Suvie; Ganière; Saint-Amour; Léonard Soubrane; Libouroux; Boisvert; Denis Lyon; Bounoux; Salles; Lullier; Vergne; Leyrat; Pouget; Madelmont; Moncourie; Tavé; Jean Pastrie; Moussour; Veissière; Amat, Lacombe; Elie Boule; Lagier, jeune; Sargé, sergent; Lagarde; Peyrat; Martin Rabès; Mas, du Treich; Dominique, du Treich; Martin Fourche; Pierre Rigou; Bardon, fabricant; Jean Foissac; Joseph Leyrat; Aimard Meneyrol; Léonard Buzat; Martial Lanot; Jacques Emerie; François Saugon; Joseph Bastei; Jean Ceindriac; Louis Vergne; Pierre Castres; Jacques Tenèze; Jean-Baptiste Sauveur; Pierre Bachellerie; Floucaud, vieux avoué; Floucaud, colonel, qui ont été reçus. Les membres présents ont prêté serment.

Séance du 20 mai, l'an second de la liberté (1791)

Une réunion spéciale a lieu le matin dans le but de s'intéresser auprès de M. le Juge du Commerce pour la conservation du greffe à notre frère Béral».

Une lettre de la Société d'Aix demande de ne pas la juger sans l'entendre au sujet de l'accusation portée contre elle par la Société de Marseille.

La Société des Jeunes Amis de la Constitution de Toulouse demande son affiliation. — Accepté.

Les sieurs Boivert ; Sarget ; Moussour fils, le plus jeune ; Vausange, huissier ; Pastrie ; Leyrat, ont prêté serment.

Sont proposés : Segui ; Lacombe, cadet ; Guilleing, troisième ; Cessé, huissier ; Mas ; Bouchet, tailleur ; Massounie, laboureur ; Leymarie, armurier ; Mornetas ; Combret, tisserant.

Un commissaire propose de faire le feu de Saint-Jean sur le clocher de la Cathédrale ou au gouffre d'Enfer, faisant face au Champ-de-Mars. Le premier endroit est accepté.

Un membre demande que le f∴ évêque soit prié de prêter une chambre de l'évêché pour les grandes réunions et les opérations des commissaires.

Il est demandé de faire rentrer les cotisations en retard.

Les membres de la Société des Vrais Amis de la Constitution se proposent, dit un frère, d'apporter le reste de leur caisse à notre Société. Il est décidé qu'on ne pouvait accepter (1).

Un membre a dit qu'il avoit été informé par la voie publique que le sieur Poissac se proposoit de faire présent à la municipalité de deux pièces de canon. La Société a délibéré de renvoyer des députés à la municipalité pour lui exprimer combien les bons citoyens voyoient avec peine qu'on acceptât ce don.

La municipalité répond aux députés rassurant le zèle de la Société sur ses justes craintes.

---

(1) La Société des Vrais Amis de la Constitution et de la Paix qui avait aussi pris pour titre les Vrais Amis de la Révolution et de la Paix, était une Société opposée à celle des Amis de la Constitution ; à l'origine, elle était dirigée, en sous-œuvre, par la municipalité de l'époque. Cette société ne vécut que bien peu ; née en décembre 1790, elle meurt en mai 1791, en s'alliant à la Société des Amis de la Contitution.

«MM. les Juges du Commerce, au nombre de quatre, ont interrompu agréablement la Société et ils ont demandé à la Société le sujet de la députation que la Société leur avoit envoyée.

M. le président a répondu à ces messieurs avec l'énergie et l'éloquence d'un homme libre et a exposé les motifs qui avaient engagé à cette démarche. (1).

On a ballotté Raimond Laporte ; Chastaing ; Salles ; Besse, père et fils, et Vergnol, qui ont été reçus. — Servientis a été ajourné.

Séance du 22 mai, l'an second de la liberté (1791)

On lit une lettre de Bordeaux, portant dénonciation et signalement d'un Duvergier, fils du ci-devant député du commerce de Bordeaux, à qui de longues preuves de haine contre la Constitution ont mérité l'honneur d'être président du Club monarchique et parti depuis quelque temps de notre ville.

On décide de récompenser les bons citoyens qui concourrent à la beauté du feu d'artifice. Les commissaires négligents seront remplacés.

Le f∴ trésorier expose l'état des finances et fait l'appel nominal des débiteurs.

Ont prêté serment : Floucaud, colonel de la garde nationale de cette ville ; Saugon ; Pourchet, sapeur ; Antoine Céindriac ; Méneyrol père ; Saint-Amour ; Lagier jeune ; Lacombe, marchand ; Jacques Emeri ; Noël Chastain ; Henri Piron ; Louis Val, cultivateur ; Léonard Bouysse ; Martial Planor ; Elie Boule. On a proposé et reçu Jean Massouline ; aussi sont proposés : Lacombe, du Pezat ; Jean Tournier ; Cousti, marchand ; Pauqui-

---

(1) Le but de la démarche étant d'obtenir que la mesure proposée de retirer le greffe du Tribunal de commerce des mains du f∴ Béral ne fut pas exécutée. — Le sieur Béral conserva ses fonctions de greffier.

not, porte-drapeau ; Pourchet ; Lavareille, de Ségur ; Jean Cadet, serrurier ; Jean Genti ; Jean Espinasse ; Etienne Bouquet ; deux frères Clément ; Boulieur, vicaire de Saint-Martin.

Un membre donne lecture d'un projet d'adresse à l'Assemblée nationale, pour l'informer de la réunion des esprits dans cette ville. Adopté.

Un frère remercie la Société pour un bienfait.

Une députation des *Vrais Amis de la Constitution* est introduite en séance. M. Sartelon prononce, au nom de tous, un discours rempli de sentiments patriotiques et pour engager notre Société à se réunir à la leur, M. le président les a prié d'assister à la séance pour être présent à la discussion qu'entraineroit leur proposition. On a délibéré qu'on acceptoit leurs offres d'union avec une joie fraternelle, et sur leur généreuse proposition on a accepté le serment individuel de MM. Sartelon, Mas, Valadier, Villeneuve, Romignac, Vauzange, qui composaient la députation et encore le serment de MM. Pauphile, Madrange, et de suite il a été député plusieurs de nos frères pour répondre à leur démarche si affectueuse.

De retour, nos députés ont ramené dans notre sein tous les membres des Vrais Amis de la Constitution. Ils y sont entrés au milieu des applaudissements. Le frère Reignac, président, a engagé avec le frère évêque, M. Sartelon, président de l'autre Société, à accepter le fauteuil, ce qu'il a fait après quelques difficultés. Etaient présents : MM. Melon, Sartelon, Béril, Valade, La Bernardie, Gouttes, Tabanon et Goulhe cadet.

Séance du 23 mai 1791

Un membre proteste contre l'affiliation des membres de la Société des Vrais Amis de la Constitution. — Après discussion, il est arrêté qu'on ne recevrait plus aucun membre de cette Société sans qu'au préalable il n'eût subi « le balotage » prévu par les règlements.

Il est donné lecture de la relation de ce qui s'était passé à Tulle le 9 mai, à l'occasion du sieur Massé. Cette relation sera imprimée et suivie de l'extrait de différentes lettres et papiers trouvés parmi les papiers de l'assassin et des différents personnages réfugiés dans la maison du sieur Jaucent Poissac (1).

Après lecture de la correspondance, on reçoit le serment de M. Lagarde, jeune.

Séance du 25 mai 1791

Un membre communique un prospectus au sujet du feu de la Saint-Jean. — Il est accepté et envoyé à l'impression.

Le f∴ Rabanide est nommé commissaire enquêteur pour se renseigner sur la Société de Corrèze qui demande à être affiliée.

Une lettre de la garde nationale de Treignac recommande M. Lavareille, son commandant, qui sollicite d'entrer dans la gendarmerie en qualité de capitaine.

Le nommé Mural, qui avait demandé son affiliation, est refusé. — Le sieur Vidal est rayé, « après être convaincu d'avoir tenu certains propos fanatiques et incendiaires. » Un membre demande 1° qu'il soit sursis à l'admission de plusieurs membres jusqu'après la solution du procès qu'ils ont intenté au sieur Laval. Adopté. 2° Que ceux qui ont été admis et à qui il répugnait de subir le ballottage déclarent ne plus faire partie de la Société. — Sur cette motion, ont demandé à être ballottés: Valade, huissier; Goultes, aîné, commis-greffier; Valadier, huissier; Marpillat, aubergis-

---

(1) Tous les détails de cette malheureuse affaire se trouvent dans notre ouvrage: *Le Royal-Navarre-Cavalerie et ses chefs en Corrèze*, Paris 1900.

te ; Clément, cadet, étudiant ; ils ont été reçus avec applaudissements. Ont prêté serment : Jean Leygonie ; Etienne Constant, voiturier ; Dubois, de Gimel ; Boudrie, juge de paix. Ont été proposés : Bruzoi, fils ; Jean Darche ; Eyrolle, chirurgien ; Pierre Viane, huissier ; Boyer, armurier ; Personne, coutelier ; Lagarde, oncle.

Le procès-verbal de la séance est signé par Ludière, clerc tonsuré, secrétaire.

Séance du 28 mai 1791

Ont prêté serment : Vauzange, aîné ; Terrieux, maire de Lagarde ; Romignac, chirurgien.

Une députation est envoyée à la municipalité pour demander : 1° l'exécution du règlement sur la taxe de la viande ; 2° que les aubergistes portent chaque jour, avant 9 heures du matin, à l'officier municipal de garde, la liste de tous les étrangers qu'ils ont chez eux ; 3° de défendre de donner à jouer pendant les foires.

Il est décidé qu'on accèderait au désir du corps administratif pour qu'un détachement de la garde nationale se rende à Favars « pour la protection de la loi » (1).

Une adresse sera envoyée aux paysans pour les exhorter à la tranquilité ; une autre sera adressée au public pour les détromper sur la conduite de la Société. Le . Berthelmy est nommé commissaire à cet effet. Il est décidé qu'il n'y aurait pas séance de la Société le lendemain dimanche, à cause de la campagne de Favars.

Séance du 31 mai 1791

Il est donné lecture d'une fausse relation de l'affaire de Masset adressée à Aurillac, faite à ce qu'on

---

(1) Dans l'*Année de la Peur à Tulle*, ouvrage que nous avons déjà publié, nous racontons ce qui se passait à Favars à cette époque.

dit par le sieur Alary. Il sera recherché si réellement Alary en est l'auteur.

Le sieur Demathieu, électeur, est ballotté ; le scrutin lui est favorable.

Un membre demande qu'une messe soit célébrée dans l'église de Saint-Martin, où tous les frères seraient invités, affin de connaitre les vrais amis de la Constitution. La motion n'étant pas appuyée, il n'y a pas lieu de délibérer. »

Le f∴ Berthelmy donne lecture d'une adresse à la campagne. L'impression est décidée.

La Société de Treignac demande que le sieur Deguin, qui veut entrer dans la gendarmerie, soit recommandé. Accepté.

Les prêtres de l'église Saint-Pierre de Tulle sont dénoncés pour refus d'obéissance aux décrets et pour avoir troublé l'ordre des processions usitées pendant la semaine des Rogations. Les f∴ Lanot aîné, Berthelmy et Pimont cadet, sont chargés de cette dénonciation.

La vente des meubles de Pompadour faisant partie des biens nationaux ayant été interrompue, la Société envoie une députation au Directoire du département pour savoir quel est le ministre qui a donné cet ordre, afin de le dénoncer à l'Assemblée nationale.

Le f∴ Trech, de Meymac, adresse une pétition au département pour demander que les sœurs grises et les ursulines qui sont salariées pour l'éducation des filles soient tenus de prêter le serment des fonctionnaires publics, à peine d'être privées de leur traitement. — Les f∴ Bussière et Reignac, homme de loi, sont nommés commissaires à cet effet.

Le sieur Béril, avoué, a prêté serment. Mas a été ballotté. Les frères Taillau, prêtres d'Aubusson, sont affiliés.

Les députés chargés de l'affaire de la vente des meubles de Pompadour reviennent en séance et donnent lecture de la lettre du ministre de l'intérieur. La délibération à prendre est remise à la séance suivante, la Société n'étant pas en nombre suffisant pour délibérer.

Le procès-verbal est signé par Despres président.

Séance du 3 juin 1791

Il est donné lecture d'une lettre d'Avignon annonçant les troubles de cette ville. Par lettre, le sieur Montoi, soldat au régiment de Royal-Navarre, en détachement à Allassac, demande a être admis. — Une enquête sera faite. Une lettre de la Société de Toulouse se plaint qu'on ait enlevé le droit de pétition aux corps administratifs et aux Sociétés.

Ont été ballottés et admis: Lafarge, médecin ; Blaing, citoyen d'Uzerche ; Mathieu, de Sérillac ; Joseph Lescure, de Ladignac ; Léonard Soubrane, maire de Saint-Priech ; Léonard Boudrie, secrétaire de la municipalité de Ladignac ; Léonard Roux, d'Eyrein.

Une adresse sera envoyée aux habitants de la campagne au sujet du choix des électeurs ; les f.˙. Germiniac et Brival sont nommés commissaires à cet effet (1).

Ont été ballottés et admis: Donève, d'Eyburie ; Coursac, de Chanac ; Boyer, chirurgien, d'Uzerche (2).

Le sieur Parjadis, administrateur du district de Tulle, est dénoncé «pour avoir fomenté les troubles qui ont eu lieu à Albussac». Les preuves étant fournies, plainte sera portée auprès du directoire du département.

Parjadis et Monbrial sont dénoncés comme s'absentant trop souvent à leur poste d'administrateurs du

---

(1) M. Germiniac était président du Directoire du département et M. Brival était procureur général syndic du département.

(2) Il s'agit ici de notre célèbre compatriote Alexis Boyer, chirurgien, dont nous allons publier une biographie.

district. Les ff∴ Juge aîné et Lanot aîné sont chargés d'informer et de dénoncer s'il y a lieu.

A l'adresse qui doit être envoyée aux électeurs, on ajoutera « une note de la conduite du sieur Parjadis à Albussac (3) »

Séance du 4 juin 1791

Les personnes n'étant pas affiliées à la Société sont priées de se retirer. — Le f∴ Reignac demande que l'instruction publiée par le « cy-devant évêque de Langres » soit brûlée « avec tout l'éclat possible devant le palais ». Adopté.

Il est demandé que l'évêque de la Corrèze fournisse un vicaire régent, mais étant reconnu qu'il n'y avait à ce moment aucun vicaire disponible, « il a été arrêté qu'on prierait M. l'évêque de donner un prêtre assermenté à cette ville infectée d'aristocratie et les frères Berthelmy, Rigoles, Farges et Chastain ont été nommés députés auprès de l'évêque.

Le procès-verbal est signé par *Lanot*, président.

Séance du 5 juin 1791

« Un f∴ dénonce au frère évêque les prêtres non conformistes pour avoir tiré les espèces consacrées du corporal où sans doute il les avait mises pour ne pas les mêler avec celles qui sont consacrées pour les prêtres qui se sont conformés à la loi, car autrement ils les auraient tirés du Saint-Ciboire où on les dépose ordinairement, et après de longs débats, il a été arrêté que le frère Évêque serait prié d'ordonner aux vicaires desservants les succursales de conserver assez d'espèces pour la semaine et de défendre aux autres de consacrer aucune espèce. »

---

(1) Voir notre *Année de la peur à Tulle*, pour les intéressants détails de cette affaire.

« La municipalité est invitée à faire disparaître les armoiries de M. Turenne attachées à une pile du clocher ».

Les f∴ Vauzanges, Lagier et Delfaut sont envoyés auprès de la municipalité.

L'appel des membres qui doivent leur cotisation est fait sur la demande du trésorier « et personne n'ayant paru de bonne volonté à remplir un point aussi essentiel, il a été arrêté qu'on coucheroit par écrit leur nom, qu'on les exposeroit dans la Société et qu'à chaque séance on en feroit l'appel jusqu'à ce qu'ils auroient payé ».

On propose pour l'admission un candidat qui est renvoyé à trois mois, « vu les torts dont il s'est rendu coupable dans le tems envers la Société ».

Une députation est envoyée à la municipalité « pour savoir la conduite qu'elle avoit tenue envers le sieur Haleric, surpris d'avoir donné à jouer malgré les défenses de la municipalité ».

« Les députés renvoyés vers le frère Evêque, de retour, ont dit que le frère évêque prendroit au plutôt toutes les précautions nécessaires pour empêcher le chisme que voudroit établir dans notre ville les prêtres réfractaires ».

« La députation envoyée à la municipalité pour la prier de faire descendre un monument appliqué à une pile du clocher de la paroisse de Saint-Martin, a dit que la municipalité ne croyoit pas avoir le droit de détruire ce monument, d'après le décret même de l'Assemblée nationale. La Société a pris lecture de ce décret et en a resté là. »

Guirande, huissier, est ballotté et admis.

Au sujet du sieur Halary, la municipalité répond qu'un jugement sera rendu dans la journée et qu'il sera pris bonne note des observations de la Société.

Goutte, chapelier, est ballotté et admis. Il prête serment. — Etienne Cluzan, de Sainte-Fortunade ; Lacombe, cadet ; Bouché, tailleur ; Vincent, ingénieur, et Lacombe, oncle, sont ballottés et reçus. Guillemy, troisième, est exclus.

Le f∴ Germiniac donne lecture de l'adresse aux campagnes dont il avait été chargé. — L'impression est votée, «après y avoir ajouté la nomenclature des électeurs véreux et corrompus, afin de les éloigner le plus qu'il sera possible de ces places vraiment faites pour des amis du bien public.»

Pierre Leygnac, de Naves, prête serment.

Séance du 6 juin 1791

Le sieur Mario, qui a été ajourné à trois mois pour obtenir son admission, adresse une demande tendant à faire diminuer ce délai. — L'assemblée consultée maintien les trois mois.

La liste des «Electeurs qui ont jusqu'icy trahy leur devoir» est allongée de quelques noms qui seront ajoutés à l'adresse aux habitants de la campagne.

Le sieur Dezaga, canonnier, est présenté pour l'admission.

Séance du 8 juin 1791

Un membre présente les doléances du sieur Mario au sujet de son ajournement à trois mois. Il proteste, au nom de Mario, «de son attachement à la Constitution et à la Société. Renvoyé à la séance suivante.»

Un f∴ annonce pour la prochaine séance le dépôt d'un rapport sur «un écrit fanatique et incendiaire.»

Il est présenté un blâme contre les commissaires chargés de réprimer l'agiotage. On demande l'expulsion de la Société de tous «les particuliers convaincus de cet incivisme». Avant d'en décider on attendra le rapport des commissaires qui doivent présenter un projet pour éteindre l'agiotage.

La Société de Magnac demande son affiliation. — Il sera répondu qu'elle doit la demander à la Société de Paris, ou d'avoir un certificat de la Société la plus voisine de la leur.

Il va être répondu, par un des secrétaires, à la Société de Beaulieu que l'affiliation lui est accordée.

Il est procédé à l'élection du bureau : Lanot aîné est élu président. Les quatre secrétaires élus sont : Rabanide ; Deschamps ; Vergne et Taillant, aîné.

En raison du départ d'un détachement de cinquante hommes pour Chamboulive, la prochaine séance est remise au mardi 12 juin.

Il est décidé qu'une délégation serait envoyée à la municipalité pour s'informer si le procès Alary était terminé et que le jugement fut livré au public par l'impression.

Séance du 12 juin 1791

La Société de Lubersac demande qu'on s'intéresse auprès du département pour un de ses membres. Adopté. Il en sera de même pour ceux qui ont été désignés par la Société de Meyssac, à qui on doit faire parvenir douze exemplaires de l'adresse au peuple au sujet de la mort de Masset. Les propositions ci-dessus, tendant à faire inscrire des citoyens sur la liste des électeurs, un membre fait observer qu'il n'y avait pas lieu de faire des listes pour nommer les électeurs qui ne sont pas dans les vrais principes de la Constitution. Il est décidé que ne figureraient pas sur ces listes les citoyens dont les principes anti-civique nous sont vraiment connus. «Il a été arrêté que François Melon ; Philippe-Bernard Nussac ; Géraud Amblard ; François Lacroix ; Jean Bourdel, d'Albussac ; Jean-Joseph Parjadis ; Jean Reignac, curé de Saint-Sylvain ; Parjadis, cadet ; Jean Fournet, suppléant et administrateur du district ; Jean Cisterne ; Antoine Pomier, curé de Saint-Paul ; Pierre Monbrial, administrateur du district ; Jean Borde, notaire ; Pierre Dalmet ; Jean-François Souviac ; Jean-Baptiste Larouverade ; Jean Chapelou ; Jean Delmas ; Etienne Besse curé ; François-Amable Gourno, curé de Davignac ; (cette phrase n'est pas terminée sur le registre. On ne peut savoir si ces Messieurs ont été inscrits sur la liste des électeurs ou s'ils ont été signalés comme ne devant pas y figurer ; ou encore s'ils figurent ici comme nouveaux membres de la Société).

La Société de Saint-Julien-aux-Bois demande à être affiliée. Accepté.

Un f.·. demande que le chef-lieu de canton qui est à Servières soit transporté à Saint-Privat. — Une délégation est envoyée au département pour présenter et appuyer cette demande.

Le f.·. Denis Gueigne a prêté serment.

Séance du 13 juin 1791

Un membre observe que le procès-verbal d'hier ne fait pas mention de la motion du frère Juyé tendant à ce qu'il ne fut pas fait de liste d'électeurs et que c'est sur l'observation d'un autre membre qu'il fut décidé qu'on en ferait une. (Cette observation semble montrer que les noms indiqués dans le procès-verbal de la veille étaient ceux qui se trouvaient sur la liste des citoyens devant être exclus).

Jean Prabone et Lacombe prêtent serment.

Le f.·. Reignac est autorisé à payer toutes des dépense du feu d'artifice (1).

---

(1) Celui de la fête de Saint-Jean (24 juin).

La municipalité est dénoncée « pour avoir inséré dans sa proclamation de la veille les mots *culte national*. Les ff∴ Delzort, Dulac et Dulignon sont délégués auprès de la municipalité pour lui demander « qu'elle fit une nouvelle proclamation, en désavouant ces mots comme une erreur.

Cluzaud a prêté serment. — Jean Darche ; Eyrolles, chirurgien ; Lacour ; Talin, ont été reçus. Talin a prêté serment. Un certificat a été délivré au f∴ Frapier. — Le sieur Moussour a été reçu, ainsi que « Monsieur Mariau, horloger ». (Celui qui sous le nom de Mario avait été remis à trois mois).

La réponse de la municipalité est que « d'après la lettre du département elle s'était servie des mots *culte national* et que cela n'allait point contre les décrets de l'Assemblée nationale. »

Séance du 15 juin 1791

La réunion de ce jour a lieu dans la salle de l'évêché.

Mariau, horloger, et Lacour, marchand, prêtent serment.

Le sieur Bertrandie, procureur de la commune de Saint-Martin-Valmeroux, adresse à la Société une lettre dont il est donné lecture et qui est signée Marry, prêtre. « La Société, indignée des sentiments anti-patriotiques et des termes incendiaires qu'elle contenoit a arrêté qu'elle seroit de suite communiquée au département avec demande d'en dénoncer l'auteur à l'accusateur public pour être poursuivi suivant la rigueur de la loi. — La Société a aussi arrêté que lorsqu'on auroit reçu une réponse du département elle seroit communiquée à M. Bertrandie, et qu'il seroit écrit une lettre de remerciement et d'encouragement. »

Lecture est faite de lettres émanant des Sociétés de

Saint-Etienne, Dinan et Metz. Il n'est pris aucune décision à leur sujet.

« Un membre ayant observé que la liste qu'elle avoit faite des électeurs indignes de la confiance du public ne tendoit pas à son but en ce qu'il n'y en avoit qu'un très petit nombre de notés, ce qui pouroit induire en erreur les citoyens qui doivent nommer les électeurs, la Société a arrêté qu'il n'y auroit pas de liste et qu'on mettroit en place une note qui a été proposée par le f.·. Brival et approuvée par la Société. »

Un membre demande que les secrétaires qui ont refusé de signer une délibération soient punis. La Société décide qu'à l'avenir tout membre du bureau qui refusera de signer une délibération « sera démis de sa place et déclaré indigne de l'occuper dorénavant. »

Séance du 19 juin 1791

Réunion dans la salle de l'évêché. — Il est donné lecture d'une adresse de la Société d'Aix, département des Bouches-du-Rhône, à l'Assemblée nationale ; d'une lettre des Sociétés de Bordeaux et de Sainte-Foy. Au sujet de cette dernière, la Société en « décide l'impression afin de la rendre publique et cela en deux formes, c'est-à-dire en cahier et placard » et qu'on y ajouterait « une liste exacte de nos émigrans ». Il est donné lecture d'une lettre de la Société de Bordeaux à la Société de la Révolution à Londres, à M. Joseph Priestley, ministre anglais, à M. Thomas Payère, ci-devant secrétaire du Congrès des Etats-Unis de l'Amérique. Lecture aussi d'une adresse de la Société des Amis de la Constitution d'Agen aux Sociétés de département du Lot-et-Garonne à elle affiliée au sujet du prochain renouvellement des électeurs.

Cerou, de Naves, a été reçu par acclamation et a prêté serment.

L'o sieur Miginiac, juge de paix de Clergoux, ayant fait élever devant sa porte un poteau en pierre, après lequel l'on voit, contre toute sorte de décrets, un Carcan et une girouette au haut, la Société a arrêté qu'elle dénoncerait ce M. Miginiac au département.

Séance du 22 juin 1791 (1)

Pierre Rioux, cultivateur, est proposé et reçu. Un f.·. donne lecture d'une lettre du frère Lanot, vicaire d'Autun, où il raconte des traits d'incivisme de certains officiers de Royal-Navarre. La Société a reconnu dans ces détails le même esprit qui animoit le détachement et particulièrement les officiers séant dans notre ville.

Le f.·. Miginiac se justifie des inculpations portées contre lui dans la précédente séance. La Société décide « qu'on prierait ce frère de faire ses efforts pour arracher un monument de la féodalité planté près de chez lui et d'y substituer des inscriptions honorables pour la Constitution ».

Lecture est faite d'une lettre de la Société de Poitiers à l'Assemblée nationale demandant que la pension de 500 livres attribuée aux prêtres ne soit plus payée à ceux qui ont retiré leur serment. — La Société prend le même arrêté.

On lit encore une lettre de la Société de Strasbourg « portant des nouvelles rassurantes sur les entreprises de nos pigmées contre-révolutionnaires ».

Enfin on lit une adresse à l'Assemblée nationale et un projet de décret sur un serment à prêter par les députés à la législature suivante.

Le f.·. Lanot est chargé de prendre des renseignements auprès des Sociétés de Périgueux et de Berge-

---

(1) Une erreur de date a été commise sur le registre : au lieu de 22 juin on a écrit 22 mai.

rac au sujet de la Société d'Excideuil qui demande à être affiliée.

Une lettre de la Société de Dôle demande que toutes ses affiliées fassent une nouvelle adhésion à tous les articles de la Constitution.

Bertrand Meyzou, de Clergoux, prête serment. Il est donné lecture de différentes lettres des Sociétés de Vienne, de Metz, de Troye, d'Angers au sujet des dispositions prises pour les prochaines élections.

Séance du 28 juin 1791

La séance a lieu dans la salle du Collège. Une lettre particulière de Paris annonce que des prêtres non conformistes ont empoisonné des jeunes gens en leur donnant la première communion.

Les commissaires qui ont été nommés «pour le feu de la Saint-Jean seront chargés de faire la quête.»

Par lettre, Larouverade, administrateur, sollicite sa grâce auprès de la Société. Il est décidé que Larouverade ne rentrera plus dans la Société.

Une lettre d'un f∴ de Corrèze annonce que le maire de Champagnac a dit «qu'il se foutait de la nation et de la garde nationale».

Il est décidé qu'on écrira à Mercier (1), pour savoir qui lui a écrit de nommer pour candidat les frères Lanot et Pauphille.

Une lettre «de nos frères d'armes d'Egletons» annonce qu'ils ont renouvelé leur serment.

Une lettre du Club des Jacobins de Paris annonce que tout est calme dans la capitale. Une autre de Reims dit que la désertion du roi n'a pas causé beaucoup

---

(1) Mercier était le directeur des *Annales Patriotiques et Littéraires de France*, journal avec lequel la Société des Amis de la Révolution de Tulle était en correspondance.

de bruit dans leur canton. Le sieur Ambaud, vicaire de Chamberet, annonce qu'il a créé un Club et demande l'affiliation. Autre lettre de Laval-Maguière (c'est probablement Magnac-Laval qu'il faut lire), renouvelle sa demande d'affiliation faite il y a plus d'un mois. Une autre de Meymac demande des fusils. — On s'en occupera.

Un membre propose de « désarmer les aristocrates dont on avait les noms pour avoir des armes, ce qui a été arrêté. »

Un frère observe qu'il serait possible d'avoir promptement des nouvelles de la capitale de Club à Club, il a été prié de développer son plan à la prochaine séance.

Lecture est faite de la proclamation de l'Assemblée nationale sur l'évasion du roi. Il est arrêté qu'on brûlerait le manifeste du roi.

Une nouvelle société fondée à Uzerche demande son affiliation. Il sera fait réponse définitive dans deux mois, « si dans ce délai ils ont donné des preuves de patriotisme. »

L'abbé Ladoire et Laval, minorés, sont proposés. L'abbé Vergne, supérieur du séminaire; Jean Daubech, cadet; François Salesse, de Lagraulière; Etienne Salle, cadet; Valette; Salle aîné; Lachèze Joseph, Grave; Etienne Salle; Léonard Peyricaud; Pierre Vergne, Barthélemy Vergne; Antoine Thénèze; Antoine Dufour; François Soulages; Jean Pimont; Pierre Leyrat; autre Jean Pimont; Antoine Rivassou; Michel Rigaudie; François Chèze; Michel Quintrin; tous de la paroisse de Chanac, ont prêté serment, en même temps que Pierre Miral; Antoine Mirat, les deux de Chameyrac, Léonard Combes, de Tulle; François Moussour; Berthou Presset; Dominique Coursac; Jacques Coursac; François Machat; Léonard Bournazel, de Tulle; Lacaze, de Neuvic; Lafond, de Beaulieu; Martial Geneste, de Ste-Fortunade; Louis Rioux, de Tulle; Charlet; Antoine Bachellerie, et Jean Vergne.

Séance du 3 juillet 1791

Il est donné lecture d'une lettre de la société de Lubersac se plaignant de la conduite des commissaires du département et demandant ce qu'ils doivent faire à la suite de la malheureuse affaire qui est arrivée dans cette ville (I). Un membre du département présent à la séance rapporte ce qui s'est passé au conseil du département au sujet de la plainte contenue dans la lettre de Lubersac. Il est décidé que le département serait prié de prendre un arrêté en forme au lieu d'un arrêté verbal. La société de Lubersac sera invitée de donner un caractère officiel aux députés qu'elle pourra envoyer à l'avenir.

---

(1) Le 25 juin 1791, arriva à Lubersac la nouvelle du soi-disant enlèvement du roi. Aussitôt le fait connu M. de Beaune, commandant de la garde nationale de cette ville, rassembla une partie de ses hommes, leur disant qu'il fallait marcher contre la Société des Amis de la Constitution qui, à ce moment, tenait une séance. Il donna l'ordre de charger les armes, et aussitôt la troupe se mit en marche. Arrivés en face de la maison où se tenait la réunion, les gardes nationales furent rangés en bataille et s'apprêtaient à faire une sommation, lorsque les Amis de la Constitution entendant du bruit, se présentèrent aux fenêtres, des cris et des menaces les accueillirent. Le président du club, M. Chambon-Bigorie, voyant le danger, s'avança près d'une fenêtre et apostrophant la troupe leur cria : « C'est à moi que vous en voulez ? eh bien tirez ! » Et il se découvre alors la poitrine.

Au même instant le commandant de la garde nationale commande le feu, et une terrible fusillade retentit. — Les balles pleuvent dans la salle des séances. Plusieurs des membres des Amis de la Constitution sont blessés. M. Chambon-Bigorie, qui avait été arraché de la fenêtre par ses amis, reçoit deux balles dans son chapeau.

La ville entière se rassemble, M. de Beaune et ses hommes sont hués, et, malgré leurs armes, ils sont obligés de se débander et de se cacher.

Des troupes d'Uzerche, de Tulle, de Saint-Yrieix, etc. furent immédiatement envoyées à Lubersac, mais les fauteurs s'étant enfuis hors de la ville, le calme fut bientôt rétabli.

Des commissaires du département furent envoyés à Lubersac, à leur tête se trouvait M. Barbot.

La société de Lubersac étant en correspondance avec celle d'Uzerche, et cela n'étant pas conforme à la constitution, elles seront invitées à cesser cette correspondance.

Le sieur Lafarge, d'Uzerche, accusé et convaincu d'aristocratie est rayé du registre de la société de Tulle.

Un membre demande qu'une relation de l'affaire de Lubersac soit faite. Il est arrêté que les commissaires nommés pour faire réponse serés chargé de prier nos frères de Lubersac de nous faire passer une relation exacte de ce qui sé passé dans leur malheureuse affaire et de ne pas oublier les prêtres que se sont trouvés parmis les assassins qui les ont assassinés. » (

Séance du 6 juillet 1791

Il est donné lecture d'un discours prononcé au club des cordeliers de Paris, sur la place publique. Deux cents exemplaires ont été envoyés de Paris pour être distribués aux sociétés affiliées à celle de Tulle et aux assemblées primaires. —

Autre lecture d'une adresse des Jacobins de Paris sur l'importance du choix des députés à la prochaine législature.

Une lettre de Lubersac fait part des atrocités qui se

---

(1) L'enquête conduite par les commissaires du département démontra que les principaux auteurs des troubles de Lubersac étaient :
De Beaune, commandant de la garde nationale de Lubersac ;
De Beaune, fils du précédent ;
La Maséras, frère du commandant de la garde nationale ;
Guillaume de Beaune, marchand, autre frère du commandant ;
Radigon, prêtre, officier municipal ;
La Bayre, commandant en second de la garde nationale ;
Clédat, médecin à Lubersac ;
Baudet aîné ; — Dumas ; Malebaud ; — Lagaudie fils ; — Labrunie, gardes nationaux, et Gravh, brigadier de gendarmerie.
Ils furent tous mis sous mandat d'arrêt et aussitôt recherchés. Les de Beaune s'étaient, disait-on, réfugiés à La Fragne, petit hameau situé à environ 4 kilomètres à l'ouest de Lubersac.

sont commises dans leur ville par les aristocrates de leur contrée. »

Un paquet remis par le frère Pebeyrol, de Sainte-Foix qui annonce que les Anglais ont fait une descente à Saint-Jean de Boit et qu'on surprit dans un château près de six cents ex-nobles ou ecclésiastiques, et que, dans ce moment, ils sont sans doute taillés en pièces. »

« Il a été arrêté qu'on ferait un mannequin représentant Boullé (1), qui après avoir été traîné à la queue d'un âne dans toutes les rues de la ville serait brûlé sur la place publique. »

Une députation est envoyée au département pour qu'il ne soit permis, sous aucun prétexte de sortir de la ville et de « s'assembler au delà de trois personnes suspectes. »

Il est donné lecture d'une lettre de Colmar et d'une adresse à l'Assemblée nationale sollicitant un décret pour donner toute la confiance qui est due aux assignats. L'assemblée y adhère.

Une lettre de la société de Grenoble avise, par circulaire, qu'elle ne recevra aucun paquet en port dû.

Sur la proposition d'un membre, la municipalité de Treignac sera dénoncée au département « pour avoir permis à un père réfractaire de porter le St-Sacrement le jour de la Fête-Dieu ». Les commissaires nommés à cet effet doivent également demander

---

(1) Il s'agit ici du marquis de Bouillé qui, en 1790, avait réprimé avec cruauté la révolte du régiment suisse de Nancy et qui, quelques semaines avant la rédaction du procès-verbal ci-dessus, avait préparé la fuite de Louis XVI (21 juin 1791). Mais il n'est pas du tout question de Bonélye comme l'a écrit, avec sa fantaisie ordinaire, M. Victor de Seilhac. — L'histoire de « la résistance courageuse « de *Bonélye* aux insultes et aux menaces d'un attroupement révo- « lutionnaire » est de la pure invention, pour les besoins de la cause... de M. de Seilhac et des *Scènes et Portraits de la Révolution*, page 198. Et combien d'autres erreurs, volontaires peut-être, dans ce livre à tendances royalistes.

que les récollets habitants encore la maison fussent tenus d'en payer le loyer.

Le frère supérieur du séminaire a demandé que les mêmes commissaires fussent chargés de demander au département que leur arrêté concernant la fermeture de l'église des Ursulines d'Ussel fut exécuté. Il a été enfin arrêté qu'on dénoncerait en même temps les corps administratifs d'Ussel.

L'affiliation est accordée aux clubs de Juillac, Laval Magnière, elle est refusée à celui d'Uzerche.

Sont admis les f.'. Groffard, Costillac, Bosredon, de Favars; Dumond, de Naves; et Monzat, lieutenant de la garde nationale de Favars.

Séance du 1 juillet 1791

Il est donné lecture « d'une adresse de la société de Lubersac aux sociétés patriotiques de l'empire Français et d'une lettre par laquelle cette société prie la nôtre d'en faire imprimer cinq cents exemplaires, et il a été arrêté qu'avant de remettre cette adresse à l'impression il serait observé au rédacteur de cette adresse qu'on ignore pourquoy on a tu les démarche du département et des gardes nationales de Tulle, Pompadour, Saint-Yrieix et Vigeois.

Lecture est faite d'une adresse de la société de Montpellier. La délibération à prendre est remise au dimanche suivant.

Séance du 13 juillet 1791

M. Bardon, juge du district, est élu président. Les ff.'. Rigole et Vergne sont nommés commissaires pour recevoir les comptes du f.'. Monteil. Il est fait lecture d'une lettre de la société de Lubersac « qui d'après leur prière a été envoyée au département. »

Lecture d'une autre lettre adressée à la Société par

le sieur Baudet, de Lubersac, en arrestation dans la prison de cette ville. — Elle est envoyée au département.

La société d'Aurillac informe celle de Tulle que le club d'Uzerche désire s'affilier avec elle.

Il est donné lecture d'une lettre du frère Rivière au sujet des malheureux retenus aux prisons d'Uzerche (1).

Autre lettre de M. Decoux priant la société d'intervenir auprès du ministre « pour lui faire obtenir les invalides ». Deux commissaires sont élus pour s'occuper des deux lettres ci-dessus et « s'intéresser sérieusement pour M. Decoux ».

Lettre de Bort annonçant qu'une nouvelle société vient de se fonder dans cette ville.

Il est décidé qu'on demandera à la société de Meymac des preuves de son patriotisme.

A l'avenir, le serment à prêter par les membres de la société sera « conçu de la même manière que celui prêté au Champ-de-Mars devant les administrations. »

Le frère Bias, prêtre, directeur du séminaire de Tulle et le frère Laval, minoré, ont prêté le serment prescrit.

Il est donné lecture d'une « pièce, signée par 280 députés de l'assemblée nationale, protestant contre tous décrets portés dorénavant, jusqu'à ce que le Roi sera rétabli dans son premier état. »

Il est fait lecture des papiers publics.

---

(1) Les prisonniers d'Uzerche avaient été incarcérés sous l'accusation de dévastation des étangs de la contrée. Mais l'accusateur public refusa de requérir contre eux, disant que les dégradations commises n'étaient pas des délits publics, mais particuliers, et que c'était aux parties lésées à poursuivre.
L'affaire fut portée devant le ministre de la justice qui, en octobre 1791, donna l'ordre de mettre les prisonniers en liberté.
Les intéressés pouvaient poursuivre les délinquants devant la juridiction civile.

Séance du 17 juillet 1791
(*l'an troisième de la liberté*) (1)

On procède à l'élection de quatre secrétaires de la société. Sont élus: Borye, prêtre; Villeneuve; Lanot; Codet et Labesse aîné.

Après de longs débats, l'assemblée décide qu'une adresse sera envoyée aux habitants de la campagne « pour les engager à payer les subsides de l'Etat attendu qu'il n'y a pas encore de rôle pour 1791, et qu'un décret de l'Assemblée nationale les oblige à payer, dès le 1er juillet 1791, la moitié des impositions qu'ils avaient es 1790. »

Le f∴ Bardon, juge et président de la société, est élu pour rédiger cette adresse.

L'assemblée décide d'envoyer trois commissaires auprès du département: les f∴ Després, Pinaud, cadtt, et Bardon, féodiste, pour demander communication des pétitions et adresses qui lui avaient été envoyées au sujet du sieur Parjadis.

Lecture est faite d'une adresse de la société de Montpellier « tendante à établir une République en France ». Après avoir décidé qu'on écrirait à ce sujet à la société de Montpellier, il a été proposé de délibérer sur l'adresse reçue, ce qui a été accepté. — Il a été arrêté que « la société n'adhérait pas aux vues de la société de Montpellier tendante à établir une république. » Le frère Bardon, juge, a été chargé de répondre dans ce sens.

Les députés envoyés au département reviennent disant que les administrateurs du directoire avaient reçu la pétition depuis quatre jours et s'en occuperaient incessamment.

Le f∴ Compas a prêté serment.

---

(1) Il est à noter que les premiers procès-verbaux du registre portent seulement la date ordinaire du jour et de l'année, mais à partir du 8 juillet 1790 il est ajouté à cette date la mention suivante : *An second de la liberté*. Le procès-verbal ci-dessus porte: *l'an troisième de la liberté*, qui était en cours depuis le 14 juillet 1791.

Séance du 20 juillet 1791

an troisième de la liberté

Le sieur Andral, accusé et convaincu de faire un commerce clandestin (sans patente), de toutes sortes de grains et de vin, sera dénoncé à la municipalité Il est en outre décidé que tous les membres de la société exerçant un commerce, qui, dans la huitaine, n'auraient pas pris de patente seraient exclus de la société et dénoncés à la municipalité. — Ont été nommés commissaires à cet effet les frères Rigole, Béral, cadet et Clercy. — Les mêmes sont chargés de prier MM. les officiers municipaux de faire une proclamation « tendant à détruire les mauvaises impressions que les ennemis du bien public ont faites en disant qu'il y avait des commissaires chargés d'évaluer la moitié des bijoux et argenterie. »

Un journal ayant publié que la garde nationale de Limoges avait rétabli le bon ordre à Lubersac, la société décide d'écrire à Gorsas, propriétaire du journal, que « c'est la garde nationale et les Amis de la Constitution de Tulle qui l'ont rétabli et non ceux de Limoges. »

Lecture est faite d'une adresse des Amis de la Constitution nouvellement retirés aux Feuillants et qui ont fait scission avec les Amis de la Constitution des Jacobins de Paris. Il est décidé que la Société écrira à tous les Clubs du royaume pour « les prévenir de se deffier de cette nouvelle scission des Feuillans. »

Il est lu une lettre du sieur Fonbonne qui demande l'aide de la Société pour obtenir une place dans la gendarmerie, place à laquelle il est nommé, dit-il, sans pouvoir obtenir son brevet.

En réponse à une lettre de la Société de Bar-le-Duc, il est arrêté qu'on écrira à cette Société et au régiment de hussards de Lauzun pour les féliciter du retour de ce régiment au patriotisme

Séance du 24 juillet 1791

l'an troisième de la liberté

L'Assemblée est réunie dans une salle de l'évêché.

Le sieur Louis Vachot est proposé et appuyé par la Société de Meymac.

Les ff∴ Lanot jeune, et Darcambal, sont désignés pour recommander au département le sieur Grandon qui demande une place dans la gendarmerie.

Est adoptée, une demande d'un frère qui propose «d'envoyer une adresse à l'Assemblée nationale pour luy demander la fin de la première législature dont les membres paraissent paralysés.»

Pour la rédaction de cette adresse sont nommés les ff∴ Bardon, juge, et Brival, procureur général.

Séance du 25 juillet 1791

l'an troisième de la liberté.

Réunion dans la salle de l'évêché. — La Société des Jeunes Amis de la Constitution de Toulouse demande à être affiliée — Accordé.

Sur le conseil de la Société de Besançon, « les frères Descambard (c'est Darcambal qu'il faut lire) et Lanot sont nommés commissaires auprès du département pour le prier de faire la visite des cartouches.

Un f∴ propose de prendre un arrêté « tendant à improuver la conduite des protestans de ce département, députés à l'Assemblée nationale (1). — Ajourné à la séance du mercredi suivant.

---

(1) Il s'agit ici de MM. Forest de Masmoury et Thomas, députés du clergé. — Jaucen de Poissac et vicomte de Laguellle, députés de la noblesse.

Séance du 27 juillet 1791
l'an troisième de la liberté

Il est décidé que les ff.·. qui doivent se rendre auprès de l'autorité pour la visite des cartouches soient aussi chargés de demander à MM. les officiers municipaux « de faire des affuts et des gargouches pour nos canons ».

Les ff.·. Lanot cadet, d'Arcambal et Lanot aîné sont chargés de rédiger et présenter une dénonciation contre la municipalité de Saint-Mexent qui a fait prêter aux cultivateurs de cet endroit « le serment d'être fidèle à la nation la plus juste ».

Lecture d'une lettre des Jacobins indiquant les motifs de la scission.

Une lettre d'Orléans fait part du civisme du 5e régiment, cy-devant Poitou, et une autre de la Rochelle indiquant l'incivisme du 52e régiment cy-devant Lafarre, afin qu'ils soient connus de tous les bons citoyens.

Une lettre de Chamberet fait part de l'incivisme de la prétendue Société d'Amis de la Constitution d'Uzerche ».

Deux lettres, l'une d'Aurillac, l'autre de Rouen, annoncent que des adresses ont été envoyées à l'Assemblée nationale pour obtenir la révocation du décret qui suspend la nomination à la deuxième législature. La Société s'associe aux deux précédentes et enverra une adresse dans le même sens à l'Assemblée nationale (1); il est en outre décidé que « cette adresse sera

---

(1) On sait que le 16 mai 1791 les députés de la Constituante, sur la proposition de Robespierre, décidèrent qu'aucun de ses membres ne pourrait faire partie de la deuxième législature. Cette décision faisait beaucoup d'honneur au désintéressement des représentants, mais bien peu à leur esprit politique. En obligeant les électeurs à ne pas réélire les premiers députés de leur choix qui avaient fait leurs preuves, c'était les obliger à nommer des hommes inexpérimentés juste au moment où le cours des événements devaient déchaîner les passions populaires. Aussi un grand nombre de villes et de Sociétés politiques protestèrent-elles lors de la publication de ce décret.

envoyée au nom d'une Société de citoyens libres de Tulle et non au nom du Cloub ».

Séance du 29 juillet 1791

l'an troisième de la liberté. (1)

Une députation de la Société d'Uzerche est reçue. Elle se disculpe des torts qu'on lui a imputés, et demande avec insistance que le refus d'affiliation qu'ils ont essuyé soit levé. — Après discussion l'affiliation sera accordée à la condition expresse « qu'on ne vit plus Chiniac dans la liste des membres (2); qu'une liste de tous les membres composant la Société sera remise à la Société de Tulle; que cette liste restera affichée pendant un mois dans la salle des délibérations de Tulle; qu'une copie de leur règlement sera envoyée à Tulle. L'exclusion du sieur Chignac pour avoir si souvent vendu sa plume pour la destruction de tous les Clubs patriotiques. Enfin, l'affiliation définitive est accordée, les députés acceptant les conditions ci-dessus, « avec parole d'honneur de s'y conformer » et encore que la Société d'Uzerche aura comme correspondant à Paris la Société mère des Jacobins.

Une lettre du f∴ Lafarge, d'Uzerche, demande sa réintégration à la Société de Tulle. — Accordé.

Un acte de sauvetage accompli par un membre de la Société est signalé: Il s'est jeté à l'eau pour sauver un enfant en danger de se noyer. — Il est décidé que cet acte sera signalé au département afin que l'auteur soit récompensé, en le nommant gendarme national.

---

(1) Par erreur, le registre porte pour cette séance la date du 27 juillet.

(2) M. de Chignac, dont il est ici question, était lieutenant général de la sénéchaussée d'Uzerche lors des élections de 1789. Voir à son sujet notre ouvrage : *l'An 1789 en Bas-Limousin*. Paris 1909.

Séance du 31 juillet 1791
l'an troisième de la liberté

Un membre signale que le mercredi suivant l'église Saint-Julien de Tulle sera mise en afferme et que si la Société veut y tenir ses séances, il est urgent de s'en occuper. — Il est répondu qu'avant de louer cette église il faut payer les dettes de la Société.

Il est demandé compte de la recette faite pendant les fêtes de la Saint-Jean. Un membre est envoyé auprès du f∴ Pineaud qui est détenteur des fonds provenant de ces fêtes, pour l'inviter à se présenter immédiatement devant l'assemblée.

Le f∴ Lanot est nommé trésorier de la Société, mais avec défense expresse de faire aucune avance de fonds, sous peine de perdre ce qu'il aura avancé.

La Société de Meymac demande que le décret qui prive de leur traitement les prêtres, ayant retiré leur serment, soit rapporté. L'assemblée refuse de délibérer à ce sujet et la Société de Meymac en sera prévenue.

Une lettre du f∴ Trech-Desfarges, de Meymac, réclame une réponse à deux dénonciations faites par lui au sujet du payement des prêtres constitutionnels. — Ces dénonciations ont été envoyées au district d'Ussel et la Société attend son avis.

La Société de Sainte-Foy écrit, demandant que la Société de Tulle s'associe à l'adresse qu'elle va envoyer à l'Assemblée nationale pour la prier de rapporter « le décret qu'elle a rendu en faveur du roi, et qu'elle le juge lui et tous les émigrans ». — Il n'est pas délibéré « attendu que nous avons déjà prié l'Assemblée nationale de décréter qu'elle soit renouvelée ».

Il est arrêté que l'adresse envoyée à l'Assemblée nationale, demandant la dissolution, sera communiquée à tous les journalistes, crainte qu'elle ne fut pas lue à l'Assemblée nationale.

Antoine Leyrat, de Naves, prête serment, ainsi que Vachot aîné. — Ont été reçus: MM. Barni; Roux; Elie Adan; Valette; Roux, de Chanac; l'abbé Ladoire, Combes, de Naves; Jause; Fantou, sous diacre; Plazanet, tonsuré; Soumeti, minoré; Dieusidon, tonsuré; Bachelerie, tonsuré; Pernoix; Chaumeil, de Naves; Maynard, lieutenant de gendarmerie; Saint-Hypolit, fils, de Naves; Duval, major de la garde nationale de Tulle; Terrade, commandant de la garde nationale de Chaumeil.

Séance du 3 août 1791,
l'an troisième de la liberté

L'abbé Maumy, curé constitutionnel de Saint-Clément, prête le serment d'usage.

Lecture est faite d'une adresse envoyée à l'Assemblée nationale par les Jacobins de Paris pour se disculper des torts dont ils avaient été chargés.

Autre lecture d'un discours prononcé à la Société de Phalsbourg par un sergent du 17e régiment ci-devant Auvergne, et d'une adresse à l'Assemblée nationale envoyée par les citoyens de Tours, manifestant leur soumission au décret rendu en faveur du roi. Cette Société annonce aussi aux Jacobins de Paris qu'à l'avenir elle correspondra avec « ceux de leurs membres qui se sont retirés aux Feuillants ». — A ce sujet, après grande discussion, il est décidé qu'on écrira à Tours « pour lui communiquer les motifs qui nous ont porté à correspondre toujours avec les Jacobins à Paris et non avec les Feuillants, et pour les prier d'en faire autant sans quoi nous leur déclarons n'e plus correspondre dorénavant avec eux-mêmes. »

Il est décidé qu'une députation va être envoyée au département pour qu'il sollicite de l'Assemblée nationale de décréter la convocation des électeurs pour la seconde législature.

Autre lettre de la Société de Dijon. Elle demande aux Feuillants et aux Jacobins de Paris de se réunir le plus tôt possible. — La Société de Tulle s'associe à cette demande.

Les députés envoyés auprès du département reviennent, disant que le département a promis de s'occuper de l'affaire dans la journée.

Un paquet d'imprimés et une lettre du sieur Deflers, des Jacobins de Paris, sur la nécessité de la ratification de la loi par la volonté générale est soumis à l'assemblée. Les imprimés seront envoyés aux Sociétés affiliées de notre département, selon la demande de l'auteur.

La Société de Meymac « fait part du civisme de la Société de Bort et demande son affiliation ».

Une plainte est portée « par un f∴, qui a été vivement insulté par la veuve Pastric, de la Barrière. Il est arrêté qu'on députeroit vers la municipalité, pour la prier de faire une proclamation pour mettre fin à tous les mauvais propos que ne cessent de tenir les ennemis du bien public contre les bons patriotes. Les frères Vergne, marchands, et Béral, aîné, ont été députés avec les frères Chezou et Bousquets, plaignants.

Séance du 5 août 1791

l'an troisième de la liberté

Sur la demande de la commune de Seilhac, il est arrêté qu'on fera part à toutes les Sociétés d'une délibération prise par elle « contre le sieur Rodarel, pour l'obliger à se rendre à Seilhac le plus tôt possible. »

Une lettre de Martel avise que la Société de cette ville a pris un arrêté contre les députés de leur département qui ont protesté contre les ouvrages de l'Assemblée nationale.

Une autre lettre de la Société de Montauban invite la

Société de Tulle de correspondre, comme ils le font eux-mêmes, avec les Feuillants et les Jacobins.

Une députation de Lubersac manifeste sa satisfaction « de la conduite que nous avons tenue chez eux dans leur malheureuse affaire » et présente à la Société « dix exemplaires de la relation qu'ils en ont faite. Ces députés nous ont aussi prié de témoigner leur satisfaction à tous les gardes nationaux qui se sont transportés à Lubersac, et de leur distribuer douze exemplaires.

Des députés d'Uzerche remettent une «liste des membres qu'ils veulent exclure de leur Société; et ne nous ayant point fait passer la liste entière de leurs membres, quoiqu'ils nous eussent donné leur parole d'honneur qu'aussitôt arrivés à Uzerche, ils nous enverroient cette liste entière. Et là-dessus s'étant levé grande discussion, il a été arrêté qu'on écriroit à Uzerche pour leur dire que s'ils ne nous font pas passer courrier par courrier cette liste, ainsi que le procès-verbal d'exclusion des gagrenés (sic) de la Société et leurs règlements, nous déclarons leur ôter notre affiliation. Il a été arrêté de plus qu'on exigeroit préalablement l'exclusion du f∴ Besse.

Lecture est faite d'une adresse de la société de Montauban relative à la protestation des 290.

Autre lettre de Toulouse contenant une adresse à l'assemblée nationale « qui lui fait part de sa soumission à tout ce qui émane d'elle. »

Autre adresse de la société d'Angers adressée à toutes les sociétés patriotiques pour appuyer une dénonciation qu'ils ont faite à l'accusateur public d'un tribunal de Paris contre le sieur Demonville, imprimeur, comme responsable d'un acte d'infidélité contre eux commis. — Il est décidé de ne pas délibérer. Une lettre de Marseille annonce qu'une adresse, dont copie a été envoyée à l'assemblée nationale pour obtenir la révocation du décret qui suspend les électeurs de nommer à la deuxième législature.

Séance du 10 août 1791

l'an troisième de la liberté

Une lettre de la société de Chartres annonce qu'à l'exemple de celle de Tulle, ils ont cessé de correspondre avec les Feuillants de Paris et continuent avec les Jacobins.

Une autre lettre de la société de Poitiers fait ressortir combien il est dangereux de se diviser actuellement et exhorte la société de Tulle à rester unie avec les Jacobins de Paris.

Deux députés d'une société naissante de Vigeois présentent le procès-verbal de leur formation, la nomination de leur président et de leurs secrétaires, la liste de leurs membres et leur prestation de serment, demandant aussi leur affiliation, ce qui est accordé.

Il est décidé qu'un délai de quinze jours est accordé aux membres de la société en retard pour payer leur cotisation. Passé ce délai ils seront exclus de la société.

Les ff∴ Lanot aîné et Béral jeune sont chargés de recevoir des comptes du f∴ Pinaud cadet.

Deux projets de lettre à écrire à la société des Feuillants de Paris sont présentés, l'un par le f∴ Lanot, l'autre par le f∴ Béral jeune. Celui de ce dernier f∴ a été adopté comme un peu plus modéré et donnant moins de prise à la société.

Un f∴ propose d'écrire au ministre en faveur de M Meynard, lieutenant de la gendarmerie nationale, attendu que « M. Meynard est plus propre à être lieutenant que Merliac à être colonel. »

Il est arrêté que les papiers publics ne seront décachetés que sur le bureau et qu'ils seront lus séance tenante.

Séance du 14 août, l'an troisième de la liberté

Le f∴ Bardon, médecin, est élu président. Les quatre secrétaires élus sont les f∴ Beaudoin, Lafeuillade; Béral aîné et Reignac fils.

Des lettres de Marseille et de Carcassonne invitent la société à rester unie avec les Jacobins de Paris. Une autre de Castelnaudary informe qu'elle ne correspondra ni avec les Jacobins, ni avec les Feuillants tant qu'ils seront désunis. Une autre lettre de Langon « paraîtrait ne pas approuver celle que nous leur avons adressée le 21 juillet, et il a été arrêté qu'on leur ferait repasser leur adresse. Une autre lettre du sieur Valon est lue, mais il est décidé « n'y avoir rien à délibérer. »

Séance du 17 août 1791
l'an troisième de la liberté

Il est fait lecture du décret qui fixe les limites des départements du Royaume (1).

---

(1) Dans sa séance du 23 janvier 1790, l'Assemblée nationale décréta la constitution du département de la Corrèze : M. Gossin, au nom du Comité de Constitution, propose un décret relatif à la division du Bas Limousin qui est adopté en ces termes :
« L'Assemblée nationale décrète que le département du Bas-Limousin dont Tulles est le chef-lieu, est divisé en quatre districts, savoir : Tulles, Brive, Uzerche et Ussel. »
Ces quatre districts furent divisés en quarante cantons, savoir : Allassac; — Ayen-Bas; — Beaulieu; — Beinac; — Brive-la-Gaillarde; — Curemonte; — Donzenac; — L'Arche; — Meissac; Saint-Robert et Turenne qui composaient le district de Brive.
Argentat; — Chameirat; — Clergoux; — Corrèze; Egletons; — La Plau; — La Roche-Canillac; — Mercœur; — Saint-Chamant;

La société de Vigeois remercie pour son affiliation. Une lettre d'Excideuil « dénonce l'émigration de plusieurs cy-devants. » Une autre de Poitiers « contre les protestants de l'Assemblée nationale. » Autre d'une société naissante à Seilhac pour demander l'affiliation, qui lui est accordée. Autre d'Auxerre dénonçant une coalition des aristocrates de cette ville. Autre de Cambrais demandant notre adhésion « à leur arrêté contenant leur soumission aux décrets des 15 et 16 juillet dernier et à nous désunir des Jacobins; il a été arrêté qu'on la leur ferait repasser batonnée. Autre de la société d'Orléans relative à la nomination des ambassadeurs. Réponse ajournée à la prochaine législature.

Il est donné lecture « d'un journal chrétien ».

Lecture est faite d'un décret accordant une diminution d'impôt de 365.000 livres au département de la Corrèze. — Applaudissements.

Une lettre des Jacobins de Paris remercie la Société de Tulle « pour avoir déjoué les projets de leurs calomniateurs ». Autre lettre de Saint-Germain-en-Laye aux Feuillants, désaprouvant leur scission.

Enfin, un paquet de la Société d'Uzerche prouvant « qu'elle a rempli les engagements qu'elle avoit pris en demandant affiliation ».

Sainte Fortunade ; — Seilhac ; — Servières et Tulle formant le district de Tulle.
  Bort ; — Bugeat ; — Egurande ; — Meimac ; — Neuvic ; — Saint-Angel ; — Soursat et Ussel étaient du district d'Ussel.
  Chamboulive ; — Juillac ; — Lubersac ; — Meilhards ; — Ségur ; — Treignac ; — Uzerche et Vigeois composaient le district d'Uzerche.
  Il y avait 336 communes : 88 dans le district de Brive ; 105 dans le district de Tulle ; 78 dans le district d'Ussel et 65 dans le district d'Uzerche.
  Nous avons conservé l'orthographe des noms portés sur le décret, bien qu'elle ne soit pas celle de nos jours.

Sont proposés pour l'admission: Jean Béril et Jean Vacher, de Chameyrac. — François Farges, de Saint-Sylvain, a prêté serment. Le sieur Bachelerie a été affilié et a payé trois livres pour son affiliation. Cette somme sera payée à l'avenir par tous les affiliés. — Lecture des papiers publics.

Séance du 19 août l'an troisième de la liberté

Une députation de la Société de Beaulieu présenta un dossier contenant une dénonciation de la municipalité et une justification de la Société des Amis de la Constitution adressée au Directoire du département. Une députation de quatre membres est nommée pour appuyer la dénonciation de Beaulieu.

Le f∴ Brival, inspecteur des droits d'enregistrement et des domaines nationaux, grenadier du régiment national de Limoges, s'est présenté et a été reçu comme f∴

Il est donné lecture d'une lettre d'Aix et d'une autre de Fumés, faisant part de mesures économiques sur les paquets et autres lettres. La décision à prendre est remise à la séance du dimanche suivant; autre lettre de Bordeaux qui a été adressée aux Feuillants et à tous les Clubs, les exhortant à se réunir aux Jacobins. Une autre de Rodez demande l'exclusion de toutes les Sociétés du « mauvais citoyen, le sieur Parisse, esclave des aristocrates de cette ville ».

Séance du 21 août 1791
l'an troisième de la liberté

Par lettre, le f∴ Bardon explique les raisons qui lui font décliner l'honneur qu'on lui a fait en le nommant président. — Une nouvelle élection a lieu et le f∴ Lanot est élu.

Lecture est donnée d'une lettre adressée à M. Provot, où on lui annonce la retraite des ci-devant gardes du corps à Paris, qui semble déjà devenir le goût des gens de cette trempe, et avertir les Amis de la Constitution de Paris de cette émigration. Cette proposition a été adoptée ».

Un membre est délégué auprès du département pour remettre une lettre de la Société de Strasbourg qui recommande le f∴ Valadier, membre de leur Société, qui sollicite une place dans la gendarmerie de la Corrèze.

Un f∴ de Souillac (1) s'est plaint de ce que leur payement était fait en gros assignats. Il est décidé qu'on écrira à M. Lessait pour le prier de changer l'envoi des gros assignats en petits « vu la pauvreté du département ».

La municipalité est invitée à tenir la main à l'exécution des règlements de police sur les grains.

On s'occupe de la reddition des comptes du f∴ Pinaud.

Il est décidé d'écrire au maire d'Albussac pour se procurer des témoins dans l'affaire du sieur Parjadis.

Le maire de Chamboulive sera dénoncé « pour avoir violé les lois ».

Séance du 24 août 1791

l'an troisième de la liberté

Il est fait lecture de diverses lettres relatives à la scission des ff∴ Feuillants et Jacobins de Paris. Ces lettres proviennent de Landau, d'Orléans, de Juillac et d'Aubusson.

Une lettre de la Société de Strasbourg recommande un de leurs ff∴, le sieur Lespinat, qui sollicite une place dans la gendarmerie. — Il sera recommandé au département.

---

(1) Il s'agit ici de Souillac-Tulle qui, à cette époque, avait déjà quelques ateliers de la manufacture d'armes de guerre.

À ce sujet, il est décidé qu'une liste sera dressée par la Société pour les recommandations aux divers postes de la gendarmerie. Il y sera fait mention d'un f∴, le patriote Bellegarde, qui s'est jetté dans l'étang de Seilhac pour sauver un malheureux, « ce qui montre que la liberté est le germe de toutes les vertus sociales ».

Lecture d'une lettre de la Société de Strasbourg, demandant l'adhésion à une adresse tendant à diminuer les chiffres de la liste civile : accordé.

Une lettre de Chamberet demande à la Société de Tulle de servir d'intermédiaire entre les Sociétés de Chamberet et de Larche qui sont en désaccord (1).

M. Croix, volontaire national, prête serment. Un f∴ demande que le district d'Uzerche soit dénoncé, mais les faits n'étant pas absolument prouvés, on nomme un commissaire pour faire une enquête.

Un f∴ annonce qu'une coalition de gens suspects s'est formée au Verdier. — Le département sera prié de prendre des mesures.

Un f∴ présente un projet d'adresse à l'Assemblée nationale. — Adopté.

Séance du 28 août 1791,
l'an troisième de la liberté

Le f∴ Duval, major de la garde nationale de Tulle, prête serment.

Une lettre de la Société de Bergerac est favorable à l'affiliation de la Société de Limoux.

La Société de Limoux écrit qu'elle désire la réunion

---

(1) MM. R. Blusson et A. Marchant ont publié une brochure contenant copie d'un registre de la société de Larche, mais il ne donne que les séances du 9 juin 1793 au 18 août 1794. Cette société populaire de Larche existait bien avant et après ces dates.

des Feuillants et des Jacobins de Paris. Il en est de même de la Société de Toulouse.

Il est donné lecture aussi d'un discours sur « l'état de nullité dans lequel on tient les femmes, relativement à la politique, par Elizabeth Lafaurie, prononcé dans la Société de Saint-Sever (?), aussi une réponse au discours d'un membre de la même Société par la même femme et sur la même question. On déclare n'y avoir lieu à délibérer sur l'un et l'autre discours.

Le sieur Ambache est proposé pour faire partie de la Société; il est appuyé. — Un f∴ étudiant a proposé d'assister demain à une thèse théologique soutenue dans la salle du séminaire. La Société accepte d'y envoyer une députation.

Séance du 29 août 1791,

l'an troisième de la liberté

Le f∴ Brival préside. — Il est donné lecture d'une adresse de la Société d'Épinal qui se plaint de manquer d'armes. — D'une lettre de la Société de Tours tendant à concilier les Jacobins et les Feuillants de Paris.

« Le f∴ Treich-Desfarges a fait quelques observations sur des articles de la Constitution attentatoires à la liberté et aux droits de l'homme, et a proposé de nommer un Comité de révision pour présenter un cahier de doléances. La Société a pris un arrêté conforme et a nommé pour commissaires les ff∴ Brival; Desprès; Lanot, jeune; Berthelmy; Béral, jeune; Deschamps et Desfarges.

Séance du 30 août 1791,

l'an troisième de la liberté

Il est arrêté que la Société écrira « à toutes les Sociétés

de l'empire français pour les inviter de faire un cahier de pétitions à la nouvelle législature ».

Le sieur Lagrènerie, membre de la Société d'Uzerche, est accusé « d'avoir fait annuler, séance tenante, à Uzerche, une lettre de la Société de Tulle ». Il est reconnu que cette accusation est une calomnie et il n'y est pas donné suite.

Le f.˙. Brival prononce un discours très applaudi; il est décidé qu'il sera imprimé et envoyé à tous les électeurs.

Un membre propose de prendre les mesures nécessaires pour défrayer, au moins en partie, les électeurs qui ne sont point dans l'aisance. Un autre membre, appuyant cette motion, propose « de retrancher la paye des Députés pour en faire rejaillir l'économie sur les électeurs ». La motion, longuement discutée, il a été décidé « que la Société ne demanderoit pas la diminution du traitement des députés mais qu'elle demanderoit à l'Assemblée nationale que les électeurs fussent défrayés de leurs dépenses et que cette demande seroit consignée dans les cahiers de pétitions adressés à la nouvelle législature, et qu'il seroit fait une adresse particulière à l'Assemblée nationale actuelle pour le même objet. »

Un membre demande qu'il soit accordé provisoirement des secours aux électeurs non aisés ». Il sera envoyé des commissaires à cet effet auprès du département.

Séance du 31 août, l'an troisième de la liberté

Après la lecture des papiers publics, « un f.˙. a fait la remise de plusieurs exemplaires du discours prononcé par le f.˙. Brival et dont l'impression fut ordonnée; la distribution en a été faite et il a été arrêté qu'il en seroit demandé encore 500 exemplaires ».

« La discussion ouverte sur les cures vacantes, elle a été ajournée à demain ».

Séance du 3 août 1791

l'an troisième de la liberté. (1)

Le f∴ Dessort a proposé d'envoyer une députation au département pour le prier de prendre des mesures pour que les commissaires des paroisses fassent paraître leur travail. Adopté.

Un f∴ demande que les anciens vicaires non réformistes ne reçoivent que l'ancien traitement. « Le f∴ Jarrige, premier garçon chez un maître charpentier, a demandé la parole, et dans un stile naïf a dit: j'ai d'abord été garçon charpentier, lorsque je ne travaillait pas mon maître ne me payait pas; j'ai été ensuite maître, et lorsque mon garçon ne travaillait pas je ne le payais pas. Je conclus à ce que les prêtres non conformistes ne reçoivent point de traitement ».

« Un autre membre a proposé par addition que les protestants contre les décrets de l'assemblée fussent privés de tout traitement et de la qualité de citoyen actif ». Adopté.

Il est en outre décidé qu'on demanderait aussi à l'Assemblée nationale que les curés assermentés qui ne reconnaîtraient pas leur évêque soient privés de leur traitement et de leur place, qu'enfin les réfractaires soient tenus de s'éloigner au moins à dix lieues de leur domicile.

---

(1) Il est certain qu'il y a ici une erreur grossière : le *32 août 1791*. — Cependant nous avons précédemment la séance du 31 août et ensuite celle du 1er septembre. — Il est à croire que la séance du 31 a été intercalée, car un premier procès-verbal de cette séance est batonné et un autre existe en propre et doit faire ... de la séance notée au 32 août par le f∴ rédacteur qui n'est autre que Iteignac, fils, si l'on en juge par la calligraphie.

Séance du 1ᵉʳ septembre 1791
l'an troisième de la liberté

« Un membre fait la motion de demander au département que toutes les églises de Tulle où les prêtres réfractaires vont répandre le poison d'une mauvaise doctrine, soient fermées. Un membre appuyant la motion a demandé qu'on priât le département de faire murer les églises de toutes les moinesses de la ville ». Adopté. — Le département sera invité « à généraliser son arrêté pour tout son ressort ». Une pétition sera adressée à ce sujet aux administrateurs du département.

Le f∴ Guillebot, suppléant au Tribunal du district de Tulle, fait présent à la Société d'un discours patriotique dont il donne lecture. La discussion de cet ouvrage est ajournée à la prochaine séance.

Séance du 2 septembre, an troisième de la liberté

L'évêque et son conseil soumettent à la Société une adresse au département demandant la fermeture des oratoires de la ville. L'assemblée décide qu'il est préférable que cette demande soit faite par les citoyens libres et qu'elle soit applicable à tout le département. — Deux commissaires par district sont nommés pour rédiger la pétition.

Une motion déjà faite est renouvelée pour que le département indemnise les électeurs. Adoptée. — Un amendement tendant à exclure les fonctionnaires de cette indemnité est ajourné.

Lecture est faite d'une lettre de la Société de Toulouse, tendant à la réduction de la liste civile (1).

Une autre de Castres, informe qu'elle ne recevra à l'avenir, par la poste, que de simples lettres.

---

(1) Voir dans notre ouvrage *l'An 1789 en Bas-Limousin* le détail de cette liste civile qui s'élevait à la jolie somme de 35.976.000 livres.

Séance du 3 septembre 1791

l'an troisième de la liberté

Il est demandé que le département soit de nouveau prié « pour que les électeurs reçoivent un à-compte sur leurs dépenses. » Quatre cultivateurs sont nommés commissaires pour se rendre auprès du département pour avoir sa réponse à la question ci-dessus.

La discussion est de nouveau ouverte au sujet des oratoires dont la clôture a été demandée. — Il est donné lecture de l'adresse rédigée à cet effet par les commissaires pris dans les quatre districts. — Pas de décision.

Un membre ayant été « maltraité par un aristocrate dit qu'il seroit inutile de se plaindre à la municipalité, a demandé à la Société qu'elle lui indiqua un moyen de faire punir le coupable. Alors un frère s'est levé et s'est chargé de la cause du maltraité et a promis de ne rien négliger pour lui faire rendre justice ».

Séance du 4 septembre 1791, an troisième de la liberté

Le f∴ secrétaire fait lecture d'une dénonciation d'un monument d'orgueil existant au Montd'or, département du Puy-de-Dôme, et érigé à la famille des Ferrières de Sauve-Bœuf. L'auteur de cette dénonciation est un officier municipal de Curemnote. — Envoyée au Club de Clermont.

Refus d'envoyer des félicitations au corps électoral pour le choix des nouveaux députés.

2e séance du 4 septembre 1791

an troisième de la liberté

La réunion a lieu dans la salle de l'évêché, alors que celle du matin avait eu lieu comme à l'ordinaire dans une salle du Collège des Jésuites.

Il est donné lecture des papiers publics et d'une

lettre des Jacobins de Paris indiquant les démarches faites auprès des Feuillants pour la réunion. Enfin de divers discours prononcés par les membres de cette même Société des Jacobins de Paris.

Séance du 5 septembre 1791,
an troisième de la liberté

Réunion dans une salle de l'évêché, sous la présidence de Pierre Voisin, curé constitutionnel de Donzenac.

Il est fait lecture d'un cahier de pétitions que la Société a arrêté de remettre aux nouveaux députés. — Ce travail sera complété et remis sur le bureau dans la prochaine séance.

Il est proposé de demander au département que « les électeurs qui ont eu la lâcheté d'abandonner leur poste et la patrie » soient rayés de la liste. — Refusé, « attendu que le corps électoral lui-même avait pris cet arrêté ».

Le département sera invité à « obliger les électeurs à revenir à leur devoir... en cas de refus qu'il soit fait, par le département, une liste des déserteurs ».

La question de l'indemnité à accorder aux électeurs revenant à l'ordre du jour, un membre a dit « qu'ils savoit que le département avoit déclaré n'y avoir lieu à délibérer ».

Le Président demande l'affiliation de la Société de Donzenac. — Accepté.

Séance du 6 septembre 1791
l'an troisième de la liberté

Présidence du f∴ Lidon; la séance est employée à une étude des moyens à prendre pour le choix des magistrats au criminel et à la lecture d'une adresse de Chateaubriant pour demander à l'Assemblée un moyen praticable de racheter les rentes.

Séance du 7 septembre 1791
l'an troisième de la liberté

Lecture des papiers publics. — « MM. les Electeurs devant se rendre au poste où les appelle l'intérêt de la patrie, la séance est levée.

Séance du 7 septembre au soir

Le f.·. Yvernat, président de la Société de Bordeaux, occupe le fauteuil de la présidence.

Il est donné lecture d'un mémoire justificatif de la Société de Gray ; d'un mémoire que M. Fauchet, évêque du Calvados, adresse à l'Assemblée nationale; de lettres de Chilon et de Colmar au sujet du service postal; d'une adresse à l'Assemblée nationale pour convertir les assignats de trois et quatre cents livres en assignats de moindre valeur. — La Société adhère à cette adresse.

Séance du 8 septembre 1791
l'an troisième de la liberté

Il est proposé d'envoyer « une députation vers MM. Parjadis et Montbrial pour les prier de se démettre, pour obliger les Amis de la liberté et d'être plus favorables à la patrie que ne leur a été le sort ».

Une commission de vingt membres a été nommée pour la révision des différentes pétitions. Sont élus: Lanot jeune; Berthelmy; Béral, jeune; Destord, Guillelbeau, Laselve; Yvernat; Plazanet; Binet, Treich-des-Farges, Lidon; des Roches; Farges; Vachou, Peyridieu, Bordas ; Chauffour, le curé d'Arnac; Lafarge et Faurie.

Séance du 9 septembre 1791
l'an troisième de la liberté

Le f.·. Brival député à l'Assemblée nationale, préside. — Le f∴ Lidon, de Brive, rend compte du résultat de la délibération des commissaires au sujet de la pétition proposée par le f∴ Treich pour être présentée aux nouveaux députés. Il est arrêté qu'il n'y avait lieu de délibérer pour le moment, mais que des copies seraient faites de ce cahier de pétitions et qu'elles seraient remises à chacun des commissaires des districts pour les étudier. Chaque commissaire fera parvenir ses remarques, critiques ou additions au chef-lieu du département. L'envoi a été fixé à quinzaine.

Par inadvertance, la municipalité de Meyssac à délivré des passe ports à deux gardes du corps, elle sera invitée à les retirer, si les porteurs de ces passe ports ne sont pas partis.

Une lettre de la société de Roman annonce qu'elle va de nouveau s'unir aux Jacobins « pour ne s'en séparer jamais. »

Une lettre de la société d'Albi, dit que désormais les envois de cette société seront affranchis et demande qu'on en use de même à son égard.

Est adoptée une motion tendant à améliorer le sort des prisonniers en augmentant leur subsistance.

La séance est levée en spécifiant que le lendemain il y aurait réunion à six heures du matin.

Séance du 10 septembre 1791,

l'an troisième de la liberté

Le f∴ Brival préside. — Il est donné lecture d'une lettre du sieur Vachot, cavalier du Royal-Navarre dans laquelle il déclare ne plus vouloir retourner à son régiment « pour antipathie de ses principes avec ceux de ses camarades qui mettaient chaque jour sa vie en danger. » La société décide d'écrire au ministre de la guerre pour obtenir un changement de corps qui lui donner une place dans le détachement qui doit partir pour la défense des frontières.

Deuxième séance du 10 septembre

La Société fait demander au procureur syndic la liste des curés à remplacer pour s'occuper immédiatement de a nomination de ceux qui paraîtront avoir le plus d'influence, les ff∴ Pénières et Merelli sont chargés de cette mission.

Tous les ff∴ présents ont prêté serment.

Séance du 14 septembre

l'an troisième de la liberté

Le f∴ Lanot préside. — Il est donné connaissance d'un paquet envoyé par la société de Paris, contenant divers discours. — Il est fait lecture d'une lettre de la société de Limoges demandant les intentions de la société au sujet de celle d'Uzerche et de Seilhac. — La société de Limoges sera priée de ne pas accorder l'affiliation à la société d'Uzerche jusqu'à ce qu'elle ait rempli toutes les conditions prescrites.

Lecture est faite d'un discours de Mme Masulier à la société de Paris; — d'une lettre de la société de Caen à M. de Cussi, député à l'Assemblée nationale.

Sur l'observation du f∴ trésorier, une lettre est écrite à M. Pineaud pour l'engager à rendre ses comptes.

Séance du 21 septembre 1791,

l'an troisième de la liberté

Les sociétés de Limoges, de Vienne et de Chartres ont pris la décision de se servir de la voie du «journal des Clubs» pour leur correspondance.

Lecture d'une lettre de la société de Gournay qui voue les protestants de l'Assemblée nationale à l'indignation publique. Autres lectures: d'une pièce de vers dédiée à M. Kellermann ; d'une adresse a l'Assemblée nationale sur l'agiotage qu'on exerce sur les assignats. — D'une lettre de justification adressée à l'Assemblée nationale par la société d'Orléans.

Séance du 26 septembre 1791
l'an troisième de la liberté

La société de Bort réitérant par lettre sa demande d'affiliation, satisfaction lui est donnée.

Une autre lettre de Turenne s'occupe des émigrants de la contrée. Une autre de Dunkerque sur la scission des Feuillants de Paris.

La société de Meyssac demande affiliation avec celle de Tulle. Elle lui est accordée.

Le f∴ Lambaut demande un certificat. « La société pénétrée des services rendus à la patrie par le frère Lambaut a pris un arrêté conforme à ses vœux. »

Séance du 26 septembre 1791
l'an troisième de la liberté

« Le président a annoncé la visite du frère d'Orfeuil, membre des sociétés de Bordeaux et de Toulouse et voyageant guidé par le patriotisme pour montrer au peuple les bienfaits de la constitution des français. Le frère d'Orfeuil a demandé la parole et est monté à la tribune où il a fait lecture d'un ouvrage dont il est l'auteur. Cet ouvrage est intitulé « La lanterne magique » et renfermant sous un cadre riant et agréable un sens moral adapté aux mouvements de la Révolution et à ses effets, a fixé l'admiration et l'estime dû à l'auteur. Il y passe en revue les différentes formes de gouvernement, leurs ressorts politiques et leurs abus, il fait surtout une comparaison exacte de l'ancien au nouveau régime, attaque avec force les préjugés qui règnent encore sur les hommes malgré le cri de raison, et toujours sans quitter le ton qu'annonce le titre de l'ouvrage, M. d'Orfeuil n'a quitté la tribune qu'avec de vifs applaudissements, de ces applaudissements amenés par le sentiment et par le cœur et la société en lui rendant par l'organe du président le tribut d'éloge dû à son patriotisme et à son talent, a arrêté de se procurer un exemplaire de l'ouvrage et de le mettre dans ses archives. Le frère d'Orfeuil ayant ensuite demandé un certificat de fraternité à la société, il lui a été offert comme un gage de satisfaction que sa visite avait fait ressentir. »

Séance du 28 décembre 1791,

l'an troisième de la liberté

« Un membre a témoigné ses craintes sur les nombreuses émigrations des ci-devant nobles dans la ville de Paris. » Il est décidé d'écrire au club des Jacobins de Paris pour les prier de communiquer les moyens de sûreté de la capitale « pour tranquiliser les esprits de nos contrées. »

Il est décidé qu'il y aura une séance générale de la société le dimanche 31 septembre 1791 et que les membres seront invités par des billets par et la caisse pour prendre des déterminations de la dernière importance. » (1)

Séance du 2 octobre 1791,

l'an troisième de la liberté

Il est fait lecture des papiers publics sous la présidence du f∴ Lanot aîné.

---

(1) Le registre ne fait pas mention de cette séance.

Séance du 5 octobre 1791
l'an troisième de la liberté

Lecture d'une lettre du frère Brival qui annonce son arrivée à Paris et sa réception à la société des Amis de la Constitution de Paris. Lecture d'une lettre de Clermont renfermant une pétition de prêtres qui réclament selon les loix de la nature et de la société l'abolition du célibat presbytériel.

Lecture d'une autre lettre de M. Grégoire contenant une adresse aux nouveaux députés.

Séance du 9 octobre 1791,
l'an troisième de la liberté

Le f∴ Ralfinide vicaire épiscopal de l'évêché de la Corrèze est élu président. Sont élus secrétaires les ff∴ Deschamps; Rouillac; Mariau et Bail.

L'appel nominal de tous ceux qui sont redevables à la société a été fait.

L'évêque de la Corrèze s'excuse par lettre de ne pouvoir assister à la séance à cause de ses occupations.

Il est décidé que le trésorier fera un tableau en trois colonnes, des dettes, des recettes, des arrérages de la société.

Séance du 16 octobre 1791,
l'an troisième de la liberté

Il est décidé qu'on fera rentrer les arrérages dûs à la société, des commissaires sont nommés à cet effet. Pour le quartier des Feuillants le f∴ Lanot aîné; Clary; Pourchet. Pour celui des Carmes: Vachaud et Bru. — Pour celui des Récollets: Lanot jeune et Mariau.

Il est fait lecture d'une lettre de Montauban recommandant à celle de Tulle un de ses affiliés qui est dans l'indigence. « La société l'a secouru selon ses facultés et a visé son passeport. »

Un certificat est accordé à un membre de la société de Corrèze, sur la demande de cette société.

Lecture d'une lettre de la société de Lubersac sur les « troubles que des malveillants avaient occasionnés. »

Lecture est faite des papiers publics et d'un discours sur l'utilité des sociétés politiques et populaires. On adhère à deux lettres de la soc. des Jacobins de Paris. Lecture d'une lettre de M. Brousse accusateur public à Ussel et membre des amis de la société de Clermont-Ferrand, qui en raison d'infirmité ne pourra aller sur les frontières, et qui offre une somme de vingt-quatre livres par mois au citoyen qui voudra aller sur les frontières pendant toute la campagne. » La société décide que mention honorable de cet offre sera faite au procès-verbal et nomme deux membres pour faire connaître et accepter cet offre.

Il sera répondu à une lettre de la société de Lubersac bien qu'elle ne soit pas signée, considérant que ce manque de signature ne peut provenir que d'un oubli.

Séance du 19 octobre 1791,
      l'an troisième de la liberté

Une adresse à l'Assemblée nationale est adoptée, et sera expédiée aussitôt.

Il est fait lecture des papiers publics.

M. Paty, vicaire épiscopal demande à être admis dans la société. — Sa demande est appuyée par plusieurs membres. — Suivant le règlement son nom sera affiché.

Une lettre de M. Brival, député à l'Assemblée nationale annonce qu'une avance de 100 mille livres sera faite par le ministère. Il est décidé que la société écrira à celles de Montauban et Limoges pour avoir des renseignements sur le patriotisme de M. Marsé maréchal de camp, nommé commandant général du bataillon de la Corrèze.

Séance du 23 octobre 1791

La société de Sauterne, département de la Gironde, demande à être affiliée. — On écrira pour renseignements à la société la plus voisine de celle de Sauterne.

Sur la demande qui est faite par la société de Bordeaux tendant à noter d'infamie et à bannir de toute société patriotique les Chapelier, les Barnave, les Dandré, les Lameth qui ont porté les plus grands coups à la liberté, la société a arrêté que MM. Bailly et Lafayette désignés dans la liste de proscription de la sociétés de Bordeaux ne méritaient pas un tel traitement, et qu'on prendrait des renseignements sur leur compte. Il a été arrêté qu'on préviendrait toutes les sociétés affiliées par la voix du journal de Mercier, qu'on retirerait l'affiliation, si, elles reçoivent dans leur sein les Barnave, les Dandré, les Lameth, les Chapeliers etc. »

Le procès-verbal de cette séance qui était présidé par le frère Rabanide, vic.ire épiscopal, est signé par Lanot jeune, caporal des grenadiers du bataillon destiné aux frontières et secrétaire par intérim.

Séance du 26 octobre 1791,

l'an troisième de la liberté

Lecture est faite d'une adresse de la société de Bédarieux demandant à l'Assemblée nationale qu'il soit fabriqué un plus grand nombre d'assignats de cent sols. Ayant déjà adhéré à une adresse du même genre, il n'y a pas lieu de délibérer.

Lecture d'une lettre adressée à Carra « pour noter d'infamie les Barnave, Chapelier, Lameth, Dandré, etc. »

Lecture des papiers publics.

Charles Pradinas de Chanteix prête serment.

Un secours est accordé à Pierre Goubet pour l'aider à se rendre chez lui, en Dauphiné.

Séance du 2 novembre 1791,

l'an troisième de la liberté

Lecture des papiers publics. « On a ensuite reçu M. Paly, vicaire épiscopal, qui a payé le devoir. »

Il est arrêté qu'il serait fait une liste des ff∴ qui ont payé leur devoir et que les autres seraient exclus.

Séance du 6 novembre 1791

l'an troisième de la liberté

« Il a été fait lecture d'une lettre de Cahors, d'une autre de Montauban qui nous donnent des renseignements de M. de Marsé, général du bataillon de la Corrèze, dont on a donné l'original à M. Lanaud pour en faire lecture à M. le commandant du bataillon de la Corrèze. »

Deux frères sont députés auprès du département pour demander que l'épreuve de la poudre vendue en ville soit faite.

Une souscription est ouverte pour payer les arrérages de la société. — Chaque membre sera obligé d'y contribuer selon ses facultés. — Les membres qui ne souscriraient pas seraient exclus de la société.

Il est dénoncé que « le tribunal d'Ussel serait dénoncé comme n'étant pas dans le véritable esprit de la constitution. »

Séance du 9 novembre 1791,

l'an troisième de la liberté

Une enquête est ordonnée sur le frère Bardon séodiste «comme convaincu d'avoir signé une pétition présentée au département étant contraire à la constitution civile du clergé, constitution qu'il a juré de maintenir de tout son pouvoir.»

Séance du 13 novembre 1791

L'appel des fonds pour la souscription faite pour payer «les arrérages» de la société est remis à une prochaine séance.

Après vérification des comptes du f∴ Lanaud, le f∴ Béral, jeune, a été élu trésorier. Le f∴ Béral est chargé d'écrire au district au sujet du curé de St-Pierre qui occupe toujours «la maison ci-devant curiale.»

Séance du 15 novembre 1791,
l'an troisième de la liberté

«La société des Amis de la Constitution extraordinairement convoquée, le fr∴ président ayant ouvert la séance, un honorable membre dit: Mes fr∴ vous êtes instruits sans doute que la commune de cette ville vient d'élire à la grande majorité M. notre ex-député du corps constituant du royaume pour maire de cette ville; vous êtes aussi instruits sans doute d'une rumeur qui s'est répandue et qui afflige tous les bons citoyens, amis de la constitution. Cette rumeur est que M. Melon pressé par ses affaires domestiques, qui l'obligent de s'absenter de cette ville, ne veut point accepter cette place. Comme un pareil refus est fait pour porter le deuil et la tristesse dans le cœur de tous les membres de cette commune et surtout dans le vôtre, mes frères, qui êtes les amis de la constitution, et qui avez juré de la maintenir, je croirais donc qu'il est de votre devoir, pour le salut de la patrie, d'employer tous les moyens qui sont en votre pouvoir pour déterminer ce brave citoyen à accepter cette place, étant très propre à maintenir et à faire exécuter les lois dont il a été lui-même l'organe. En conséquence, je fais la motion que toute la société en corps se rende devers lui pour le supplier d'accepter cette faible marque de confiance de la part de ses concitoyens. La motion mise aux voix par le frère président a été acceptée à l'unanimité. En conséquence l'assemblée s'est rendue devers lui, et après lui avoir prouvé, par des acclamations, la joie qu'elle ressentait de ce qu'il avait été nommé à l'unanimité le chef de la commune, l'a déterminé à accepter ; ce qu'il a fait après avoir donné des preuves non équivoques de ce civisme qui l'a si bien distingué dans le corps constituant. La société de retour dans la salle de ses séances a délibéré de renvoyer des députés vers la municipalité pour la prévenir de cette heureuse nouvelle, la prier de faire faire tous les honneurs qui lui sont dus, soit en faisant sonner la grand'cloche, tirer le canon et illuminer ; il a été de plus délibéré que la séance serait convoquée à une heure après-midi, à son de trompe, à l'effet de prendre toutes les mesures convenables pour faire le plus d'honneur possible à ce zélé défenseur des droits du peuple. »

Séance du 17 novembre 1791

La lecture des papiers publics a été interrompue par la discussion des griefs attribués à M. Bardon, ci-devant féodiste, justement accusé de perfidie et de parjure. Il a été jugé légalement, condamné à être chassé de la société et rayé du tableau des Amis de la Constitution. De plus il a été arrêté que le jugement serait affiché à la porte des séances pendant trois fois.

M. Béral jeune a fait hommage à la société du portrait de M. Riquetti Mirabeau, défenseur des droits de l'homme. Une députation est envoyée au département pour le prier de suspendre sa décision au sujet de la lettre de M. Delessart sur le culte et la constitution civile du clergé.

Il est donné lecture d'une lettre de la société d'Autun.

Séance du 23 novembre 1791
l'an troisième de la liberté

Comme suite à la lecture des papiers publics, la société vote à l'Assemblée législative des remerciements publics sur les décrets qu'elle venait de rendre pour arrêter les manœuvres des prêtres séditieux ainsi que des émigrés.

Il est décidé que la société de Bort, qui a fait déjà deux demandes d'affiliation recevra satisfaction.

Le f∴ Lanot est élu trésorier de la société.

Séance du 27 novembre 1791
l'an troisième de la liberté

La séance est tenue dans une salle de l'évêché, sous la présidence intérimaire du f∴ Lanot. Lecture est faite d'une lettre envoyée par le f∴ Lanot, caporal des grenadiers du bataillon de la Corrèze ; cette lettre datée de Limoges, dit que cette ville est infectée d'aristocratie, mais que malgré cela les patriotes qui habitent dans cette ville sont dans les sentiments les plus purs de la Révolution et qu'il n'est pas d'honnêteté qu'il n'ayent reçus de cette partie précieuse des habitants de la ville.

Lecture est donnée d'une lettre de la société de Toulouse qui annonce qu'un ouvrier a répandu le bruit que tous les ouvriers de la manufacture d'armes de Tulle avaient été congédiés et qu'il y avait à Tulle quinze mille fusils en dépôt. — Renseignements pris le bruit est reconnu faux et la société de Tulle demande le nom de l'ouvrier qui a répandu cette nouvelle à Toulouse.

Il est décidé qu'on adresserait une pétition au conseil administratif pour le remplacement des émigrants dans la gendarmerie nationale.

Séance du 30 novembre 1791
l'an troisième de la liberté

Après l'ouverture de la séance, on donne lecture des papiers publics. Cette lecture est suspendue jusqu'après les vêpres pour la continuation de la séance. Les vêpres finies, les membres s'étant rendus dans la salle, il a été procédé à la suite de la lecture des papiers publics, et le plus grand nombre ayant demandé à se retirer pour leurs affaires personnelles, le président a déclaré que la séance était levée.

Signé : Lanot, président par intérim.

Séance du 4 décembre 1791

Il est donné lecture d'une lettre de M. Valon qui réclame notre appui à l'Assemblée nationale pour qu'il puisse obtenir du ministre une retraite en récompense des dangers qu'il a encourus dans les dernières guerres, et il a été arrêté que le frère Lanot aîné répondrait, à ce sujet, qu'elle avait inutilement fait efforts pendant deux fois à ce sujet et qu'elle désespérait pour la troisième du succès de toutes leurs démarches, soit auprès de l'Assemblée nationale, soit auprès du ministre.

Il est décidé que l'ingénieur en chef du département sera dénoncé parce que, par mépris ou insouciance, il se permet de faire porter à son domestique l'habit de garde national. Les ff. Clerey, Vergne, Marchand et Lanot se rendront à la municipalité pour cette dénonciation.

Il est donné lecture d'une lettre de Bordeaux, au sujet de la calomnie qu'a exercé le club de Vesonnes(?) contre celui de Bordeaux (1).

Séance du 7 décembre 1791
l'an troisième de la liberté

Réunion dans la salle de l'évêché. — Il est fait lecture des papiers publics.

« Lecture de la relation de ce qu'avoit fait le bataillon de la Corrèze au monstre Mauriss[a]rd, maire de Limoges, à leur passage. » (2).

Un membre propose de « faire une relation du vol que voulait commettre l'abbé Grandchamp, du traitement d'un prêtre mort depuis deux mois. — Il est décidé que ces deux relations seront envoyées au journal de Mercier.

Séance du 11 décembre 1791,
l'an troisième de la liberté

La Société décide qu'elle adhère à l'adresse que la Société de Toulouse fait parvenir au roi au sujet du *veto* dont il abuse.

Sur la demande de la Société de Paris, il est décidé qu'on répondra « jeudi prochain à nos frères de Paris et qu'on leur escrirait sur la situation de notre département, des corps administratifs et des tribunaux. — Il est en outre, décidé qu'on écrirait à toutes les communes du département « pour les prier de nous donner des renseignements sur l'esprit qui règne à l'égard des prêtres, dans leur commune. »

Lecture est faite d'un discours de M. Isnard, député

---

(1) Le club de Vesone était probablement celui de Périgueux.
(2) Nous n'avons pu trouver trace de l'incident dont il est ici fait mention.

à l'Assemblée législative, au sujet des prêtres séditieux et des émigrés.

Plainte du trésorier que « personne ne paye ». Il est arrêté qu'à la prochaine séance, le trésorier nommerait « tous ceux qui doivent soit leur contribution volontaire, soit le devoir du mois. »

Séance du 14 décembre 1791

l'an troisième de la liberté

La Société ayant déjà voté une adresse de remerciments à l'Assemblée nationale pour les décrets qu'elle a rendu contre les émigrés et les prêtres séditieux passe à l'ordre du jour sur une proposition faite à ce sujet par la société de L'orient.

« Les frères Penière et Delsort ont paru à la Société pour témoigner leur indignation de voir le diatribe que vient de faire le département de Paris au roi pour le prier de poser son *veto* sur le décret rendu contre les prêtres et ont proposé de faire une adresse au roi pour le porter à sanctionner. Il a été arrêté en outre qu'on écriroit à toutes nos sociétés affiliées pour les engager à en faire autant que nous, ou à adhérer à la nôtre. »

Lecture est faite des papiers publics.

Séance du 15 décembre 1791,

l'an troisième de la liberté

Une adresse au roi pour le porter à lever le *veto* posé sur le décret contre les émigrés est adoptée — copie de cette adresse est aussi envoyée à l'Assemblée nationale.

Une autre adresse à l'Assemblée nationale contre certains membres du directoire du département de Paris est aussi adoptée, copie en sera envoyée aux frères de Paris.

Une lettre imprimée avec ces adresses sera envoyée à toutes les sociétés affiliées pour appuyer.

Séance du 19 décembre 1791,

l'an troisième de la liberté

Lecture des papiers publics.

Une lettre de la société de Paris fait part de sa surprise de l'arrêté des dix membres du directoire de Paris, pour porter le roi à refuser la sanction au decret rendu contre les prêtres séditieux. — La Société ayant déjà pris un arrêté à ce sujet, déclare n'y avoir lieu à délibérer.

Séance du 26 décembre 1791

l'an troisième de la liberté

En réponse à une lettre de Rennes, il est décidé que la société persiste dans son arrêté demandant l'exclusion du sieur Chapelin, membre de cette société.

Deuxième séance.

M. Juniel, vicaire épiscopal, est admis par la Société « à la majorité générale. Il a en conséquence prêté le serment, il a ensuite monté à la tribune et a prononcé un discours le plus patriotique. » L'impression de ce discours est votée.

Ont été admis : Roux, marchand et Eyrolles, chirurgien.

Séance du 28 décembre 1791,

l'an troisième de la liberté

Une lettre de frère Brival, député à l'Assemblée législative, annonce que « malgré lui le frère Sauly dont le patriotisme est équivoque, vient d'être nommé commissaire du roi près le tribunal criminel, et qu'il en est redevable au sieur Marbot, frère de la Société. »

A la suite de cette communication il a été fait lecture «d'une pétition tendante au recouvrement du mobilier d'une confrérie de filles. »

La séance s'est terminée par l'élection du f∴ Juyé ainé en qualité de président, et de celle des quatre secrétaires qui sont : Delsaud ; l'abbé Taillan, Teyssier et Pauphille aîné.

Séance du 1ᵉʳ janvier 1792,
l'an quatrième de la liberté (1)

Lecture est faite d'une lettre de la société de Strasbourg « qui contient plusieurs choses intéressantes concernant les circonstances actuelles. » — Autre lettre de Nantes annonçant l'institution d'un comité officieux. — Autre des Jacobins avec une «adresse intitulée *Éducation publique.* — Un discours prononcé par M. Dubois de Crancé «sur le *veto* appliqué par le roi au décret contre les émigrés. » Autre discours de M. Roederer sur les projets des rebelles.

Deux pétitions de la société de Meymac, l'une adressée au roi, l'autre à l'Assemblée nationale, reçoivent l'assentiment de la société.

En raison de l'absence prolongée de divers membres, il est décidé que l'appel nominal serait fait tous les mois et que les absents seraient punis d'une amende de 12 sols.

Une pétition est adressée à la municipalité pour que les fusils qui ont été donnés aux citoyens soient visités, et que les canons, qui sont au palais, soient déposés à la municipalité.

---

(1) C'est par erreur que le copiste du procès-verbal écrit sur le registre l'an quatrième de la liberté ; c'est l'an troisième qu'il fallait.

Séance du 4 janvier 1792,
l'an troisième de la liberté (1)

Joseph Gabinot, officier municipal de Clergoux et Jean Chaumel, maire de la commune de Clergoux, sont reçus «sans leur faire subir le règlement» en raison de «l'éloge qu'a fait de leur patriotisme un honorable membre.» Ils ont prêté le serment ordinaire.

Pierre Estorges est proposé. A partir de ce jour les séances du dimanche sont fixées à 4 heures du soir.

Il est donné lecture de deux discours «traitant de la situation de la France concernant la guerre.» L'un de Robespierre, l'autre de Rœderer, enfin un troisème au sujet de la conduite du maire de Paris vis-à-vis des Feuillantins.

Il est fait lecture d'une adresse aux habitants des campagnes par les Amis de la Constitution de Tours, d'une adresse au roi contre les émigrants et les prêtres factieux par la même société.

«On a lu avec les plus vifs applaudissements un imprimé intitulé *grand détail ou combat* où les aristocrates ont été chassés et poursuivis à coups de pieds et coups de poings, dans la salle des Feuillants à Paris.» Il est décidé qu'on ferait une impression de cette pièce et que l'autorisation de l'afficher serait demandée à la municipalité.

Il est donné lecture d'une lettre de Victor Broglie, président du département du Bas-Rhin, qui annonce l'établissement d'un jeu qui donne aux enfants une idée générale de la constitution.

Une députation est envoyée à M. l'évêque de la

---

(1) Nouvelle erreur du scribe, il a écrit 4 janvier 1791 et corrigé l'an quatrième ; il a mis l'an troisième, avec raison ; nous rétablissons avec exactitude.

Corrèze : pour le prier d'assembler son conseil et faire savoir le jour qu'il serait assemblé pour vouloir entendre les représentations de la société » au sujet du retrait de l'oratoire de la Visitation des vicaires de St-Martin.

Une lettre de la société de Valenciennes fait part d'un arrêté du département du Nord contre les troubles religieux qui pourraient avoir lieu dans leur département. »

« Le f∴ Lanot a produit une lettre en original écrite par un certain Chaumont, vicaire à Sadroc, à une nommée Cavalade Gociegnel (?). La société en ayant pris lecture a cru utile pour le bien public de la faire imprimer et rendre publique. »

Séance du 8 janvier 1792

Une lettre des ff∴ de Montpellier invite la société à adhérer à leur adresse au roi au sujet du *veto* sollicité par le département de Paris. Il n'y a pas lieu de délibérer, la société ayant déjà manifesté son opinion à ce sujet. Autre lettre des ff∴ de Béziers au sujet du veto posé sur le décret contre les prêtres perturbateurs. »

Lecture est faite de divers discours prononcés au club de Bordeaux. — Autre lecture d'extraits d'un ouvrage de M. Valette, notaire constitutionnel à Saint-Georges, près Périgueux sur *l'injustice des droits féodaux*.

Un frère demande que « quelqu'un de la société fut chaque dimanche et fêtes à la Visitation pour empêcher les prêtres constitutionnels d'y être insultés. »

M. l'abbé Fougères est admis à la séance et a témoigné beaucoup de zèle et d'attachement pour la constitution ; il a dit qu'il était membre de la société des Jacobins de Paris, et sur le champ la société a déclaré que ce monsieur était de droit affiliée à nous, par là-même qu'il est membre des Jacobins. Et il a été admis à prêter son serment et a signé nos registres. »

Séance du 11 janvier 1792

Lecture d'une lettre de la société d'Angers qui fait part de l'adresse qu'ils viennent de faire aux parisiens au sujet de la guerre qu'ils désirent. » — Il est donné lecture d'une adresse du bataillon du département de l'Isère à l'Assemblée nationale et du prospectus « d'un journal destiné à faire tomber le formalisme. » La Société décide de faire venir ce journal en s'abonnant pour trois mois. Le f∴ Godeux affilié à la société d'Aurillac est admis à prêter serment.

Séance du 22 janvier 1792
l'an quatrième de la liberté

Lecture est faite d'une lettre de Paris, le f∴ Jumel est chargé d'y répondre. Sur la demande de la société de Meymac, l'ancien curé de cette ville, M. Thomas est dénoncé au département (1).

Une adresse venant de la société de Dijon tendant à ce qu'il soit défendu d'aller à dix lieues des frontières sans passeport » est acceptée. Le f∴ Penières est chargé de répondre à la société de Dijon.

Le f∴ Godeux monte à la tribune pour remercier la société de son admission.

Séance du 26 janvier 1792,
l'an quatrième de la liberté.

Le f∴ Jumel lit la lettre qu'il a été chargé d'en-

---

(1) M. Thomas, curé de Meymac, avait été élu député aux Etats généraux, en 1789, par le clergé du Bas-Limousin. — Voir L'An 1789, par V. Forot.

dresser aux Jacobins de Paris. «Il a fidèlement et vivement retracé l'état politique de notre département.

Il est ensuite donné lecture d'une liste de «citoyens qui s'étaient rassemblés pour demander au département la permission d'acheter une église pour célébrer leur prétendu culte. Dans cette liste y ayant reconnu quelques-uns de nos membres, la société pénétrée d'indignation a décidé à l'unanimité que leurs noms seraient brûlés et affichés pendant trois séances à la porte de la salle.»

La municipalité n'ayant pas répondu au sujet de la visite des armes qui leur avait été demandée par la société, les membres de la municipalité présents à la séance sont priés de rappeler cette pétition et d'y répondre.

Séance du 1er février 1792

Une lettre du frère Lanot, caporal des grenadiers, datée de Pont-Sainte-Maxence annonce «l'arrestation de Sage aîné et de six autres mauvais sujets comme lui.»

Sur la demande de la société d'Orléans, la société vote une adresse au roi pour demander la guerre.

Une lettre de la société de Dijon fait part d'un arrêté pris pour faire tomber l'agiotage.»

Séance du 2 février 1792,

l'an quatrième de la liberté.

Le sieur Parjadis, président du directoire du district de Tulle, est accusé «d'avoir dit à deux étrangers en pleine salle du district: *dites partout là-bas, dans vos cantons qu'ils n'ayent rien à payer.* Alors le sieur Montbrial, administrateur, a pris la parole pour lui imposer silence et leur dire le contraire. Un instant avant le président avait tenu d'autres propos incendiaires et inconstitutionnels avec quelques-uns de ses confrères et son archiviste, le sieur Chaumond, qui ne vaut guère moins que lui ; ces propos sont entre autres : qu'un jureur, un crapeau, un schismatique venait de dire la messe de la Visitation, escorté de la municipalité et de sa troupe, en outre que les gens de sa trempe n'avaient rien à craindre, que les Français ne savaient pas faire la guerre et que ceux qui composaient la horde noire d'outre-Rhin étaient les plus honnêtes gens des Français, et autres propos de ce genre. »

La dénonciation du sieur Parjadis est décidée, elle contiendra aussi les faits que Parjadis avait donné au second secrétaire de son district, lors de son départ pour la contre-révolution, une somme de soixante livres pour gratification et cela contre l'avis de ses confrères ; qu'il l'avait lui-même nanti d'un bon passeport lors de son départ. On a aussi rappelé qu'il avait révolté lui-même les paysans de la commune d'Albussac contre leur curé. On a ajouté à la dénonciation d'autres faits d'accusation. »

Le bruit s'étant répandu en ville que le vénérable Boisset, ci-devant supérieur de notre séminaire, était mort et avait été enterré cette nuit, il a été arrêté que la municipalité serait priée de demander à le voir ou mort ou vivant. »

Séance du 6 février 1792

Il est demandé que la société assumât sur elle la dénonciation faite par le frère Lagier sur la conduite inconstitutionnelle du sieur Parjadis. »

Un membre représente que la société ne devait pas ignorer que le district voyait d'un mauvais œil le frère Lagier, leur secrétaire depuis l'instant qu'il avait eu l'énergie de dénoncer le sieur Parjadis. Il s'est résumé par demander à ce que la société voulut envoyer une députation vers le directeur du département pour prier ses administrateurs de vouloir bien donner la première place vacante dans leurs bureaux au susdit frère.

La députation envoyée au directeur du département revenue, annonce que M. Chambond, membre du directoire, a répondu que le département, et surtout lui en particulier, mettraient le frère Lagier sous sa protection.

Il est décidé qu'une adresse sera envoyée aux citoyens de la campagne pour les engager à payer exactement tous les impôts.

Il est donné lecture d'un discours prononcé à la société mère par un de ses membres sur la situation actuelle de la France.

Une lettre des citoyens de Bergerac à leurs amis de Dijon est lue. Elle a trait à la suppression de l'agiotage.

Il est procédé au renouvellement du bureau : le f∴ Jumel est élu président.

Séance du 8 février 1792.

l'an quatrième de la liberté.

Il est donné lecture du discours du f∴ Louvel, membre de la société mère, qui « tend à demander la guerre. » Le président Jumel fait un discours et présente une adresse dans le même sens. Il croit « la guerre nécessaire pour cimenter la constitution. »

Un membre demande qu'une adresse soit envoyée à l'Assemblée pour obtenir un décret privant de « tout traitement » tout député qui ne sera pas exact à assister aux séances. Cette question est renvoyée au dimanche suivant. Aussi renvoyée à cette même date la demande d'affiliation faite par la société d'Ussac.

Séance du 12 février 1792.

Il est fait lecture d'un arrêté du directoire du dépardement de la Gironde au sujet de la clôture des églises supprimées de Bordeaux. »

Sur une invitation de la société de Montauban une adresse est envoyée aux Jacobins de Paris « pour les prier de faire connaître le désir de toutes les sociétés de l'empire à fédérer avec les patriotes anglais. »

Il est voté à l'unanimité que la société ferait faire trois drapeaux, l'un anglais, l'autre anglo-américain et le troisième français pour être ensemble hissés au sommet du « dôme de la cathédrale en signe de l'alliance fédérative fait avec ces trois peuples. Tous les membres présents ont concouru aux payements des dépenses à faire pour cet objet.

Il est donné lecture d'une adresse de Poitiers faisant part du « mal que font les religieux et religieuses, et nous invitant, en conséquence, à appuyer auprès de l'Assemblée nationale une adresse pour solliciter un décret qui finisse d'abattre le germe du fanatisme en forçant les religieux et religieuses à se retirer chacun chez soi. » Le f∴ Tailland est chargé de présenter un rapport sur ce sujet à la prochaine séance.

Séance du 14 février 1792.

« La société extraordinairement assemblée, les membres qui la composent ont individuellement dénoncé la nommée Marguerite Saint-Priech pour s'être permis de tenir des propos qu'on a horreur d'estre obligé de coucher par écrit, dont voicy les termes que cette fille s'est servie : Elle a dit que depuis que les chanoines avaient quitté la cathédrale, cette église n'était plus qu'un bordel, et que ceux qui allaient dans cette prétendue église, c'étaient des putins et des voleurs, et que les prêtres qui la desservoient n'étaient que des avale crapeaux. En conséquence, la société après avoir mis aux voix s'il y avait lieu a dénoncer la dite Marguerite Saint-Priech au juge de paix pour faire punir son crime, il a été déclaré à la grande majorité qu'il y avait lieu à dénonciation. »

La société décide qu'à l'exemple de celle de Besançon, elle enverrait une adresse à l'Assemblée nationale « contre les officiers qui ont quitté leur poste pour émigrer et que le ministre leur laisse toucher leurs appointements. Et quoique on luy aye remis la liste de ces émygrants il nous la tient secrète, afin de nous mieux tromper. »

Un membre représente que les députés à l'Assemblée nationale envoyés par le département de la Corrèze « font mal leur devoir quoiqu'ils fussent grassement payés par la nation et qu'au jugement du ministre Bertrand, il n'y a eu, sur sept députés de notre département, à cette séance, de présents que MM. Brival, Germignat et Borie, les autres quatre absents. Est-ce de cette façon que l'on doit se comporter quand on est en place ? Et ces quatre députés de retour chez nous demanderont encore des places. »

Dézagat et Chaumette sont admis à prêter leur serment civique.

Séance du 21 février 1792

La Société informe le club des Jacobins de Paris qu'elle a le désir de se fédérer avec les wigths anglais. Elle demande en outre quelle est la couleur du drapeau qu'ils ont mis dans la salle de leur séance.

La société est invitée par celle de Reims à faire une pétition à l'Assemblée nationale pour qu'elle veille à l'exécution de la loi qui substitue sur les pièces de monnaie les mots de roi des Français à ceux de roi de France.

Séance du 22 février 1792

Il est donné lecture d'une lettre écrite à M. l'abbé

bé Seicelier de Limoges, par M. Dupuy, curé de Latronche « remplie de sentiments anti-civiques et très propres à troubler l'ordre et la tranquilité publique. Il est arrêté sur le champ et d'une voix unanime que la lettre et l'auteur seront dénoncés au département avec prière d'en instruire le juge de paix du canton de Latronche qui sera tenu de faire les diligences pour la répression du délit. »

Des commissaires sont envoyés au département qui a promis de faire touttes diligences contre ce réfractaire.

La rumeur publique prétendant que des ordres avaient été donnés au commissaire du roi de Tulle, par le ministre de la justice, afin de poursuivre certains membres de la société, il est décidé qu'une commission se rendrait immédiatement auprès du commissaire du roi pour savoir de lui les griefs qu'il pouvait avoir contre nous.

La commission envoyée n'ayant pas rencontré le sieur Melon, commissaire du roi, elle y retournera dans la journée, et l'assemblée se réunira de nouveau le lendemain à neuf heures du matin.

Séance du 23 février 1792

Il est donné lecture des papiers publics et aussi d'une lettre des FF.·. de Paris, en réponse à celle qui leur avait été adressée leur faisant connaitre la situation politique du département.

Sur la proposition d'un F.·. un comité secret est nommé ; il est composé du président, du secrétaire et de huit membres. Il se réunira chez le Président touttes les fois que les circonstances l'exigeront. Il aura le droit d'ouvrir toutes les lettres adressées à la Société et de ne rendre publiques que celles qu'il jugera à propos.

Le comité sera renouvelé tous les mois. Il est enfin donné lecture d'une lettre de la Société de Caen, « au sujet de la nécessité de la guerre ».

Séance du 25 février 1792

Sont proposés pour être admis dans la Société les sieurs Lavergne, greffier au Tribunal criminel, et François Verdier. Ce dernier a été reçu sur-le-champ, attendu qu'il est sur le point de partir en qualité de recrue.

Une adresse est envoyée à l'Assemblée nationale, renouvelant le serment de « vivre ou mourir ».

Séance du 27 février 1792

Il est donné lecture d'un manifeste de la Société de la Vendée. — Renvoyé à la séance suivante pour décision.

Une lettre de Strasbourg fait part des causes qui ont occasionné une scission dans leur Société.

Séance du 29 février 1792

Il est donné lecture d'une nouvelle lettre de la Société de Strasbourg qui fait savoir que la scission qui a eu lieu dans leur sein n'est due qu'à de bons motifs. — La Société décide de s'informer auprès de la Société mère avant de prendre une décision.

En raison des bruits alarmants qui circulaient à Tulle, où, disait-on le tocsin devait être sonné le 1er mars, la Société décide d'envoyer huit commissaires auprès de la municipalité pour demander: 1° la visite des maisons suspectées d'aristocratie; 2° la montée provisoire de la garde. — Ces commissaires, de retour, ont dit : qu'on monterait la garde provisoirement pendant la nuit et pendant plusieurs jours; qu'on mettrait demain quatre sentinelles au clocher, mais qu'on ne pouvait pas faire la visite chez les citoyens sans un arrêté du département».

Il est aussitôt décidé de renvoyer les mêmes commissaires vers le Directoire du département. — La réponse fut «que toutes les précautions prises par la Société étaient pleines d'éloges, qu'ils avaient (le département) prié la municipalité de veiller à la sûreté des citoyens et qu'ils ne pouvaient absolument plus rien faire, à moins que la Société ne fasse une pétition par écrit».

La pétition fut rédigée séance tenante et envoyée au département.

Un f∴ rapporte un fait qui vient de se passer à Laguenne; il dit que «M. l'évêque de la Corrèze ayant donné des lettres de vicaire régent pour Laguenne à un prêtre étranger, il se mit en même de se rendre vers la municipalité de Laguenne, et étant prêt à entrer dans la ville, une horde de femmes et d'enfants l'assaillirent à coups de pierres, et l'auraient assommé si ce malheureux ne se fût promptement sauvé». (1).

Il est arrêté qu'il sera écrit à M. le curé d'Albussac pour savoir ce qu'est devenu cet ecclésiastique et l'engager à venir à Tulle rendre compte lui-même de ce qui s'était passé, afin que des mesures soient prises pour le maintenir à son poste.

Séance du 3 mars 1792

Lecture des papiers publics.

Séance du 5 mars 1792

Il est donné lecture d'une lettre du f∴ Pénières, faisant part de ce qui se passe à Paris.

---

(1) Voir à ce sujet *Un vieux bourg fortifié en Bas-Limousin : Laguenne*, par Victor Forot. — Tulle, imp. Crauffon, 1910.

Un membre se plaint d'avoir été attaqué nier dans la nuit par les gens de la Garde (de Lagarde, probablement). Il consulte l'assemblée sur ce qu'il a à faire : Déposer une plainte au tribunal de police correctionnelle.

Des commissaires sont envoyés à la municipalité afin de demander de deffendre de monter la garde jusqu'après son organisation.

On lit un dialogue sur la Constitution entre un maire de village, un paysan patriote et un paysan aristocrate. La Société applaudit et décide que ce dialogue sera imprimé et envoyé à tous les affiliés.

Séance du 11 mars 1792

On lit une lettre de la Société de Paris félicitant celle de Tulle au sujet de l'adresse envoyée à l'Assemblée nationale et aussi faisant part « du plaisir qu'ils ont eu de voir le zèle et le courage qui animent nos dames patriotes ».

Séance du 12 mars 1792

L'assemblée décide d'écrire une lettre de remerciement à M. Brival qui lui a fait don d'un ouvrage intitulé : « Les Crimes des Rois » et d'un discours qu'il a prononcé aux Jacobins, au sujet de la fameuse affaire d'Avignon.

On lit une lettre de Montauban, une autre de Beaune faisant part d'une adresse envoyée à l'Assemblée nationale sur « la nécessité de faire la guerre ; ainsi que d'une autre adresse envoyée au roi, par laquelle on lui présentera l'ensemble des malheurs qui désolent la France ». Ces adresses seront portées à Paris par deux députés et la Société de Tulle est invitée à en faire autant, avant le 15 avril prochain.

Les finances de la Société ne permettant pas de faire cette dépense, il est décidé que pareilles adresses seront faites et envoyées aux Jacobins de Paris pour qu'ils les transmettent à l'Assemblée nationale et au roi.

L'abbé Bardon, prêtre réfractaire, est dénoncé au département « pour avoir administré les sacrements à un malade ».

Séance du 14 mars 1792

On lit une lettre de M. Brival, député à l'Assemblée nationale, qui « envoye 50 livres en petits assignats pour le soulagement des pauvres de sa patrie, avec promesse d'en envoyer autant chaque mois, d'ici la récolte prochaine ». L'assemblée est très sensible à cet acte de générosité. Les ff∴ Lanot, Béral, Rabanide, vicaire, et Vergne sont chargés « de faire la distribution de ces 50 livres aux pauvres honteux de la ville, en suivant les préceptes de l'évangile ». Une lettre de remerciements sera adressée au f∴ Brival.

Il est donné lecture d'une lettre de la Société de Dijon au sujet des biens séquestrés des émigrés. Cette lettre sera transmise au Directoire du département de la Corrèze, « avec prière de faire, à ce sujet, tout ce que les circonstances et la localité leur permettront d'exiger pour le bien public ». On a commencé la lecture des « Crimes des Rois ». Un règne sera lu à chaque séance.

Séance du 18 mars 1792

Après la lecture des papiers publics, il est décidé qu'un « service » serait célébré le 20 du mois courant en l'honneur du maire d'Etampes. Le f∴ Jumel prononcera l'oraison funèbre. Des commissaires sont nommés pour inviter les corps constitués et l'évêque à y assister.

Le sieur Lavergne, greffier du tribunal criminel, et Antoine Rebuffie, sont admis et prêtent serment.

Séance du 19 mars 1792

Il est proposé de faire procéder à la démolition de « deux piles qui sont dressées devant la porte de la ci-devant église Saint-Julien ; et on a prié un officier municipal d'y faire attention ».

Sur la proposition de la Société de Bordeaux, la Société de Tulle dressera une liste de tous les émigrés du département de la Corrèze et l'enverra à ses représentants à l'Assemblée nationale. (1)

Il est décidé qu'une adresse sera envoyée à l'Assemblée nationale « pour la prier de ne plus exiger du roi aucune espèce de serment, attendu que ce n'est pour lui que des moyens de tromper le peuple qui ne veut plus aujourd'hui ni serments, ni proclamations ».

Il est donné lecture d'une adresse des citoyens de Nîmes au sujet des troubles qui désolent la ville d'Arles.

Des commissaires sont envoyés auprès du département et de l'Évêque pour obtenir la nomination aux cures vacantes de prêtres étrangers au département qui ont demandé ces postes.

L'assemblée approuve, en applaudissant, la lecture d'une adresse des citoyens des Sables d'Olonne qui envoient une adresse « au roi des français pour le porter à déclarer la guerre aux ennemis du bien public. me objet : « Ils regardent la guerre comme nécessaire Autre adresse des ff∴ de Clermont-Ferrand sur le même pour le maintien de la Constitution.

Séance du 21 mars 1792

Une lettre de Toulouse demande l'appui de la So-

---

(1) Nous publierons cette intéressante liste en *appendice* à la fin de ce volume.

ciété pour une pétition tendant à conserver à Toulouse « l'éducation publique dont ils craignent la translation à Agen ».

La Société de Marseille demande l'assentiment de la Société pour une adresse à l'Assemblée nationale afin « de faire armer les gardes nationales. »

Il est fait lecture d'un discours prononcé à Marseille, dans une réunion publique, par un officier patriote du 11e régiment d'infanterie.

Trois commissaires sont nommés pour s'occuper de l'arrestation « illégale et attentatoire à la liberté des citoyens, suivant l'article 7 des droits, du sieur Meynard ». Il est donné lecture de la pétition du sieur Bettinger (1) et de l'arrêté de la municipalité à ce sujet. Ces commissaires sont aussi chargés de poursuivre la municipalité.

Une demande d'affiliation de la Société de Collonges est acceptée.

Une lettre des Jacobins de Paris demande des renseignements sur la Société de Bort qui a sollicité son affiliation à celle de Paris. Il est donné lecture d'une lettre de M. Brival, député, invitant les membres de la Société de Tulle à ne « pas prendre de bonnets rouges, parce que les ennemis du bien public se servaient de ce prétexte pour occasionner des troubles, et qu'on dirait ensuite que c'était un Jacobin ».

Une dénonciation est adressée au département contre un ecclésiastique du Cantal.

Des commissaires sont envoyés auprès de la municipalité et du département pour que l'arrêté pris par la municipalité au sujet de l'arrestation de Meynard soit

---

(1) Ce Bettinger était le propriétaire entrepreneur de la manufacture d'armes de guerre de Tulle.

retiré. — Une pétition est adressée à la municipalité à ce sujet.

Séance du 27 mars 1792

On lit une adresse des ff∴ de Montauban à l'Assemblée nationale, au sujet de l'arrestation du sieur Lessert avec une autre adresse au grand procurateur de la nation, par lequel on le prie d'avoir soin de ce ministre perfide ».

Le f∴ Vachot, imprimeur, renouvelle son serment de fidélité.

Séance du 28 mars 1792

La Société de Dijon informe qu'elle a constitué dans son sein un comité de surveillance et engage celle de Tulle à l'imiter.

Le f∴ Brival écrit qu'il n'a pu faire lecture à l'Assemblée de l'adresse des ff∴ de Souillac.

Séance du 1er avril 1792

Il est donné lecture d'un article du « Journal des Débats », faisant mention de l'adresse envoyée à l'Assemblée nationale par les citoyens et citoyennes de Tulle, ainsi que de celle des ff∴ de la Manufacture d'armes de Tulle, ainsi que de l'arrêté pris par le Club des Jacobins qui déclare appuyer ces demandes auprès de l'Assemblée nationale.

Il est décidé que la dénonciation qui devait être faite contre la municipalité sera abandonnée jusqu'à nouvel ordre.

Séance du 4 avril 1792

Il est fait lecture d'une lettre du f∴ Brival, député, qui adresse les 50 livres promises pour les pauvres honteux de la ville. On lit aussi une lettre des Jacobins de Paris félicitant les citoyens et citoyennes de Tulle au sujet de leur adresse à l'Assemblée nationale.

Séance du 13 avril 1792

Dès l'ouverture de la séance, le président dit: « Frères, la crise violente que nous avons éprouvée lundi dernier, 9 courant, qui a mis notre ville à deux doigts de sa perte, par les coupables manœuvres des ennemis de la Révolution, et l'armement inconstitutionnel d'un grand nombre de citoyens, nous nous sommes rassemblés d'abord pour nous féliciter les uns les autres d'avoir échappé à la mort d'une manière inattendue; 2° pour pourvoir à notre sûreté, non seulement pour le présent, mais encore pour l'avenir » (1).

Ceci dit, la liste des membres de la Société a été lue et on a exclu « ceux qu'on a cru très suspects ».

M. Mas, aubergiste, au Trech, s'excuse de n'avoir pu plus souvent assister aux séances et il demande de renouveler le serment, ce qui est accepté. Le secrétaire Lanot est chargé de demander au sieur Marpillat la liste des signataires du Trech.

Le sieur Amaut père dénonce « le fils de la Marguerite Dufour qui avait été chez lui pour lui enlever ses armes ».

Une députation est envoyée à la municipalité « pour la prier de mettre une sonnette d'alarme, pour la ville seulement, aux prisons, vu qu'on nous a dénoncé un complot tendant à enlever les prisonniers. »

Il est enfin décidé qu'on demandera à la municipalité de faire enlever les armes qui sont chez le sieur Bettinger, directeur de la Manufacture.

---

(1) Il s'agit ici de l'échauffourée de la halle du Trech que nous avons racontée en détail dans notre brochure : *La Guerre des Bonnets à Tulle*, pages 15 et s.

2e séance du 13 avril 1792

Une adresse est envoyée à la municipalité au sujet de la halle du Trech, comme suite à l'affaire du 9 courant.

Une députation de la Société de Beaulieu vient offrir ses services à la Société en raison des troubles qui viennent d'avoir lieu à Tulle. Des remerciements sont votés et adressés aux ff∴ de Beaulieu.

Le sieur Valade vient se disculper; il dit qu'il n'était pas au Trech lorsque les contre-révoluitonnaires sont allés chez lui pour le forcer à prendre les armes. Il en appelle au témoignage de sa femme.

Une pétition est adressée à la municipalité, demandant 1º que la halle aux grains du Trech fut changée; 2º que l'église des pénitents bleus fut fermée, « étant un lieu fort dangereux pour les patriotes »; 3º enfin, pour engager les officiers municipaux à mettre une cloche d'alarme.

La réponse de la municipalité fut immédiate. 1º Il n'est pas possible de répondre, en ce qui concerne la halle, sans avoir réuni le Conseil de la commune. — La Société décide aussitôt d'adresser sa pétition au département.

2º Au sujet de la cloche, il n'est pas besoin de délibération du Conseil municipal, il suffit que le département donne l'autorisation de prendre une des cloches de la cathédrale.

La Société décide d'envoyer un commissaire pour aller prendre les clefs de l'église des Pénitents, ce qui est aussitôt exécuté.

Une circulaire sera envoyée à toutes les Sociétés affiliées « pour les avertir qu'ils sont menacés des troubles qui ont agité notre ville », en attendant qu'un récit complet de ce qui s'est passé leur soit transmis.

Séance du 14 avril 1792

On lit une lettre de la Société de Moissac disant

la part qu'elle prend aux troubles de Tulle. — Des remerciements sont votés. — On lit ensuite une lettre du f.˙. Brival, député.

Il est décidé qu'une adresse serait envoyée au tribunal du district de Tulle afin que « certains huissiers qui se trouvent compromis dans les troubles de notre ville... soient suspendus de leurs fonctions jusques à ce qu'ils aient été déclarés coupables ou innocents. »

Le sieur Salesse, maire de Lagraulière, dénonce que le sieur Lespinat, gendarme, a dit devant la boutique de chez Vigne, sellier : que si une autrefois les campagnes revenoient à Tulle, il y auroit du carnage à coup sûr. Et la Société a arrêté de faire suite de ce propos. »

Séance du 16 avril 1792

Il est décidé qu'une adresse sera envoyée aux habitants de la campagne pour les engager à payer exactement les impôts.

Une lettre de la Société des Sables d'Olonne demande l'ouverture d'une souscription en faveur « de ceux qui au premier danger éminent de la patrie voudraient s'engager volontairement et à leurs frais pour sa défense ».

Il est arrêté qu'une lettre sera écrite au f.˙. Ganny, d'Uzerche, pour l'engager à se retirer à Lubersac, dans sa famille, le priant en même temps de se rendre à Tulle « pour nous rendre compte des rigueurs qu'on a exercé contre luy, afin d'employer tous les moyens pour luy faire rendre justice ».

MM. Luneville et Jacques Marie sont reçus et prêtent serment.

Séance du 18 avril 1792

Il est donné lecture d'une lettre du f.˙. Brival, député, exhortant la Société « à prêcher la paix et la tranquillité dans notre département, et à veiller sans cesse au maintien de la Constitution ». On lit ensuite la relation de la réception des 40 soldats de Châteauvieux (1).

On lit encore le procès-verbal rédigé par le département au sujet des derniers troubles de Tulle. L'assemblée déclare ce procès-verbal « très défectueux et faux », et il est arrêté qu'on protesterait contre, qu'on le dénoncerait à l'Assemblée nationale, et que par une lettre écrite par M. Jumel, le président, on prierait l'Assemblée de suspendre son jugement à ce sujet jusqu'à ce qu'elle aurait reçu une expédition de l'information, et que cette même lettre serait adressée à la société des Jacobins ainsi qu'aux députés du département de la Corrèze. »

Séance du 21 avril 1792

Il est donné lecture d'une adresse qui sera envoyée aux habitants des campagnes, « leur témoignant la satisfaction qu'avaient sentis les patriotes de Tulle » en voyant accourir les campagnards « dans un moment de danger, dans lequel nous nous étions trouvé » ces jours derniers.

Sur la demande de plusieurs membres, il est fait une nouvelle lecture du procès-verbal qui avait été rédigé par les membres du département au sujet des troubles de Tulle.

Aussitôt après cette lecture, un membre dépose une plainte disant « que le département avait écrit à toutes

---

(1) Il s'agit ici de 41 soldats suisses du régiment de Châteauvieux qui, lors de la sédition de Nancy (1790) furent condamnés à 30 ans de galères. L'iniquité de ce jugement amena en leur faveur une réaction provoquée par la fraction avancée de l'Assemblée législative, qui vota leur mise en liberté. Quand ils revinrent en France, Brest et Paris leur firent des fêtes splendides. C'est de la relation de ces fêtes dont il est question.

les municipalités et commandants des gardes nationales qui s'étaient rendus dans notre ville en les blâmant d'avoir porté du secours à la ville de Tulle ».

Huit membres sont députés auprès du département à ce sujet. Ce sont : Lanot aîné ; Dulac ; Pauphille cadet ; Teyssier, capitaine des chasseurs de la garde nationale de Chanac ; Monie, maire de Sainte-Fortunade ; Cabanier ; Terrioux, capitaine de la garde nationale de Corrèze ; Pourchet, de la paroisse de Naves.

Le procès-verbal du département, signé par Guillebeau ; Ussel ; Ouffayre ; Mallepeyre, Melon, maire et de Chassaignac, fut communiqué aux délégués ainsi qu'une « lettre écrite à Champagnac ; que nous commissaires n'avons pas regardé comme un original ».

Trois commissaires furent nommés « pour faire la relation sur les troubles et dangers qu'avaient encourru les Amis de la Constitution les fêtes de Pâques ».

Séance du 25 avril 1792

Il est donné lecture d'une lettre du f∴ Brival annonçant « le bon accueil qu'ont reçu les patriotes et les gardes nationales de Tulle à l'Assemblée nationale, ainsi que les communes voisines, les corps administratifs et la gendarmerie nationale, et que c'est sur la motion qui a été faite par le f∴ Brival que l'Assemblée nationale a déclaré une mention honorable de leur conduite, et qu'il serait envoyé au Directoire du département une expédition du procès-verbal. »

Il est fait lecture d'un discours du roi à l'Assemblée nationale, suivi de la proposition de déclaration de guerre et du rapport du ministre des Affaires étrangères.

Une seconde lettre du f∴ Brival annonce que l'Assemblée nationale a décrété à l'unanimité qu'elle faisait don à la nation du tiers de leurs appointements pendant trois mois.

Une lettre de la Société de Limoges exprime la part prise « à la triste et cruelles circonstances » de la deuxième fête de Pâques, regrettant de n'avoir appris la nouvelle que trop tard « pour arriver à notre secours ».

Des remerciements sont votés et seront transmis à la Société de Limoges.

Il est fait lecture d'une brochure intitulée : *Les Sociétés populaires ou Instruction publique.*

Séance du 26 avril 1792

Il est donné lecture d'une lettre adressée à Mme Lastic Saint-Jal, au monastère de la Visitation de Tulle, contenant des plaintes sur un arrêté pris par le département contre les prêtres réfractaires et indiquant une prétendue adresse faite par la commune de Brive à l'Assemblée nationale, ayant pour but de détruire les Sociétés populaires, et donnant à connaître que le rédacteur de cette adresse est le f∴ Serre jeune, qui, selon la lettre, « n'entre plus dans cette infernale Société ». Il est décidé qu'on écrira à la Société de Brive pour être renseignés.

Une nouvelle Société, formée à Ligneyrac, district de Brive, demande à être affiliée. — On demandera des renseignements aux Sociétés de Collonges et de Meyssac.

Séance du 28 avril 1792

Le f∴ Delfaut aîné est accusé d'incivisme. Il sera entendu à la prochaine séance.

Séance du 29 avril 1792

Il est donné lecture d'un manifeste de l'Assemblée nationale.

Une députation est envoyée à la municipalité « pour la prier de faire fermer l'église du collège où s'assemblent déjà les fanatiques ».

Un f∴ propose de faire prêter le serment aux religieuses de Sainte-Ursule, de Nevers, de l'Hôpital et de la Charité. — Il n'y a pas lieu de délibérer.

Séance du 2 mai 1792

Il est fait lecture d'une lettre de M. Lidon, président du département, actuellement à Bordeaux, au sujet des troubles qui ont désolé les patriotes de notre ville. — Autre lettre du f∴ Borie, député à l'Assemblée nationale, sur le même sujet. Enfin une lettre du f∴ Brival traitant la même question et contenant une somme de 50 livres pour le soulagement des pauvres. — Des remerciements sont votés « à ce digne ami du peuple ».

Une lettre d'Aurillac fait part « des évènements qui ont eu lieu dernièrement chez eux et des fêtes civiques qui en ont été la suite ».

On lit une lettre de Strasbourg relative à l'arrestation du sieur Lavaux, dénoncé par le maire de Strasbourg. Lavaux est dit-on une victime du despotisme.

Il est procédé à la réception du maire de Naves. Il prête serment et verse 3 livres pour son admission.

Séance du 7 mai 1792

Le président du district et le sieur Pauquinot sont accusés d'avoir répandu en ville une lettre annonçant que l'armée française avait fait une perte de 3.000 hommes et 1.000 prisonniers. Après renseignements pris, il n'est donné aucune suite à cette fausse nouvelle, « qui n'est digne que du plus grand mépris ».

Le sieur Simon père, facteur de la poste, est mandé à la barre de la Société sous l'accusation de colportage de gazettes aristocratiques. Ce citoyen vient se disculper, disant qu'en livrant ces journaux au public il ne croyait pas mal faire. Il est réprimandé par le président.

La Société de Limoges demande communication de la liste des prêtres factieux du département ; elle sera envoyée.

Il est donné lecture d'un placard intitulé *La Guerre aux Tyrans* qui a été envoyé par la Société de Bordeaux.

Séance du 9 mai 1792

Il est procédé à la nomination de commissaires chargés de recueillir « dans chaque maison » les souscriptions en faveur des « braves frères du bataillon de la Corrèze ».

On fait lecture du rapport présenté à l'Assemblée nationale au sujet des troubles qui ont eu lieu dans les 83 départements.

La séance est levée à 11 heures du matin et reprise à 1 heure après-midi.

On lit une lettre des Amis de Paris prenant part aux chagrins des patriotes de Tulle au sujet des troubles de la ville et demandant une relation des faits qui se sont passés. — Une copie de l'information faite par le juge de paix de Tulle sera envoyée aux Jacobins de Paris. Le f∴ Mas, huissier aux tailles, est chargé de demander cette copie au juge de paix.

Séance du 10 mai 1792

En raison de la nouvelle organisation de la gendarmerie nationale, le nombre des officiers de ce corps devant être diminué, la Société décide d'écrire au Ministre pour que M. Laferaudière, lieutenant colonel à Tulle, soit conservé dans cet emploi et dans cette ville. — On écrira aussi dans le même sens à MM. Brival et Borie, députés, ainsi qu'aux Jacobins de Paris ; afin qu'ils agissent de couvert auprès du Ministre.

Séance du 17 mai 1792

Il est fait lecture des papiers publics et notamment

du *Journal des 83 Départements* qui est propre à animer de plus en plus le zèle des patriotes et leur amour pour la Constitution.

Il est donné lecture de la lettre adressée au Ministre en faveur de la conservation de M. Laféraudie dans son poste de commandant de la gendarmerie à Tulle. — Elle est adoptée et sera expédiée.

Séance du 14 mai 1792

Lecture est faite d'un discours de Dumourier, ministre des Affaires étrangères, prononcé aux Jacobins de Paris.

M. Bach, de Naves, demande à faire partie de la Société : ajourné à trois mois.

Séance du 16 mai 1792

Il est fait lecture d'une lettre du f∴ Brival, député qui contient la copie d'une autre lettre adressée au roi par ce f∴, au sujet d'une insulte qu'il a essuyée d'un garde du corps.

Une lettre de la Société de Metz demande que la Société de Tulle la tienne au courant de tout ce qui se passe ici ; — elle promet la réciprocité.

Joseph Lion, ouvrier à la manufacture d'armes de Tulle, prête serment.

Les ff∴ Rigolle et Pauphille sont chargés de s'informer, auprès des capitaines de chacune des compagnies de Tulle, des sommes reçues, pour les faire parvenir au bataillon des volontaires de la Corrèze.

MM. Four ; Chaumeil ; Jarrige et Machat prêtent serment après leur admission.

Séance extraordinaire du 16 mai 1792

Une lettre du f∴ Brival, adressée à M. Déprès, procureur de la commune de Tulle, dit que Tulle est menacée de perdre son collège et que seul M. Bardon député, et lui-même travaillent pour que Tulle n'éprouve pas cette perte. — Après échanges de vues propres à aider à la conservation à Tulle du collège qui est un établissement de première importance pour la ville, il est décidé qu'une pétition sera immédiatement remise à la municipalité pour qu'elle convoque d'urgence le Conseil général de la commune qui prendra les mesures nécessaires.

Séance du 19 mai 1792

On fait lecture des papiers publics et d'une lettre de la Société de Beaulieu faisant part des troubles qui ont agité cette ville.

Séance du 23 mai 1792

Il est donné lecture d'une lettre de la Société d'Aix faisant part d'un arrêté pris par cette Société duquel il ressort que tous les membres de ladite Société doivent présenter la quittance de leurs contributions sous peine d'exclusion de la Société.

On fait lecture d'une lettre du f.·. Brival et d'une autre du f.·. Trech-Desfarges. Ce dernier demande un certificat de civisme lui permettant d'entrer aux Jacobins de Paris. Adopté. Ce même f.·. fait part d'une pétition qu'il adresse au roi.

Séance du 25 mai 1792

Le f.·. Rouliar, nommé président, a démissionné; le f.·. Dulac est élu en remplacement. Les ff.·. Taillant, vicaire épiscopal, et Ludière aîné sont élus secrétaires.

Deux officiers de police de la municipalité de Paris sont introduit en séance et font part à la Société de la mission qu'ils ont à remplir à Tulle. Il est arrêté qu'on écrira à M. Pétion pour le remercier du zèle qu'il a bien voulu mettre à faire arrêter à Paris le sieur Graviche, pour le prier de nous faire passer le passeport qui lui avait été délivré par la municipalité d'Uzerche, afin de prendre contre elle les moyens les plus propres à corriger cette municipalité qui ne fait que prévariquer. Il a été aussi arrêté qu'on écrirait aussi à M. Sergent, administrateur de police à Paris».

Séance du 28 mai 1792

Il est fait lecture d'une lettre de la Société de Cahors remerciant de l'envoi de la relation des troubles de Tulle et faisant part d'un discours prononcé par un de leurs ff∴, au sujet de la mort de Lœvi Simoneau, maire d'Étampes.

La Société décide qu'elle enverra les fonds qu'elle a recueilli directement à l'Assemblée nationale pour les frais de la guerre et que les commissaires informeront auprès des donateurs de la ville pour savoir s'ils veulent que leurs dons soient envoyés à l'Assemblée nationale ou au bataillon de la Corrèze.

Séance du 30 mai 1792

Après lecture de diverses lettres ou pétitions on dénonce le sieur Pauquinot qui, contrairement à la loi, cumule les fonctions d'avoué et de greffier de la gendarmerie nationale. Une dénonciation sera faite à ce sujet et on demandera en même temps que le sieur Pauquinot soit tenu de rendre compte des sommes qu'il a reçues depuis qu'il occupe ce poste de greffier.

Le sieur Pradalier est admis.

Séance du 2 juin 1792

On lit une lettre du sieur Lidon datée de Bordeaux 26 mai 1792. Une autre lettre de la société de Bordeaux invite la société de Tulle, à former, comme à Bordeaux un comité secret de surveillance qui correspondra avec les comités analogues des autres villes, « pour toutes les affaires que la prudence ne permet pas de soumettre à la publicité. » Cette proposition est adoptée.

Séance du 4 juin 1792

Il est signalé que des faux billets de confiance étaient en circulation en ville. Il est décidé que chaque membre surveillera les marchands étrangers pour s'assurer s'ils possèdent de pareils papiers. — En outre, la municipalité sera invitée de prendre toutes les dispositions nécessaires pour arrêter la circulation de ces billets.

Il est fait lecture d'une lettre du f∴ Brival ainsi que d'une autre du f∴ Sauty, commissaire du roi près du tribunal criminel du département de la Corrèze.

Lecture d'une lettre des ff∴ de Marseille demandant des renseignements sur la société de Bort. On demandera à la société de Bort si elle est affiliée à celle des Jacobins de Paris.

Séance du 7 juin 1792

Une députation est envoyée auprès du département pour que ces messieurs accordent le poste de concierge du collège au f∴ Mons. Les délégués de retour annoncent que la nomination était faite avant leur arrivée au département, c'est le f∴ Dubois qui donnant sa démission d'huissier a été élu. Le département prendra en considération la demande de la société en ce qui concerne la nomination des gendarmes.

Le procès-verbal de cette séance est signé par Jumel, vice-président ; tout auprès de ce nom se trouve écrit par la même main que celle qui a transcrit la fin du procès-verbal, le mot *coquin*.

Séance du 10 juin 1792

« Il a été fait lecture d'une lettre écrite par le frère Trech, dans laquelle il dénonce le sieur Bardon, député, comme ayant voulu vendre sa place au premier suppléant du département de la Corrèze, et le sieur Chassaignac pour avoir accepté un mandat d'une somme de six cents et tant de livres, plus qu'il ne devait recevoir pour son traitement. De plus, il a été arrêté que l'on écrirait au f∴ Trech pour nous donner des renseignements plus sûrs, tant contre le sieur Bardon que le sieur Chassaignac. Ce qui a été fait séance tenante. »

Séance du 13 juin 1792

Lecture est faite d'une lettre du f∴ Brival contenant la copie d'un décret de l'Assemblée nationale établissant un campement de vingt mille hommes des gardes nationales de France auprès de Paris. Que tous les départements de France seraient invités à y participer et que la réunion se ferait à Paris le 14 juillet prochain.

On lit ensuite une adresse des f∴ de Perpignan aux Jacobins de Paris.

Autre lecture : Une adresse envoyée par le f∴ Brival aux différentes communes du département, contenant l'avis des cinq députés du département de la Corrèze sur le placement de l'Institut (1). Le f∴ Brival a démontré dans sa réponse la nullité des raisonnements avancés par les cinq députés (2) et

---

(1) Il s'agit ici du collège de Tulle.
(2) Les députés du département de la Corrèze étaient à ce moment Chassaignac, de Tuillac ; Bardon, de Tulle ; Marbot (Antoine), d'Altillac ; Foye-Lachèze, de Brive ; et Brival, de Tulle.

a montré en même temps un attachement inviolable à la patrie et à ses concitoyens. Il a été arrêté qu'il lui serait adressé une lettre contenant les expressions de l'estime et de la reconnaissance de la société. »

Une lettre de félicitation à l'adresse de la garde nationale de Paris est votée pour son civisme, sa fermeté et la révocation de son Etat-major.

Deux membres d'une société nouvellement constituée à Chamboulive demandent l'affiliation de leur société à celle de Tulle. Ajourné à huitaine pour prendre des renseignements auprès des sociétés de Seilhac et de Corrèze, les plus voisines de Chamboulive.

Séance extraordinaire du 17 juin 1792

Il est décidé d'envoyer sur le champ une députation au directoire du département pour savoir si « l'arrêté au sujet de l'argenterie est général *oui* ou *non*. Quatre commissaires sont nommés à cet effet. » Une seconde députation est envoyée au district au même sujet.

Deuxième séance du 17 juin 1792

« La société assemblée, lecture faite du procès-verbal de la séance du matin, le f.·. Lidon, président du directoire du département, a fait un discours tendant à rappeller les membres de la société au respect dû aux autorités constituées.

« Le désordre que faisaient les membres égarés a forcé la société à lever la séance. »

Séance du 23 juin 1792

Lecture est faite de plusieurs lettres du f.·. Brival D'une autre lettre du sieur Trech-Desfarges par laquelle il nous marque qu'il n'y a point de preuve contre le f.·. Bardon, mais que le sieur Chassaignac est forcé de donner sa démission.

Autre lettre du département de la police de Paris informant la société que le passe port de Graviche est envoyé à la municipalité de Tulle.

La société de Beaulieu demande un certificat de patriotisme pour obtenir son affiliation aux Jacobins de Paris.

La société de Chamboulive demande de nouveau son affiliation avec Tulle.

L'affiliation est accordée au bataillon (de la Corrèze) qui a formé un club.

La lettre de M. Lafayette sera dénoncée, le f∴ Bussières devra faire l'adresse à ce sujet et y joindra le don pour les frais de la guerre.

Séance du 25 juin 1792

Une lettre de la société de Marseille recommande à la société de s'abonner au *Courrier du Midi*.

Il est fait lecture de la liste des noms des patriotes « qui ont contribué à l'offrande que la société fait à la patrie, qui s'est montée à six cents dix livres huit sols. »

M. Sauty, commissaire du roi près le tribunal criminel du département de la Corrèze, fait don à la société de trente exemplaires de l'adresse qu'il a envoyée aux citoyens de la commune de Tulle.

Lecture est faite de l'adresse à l'Assemblée nationale dénonçant la lettre de Lafayette. Une copie en sera envoyée aux Jacobins de Paris.

Ces adresses et l'offrande de 610 livres 10 s. seront envoyées au f∴ Brival qui les transmettra à l'Assemblée nationale et aux Jacobins.

Le f∴ Rivière demande que la société de Chamboulive soit affiliée. — Un membre de la société de Juil-

lac étant présent à la séance est chargé de prendre
des renseignements auprès de sa société au sujet de
celle de Chamboulive.

Séance du 27 juin 1792

Il est arrêté qu'à partir de ce jour, les séances se
tiendront à 9 h. du matin le *jour du courrier*, et
chaque membre pour être admis à la discussion, devra
être muni de sa carte de sociétaire.

Il est donné lecture d'une lettre du f∴ Desprès qui
fait le récit des faits qui ont eu lieu du 20 au 23 juin
courant.

Une lettre de Montauban annonce que ce département
a levé son contingent pour le camp de 20.000 hommes
auprès de Paris. Une députation est envoyée au département
pour l'engager à prendre les mêmes mesures.

Le f∴ Barry remet au président la somme de six
cent dix livres dix sols, produit de la souscription pour
les frais de la guerre. Il fait lecture d'une lettre du f∴
Brival, d'une autre de Montpellier engageant la société
à envoyer des adresses à la garde nationale de Paris
et aux citoyens du faubourg Saint-Marceau. — Autre
lettre du sieur Rougier, adressée à l'Assemblée nationale
pour la réduction du traitement du sieur *Mérigonde*.

Une lettre des Jacobins de Paris engage à instruire
les campagnes.

On propose que le président soit chargé de nommer
une commission de surveillance et de correspondance.

La société de Lubersac demande que celle de Tulle
écrive aux Jacobins de Paris pour recommander le
sieur Gilibert, colonel de la garde nationale.

La Société de Bort demande à être appuyée pour obtenir son affiliation à celle de Marseille. — Adopté.

Séance du 2 juillet 1792

Une lettre du f∴ Brival «exhorte d'éclairer les campagnes et les engager à se réunir à nous pour demander l'exécution de la loy et de la constitution, et combattre les erreurs et les tirans. La question est renvoyée à une séance ultérieure.

Les questions du principal collège d'institution nationale et de plusieurs autres adresses sont étudiées. Il est décidé qu'on invitera «tous les bons citoyens à veiller à la sûreté de la chose publique.»

Une lettre de la société de Toulon annonce qu'ils «ont obtenu de leur département de faire partir quinze hommes pour assister à la fédération du 11 juillet à Paris, et invitant les sociétés à employer les mêmes moyens.»

«Le résultat de toutes ces adresses et lettres sont d'inviter toutes les sociétés des vrais Amis de la Constitution d'émettre leur vœu individuel pour demander l'anéantissement des moyens employés par les agents et les fauteurs du pouvoir exécutif pour rendre le mot de Liberté illusoire aux Français.»

Séance du 4 juin 1792

Une lettre du f∴ Brival, député, «au sujet de M. Lafayette» est renvoyée au comité de correspondance.

Il est procédé à la nomination de quatre commissaires qui, sur l'avis de la société de Montpellier, doivent inviter le département à lever un corps de troupes qui se déplaceront lorsque les besoins de la patrie l'exigeront.

Le f∴ Chambon propose d'envoyer des commissaires à toutes les sociétés du département pour les inviter à envoyer à la fédération de Paris, le nombre d'hommes qu'ils croiront nécessaires et capables d'en imposer, avec nos frères des autres départements, aux ennemis de notre liberté. »

Une souscription est ouverte aussitôt « pour fournir aux frais du voyage et plusieurs membres se sont fait inscrire, et il a été arrêté qu'on écriroit aux frères Brival et Déprés, afin qu'au cas où nos envoyés ne seraient point arrivés à Paris au 14, ces deux frères voulussent bien se présenter pour eux, et assurer tous nos frères de notre zèle à marcher à la défense de la patrie en danger, et en même temps que nous sommes en route, et que nous sommes toujours dans la ferme résolution de vivre libre ou mourir. Le frère Floucaud, avoué, après avoir donné 6 livres en argent, a encore fait cadeau d'une belle paire de boucles d'argent pour les fédérés. » (1).

Séance du 7 juillet 1792,

l'an quatrième de la liberté

Une lettre du f... Brival, député, annonce qu'il a « présenté notre ofrande à la patrie, avec notre adresse à l'Assemblée, et qu'elle a été vivement aplaudy. »

Des commissaires sont nommés pour se rendre dans différentes communes « pour les prévenir des dangers auxquels la patrie est exposée. » Ont été élus : M. Talian, pour la commune de Favars ; M. Lagier, capitaine des grenadiers, pour celle de Chanteix et de Saint-Mexent ; MM. Dulac et Bussières pour Naves ; MM. Rigolle et Lanot, pour Laguenne ; MM. Lavergne et

―――――

(1) Il doit y avoir ici une lacune dans les copies des délibérations, car le registre contient un blanc en fin de page au verso, et un autre blanc d'une demi page au recto du feuillet suivant qui porte la date du 7 juillet 1792.

Villeneuve, pour Corrèze ; M. Juyé pour Sainte-Fortunade et Le Chastang ; MM. Dombret et Maruc, pour Saint-Hilaire et Cornil.

Le sieur Alexis Borie, grenadier de la garde est admis.

Séance du 16 juillet 1792

Il est donné lecture d'une lettre du f.˙. Brival, député annonçant qu'après un discours du député Lamourette l'assemblée « par un mouvement spontané, a protesté ne vouloir ny république, ny deux chambres, et qu'il avait été décrété qu'une députation de 24 membres se rendrait à l'instant de vers le roy pour luy donner connaissance de ce qui venait de se passer, et que le roy était venu à l'instant themoignier toutte sa satisfaction de cet événement et protester de sa bonne foi. » (1)

Il est ensuite donné lecture d'une lettre des « frères fédérés de Tulle qui nous annoncent le bon accueil que leur ont fait les Amis de la Constitution d'Uzerche, et combien les vivres sont chers sur la route de Paris ; que la somm que nous leur avons donnée n'est pas dans le cas de suffire à leur nécessaire. » Il est décidé que les f.˙. Dubois et Barry continueront à percevoir la souscription de tous ceux qui voudraient contribuer au

---

(1) Il s'agit ici de l'éloquent appel à l'union de tous les partis que fit l'évêque constitutionnel André Lamourette, à la suite de la journée du 20 juin 1792 ; appel qui détermina ses collègues de l'Assemblée à se donner mutuellement cette accolade publique qui devint fameuse sous le nom de *baiser Lamourette*. La députation dont il est parlé ici fut conduite par Lamourette lui-même, mais les événements postérieurs vinrent bientôt démontrer le peu de sincérité de cette union qui ne valut guère à l'évêque de Rhône-et-Loire qu'une ironique célébrité. — On prétend que lorsqu'il monta sur l'échafaud, en 1794, le peuple lui criait : Baise Charlot, Lamourette !... allons, baise Charlot ! (le bourreau).

bien-être des frères qui ont volé au secours de la patrie. »

On lit une lettre que le f∴ Trech-Desfarges adresse à l'Assemblée nationale. Cette lettre est « pleine d'énergie, et des sentiments d'un vray patriotte qui a juré de vivre libre ou de mourir. »

On lit ensuite une lettre du f∴ Trech-Desfarges contenant une dénonciation contre le sieur Chassaignac, député de la Corrèze à l'Assemblée nationale, accusé d'avoir indûment reçu une somme de 638 livres.

On lit encore la modification faite par le roi aux puissances coalisées « dignes du plus grand mépris. »

On applaudit ensuite la lecture de « l'Opinion de M. Vergniaud, sur l'état actuel de la France. »

Il est décidé que « les deux gazettes en placards adressées à la société seraient affichées, chaque jour de courrier, en place publique. »

Il est donné lecture d'adresses de la société des Jacobins de Paris et de celle d'Amiens.

Dans un discours « plein d'énergie », un frère expose « la méfiance que les vrais patriotes doivent avoir sur la réunion des membres de l'Assemblée nationale, après la grande discussion qui a régnée parmi eux. » Le discours est très applaudi.

Il est décidé que la société tiendrait séance sur le Champ-de-Mars, le jour de la fédération, si le temps le permettait, dans le cas contraire, la séance aurait lieu dans la cy devant église de Saint-Julien et que le f∴ Bussières ferait un discours aux fédérés.

Le f∴ Destan, curé de Darazac, membre de la société de Bordeaux est admis à l'affiliation de la société de Tulle.

Le f∴ Lanot est chargé d'adresser une lettre de remerciements à la société d'Uzerche pour le bon accueil fait aux fédérés lors de leur passage dans leur ville.

Séance du 15 juillet 1792

Le président donne lecture du décret du 11 juillet annonçant «que des troupes nombreuses s'avancent vers nos frontières, et que toutes celles qui ont horreur de notre liberté s'arment contre notre constitution ». Ce décret déclare la patrie en danger.

Il dit «que ceux qui vont obtenir l'honneur de marcher les premiers pour défendre ce qu'ils ont de plus cher se souviennent toujours qu'ils sont français et libres ; que leurs concitoyens maintiennent dans leurs foyers la sûreté des personnes et des propriétés ; que les magistrats du peuple veillent attentivement que tout reste dans un courage calme, attribut de la véritable force, attendant pour agir le signal de la loy, et la patrie sera sauvée. »

Cette lecture terminée, la société déclare se mettre en permanence.

Il est décidé que le décret qui vient d'être lu sera transmis à toutes les sociétés du département, invitant tous leurs membres à se tenir prêts pour partir à la première réquisition qui leur sera faite par le directoire du département.

Sur la proposition d'un f∴, «il a été arrêté unanimement par tous les f∴ de la société, et ils en ont même fait le serment, de dénoncer tous ceux ou celles qui tiendront quelques propos inconstitutionnels, ou qui insulteroient les patriotes. »

Il est décidé d'envoyer une députation au département «pour prévenir que nous venons d'être instruit que les fusils qui ont été déposés dans la ci-devant église du collège doivent partir demain matin, et les prier de prendre tous les moyens qui sont en leur pouvoir pour arrêter ces armes».

Le sieur Etienne Pahein, capitaine des canonniers est admis par acclamation en qualité de membre de la société. Il prête serment.

Une députation composée de MM. Dulac, Bussières, Jean Delay, le maire de Lafage, Béral aîné, Barry aîné et Julien Puyramont est nommée pour se rendre auprès du département et prier les membres de cette administration, « de prendre dans leur sagesse, des moyens, vu le danger où nous sommes, pour désarmer tous les ennemis de la patrie, et mettre en lieu de sûreté les otages qui nous restent de nos ennemis, qui sont leurs femmes et enfants, ainsi que les prêtres réfractaires. »

La première députation de retour annonce que « les fusils resteroient en ville et que l'on allait prévenir les officiers municipaux pour ne délivrer aucun certificat ny passeport aux personnes suspectes, et qu'ils allaient donner des ordres pour qu'il y eut un détachement de la garde nationale pour empêcher que personne ne sortit. »

Il est fait lecture d'une lettre, datée de Marseille le 5 juillet 1792, annonçant que « 500 marseillais, munis d'armes, de cartouches et de deux pièces de canon sont partis pour aller défendre la patrie en péril et nous invite à suivre un si bon exemple ; cette lecture a été suivie des plus vifs applaudissements. »

Un membre a fait observer que « notre artillerie n'était pas en état de service, et que dans des moments aussi dangereux que ceux où nous sommes, il fallait envoyer des députés vers le département pour les prier de prendre tous les moyens qui sont en leur pouvoir pour faire monter les affûts. »

Les commissaires cités ci-dessus sont chargés de cette mission. — Les F∴. Baluze, jeune, canonnier, et Valadier leur sont adjoints.

Il est fait lecture d'une lettre de Bordeaux faisant part d'un projet de formation d'un comité central où seraient envoyés un ou deux députés des sociétés par département. — Il est aussi question de créer un comité central à Paris, qui serait composé de 83 députés envoyés pour représenter les sociétés des départements et concourir à déterminer la majorité des suffrages pour former une volonté générale.»

Cette proposition est acceptée, et il est décidé qu'on écrira à toutes les sociétés du département pour leur faire part de cette décision et les inviter à nommer leurs représentants.

Le sieur Nicolas Boisse, citoyen de Limoges, membre de la société de cette ville, est affilié sur sa demande. Il prête serment.

Il est donné lecture d'une adresse envoyée au roi par les citoyens de la ville d'Amiens. D'une proclamation faite par un citoyen de la ville d'Ussel et adressée aux habitants de cette ville «pour les prévenir contre certains propos anti-civiques que nombre d'hommes qui, sous le masque du patriotisme, et la parole trompeuse de popularité, se servent d'eux comme d'instruments propres à servir leurs passions.»

Le sieur Borie, secrétaire du département, reçu dans une précédente séance, prête serment.

Une députation est envoyée auprès de la municipalité pour lui demander «l'emploi qu'ils ont fait de la quête qu'ils avaient faite pour faire des affûts, et pour se rendre au département pour les prier de prendre, dans leur sagesse, des moyens pour l'arrestation des personnes suspectes et pour empêcher le départ des quatre caisses de fusils qui doivent partir ce matin, et les prier de faire faire les affûts.» La députation est composée des f∴ Bleysac, Parat, Bussière, Dulac, Rigolle, Béral aîné, Jean Delay, Dombre, Baluze, Vausanges, Charain ; du f∴ Morellie d'Argental, Boisse et Cloitre.

Le f∴ Borie prononce un discours «plein de sentiments patriotiques.»

La séance qui n'a pas été interrompue depuis la veille est suspendue jusqu'à une heure après-midi.

La séance reprise, on lit une lettre de la société d'Argentat répondant à une autre lettre qui lui avait été adressée par la société. La société d'Argentat, dit la missive, « a arrêté de défendre la liberté et juré de ne la perdre qu'avec la vie, et porter leurs pas partout où le cas l'exigera. »

Le Président, obligé de quitter la séance « pour affaires indispensables », a prié le f∴ Lidon de le remplacer.

Il est fait lecture d'un arrêté du directoire du département disant que cette administration prenait à sa charge la fabrication de deux affûts pour les canons de la municipalité, « en attendant qu'ils puissent se procurer des canons. »

La députation envoyée auprès de la municipalité, de retour, annonce « que M. le maire leur avoit répondu qu'il y avait eu deux quêtes ; que la première avait été faite pour faire faire deux affûts, et qu'elle avait produit 180 livres, mais que cette somme avait été employée pour les dépenses que l'affaire du 9 avril leur avait occasionnée (1) ; que la seconde quête avoit été faite pour faire faire un drapeau de fédération, et que cette quête avait produit 255 livres, qui avoient été employées à la faction du drapeau, ou autres dépenses. »

Après discussion, il est arrêté à l'unanimité « que les citoyens libres de la ville de Tulle feraient une pétition à la municipalité pour assembler le conseil général de la commune, pour leur demander la reddition de compte des deux quêtes et les prier d'employer cette somme à la faction de deux affûts. »

---

(1) Il s'agit ici de l'émeute du Trech dont nous avons déjà parlé.

Le f∴ Lidon, qui préside, en l'absence du f∴ Dulac, prononce un discours « plein d'énergie et de patriotisme. » (1).

On donne lecture d'une adresse au roi, envoyée par une faction royaliste d'Orléans. Cette adresse, qui est communiquée par la société d'Orléans, est brûlée « dans l'enceinte de la société ».

Les députés envoyés auprès du département, annoncent que les membres de cette administration se réuniront à 3 heures de l'après-midi, et qu'ils ont été invités à assister à cette séance où sera discutée la question ayant trait à leur mission.

La séance est suspendue, et renvoyée à 5 heures du soir.

La séance reprise à l'heure dite, il est donné lecture d'une lettre du f∴ Brival, député à l'Assemblée nationale, qui nous annonce que « nos ff∴ fédérés sont arrivés à Paris très bien portants, qu'ils y ont été très bien reçus, et qu'il y en a huit qui vont au camp de Soissons. Il nous annonce, par une seconde lettre, que l'honorable et vertueux Pétion a été remis dans ses fonctions, et que son vertueux confrère Manuel a demandé à l'Assemblée de n'être point jugé sans qu'il ait été entendu et qu'il croit que le conseil du département de Paris va être cassé. »

Après la lecture des papiers publics, on lit une lettre de la société de Meyssac, datée du 15 juillet 1792, an quatrième de la liberté. Cette lettre annonce « que la guerre civile est à leur porte et que c'est la cité de Brive qui la provoque, et que les gardes nationales du district de Brive, qui s'y sont rendus pour le serment fédératif, ont été fort mal accueillies, et que le serment

---

(1) Au sujet de Lidon voir *Les Législateurs Corréziens*, par Victor Forot.

fédératif y a été célébré avec beaucoup d'allégresse de la part des fédérés du canton, et qu'il y avait beaucoup de méfiance de la part des citoyens de Brive ; qu'ils ne parurent presque pas après la cérémonie faite ; qu'il n'y eu même aucune promenade d'union, ny aucune démonstration de joye ; et que, vers le soir, les bataillons s'étant retirés, quelques gardes nationales eurent une querelle avec un valet d'écurie de l'hôtel de Toulouse, où loge un conciliabule depuis longtemps, d'une vingtaine d'aristocrates, et que, pour dissiper le grand combat, la municipalité fit braquer deux canons devant un détachement de cent hommes ou environ, qui, fiers de n'avoir personne à combattre, chargèrent bravement leurs armes en présence de deux ou trois cents femmes, enfants ou indifférents, et que le maire de la commune de Meyssac ayant été invité par le procureur syndic du district de se rendre devant l'hôtel de Toulouse pour aider à établir le calme, qui n'avait été troublé que par les citoyens braqueurs de Brive, il ne put retenir son indignation en voyant un forcené monté sur les affûts, secouant une mèche et demandant à grands cris du feu. Le maire de Meyssac s'approcha du canonnier et, saisissant la mèche, la luy arracha en couvrant de son corps les canons ; en criant à ces lâches où étaient les ennemis ou les séditieux qu'on voulait foudroyer ? — que dans ce moment le fer de quelques citoyens s'était levé sur ce magistrat, et que, dans le même moment il fut saisi au collet par le sieur Lacoste, officier, et consorts, pour le conduire en prison. Ce qui aurait été exécuté si le f∴ Lacoste, juge du district, aidé de la foule des bons citoyens qui connaissaient M. Chassain, et avaient vu sa conduite, l'arrachèrent des mains séditieuses qui l'avaient insolemment saisi.

Les citoyens de Meyssac réunis en société d'Amis de

la Constitution prient sur cet écrit les Amis de la Constitution de Tulle de vouloir bien leur marquer leur décision sur les faits énoncés, afin qu'ils puissent s'y conformer.

« Le f∴ Peyredieu... a fait lecture de la dénonciation faite par la commune de Meyssac relative aux mêmes faits énoncés par la société de Meyssac, et il a été unanimement arrêté de faire une pétition en forme de dénonciation au conseil général du département pour demander prompte et vive justice contre la municipalité, le district de Brive et le commandant de la garde nationale, en raison des troubles survenus le 14 juillet à Brive.

« Les ff∴ du comité de correspondance ont été chargés de faire la dénonciation et de faire part de notre arrêté à la société de Meyssac. »

Séance du 21 juillet 1792

On fait lecture d'une lettre du f∴ Lanot, député, pour la fédération à Paris, annonçant qu'une partie des députés se sont fait inscrire pour le camp de Soissons.

Un membre propose d'adresser une pétition à l'Assemblée nationale pour «demander qu'au lieu de l'inscription *Ultima ratio regum* (1) il fut substitué celle-ci : *Ultima ratio populi contra tyrannos*.

Il est fait lecture d'une lettre de la société d'Uzerche témoignant combien ils sont flattés de la correspondance exacte que nous les engageons à tenir avec nous, dans des moments aussi orageux, et qu'il est décrété

---

(1) *Ultima ratio regum* (La dernière raison des rois) est l'inscription que Louis XIV avait fait graver sur ses canons, mais il n'avait pas inventé le mot. Calderon, le célèbre poète espagnol avait écrit avant lui : *Ultima razon des reyes*.

que la patrie est en danger, et nous témoignent combien ils sont fâchés de ne nous avoir pas prévenu. »

« Le f... Juan, député, et chargé de pouvoirs illimités de la Société de Lubersac », dénonce la plus grande partie des membres de la société d'Uzerche comme étant entachés d'incivisme et de mauvais principes. Il déclare, tant en son nom personnel, qu'en celui de la société de Lubersac, que la société d'Uzerche ne mérite pas qu'on lui accorde l'affiliation. Plusieurs membres expriment le même avis, et, après discussion, il est décidé que toute correspondance cesserait avec cette société et qu'on écrirait à toutes les sociétés du département, les invitant à prendre la même mesure.

Un membre se plaint que de nombreux cantons retardent l'organisation de leur garde nationale et demande qu'une députation soit envoyée à ce sujet auprès des administrateurs du district. Trois commissaires sont désignés et se rendent séance tenante auprès du district. A leur retour, ils annoncent que le procureur syndic leur a répondu que seules les municipalités étaient cause de ces retards n'ayant pas envoyé leurs listes, mais qu'il allait sans retard les leur réclamer.

Un f... dit que le conseil général de la commune de Tulle est composé d'un certain nombre de membres qui doivent paraître suspects « parce que dans tous les temps ils ont donné les preuves les moins équivoques d'incivisme ; parce que la plupart d'entre eux ont joué un rôle dans la scène d'horreur qui eut lieu dans cette ville le lundi de Pâques dernière ; parce qu'ils appartiennent à des familles d'émigrés et dont les enfants ou les frères sont au nombre de nos ennemis d'outre-Rhin. » Il propose d'adresser une pétition au Conseil général de l'administration « tendant à ce que ces personnages suspects et dangereux soient sur le champ déclarés déchus et remplacés par un égal nombre de citoyens qui ont réuni le plus de suffrages aux élections.

« Je vous dénonce encore, ajoute ce f∴, une absence de deux mois au moins commise par le sieur Saint-Priest, administrateur du département. Cette absence doit être regardée comme une désertion, chacun devant être à son poste d'après la loy, et d'après la déclaration de la patrie en danger.

« Je vous dénonce aussi le sieur Monbrial, administrateur du district, comme ayant vaqué aux affaires d'administration tout au plus quinze jours dans l'espace de trois mois, et je demande que toutes les absences, que je regarde comme les prévarications, soient aussi dénoncées au conseil administratif. »

Les trois propositions sont appuyées et adoptées à l'unanimité et les f∴ Lanot, Bussières, Barry et Bar sont nommés pour rédiger les dénonciations.

Séance du 25 juillet 1792

Un f∴ de Bort est envoyé auprès de la société en qualité de député pour constituer le comité central dont il a été parlé dans une précédente séance, conformément à l'avis de la société de Bordeaux. Une mention favorable sera faite en faveur de la société de Bort et le f∴ député est invité à se rendre ce soir à 7 heures dans la salle du Comité.

On lit une lettre du f∴ Brival. Une réponse lui sera faite « en signe de reconnaissance et d'attachement ». Autre lecture de divers discours ou adresses, et des papiers publics.

Le f∴ Denis, de retour de la fédération de Paris, dit que s'il était revenu dans le pays, c'est qu'il y était attiré par une foule d'affaires de dernière importance, mais qu'il s'était aperçu que la patrie avait besoin de secours et qu'il invitait ses frères à s'inscrire avec lui pour lui en porter, et que sous huit jours, il était prêt à repartir. La société a vu avec plaisir ce membre s'exprimer ainsi et a applaudi à ses sentiments de civisme. »

Le capitaine des canonniers présente quelques réclamations au sujet de l'artillerie ; elles sont renvoyées au comité de surveillance qui, avec lui, prendra les mesures nécessaires.

Séance du 28 juillet 1792

Dès l'ouverture de la séance, on lit une lettre écrite par le f.·. Villeneuve fils, qui a été rejoindre le bataillon. — Autre lettre de la société de Juillac. — Une troisième de la société de Brive déclarant qu'ils sont fort embarrassés pour envoyer des députés pour former le comité central, « ceux qui auraient pu être chargés d'une mission aussi honorable que civique se trouvent employés à des fonctions pénibles et dangereuses, soit dans le conseil permanent de la commune, soit dans le service de la garde nationale.

Autre lettre de Besançon annonçant la formation de leur comité central permanent et invitant à en faire autant. — Cette lettre invite aussi toutes les sociétés des chefs-lieux de département à faire parvenir à l'Assemblée nationale, pour le premier août prochain une pétition demandant une loi répressive, non sujette à la sanction, pour « sequestrer dans les chefs-lieux de département tous les prêtres non assermentés, afin qu'ils ne puissent communiquer avec personne. » — On déclare qu'il n'y a pas lieu à délibérer, le conseil général du département ayant pris les mesures nécessaires.

Le sieur Monbrial, administrateur du département, est accusé d'avoir écrit à sa femme une lettre au sujet des troubles de Tulle (9 avril 1792), disant «que les ennemis avancent et que le moment va venir où les factieux seront punis.» Cette lettre qui est entre les mains de M. Ludière, juge de paix, sera remise par lui à la société qui veut en prendre connaissance.

Sur une plainte déposée par un f.·.. il est décidé qu'on écrira aux ff.·. d'Argentat pour avoir des renseignements sur «la conduite et le civisme de M. Desturgy» (Lestourgie), médecin à Argentat qui est accusé d'avoir donné des certificats de maladie à des prêtres réfractaires qui jouissent d'une parfaite santé.

Ont été reçus membres de la société, les sieurs Libouroux, Valéry et Buisson. Libouroux a de suite prêté serment.

Séance du 30 juillet 1792

Un membre de la société annonce qu'en sa qualité de commissaire «pour enrôler ceux qui voudraient partir, soit pour les bataillons ou troupes de ligne», il s'était rendu la veille à Sainte-Fortunade et avait enrôlé dix hommes. Sur ce nombre, quatre auraient été refusés comme impropres au service et réclament le payement de la journée qui leur est due, soit 15 sous par jour, à partir du moment de leur arrivée au chef-lieu du département. Une délégation envoyée auprès de l'administration du district, pour avoir des éclaircissements, revient disant que ces hommes n'ont pas été refusés et qu'ils seront payés après l'approbation par l'administration du département.

Le juge de paix ayant communiqué la lettre incriminée écrite par le sieur Monbrial à sa femme, il est décidé, après lecture de cette lettre, de dénoncer le sieur Monbrial au département.

Sur la proposition d'un f.·. il est décidé qu'on adressera une pétition à l'Assemblée nationale pour demander la destitution du roy. » Cette proposition étant acceptée à l'unanimité des membres présents, il est décidé que la pétition sera communiquée à toutes les municipalités du département de la Corrèze et que tous les membres de la société qui refuseraient de signer cette adresse seraient exclus.

Séance du 4 août 1792

Il est donné lecture d'une lettre de la société de Meyssac, annonçant l'envoi de deux délégués pour faire partie du comité central. — Lecture est faite d'une lettre du f.·. Trech-Desfarges, administrateur du département, contenant copie d'une adresse qu'il a adressée à l'Assemblée nationale pour demander la déchéance du roi. Il sera écrit une lettre de félicitations à ce f.·.

On décide de faire circuler dans toutes les sociétés du département une adresse à l'Assemblée nationale demandant la destitution de Lafayette, en même temps que celle du roi.

Adoptée à l'unanimité une proposition disant qu'une pétition serait adressée au département afin d'obtenir que toutes les lettres venant de l'étranger soient décachetées et lues publiquement.

Les ff.·. Rochemon et Baluze, gendarmes, sont nommés commissaires pour visiter les souliers fournis aux bataillons, attendu « qu'il en a été vendu à certains enrôlés qui, après avoir fait une lieue, n'avaient plus été en état de leur servir. »

Il est fait lecture d'un discours de Camille Desmoulin sur la situation de la capitale, et d'un ouvrage ayant pour titre *Règles générales de ma conduite*, envoyé par la société des Jacobins de Paris.

Séance du 8 août 1792

Une lettre du f.·. Brival, député à l'Assemblée nationale, annonce « qu'il est très vray que le roi voulait décamper, et que deux citoyens ont déposé qu'il venait des armes aux Tuileries pour fusiler le peuple ; que Pétion, les membres de l'assemblée seroient expédiés, et qu'un garde national de service chez le roi a déclaré avoir entendu, dans la nuit, beaucoup de menées, beaucoup de propos, et des projets hostiles. »

Les ff.·. Bussière et Lavergne sont chargés de rédiger une pétition qu'ils présenteront à la municipalité de Tulle « pour l'engager à convoquer toute la commune pour demander la déchéance du roi à l'Assemblée nationale. »

Il est décidé qu'on écrira à la société d'Argentat pour l'inviter à veiller sur la conduite du sieur Laroche, gendarme dans cette ville, qui est accusé d'avoir dit « que soixante-dix mille autrichiens avaient pénétré dans le royaume, et que tout un bataillon de gardes nationales avoit péri ».

Le citoyen Cousty est admis membre de la société.

Séance du 11 août 1792

Il est fait lecture d'une lettre de la société de Forcalquier ; elle sera communiquée au comité central dans sa réunion du 15 courant, avant d'y répondre.

Un député du département de l'Aveyron, faisant une enquête pour savoir s'il a été vendu à Tulle des armes, depuis deux ans environ, la société décide de lui aider à s'en assurer. Le f.·. Ganc aurait dit qu'il savait qu'on avait emballé plusieurs caisses de canons de fusils ; il sera entendu.

La société de Lubersac annonce qu'elle a fait choix du f.·. Chambon, membre du directoire du département, pour la représenter au comité central.

M. Laférandière, lieutenant-colonel de la gendarmerie nationale, se présente en séance pour remercier la société « de l'intérêt qu'on avait bien voulu prendre pour luy... assurant qu'il ne démentirait jamais les sentiments de patriotisme qu'il avait témoigné. » Le président lui répond et l'assure que, sur sa demande, il lui sera délivré un certificat de civisme.

Le f∴ Rivière, de Chamboulive, dépose sur le bureau une lettre de la société de cet endroit, ainsi que la liste de ses membres et son règlement, en même temps qu'une lettre de la société de Seilhac « qui rend hommage à leur civisme, » et déclare leur accorder l'affiliation. Cette société de Chamboulive, demandant à être affiliée à celle de Tulle, il en sera délibéré dans la prochaine séance.

Séance du 13 août 1792

Une lettre du f∴ Brival annonce « les plus grands événements, la suspension du pouvoir exécutif du roi et de ses fonctions ; que la Convention nationale a été ordonnée ; qu'il a péri une quantité prodigieuses de citoyens et un grand nombre d'aristocrates. Dans une seconde lettre il nous annonce que dans le moment qu'il écrit l'on promène cinq têtes des gardes du roy. Les lectures de ces lettres ont occasionné les plus vifs applaudissements. Il a été arrêté que l'on écriroit au f∴ Brival pour luy témoigner notre reconnaissance. Il y a une troisième lettre qui annonce que M. Lafayette n'a pas été mis en accusation, que pour le déclarer l'on a été à l'appel nominal, et que les sieurs Bardon et Chassagnac, députés de la Corrèze ont opiné en faveur de Lafayette. »

Il est décidé que la société se décidera en faveur de la société de Chamboulive pour lui faire obtenir l'affiliation aux Jacobins de Paris.

Le procès-verbal n'est pas complet, il se termine par une phrase non terminée, la voici:

« Un f.·. de la société, après avoir demandé la parole, a dit : Mes ff.·. Il existe sur un des piliers du clocher de l'église de Saint-Martin, une table de marbre portant une inscription, *sub hoc fornice condita sunt olim corpora* (1).

Séance du 15 août 1792

Le f.·. Tournadou, député de la société d'Ussac, réclame l'affiliation de cette société. — Elle est accordée.

Il est fait lecture d'une lettre du f.·. Brival, portant « relation de ce qui est arrivé à Paris le 10ᵉ août. » Des remerciements sont votés à M. Brival.

Les ff.·. Bussière et Jumel sont chargés de rédiger une adresse au directoire du département pour obtenir que tous les officiers et sous-officiers de la gendarmerie nationale, et notamment les sieurs Combret, capitaine, fussent suspendus, et ce dernier remplacé par M. Laférandière, jusqu'à ce que l'on y aura nommé, attendu qu'ils ont perdu la confiance publique.

Séance du 18 août 1792

Il est donné lecture d'une adresse du comité central de surveillance de la société des Amis de la Constitution du département de la Gironde aux sociétés patriotiques de France. Il sera pris une décision dans une prochaine séance, l'assemblée n'étant pas assez nombreuse pour délibérer sur une pareille question.

---

(1) La suite de la citation manque, et le reste de la page est en blanc. Il est certain qu'il était question de l'inscription latine relative aux tombeaux des Turenne dont voici une traduction :
Sous cette voûte furent placés les restes mortels des vicomtes de Turenne, et leurs tombeaux en ruine transportés à côté de l'église, pour en rendre l'accès plus facile, en l'an M.D.C.X.CVIII. — L'illustre prince Emmanuel Théodose, cardinal de Bouillon, fit graver cette inscription pour conserver la mémoire de ses ancêtres. P. F. —
Cette inscription existe encore sur le pilier gauche du clocher de Tulle.

Il est fait lecture « de la Révolution de 92 », ouvrage signé Pierre Marost.

Après avoir nommé une commission chargée de se rendre auprès de la municipalité pour lui demander de faire enlever « une grande table de marbre, qui est dans l'église des religieuses de la Visitation, portant les armoiries du surnommé jadis le marquis de Saint-Jal, » il est décidé qu'on demandera aussi un officier municipal avec 60 hommes de la garde nationale pour investir cette communauté, attendu qu'il était bien assuré qu'il y avait nombre de personnes suspectes. Les gardes nationaux devaient prendre les ordres de la municipalité.

Les sieurs Dumas, aîné, marchand, et Jean Francœur, chapelier sont reçus membres de la société.

Séance du 20 août 1792

Le f∴ Brival, député à l'Assemblée nationale, ayant envoyé un ouvrage intitulé *Grande relation*, avec prière d'en faire part aux sociétés affiliées, il est donné lecture de ce travail.

Autre lecture d'une lettre des Amis de la Constitution de Paris, en réponse à une autre lettre datée du 12 juillet dernier.

Le f∴ Brival a fait parvenir un décret de l'Assemblée nationale portant suppression de rente. Il en sera imprimé 500 exemplaires qui seront envoyés à toutes les municipalités du département et aux sociétés affiliées. Le f∴ Lanot contribue pour la moitié de la dépense de cette impression ; le f∴ Borie, pour un quart.

Il est fait lecture d'une lettre du f∴ Xavier Villeneuve, relative au combat qui a eu lieu le 5 courant. — Mention, au procès-verbal, sera faite de cette lettre et un extrait dudit procès-verbal sera envoyé au f∴ Villeneuve.

Deux délégués sont envoyés auprès de la municipalité pour savoir si l'adresse demandant la déchéance du roi a été envoyée. — La municipalité répond que pour ce faire elle attend les vœux des sections des Récollets et des Feuillants. Elle agira aussitôt après les avoir reçues.

Il est décidé qu'on dresserait un tableau nominatif des gendarmes nationaux « qui se sont montrés et bien conduits et qui ont montré le plus de civisme ». En outre est acceptée une motion portant « que les gendarmes, lors de la nomination de leurs officiers, feraient leur scrutin à haute et intelligible voix. » Il est décidé aussi « que les trois districts de Tulle fussent dans le cas d'en faire autant, lors de la nomination des électeurs. »

Une délégation est envoyée au département « pour prier MM. les administrateurs de faire prévenir toutes les municipalités que le concours des chirurgiens à nommer est reporté à huitaine, époque à laquelle les aspirants se rendront à Tulle pour être présentés aux commissaires nommés par les membres du département. » La réponse fut négative : on ne pouvait retarder ces nominations, deux candidats étant à Tulle depuis plusieurs jours et « qu'il paraissoit que les bataillons étoient fixés sur le choix de leurs chirurgiens. »

Séance du 21 août 1792

Une dénonciation est faite contre le sieur Chauffour, membre du directoire du département, qui, suivant un f.·., aurait été conduit « dans la maison d'arrêt de cette ville » par « deux membres du directoire ou du conseil général du département, sans doute pour le sauver de l'indignation populaire. » Ce f.·. dit que le sieur Chauffour est un mauvais administrateur « que la renommée le désignait comme le rédacteur d'un journal très aristocratique appelé l'*Indicateur*, et qu'il avait été dénoncé par vingt citoyens comme suspect.

Séance du 22 août 1792.
L'an 4e de la liberté, le 1er de l'Egalité

Lecture est faite des décrets de l'Assemblée nationale du 16 août, « sur les pièces trouvées dans le cabinet du roi, chez l'administrateur de la liste civile, et autres endroits, qui prouvent, jusqu'à l'évidence, les trahisons et les perfidies du pouvoir exécutif, envoyées aux armées par des courriers extraordinaires. »

Il est ensuite donné lecture d'un avis que le f∴ Brival, député, a adressé aux habitants de la Corrèze.

Autre lecture d'un ouvrage intitulé : *Exposition des motifs d'après lesquels l'Assemblée nationale a proclamé la constitution d'une Convention nationale, et prononcé la suspension du pouvoir exécutif dans les mains du roy.*

Enfin, il est encore donné lecture d'un imprimé portant pour titre : *Pièces trouvées dans le secrétaire du roi, lues à l'Assemblée nationale le 15 aoust 1792, l'an quatrième de la liberté.*

Tous ces imprimés ont été envoyés à la Société par le f∴ Brival, député, avec une lettre annonçant « qu'on vient de décréter la déportation des prêtres réfractaires qui étaient tenus au serment, et que ceux qui n'y étaient pas tenus, seroient déportés s'ils ne le prêtaient pas ; que M. Depoy et ses collègues devoient être guillotinés le lendemain ». — Applaudissements.

Remerciements au f∴ Brival. Les ouvrages adressés par lui seront envoyés aux sociétés affiliées.

Les ff∴ Brival et Lavergne sont chargés de la rédaction d'une pétition à la municipalité pour « demander que les fonctionnaires qui n'ont pas assisté à la réunion du Champ-de-Mars pour prêter le serment « de soutenir la Liberté et l'Egalité et de mourir pour leur défense soient obligés de se présenter à la municipalité pour prêter leur serment. Qu'à cet effet il y ait un registre ouvert et une séance publique où tous les citoyens aient le droit d'entrer.

Il est arrêté que la société écrira à celle de Chamboulive pour l'engager «à faire un scrutin épuratoire... attendu que certains de leurs membres ont donné des preuves d'incivisme.»

Les dénonciations suivantes sreont adressées au département :

1° Les sieurs Laférandière et Marsillac, commandants de la gendarmerie nationale, sont accusés d'avoir réformé un cheval et de l'avoir vendu secrètement et non aux enchères.

2° Il est demandé que les officiers de gendarmerie et le sieur Pauquinot, leur greffier, soient tenus, avant de partir, de rendre compte de la *massa noire*.

3° Le sieur Puy-Lagarde, officier de gendarmerie, est soupçonné d'avoir reçu sa paye de garde du roi en même temps que celle d'officier de gendarmerie.

Il est arrêté qu'on écrira «à la société mère de Paris pour leur proposer de prendre le nom de société des Amis de la Liberté et de l'Egalité.»

On décide d'adresser une pétition au Conseil général du département pour que la manufacture d'armes de Tulle, qui grave sur les armes qu'elle fabrique les mots *Manufacture royale*, mette à l'avenir, *Manufacture nationale*.

Les sieurs Léonard Machemy, de Naves ; Jean Guy, de la Vialatte, paroisse de Champagnac-le-Doustre, sont admis comme membres de la Société et prêtent serment.

Séance du 25 août 1792

Il est fait lecture d'une lettre que M. Lachèze, député

de Brive, adresse à la société, «avec un paquet contenant copie de diverses pièces trouvées dans le secrétaire du roi. »

On lit aussi une lettre du f∴ Brival, député, et un certain nombre d'imprimés très intéressants, les uns trouvés chez le roi, ou chez Montmorin et Laporte.

Le sieur Jeunehomme, capitaine des chasseurs, est admis comme membre de la société.

Il est fait lecture d'une lettre imprimée de M. Dumouriez, commandant général de l'armée du Nord, à M. Clavière, ministre de la guerre. Cette lettre a été envoyée aux 83 départements par ordre de l'Assemblée nationale.

Séances du 27 août 1792

On lit un ouvrage adressé aux sociétés populaires, imprimé par ordre de la commission de correspondance de l'Assemblée nationale, signé Bassal, Marbot, Lachèze, Ducos, J. B. Lagrevol, Lequinio.

On lit la gazette *La Sentinelle*. Il est décidé que «les électeurs de la ville de Tulle, chef-lieu du département de la Corrèze, seront chargés d'emporter cette feuille pour la présenter à l'assemblée électorale qui se tiendra à Brive, et de l'engager à l'adopter dans son tout.»

Quatre commissaires sont nommés pour se rendre immédiatement auprès du département, accompagnés de deux délégués de la ville d'Egletons qui sont venus dénoncer l'illégalité de la nomination du sieur Barthelemy Maisonneuve, comme électeur.

Le f∴ Cloitre se joindra à cette délégation et présentera «la pièce mécanique dont il entend faire offrande à l'Assemblée nationale.»

Séance du 29 août 1792

Le f∴ Brival, député, a envoyé à la société une

lettre que le f∴ Berthelmy, capitaine des grenadiers du bataillon de la Corrèze, adjoint à l'état-major de l'armée du Rhin, a adressé à ses camarades les officiers et soldats du camp de Wissembourg. Il est donné lecture de cette lettre qui a réuni tous les applaudissements et il a été arrêté à l'unanimité qu'il en seroit fait mention honorable sur les registres, et qu'en luy en accusant réception, on luy témoigneroit le regret que la société avait éprouvé de son silence. »

Le f∴ Brival, député, se plaint qu'il écrit bien souvent et qu'on ne lui répond pas. — Une lettre d'excuses lui sera adressée, regrettant que nos lettres ne luy soient pas parvenues. »

Il est donné lecture d'un ouvrage intitulé : *Tableau des appels nominaux* et de l'observation du f∴ Brival à ses confrères. Est lue aussi une lettre *de M. Leroy, député du Tarn, au président de l'Assemblée nationale*. Enfin encore une lecture, celle du *sixième et septième recueil des pièces trouvées dans les papiers du sieur de La Porte, intendant de la liste civile.*

A l'unanimité, il est arrêté : que tous les ff∴ de la société qui fréquenteroint, promèneroint ou boiroint avec quelqu'un des petits cobelcins, c'est-à-dire ceux qui la seconde feste de Pâque prirent les armes contre les patriotes, soient exclus de la société et que le f∴ président soit tenu de rapporter la motion et l'arrêté de la société pendant trois séances, affin que pas un de nos ff∴ en prétendent cause d'ignorance. »

Un membre demande que tous les chevaux soient réquisitionnés pour être envoyés à l'armée, sauf les chevaux des voituriers, des messagers et ceux destinés au travail de la terre. — La question est remise à une prochaine séance, l'assemblée n'étant pas en nombre suffisant pour décider une pareille chose.

Un autre membre demande que tous les corps administratifs soient renouvellés. — Remis à une prochaine séance.

Séance du 1er septembre 1792

Il est décidé qu'on écrira à la société d'Aurillac, au président du tribunal criminel de cette ville, ainsi qu'à M. l'accusateur public « pour les prévenir que ceux qui déposent sont presque tous parents des accusés et que la majeure partie étaient dans l'attroupement, qu'ils leur seroit envoyé une liste avec les observations individuels desdits témoins. » (1)

Séance du 3 septembre 1792

Un membre propose que tous les parents des émigrés soient arrêtés, « hommes, femmes et enfants, et qu'ils soient conduits sur nos frontières, pour être mis à la tête de nos armées, afin qu'ils reçoivent le premier feu. »

Une pétition est adressée au département, demandant l'arrestation des sieurs Mariau et Rouliard, officiers municipaux, qui ont mis en liberté les sieurs Froment père et fils, suspects, qui avaient été arrêtés la veille. — Ces deux officiers municipaux resteront (suivant la pétition) en prison jusqu'à ce que l'autorité aura pu de nouveau faire arrêter Froment et son fils. — La même pétition porte que tous les parents des émigrés devront être arrêtés. — Cette pétition est portée au directoire.

Une lettre de Nîmes annonce que tous les membres de leur société ont prêté de nouveau le serment prescrit par le décret du 12 août 1792.

---

(1) Les personnes compromises dans l'affaire du Trech furent jugées à Tulle, mais ce tribunal ayant été récusé, elles furent envoyées devant le tribunal criminel d'Aurillac.

Il est fait lecture «d'une lettre du sieur Mons et de ses camarades qui sont au camp de Soisson, qui nous font part du vrai désir qu'ils ont d'être utile à leur patrie.»

La députation envoyée vers le département, de retour, annonce que le directoire félicitant la société de son zèle a pris un arrêté ordonnant l'arrestation de Froment père et fils et que les suspects seront désarmés.

Une adresse au corps électoral est votée, demandant le renouvellement des corps administratifs.

La séance suspendue est renvoyée à deux heures de l'après-midi.

Il est fait lecture d'une lettre du f∴ Mariau par laquelle il se disculpe de l'élargissement accordé à MM. Froment père et fils. — Ils n'étaient pas seuls à délibérer (Mariau et Rouliard), le f∴ Tramond était présent et acceptant à l'arrêté pris pour les mettre en liberté à la nuit tombante.»

Il est décidé qu'on enverrait deux commissaires auprès des officiers municipaux Rouilard et Tramond les invitant à se constituer prisonniers dans la salle où ils tiennent leurs séances, afin qu'ils ne soient point confondus avec les aristocrates et les ennemis de la patrie, attendu que leur faute n'est qu'une méprise.»

Séance du 5 septembre 1792
l'an quatrième de la Liberté, le premier de l'Egalité

Il est donné lecture des papiers publics, ainsi que d'une lettre des électeurs de Brive, remerciant de divers envois qui leur ont été faits par la société. Elle annonce aussi que MM. Brival, Borie et Germiniac ont été nommés députés par la Convention nationale. — Autre lecture: celle d'un recueil envoyé par le f∴ Brival intitulé: *Plan d'une Constitution Libre*, qui a été trouvé chez Laporte, intendant de la liste civile.

Un f.·. propose de nommer deux commissaires pour chaque section, afin d'établir une liste des personnes suspectes. La proposition est remise à la suite de la séance, qui, étant levée aussitôt, sera reprise à 2 heures de l'après-midi (1).

Séance du 17 septembre 1792

Le chef du 3e bataillon de la Corrèze est dénoncé pour avoir emmené des chevaux appartenant à la Nation, et avoir laissé piller le château de Seilhac, en sa présence. — La décision à prendre est remise à 15 jours (2).

Les ff.·. Brival et Duval, commissaires de l'Assemblée nationale, envoyés au département de la Corrèze, viennent assister à la séance. Le président offre son fauteuil aux ff.·. Brival et Duval. Un f.·. fait un discieux en faveur du f.·. Brival. — M. Duval demande son affiliation à la société, ce qui est accordé.

Séance du 20 septembre 1792
l'an 4e de la Liberté, le 1er de l'Egalité

Les ff.·. Deluile, Léonard Foulion et autre L. Foulion, membres de la société de Meymac, annoncent que cette société les a délégués pour faire partie du comité central du chef-lieu du département. — En remettant leurs titres ils annoncent qu'une coalition d'aristocrates s'est

---

(1) Il y a ici une erreur sur le registre, le scribe a écrit 5 *août* au lieu de 5 septembre.
Le registre contient ici une grande page blanche bâtonnée et il n'est plus question de séance jusqu'au 17 septembre. — C'est donc douze jours sans réunion. — Cela est assurément anormal. — Il n'est pas douteux qu'il manque ici le procès verbal d'une séance au moins.

(2) Le château de Seilhac avait été pillé le 12 avril 1792.

formée dans le département de la Creuse, et qu'ils entretiennent une correspondance secrète avec la ville de Felletin. — Des remerciements sont votés à la société de Meymac, et on va lui écrire pour indiquer les mesures nécessaires à prendre.

Quatre commissaires sont désignés pour se rendre auprès de MM. les administrateurs du département et leur demander de procurer à la ville de Tulle un grenier d'approvisionnement, et auprès de MM. les officiers municipaux pour les engager à prendre toutes les mesures possibles pour faire approvisionner le marché de Tulle.

Séance du 26 septembre 1792
L'an premier de la République française

Il est fait lecture des papiers publics et d'une lettre du f∴ Lanot, député à la Convention nationale, rendant compte de divers décrets qui viennent d'être promulgués. Il est décidé qu'on enverrait un diplôme au f∴ Lanot qui le demande.

Séance du 30 septembre 1792

La réunion a été annoncée « au son de la caisse ». MM. Villeneuve, président du tribunal criminel, et Santy, proposés depuis trois semaines, sont admis.

MM. Peyroussie père, Villedieu, marchand, et Léonard Leyrat, dit Baron, sont proposés et leurs noms sont affichés.

Une délégation est nommée pour se rendre chez le sieur Charain, principal propriétaire de l'ancienne église de Saint-Julien pour lui demander l'autorisation d'user de cette église pour tenir les séances de la société, le local actuellement employé étant trop exigu. — Le sieur Charain a aussitôt remis les clefs, heureux a-t-il dit, de témoigner son estime pour la société. — Mention honorable est faite au procès-verbal de la complaisance du sieur Charain.

Il est décidé que seuls les membres de la société seraient admis dans la partie basse de l'église ; le public occupera les tribunes.

Des cartes seront délivrées à chaque membre pour se faire reconnaître. Chaque membre recevant une carte payera cinq sols par mois au moins ; — il aura la faculté de donner une somme supérieure, s'il le veut. — Les cartes seront changées tous les trois mois.

Le f∴ Vedrenne prête serment et paye trois livres « pour le devoir ».

Le f∴ Villeneuve, secrétaire du district, est élu trésorier.

Le f∴ Rivière, de la société de Chamboulive, demande l'affiliation. — Elle est promise.

Séance du 1ᵉʳ octobre 1792

Il est fait lecture des papiers publics et de deux lettres, l'une des ff∴ d'Angers, l'autre de ceux du Mans.

Les ff∴ Villeneuve et Sauty prêtent serment et font chacun un discours méritant mention honorable au procès-verbal.

Le f∴ Desprès est élu président ; les ff∴ Beneyton et Borie, secrétaires du département, sont élus secrétaires. — Ils prêtent serment.

Quatre ff∴ sont chargés d'organiser le nouveau local des séances, et deux autres doivent faire imprimer les cartes et les distribuer.

On décide d'écrire au f∴ Lanot, membre de la Convention nationale, pour qu'il procure à la société le journal le *Patriote Français*, par Brissot.

Séance du 3 octobre 1792 (1)

La séance a lieu dans l'ancienne église Saint-Julien. Les f∴ Villeneuve père et Bussière sont chargés de rédiger une adresse à la Convention nationale « pour la féliciter du courage et de la fermeté qu'elle a manifesté en rendant le sage décret qui abolit la royauté en France. » Cette adresse contiendra l'adhésion la plus formelle à tous les décrets rendus par la Convention nationale.

Une pétition injurieuse contre le f∴ Valadier au sujet du désarmement du sieur Galant sera dénoncée au juge de paix.

Une autre pétition, présentée par vingt-six citoyens libres, demande aux autorités constituées que le sieur Galant soit totalement désarmé comme suspect et mis sous la surveillance spéciale de la municipalité, est adoptée.

La discussion d'une pétition tendant à l'ouverture d'une église spéciale aux ecclésiastiques sexagénaires est renvoyée à la réunion du dimanche suivant.

Le sieur Val, concierge du ci-devant collège, est dénoncé pour avoir « proclamé dans la campagne qu'on devait fermer dimanche prochain l'église cy-devant cathédrale et cesser toute espèce d'acte de religion dans la ville. » Une commission est nommée pour vérifier le fait et le dénoncer à la municipalité.

Conformément au règlement (article relatif aux cultivateurs), Jean Bos, cultivateur du lieu de la Couteausse, commune de Naves, qui a demandé à être reçu comme membre de la société, est admis.

---

(1) Le titre de la société semble avoir été modifié, car le procès-verbal inscrit sur le registre porte en titre cette mention : « aujourd'hui troisième octobre mil sept cent quatre-vingt-douze, l'an premier de la République française, la *Société des Amis de l'égalité* assemblée... » etc.

Séance du 6 octobre 1792

Un article de *La Vedette*, prêchant le royalisme, est dénoncé et copie de cette dénonciation sera adressée « aux ff∴ Carra et Gorsas, pour être insérée dans leurs feuilles patriotiques. »

Les ff∴ Dulac et Duroux sont désignés pour se rendre auprès de la municipalité pour demander que la conquête du général Montesquiou soit célébrée le lendemain par une « fête civique où les musiciens et musiciennes assisteraient, et où on chanterait l'Hymne des Marseillais. » (1)

Mathieu Bros, Léonard Brudieu, de la commune de Naves, présentés à la société, sont reçus et prêtent serment. Il en est de même de Ninaud, tambour des chasseurs, qui a été reçu sans droit ni carte.

Séance du 8 octobre 1792

Il est fait lecture d'une lettre de la société des Amis de l'Égalité d'Uzerche, demandant l'affiliation ; après avoir épuré la liste de leurs membres, ainsi que l'avait exigé la société de Tulle. — Après examen, il a été reconnu qu'il y avait encore sur la liste d'Uzerche sept membres suspects, notamment le sieur Chassaignac, ex-député. La correspondance sera accordée lorsque ces sept membres auront été éliminés.

Le f∴ Sauty a été chargé de répondre à une lettre du sieur Coudert, vicaire à Barsange, demandant qu'on écrive à la société des *Amis de la liberté* d'Ussel pour que cette société nomme des commissaires chargés d'as-

---

(1) Il s'agit ici d'Anne-Pierre, marquis de Montesquiou-Fezensac, député de la noblesse en 1789 ; — soupçonné par la Convention, après le 18 août, mais dont les poursuites furent arrêtées par la conquête de la Savoie, à laquelle il prit une grande part. — Il fut plus tard décrété d'accusation (fin 1792) et s'enfuit en Suisse.

sister à l'audition des témoins devant déposer au sujet de l'assassinat commis par le sieur Chassain sur la personne du curé de Port-Dieu.

Il est arrêté qu'on écrirait à la société d'Ussel pour demander copie de tous les papiers relatifs à cet assassinat.

Le désarmement de tous les citoyens suspects de Tulle est demandé. — Il est décidé qu'on retirerait des mains du f∴ Jumel la première liste des suspects qui avait été faite ; qu'on procèderait à la formation d'un complément de cette liste et que ce soin serait confié à quatre ff∴ qui remettraient le tout à la municipalité « pour, dans sa sagesse, prendre les mesures de sûreté publique qu'elle avisera. »

La nouvelle liste sera adressée à la municipalité avec une pétition l'engageant à sévir. — Il est décidé en outre que tous ceux qui figureront sur cette liste seront déclarés indignes de porter l'habit de garde national et de faire le service, mais ils seront assujettis à payer leurs gardes. — Il est décidé aussi que l'expulsion du sieur Alaric sera demandée « comme bien suspect, étranger et sans propriété. »

Il sera défendu aux citoyens reconnus suspects de se réunir au-dessus de quatre personnes.

Les ff∴ Parat, Béral cadet, Libouroux et Lagarde sont désignés pour établir le supplément de liste.

Par une mesure de favoritisme, on a déplacé le gendarme Beyssin, de Beaulieu à Brive, et le gendarme Brasseur, de Brive à Beaulieu ; une réclamation est présentée à ce sujet. Le f∴ Villeneuve, administrateur du département, est chargé de vérifier les causes et d'en rendre compte.

Le f∴ Villeneuve, père, est chargé de rédiger une adresse à la Convention nationale pour demander que « tous les émigrés faits prisonniers les armes à la main contre la nation soient envoyés, pour être mis à exécution, dans leurs départements respectifs », mais au cas où la dépense qui en résulterait fut jugée trop forte « il fallait se borner à en demander un par district, des principaux, et qu'on envoya la liste à chaque district, de ceux qui seraient exécutés, à cause de ce crime, pour y être affichée. ».

Il est décidé que sur l'attestation de deux membres de la société, lorsqu'un f∴ de société affiliée se présenterait, il serait dispensé de payer la carte trimestrielle. Cela pour éviter que ce f∴ visiteur paye sa cotisation à deux sociétés sœurs.

On a procédé au ballottage de MM. Roume et Rousset. Ils sont admis à l'unanimité.

Séance extraordinaire du 9 octobre 1792

« Le f∴ Rochemont (1) a dit que, revenant de Lagraulière, il a trouvé un homme suspect, reconnu pour tel, conduisant un cheval, qu'on lui a dit appartenant à un émigré ; il a questionné celui qui le conduisait qui lui a répondu d'une manière équivoque, il l'a arrêté. Le conducteur lui a aussi remis une lettre adressée à Madame Lamirande, et en la lui remettant, il l'a froissée dans sa main, ce qui a brisé le cachet, et l'a presque décachetée, la société l'a remise aux mains du secrétaire, après avoir été cachetée, et la société a ajourné la discussion sur cette arrestation lorsqu'elles seront plus nombreuses. »

Séance du 10 octobre 1792

Le citoyen Roume prête serment et paye trois livres pour le devoir.

---

(1) Rochemont était un gendarme national.

La société d'Uzerche est avisée, par lettre, qu'on lui accordera l'affiliation lorsqu'elle aura expulsé de son sein les sept membres qu'on lui désigne.

Les ff∴ devant dresser la liste des suspects sont invités à fournir leur travail demain.

Jean Prach est reçu et prête serment.

Il est arrêté qu'à l'avenir « on ne recevra membre de la société les personnes qui seront plus près d'une autre société, si elles n'y sont pas reçues. » Les sociétés affiliées seront avisées de ce nouvel article du règlement.

Vauzange, second du nom, huissier, et Leymarie prêtent serment.

Il est décidé que « le cheval et la lettre » dont il a été question dans la précédente séance « seraient transmis au district de Tulle. » Les ff∴ Béral, Pauphile, Taillant et Verdier, sont chargés de remettre la lettre et d'assister à la lecture. — Ces commissaires de retour annoncent que « le district en recevant le cheval, a refusé la lettre. »

Les sieurs Lambert, officier de gendarmerie, et Jean de Lande, sont accusés d'avoir fait une fausse déposition devant le tribunal criminel d'Aurillac, « relativement aux assassins du Trech (1). Après discussion, la décision est remise à samedi prochain.

Le f∴ Villeneuve rend compte de la commission qui lui a été confiée dans la séance du 8 octobre courant, au sujet du déplacement de deux gendarmes: Des motifs de justice ont motivé cette décision ; la société de Beaulieu sera informée de ces motifs.

Il est donné lecture de la lettre écrite à la société d'Ussel relativement à l'assassinat du curé de Port-Dieu.

---

(1) Affaire du lundi de Pâques dont il a été déjà question ici plusieurs fois.

Séance extraordinaire du 11 octobre 1792

Les ff∴ Brival et Galant annoncent qu'ils viennent de fonder une nouvelle société à Ussel, et demandent qu'elle soit affiliée. Après discussion, cette nouvelle société ne sera affiliée qu'après avoir été présentée par deux autres sociétés voisines et avoir envoyé la liste de ses membres et ses règlements.

Séance du 13 octobre 1792

Il est fait lecture des « papiers nouvelles » et d'une adresse du f∴ Robert, député de Paris, contre-signée par Danton, ministre de l'intérieur.

Les ff∴ Boric, Ludière, Jumel et Taillant sont chargés de rédiger une adresse à la Convention nationale demandant le licenciement du régiment ci-devant Royal Navarre « à cause de l'incivisme invétéré de ce corps qu'il a constamment manifesté dans tous les temps et dans tous les lieux depuis la Révolution. » (1).

L'évêché de Tulle étant à la disposition de la nation, on demandera qu'il soit mis en location à son profit.

Le supplément de la liste des suspects est déposé sur le bureau. — Il y aura demain séance extraordinaire pour l'étudier (2).

Séance du 15 octobre 1792

Il est donné lecture « d'une lettre du sieur Jourde » avec les certificats de différentes communes qui attestent la bonne conduite, le courage et le zèle qu'il a manifesté pendant la révolution d'Avignon, et d'une

---

(1) Voir à ce sujet *Le Royal-Navarre-Cavalerie et son chef en Corrèze*, par Victor Forot, Imp. Crauffon, Tulle 1906.
(2) Il n'est pas fait mention de cette séance du 14 octobre, ni de la discussion de la liste des suspects sur le registre que nous avons.

attestation du corps électoral des Bouches-du-Rhône. — Le citoyen Jourdan se disculpe dans sa lettre des infâmes imputations que lui ont fait les ennemis de la liberté. Il est arrêté, sur la motion de plusieurs membres, qu'on écrira, au nom de la société, au citoyen Jourdan pour lui témoigner nos sentiments d'estime et d'amitié. Le f∴ Sauty demeure chargé de la rédaction de la lettre. (1)

Sur la demande de la société d'Argentat, quatre membres sont chargés de présenter au département, en l'appuyant, une demande qui lui est adressée par le f∴ Cluzan, à l'effet d'obtenir une place de gendarme.

Il est donné lecture d'une lettre de la société de Grasse annonçant « les conquêtes d'Anselme et de Montesquiou dans la Savoie. »

L'adresse demandant le licenciement du régiment de Royal-Navarre est lue et adoptée, elle sera envoyée à la Convention nationale et aux Jacobins de Paris pour être appuyée.

« On a proposé la réception de Françoise Gui, femme du f∴ Ludière, postier. Elle a été reçue à l'unanimité. »

Les ff∴ Clereye et Libouroux sont chargés de se rendre à la municipalité pour demander « de mettre en vente la halle du Trech, pour être construite une autre dans un endroit moins suspect et moins incomode. » (2)

---

(1) Il ne faut pas confondre ce Jourdan avec notre compatriote limousin, le maréchal comte Jourdan, son contemporain. Le Jourdan dont il est ici question est le fameux *Coupe-têtes* : Jouve-Jourdan, né à Saint-Just, près Le Puy (Haute-Loire) en 1749, décapité à Paris en 1794. Après avoir été chef de l'armée révolutionnaire de Vaucluse, il fut l'auteur de l'odieux massacre de la Glacière (16 octobre 1791). — Il fut commandant de la gendarmerie nationale en 1793 et seconda activement le tribunal révolutionnaire d'Orange.

(2) La halle du Trech était alors où se trouve actuellement la maison dite *Ancienne poste* qui forme les angles des rues François-Bonnélye et de la Solane.

Séance du 22 octobre 1792

Il est donné lecture de différentes lettres en provenance d'Ayen, d'Argental, d'Uzerche, mais « l'assemblée étant trop peu nombreuse », il ne sera statué que dans une séance suivante qui aura lieu demain.

Lecture est faite d'une autre lettre des Amis de la République « exhortant à ouvrir une souscription en faveur des parents pauvres de ceux allés pour repousser les ennemis de la liberté; — invitant à ne plus nous servir du mot Monsieur en parlant à nos frères, et à former dans le sein de notre société un comité pour avoir soin des affaires de ceux qui sont sur les frontières. »

Séance du 23 octobre 1792

Les membres de la société sont en petit nombre et cela motive une proposition tendant à décider que tous les ff∴ actifs de la ville soient obligés d'assister au moins une fois sur trois aux séances.

Il est décidé que les séances du samedi seront remises au dimanche à une heure de l'après-midi.

Les ff∴ Bussière, juge, et Floucaud, vieux, sont nommés pour rédiger un nouvel article du règlement trouvant un mode pratique de constater l'absence des ff∴.

Il est fait lecture d'une lettre du f∴ Lanot, député à la Convention nationale, concernant l'abonnement au journal de Brissot que la société lui avait demandé. « Et comme ce journaliste lui a paru suspect » il a été arrêté qu'on écrirait au f∴ Lanot pour le remercier. Le f∴ Floucaud vieux, ayant offert à la société le journal de Mercier, elle pourra le retirer de la poste à l'arrivée de chaque courrier.

On lit aussi deux lettres de la société d'Uzerche. La première relative à l'exclusion de sept de ses membres : « Ils sont proscrits pour toujours. » La seconde contient

« une nomenclature d'individus qui étaient payés par la défunte liste civile, qu'ils disent avoir parue imprimée à Tulle, et prient la société de leur donner des éclaircissements à ce sujet. — Cette question est ajournée. » (1).

Une lettre d'Ayen annonce qu'ils ont envoyé une adresse relative à l'abolition de la royauté. — Le f∴ Villeneuve ayant négligé de rédiger pareille adresse ainsi qu'il en avait été chargé, il est remplacé dans cette mission par les ff∴ Bussière et Sauty.

Il sera répondu à une lettre des ff∴ de la société de Beaune annonçant une souscription en faveur « des pères, mères, épouses et enfants des citoyens qui se sont dévoués à la défense de la République. »

Les membres assistant à la séance étant trop peu nombreux, on remet au lendemain la lecture de la lettre à adresser au f∴ Jourdain.

Séance du 28 octobre 1792

Une lettre du f∴ Lanot, député à la Convention nationale, annonce « que la République a été délivrée de neuf émigrés pris les armes à la main et qui ont été guillotinés à la grève. »

Il est donné lecture d'une autre lettre écrite par le f∴ Brival, aussi député à la Convention nationale. Il envoie à la société copie d'une lettre écrite par M. de Laqueille à la ci-devant marquise de Laqueille, logée à Bruxelles, et fait ensuite part de la dénonciation faite à la Convention nationale par le sieur Trech, commandant en chef le troisième bataillon de la Corrèze, de ce même bataillon ; et comme il a été reconnu que le

---

(1) Ne voyant pas de solution à cette question, nous nous sommes livrés à des recherches qui nous ont fait retrouver la liste dont il est ici question. Nous la donnons en *appendice* à la fin de notre travail.

sieur Trech avait fait une démarche inconsidérée envers ses frères d'armes, qui, en tous sens, ont moins de tort que lui, il a été unanimement arrêté qu'on le dénoncerait soit à la Convention nationale, soit au ministre de la guerre, afin qu'on ne puisse point ignorer le mauvais effet que son inconduite a produit depuis le moment de sa nomination à ce bataillon. Et pour étayer cette dénonciation d'une manière non équivoque, il a été arrêté qu'il serait pris trois commissaires dans le sein de la société pour recevoir les aveux et déclarations de tous les citoyens qui ont connaissance des malversations dudit sieur Trech, opérées dans les parages. Les commissaires nommés sont les ff∴ Villeneuve, Dulac et Bussières. Il sera de plus envoyé copie, tant de la dénonciation que des informations relativement au sieur Trech, au f∴ Delfaut, quartier-maître dudit bataillon, pour qu'il en donne connaissance à ses frères d'armes. »

Il a été aussi arrêté que la lettre de l'émigré Laqueille serait imprimée et distribuée.

Il est donné lecture d'une lettre écrite de Versailles par nos frères, gendarmes de la ville de Tulle, qui respire le plus pur patriotisme. Ils invitent la société à s'intéresser pour le frère Bleygeat, afin de lui obtenir la place de greffier de la gendarmerie. — Question ajournée. Mention honorable est faite de cette lettre.

Lecture du mode d'exécution du décret du 19 octobre relatif au renouvellement des corps administratifs et judiciaires.

Séance du 29 octobre 1792 (1)

Une circulaire, émanant des Jacobins de Paris, an-

---

(1) Nouveau changement de titre de la société, sur le procès-verbal de cette séance on lit : « *La Société des Amis de la République* assemblée » etc.

nonce que le nom de Brissot serait rayé de leur liste. La décision à prendre à ce sujet est remise à dimanche prochain.

Une lettre de la société de Toulouse demande de se joindre à elle « pour faire punir de mort tous les agitateurs infâmes qui, au mépris du salut commun, échangent contre des assignats, un métal par lui-même inutile. »

Une adresse sera envoyée à la Convention nationale à cet effet.

Une lettre de Cahors à laquelle est jointe copie d'une autre lettre des ff.·. de Montauban et une adresse au peuple « produisent la plus vive sensation dans le cœur des membres de la société. »

Une lettre du f.·. Charain, capitaine de la compagnie n° 5 du troisième bataillon de la Corrèze, invite tous les ff.·. des districts de Tulle et d'Ussel à fournir des hommes pour le complément dudit bataillon.

Les ff.·. Béral cadet, Floucaud, avoué, Darcambal, Clercy et Dezaga sont désignés pour présenter à la municipalité un vœu tendant à ce qu'une assemblée générale des citoyens composant la commune de Tulle soit tenue à l'effet de décider la démolition des deux halles du Trech et du Canton, et la construction d'une halle centrale sur la place Saint-Julien (1).

Séance du 4 novembre 1792

Les ff.·. chargés de rédiger la dénonciation contre le sieur Trech-Desfarges, ont remis leur travail qui a été adopté.

Le f.·. Taillant est chargé de rédiger une dénonciation contre un certain « Chadebech La Valade, pré-

---

(1) Aujourd'hui place Gambetta.

tre non conformiste», et son frère aussi prêtre «qui sont dans l'usage de faire des baptêmes, mariages, etc., et d'en tenir registre.»

Une lettre de la société d'Ussel annonce «à l'occasion de l'assassinat prétendu sur la personne du sieur Coudert, vicaire de Barsange, que le prétendu assassin a été acquitté par le jury d'accusation et que le sieur Coudert a donné lui-même une déclaration à ce prétendu assassin, qu'il n'avait aucune plainte à faire contre lui, et qu'il le reconnaissait pour homme d'honneur.« La société d'Ussel annonce cependant qu'elle se procurera de nouveaux éclaircissements sur cette affaire et qu'elle les transmettra.

Le f∴ Lanot, membre de la Convention, écrit que la commune de Paris professe des sentiments de suprématie sur les autres communes, et que, dans la société mère, il y a un parti qui professe des principes dangereux.

La société d'Ussel va être informée qu'on lui accorde l'affiliation à la condition expresse qu'elle rayera de sa liste les cinq membres qui lui sont indiqués.

Le sieur Juge, payeur général, est reçu à la majorité.

Séance du 7 novembre 1792

Les ff∴ Brival cadet, Villeneuve, président, Beneyton, Pourchet, Valadier, et Brousse sont délégués auprès du département pour obtenir d'urgence la réparation «de la rue qui borde la Corrèze en descendant au Champ-de-Mars, et qui est aussi la route publique de Brive à Tulle ; et celle des chemins qui aboutissent à la ville, pour faciliter le transport des subsistances.»

Ont été reçus à l'unanimité : la citoyenne Fénis aînée, les citoyens Borie, sonneur, et Claude Grangeau, tambour des grenadiers. «Le paquet pour Tulle ayant été changé par le courrier, il n'est pas parvenu de lettres, ni de papiers nouvelles.»

Séance du 12 novembre 1792

Il est donné lecture de trois lettres du f∴ Brival, député à la Convention nationale, annonçant «la prise de Mons, par le courage de nos ff∴ d'armes.» — La destitution de Montesquiou. — Donnant des soupçons sur la conduite de Carra. — Un discours de E. Garat, ministre de la justice à la Convention nationale.

Sont lues ensuite des lettres des sociétés de Grasse et de Beaune; un discours de Lappara, de Fontenay; des lettres des ff∴ de Lisieux et Agen, enfin une lettre «de notre indigne frère Trech-Desfarges. Cette dernière sera tenu dans un éternel oubli.»

On lit un compte-rendu par Gérôme Pétion, un discours de Michel Rabin. — Il est décidé que le discours de Lappara sera adressé au corps électoral.

Séance du 21 novembre 1792

Le f∴ Teyssier, officier municipal, préside. Il est donné lecture d'une lettre de la société républicaine de Langres «dans laquelle ils nous annoncent que les émigrés, ces cannibales dont l'existence fait horreur à la nature, rentrent de toutes parts dans le sein de la patrie pour en déchirer les entrailles; la société a décidé qu'elle prendrait tous les moyens qui seront à son pouvoir pour arrêter ce fléau.»

Le f∴ Juge, payeur-général, prête serment. Il est fait lecture d'une lettre de Trech-Desfarges, commandant du troisième bataillon de la Corrèze, et d'une autre lettre du f∴ Brival, député, à laquelle se trouve jointe une lettre que lui a adressé Trech-Desfarges.

L'assemblée étant peu nombreuse, il sera délibéré

sur ces lettres dans la séance extraordinaire de demain, à une heure après-midi.

Séance extraordinaire du 22 novembre 1792

Il est fait lecture de plusieurs discours patriotiques envoyés de Paris par le f∴ Brival, député. Un f∴ présente un projet de travaux à exécuter à Tulle pour donner du travail aux ouvriers dans le besoin. Un secours de 36.000 francs ayant été accordé dans ce but à la ville de Brive, il propose de faire une demande à la Convention nationale pour obtenir pareille somme pour Tulle. — Cette proposition est ajournée au dimanche suivant, « jour où les ff∴ sont invités de concourir aux objets d'utilité publique déjà proposés. »

Les ff∴ Ludière, juge de paix ; Bussières, auditeur du Directoire, Roussel et Lacombe sont chargés d'appuyer auprès du département une demande de pension présentée par la veuve Baraduc, dont le mari, sous-lieutenant au 15e régiment des fédérés, a été tué le 3 novembre en combattant pour le service de la République. — La veuve Baraduc est dans la détresse avec cinq enfants.

A ce propos, un membre dit que « pendant l'assemblée électorale, tenue à Brive le 2 septembre dernier, le f∴ Pauphille avoit offert de nourrir et d'entretenir un enfant du premier volontaire de cette commune qui serait mort pour la défense de la patrie. La société a applaudi à de tels sentiments et le f∴ secrétaire a été chargé d'inviter le f∴ Pauphille à porter ses bienfaits sur cette malheureuse famille. »

« On a ensuite fait la lecture de la lettre du soi-disant citoyen Trech-Desfarges, commandant le 3e bataillon de la Corrèze, aussi téméraire qu'insignifiante. La société a été indignée de sa conduite et aurait livré aux flammes sa lettre, si un membre ne s'était élevé pour réfuter son opinion, et a conclu qu'il luy fut fait une réponse analogue à son inconduite. »

Il a été donné lecture de la lettre du f∴ Brival, député. — Elle a été acclamée. — On lui enverra copie de la réponse faite à Trech-Desfarges, «ce vil intrigan». Il a été décidé en outre que «les citoyens députés à la Convention nationale seraient instruits des démarches déplacées faites contre leur collègue le f∴ Brival et que copie de la dernière lettre de Trech-Desfarges et copie de notre réponse leur seraient envoyés incessamment. »

L'assemblée décide d'envoyer une adresse à la Convention nationale pour demander la suppression des droits de patentes et de la contribution mobiliaire.

Séance du 25 novembre 1792
l'an premier de la République française

Il est fait lecture d'une lettre de la société d'Annecy (Savoie) dans laquelle ils manifestent leur vœu pour l'obtention de leur réunion avec la République françaises. Les expressions énergiques que cette lettre contient a frappé d'admiration tout l'assemblée... Il en sera fait mention honorable au procès-verbal. »

«La question concernant la suppression du traitement des ecclésiastiques, fonctionnaires publics, déjà agitée et discutée, a été renouvellée, et comme le corps électorale du district de Tulle est assemblé, il a été arrêté que la discussion seroit renvoyée à la séance de demain, 26 novembre courant, à l'heure de 5 du soir, à laquelle tous les ff∴ sont invités de se rendre. »

Séance du 26 novembre 1792
l'an premier de la République franaise.

Le f∴ Vastrou, électeur, préside. — Les ff∴ Darcambal et Sarget sont désignés pour porter au département une pétition demandant qu'on prenne les dispositions nécessaires pour s'assurer des personnes des émigrés de Bar fils, de Cornil, et Delpeuch, qui sont revenus depuis quelques jours et parcourent les communes de Cornil et Sainte-Fortunade « faisant des menaces aux patriotes qu'ils rencontrent. »

La société décide que la place de directeur des postes sera demandée pour le f∴ Bleygeat, pour le dédommager « du dépérissement de son commerce et de la cessation de ses travaux. »

Les ff∴ Taillant et Roume sont délégués auprès du département pour lui demander d'accorder une « des places qu'il a conservé gratuitement au séminaire » en faveur du fils du f∴ Péroussie.

Séance du 9 décembre 1792

Il est fait lecture: 1º d'une lettre du f∴ Brival député, annonçant la réception de divers papiers relatifs à Trech-Desfarges. — 2º d'une lettre de la société de Cherbourg demandant l'annulation des actes que plusieurs prêtres réfractaires ont faits dans le but de déshériter leurs parents qui étaient restés patriotes. — 3º d'une lettre de la société de Dijon, demandant de se joindre à elle pour obtenir la taxation des denrées de première nécessité et l'uniformité des poids et mesure. Elle demande en outre la liste des émigrés du département de la Corrèze « qui sont déjà tombés sous le glaive de la loi, ou qui pourront y tomber par la suite (1).

Les ff∴ Villeneuve père; — Vauzange; — Teyssier; Labesse; — Dubois et Vialle sont désignés pour se rendre auprès du département et lui demander: 1º d'ob-

---

(1) Nous donnons en *appendice* cette liste des émigrés du département, avec des notes sur leurs biens.

tenir de la Convention nationale une prorogation de trois mois pour retirer les billets de confiance. — 2° d'écrire aux départements voisins pour savoir quelles sont les municipalités qui ont émis des billets de confiance. — 3° qu'il soit pris des mesures pour faire retirer ces billets. — 4° qu'il soit fait une proclamation pour « inviter les citoyens des communes à donner la confiance à ces billets qu'ils méritent ».

Une motion tendant à faire une demande de 36.000 francs pour établir « un atelier de charité... pour nourrir les pauvres qui fourmillent dans cette ville » (de Tulle), est remise au lendemain.

Il est décidé d'envoyer des délégués auprès du département pour obtenir un secours en faveur du f∴ Pahin, capitaine des canonniers de Tulle, pour l'indemniser du temps qu'il est obligé de prendre sur son travail pour instruire les élèves canonniers. Au cas où le département ne pourrait allouer ce secours, on s'adresserait aussitôt aux sections des assemblées primaires, actuellement réunies pour solliciter la municipalité d'accorder ce secours au pétitionnaire « comme étant au service de la patrie, et sur les fonds destinés au soulagement des défenseurs de la patrie. »

Séance du 26 décembre 1792

On lit les lettres suivantes : 1° de la société de Meymac, annonçant qu'elle a reçu une lettre « d'un nommé Sireygeol, émigré, datée de Tougres (Belgique), signée *Costerousse*, demandant que le beau-frère de Sireygeol lui fasse parvenir une somme de 400 livres, qu'il lui doit, en l'envoyant à un sieur Lami, marchand à Saint-Quentin, qui la lui remettra. — 2° de la société d'Ussel, accusant réception de son affiliation à la société de Tulle, et réclamant contre ce que la société a biffé six de ses membres de la liste fournie par elle. — La discussion de cette lettre est remise à la prochaine séance.

Le comité des subsistances est invité à prendre les mesures nécessaires pour que le grain acheté par le département soit rapidement conduit de Brive et de Souilhac à Tulle « où la nécessité se fait vivement sentir. »

Une motion tendant à faire une pétition à la Convention nationale pour obtenir « que nos représentants soient libres et respectés dans la ville à qui nous avons bien voulu les confier » est remise au lendemain, à une heure précise.

Quatre commissaires sont nommés pour demander au département de faire des recherches, dans tous les lieux suspects des différentes municipalités, pour découvrir les quatre individus « qui ont commis des atrocités sur le citoyen Chatemiche, de Brive, scélérats qu'on soupçonne être des émigrés rentrés. » Leur signalement sera envoyé aux départements limithrophes pour les inviter à les faire arrêter.

Le bureau est renouvelé : l'abbé Jumel est élu président ; — Roume et Béral jeune, sont élus secrétaires.

Séance du 27 décembre 1792

Lecture des « papiers nouvelles. »
Prestation de serment du bureau. —
Une lettre du citoyen Bessas, administrateur du département demande « les renseignements nécessaires sur le compte des notaires publics reconnus par leur incivisme, incapables de posséder aucune place de la Révolution, et le mettre, par cette sage mesure, dans le cas de prévenir le directoire si quelqu'un de ces hommes infâmes venoit à tenter d'obtenir un certificat de civisme, et par ce moyen le tromper impunément. »

Le Président met aux voix les noms de trois notaires de Tulle, pour savoir s'ils ont droit à un certificat de civisme pour continuer leurs fonctions de notaire : Baudry, *oui*. — Boudrie, *non*. — Brugeau, *non*. Ces décisions seront envoyées au citoyen Bessas.

Le sieur Laval, de Tulle, est dénoncé comme occupant les postes de percepteur, d'officier public, de commissaire de police et de secrétaire du Comité des subsistances, lorsqu'il y avait à Tulle «de très bons patriotes qui étaient sans place, et qu'il serait juste qu'ils en eussent leur part.» Une délégation est envoyée à la municipalité pour lui faire des observations à ce sujet et «l'engager à y pourvoir d'une manière juste et équitable.»

Il est demandé que les ouvriers soient choisis pour monter la garde la nuit, afin de ne pas les déranger de leur travail le jour.

Lecture est faite de deux lettres des sociétés de Quimper et de Saintes contenant les adresses à la Convention nationale. Il est décidé que la société de Tulle allait aussi faire une adresse à la Convention et qu'il serait écrit une lettre à la commune de Paris «pour lui retracer son inconduite et leur prouver que des hommes libres et républicains ne souffriront jamais qu'elle s'avise de vouloir dominer sur les autres communes de la République, et de forcer les législateurs par des menaces à faire des loix qu'elle seule provoque contre l'intérêt général de toute la République.»

Séance du 28 décembre 1792

Lecture de l'adresse à la Convention et de la lettre à la commune de Paris, dont il a été question dans la précédente séance. — Adoptées.

Les ff∴ Sauty, Bussières, Vialle et Juyé sont chargés de réviser le règlement et de dresser la liste des membres de la société.

Les jours et heures des séances sont fixés comme suit : Le dimanche à midi et demi ; les jours de courrier à 7 heures du soir.

La suppression des cartes de 15 sols payées par chaque membre de la société, est décidée, « les citoyens aisés ne se trouvant plus bornés suppléeront aux autres par des plus fortes offrandes ».

L'adresse dont il est parlé plus haut sera imprimée à 600 exemplaires et envoyée à toutes les sociétés de la République.

Sur une demande qui lui est faite par quatre délégués de la société, le sieur Machat, « ci-devant sonneur de cloches de la paroisse de Saint-Julien, supprimée », consent à céder à la Municipalité plusieurs répertoires, extraits des registres de baptême et d'enterrement de cette paroisse, « moyennant la rétribution que lui fixeraient en Dieu et conscience, quatre experts. »

Séance du 30 décembre 1792

Lecture des papiers publics ; de plusieurs ouvrages ; d'une lettre des citoyens libres de Cherbourg. Comme suite à une lettre de la société de Bordeaux, l'assemblée décide qu'un comité de quatre membres, les ff∴ Roussel, Borie, Monteil et Bleygeat, sera chargé de surveiller les opérations de la vente du mobilier provenant des biens des émigrés, « pour éviter des soustractions et dilapidations qui pourraient survenir. »

Les ff∴ Estorges, Roussel, Béral et Clercye sont chargés de faire un « triage des écrits inutiles » qui sont adressés à la société et lui font perdre du temps en les lisant.

Une proposition tendant à faire une quête dans le sein de la société pour procurer des secours aux parents des « volontaires qui ont volé aux frontières pour la défense de la patrie » est rejetée. Une autre proposition tendant à continuer de faire des dons sur le registre ouvert par la municipalité, pour le même but, est adoptée.

En réponse à une nouvelle lettre de la société d'Ussel, il est décidé qu'on s'en tiendra à l'application de la décision prise dans la séance du 4 novembre dernier, dont copie sera envoyé à la société.

Le trésorier présente ses comptes : Recettes, 182 livres 12 sous. — Dépenses, 182 livres 12 sous. — Rien en caisse. — Il est dû 18 livres d'avances faites précédemment par le trésorier.

Séance du 4 janvier 1793,
an deuxième de la République Française

La société décide de nouveau d'écrire à la société d'Ussel qu'elle ne sera affiliée que lorsque les cinq membres qui lui ont été désignés seront rayés de sa liste.

La proposition faite par un membre de la société pour le rétablissement d'un collège à Tulle est renvoyée à une prochaine séance.

Séance du 13 janvier 1793,
l'an second de la République française

Lecture des papiers publics arrivés hier à Tulle. La délibération du 30 décembre dernier au sujet de la lecture des papiers publics, est annulée, les membres de la commission nommée ne se réunissant jamais. A l'avenir tout sera lu au début des séances, «sans désemparer», mais pour annuler une précédente décision il faudra que la discussion soit renvoyée à trois séances au moins avant de délibérer.

Le f∴ Lanot, député, écrit qu'il faut «se défier des intrigues des malveillants qui, en cherchant d'avilir les Jacobins veulent, par cette ruse, tacher de désorganiser tous les Clubs ». L'assemblée applaudit et décide de maintenir avec le f∴ Lanot une correspondance suivie».

Une lettre du citoyen Vialle, sergent au x régiment, annonce «le succès qu'a eu à plusieurs reprises l'armés du général Custine contre les Prussiens et Autrichiens».

L'assemblée décide que son président écrira au ministre de la justice pour lui rappeler qu'une loi interdit aux notaires publics d'exercer leur profession s'ils ne sont pourvus d'un certificat de civisme, et que pareille mesure devrait être prise en ce qui concerne les avoués et les huissiers.

Une pétition du citoyen Pahin, capitaine des canonniers de la garde nationale de Tulle, tendant à lui faire obtenir un secours, est prise en considération.

Le conseil militaire, à qui on propose de la soumettre, ne se réunissant plus, il est décidé que tous ses membres seront remplacés.

Séance du 20 janvier 1793

Lecture des papiers publics et de plusieurs imprimés «reçus sous le contre-seing de l'Assemblée nationale».

Il est arrêté que la société enverra une adresse à l'Assemblée nationale «pour l'engager à rendre un décret portant que les membres de la Convention qui n'auraient pas voté sur la question de savoir si Louis s'est rendu coupable de trahison envers la nation, fussent renvoyés de la Convention, et de suite remplacés par leurs suppléants».

Il est décidé en outre qu'on demanderait «que les membres de la Convention nationale, qui auraient voté pour l'appel au peuple fussent regardés comme indigues d'occuper aucune places publiques, et qu'il fut fait une adresse à toutes les sociétés affiliées pour leur faire connaître les motifs qui avaient déterminé la société à prendre un arrêté à ce sujet ». (1).

Deux délégués sont envoyés au département pour solliciter la place d'élève à l'école vétérinaire pour le citoyen (le nom est resté en blanc).

Séance du 6 février 1793 (2)

Lecture est faite des papiers publics. L'un d'eux annonce l'assassinat commis à Rome sur la personne du citoyen (le nom est remplacé par des points).

« Le lecteur a été interrompu par un membre qui, s'appuyant sur les cris de *Vive le Pape! Vive la Religion!* que les assassins avaient fait entendre après avoir commis leur crime, a prétendu que ces horreurs étaient l'ouvrage des prêtres qui dans tous les temps avait fait beaucoup de mal au nom de la religion, chaque fois que leurs intérêts personnels avaient été attaqués. Il a ensuite invité ses concitoyens à se tenir en garde contre les insinuations perfides des ministres quelconques de la religion. »

Un membre présente la motion « de faire une adresse à la Convention nationale pour l'engager à donner aux défenseurs de la République la moitié des biens des émigrés. Cette motion est rejetée sur l'observation que ces biens étaient nécessaires pour fournir aux dépenses de la guerre ; que d'ailleurs, l'intérêt pécuniaire ne devait pas exciter les républicains à

---

(1) Parmi les députés de la Corrèze, Chambon et Lidon avaient voté pour l'appel au peuple.
(2) Encore une nouvelle dénomination de la société. Le procès-verbal de cette séance porte : « *La Société des Amis de la Liberté*; assemblée » etc.

combattre contre les tyrans, et que la Nation était assez généreuse pour récompenser ses défenseurs à la fin de la guerre ».

Un membre propose de demander à la municipalité de faire immédiatement des visites domiciliaires. La proposition est repoussée.

Une autre demande, qu'une adresse soit envoyée à la Convention nationale pour « l'engager à décréter que les fonctionnaires publics ne seraient point payés pendant tous le temps de la guerre ». Repoussée.

L'assemblée décide de demander à la Convention que le traitement des fonctionnaires publics soit réduit à six cents francs pendant la durée de la guerre.

Séance du 28 février 1793

Lecture d'une lettre du citoyen Brival, député. « Le président l'a retenue devers luy, pour des raisons sans doute légitimes ».

Sont reçus membres de la société, les citoyens Grèze, secrétaire au département, Murat et Jemy. — Le citoyen Colignon est aussi reçu et prête serment ; il en est de même pour le citoyen Jean Salanon.

Séance du 6 avril 1793

Lecture des papiers publics et d'une lettre du citoyen Brival, député de la Corrèze, qui confirme la perfidie de Dumouriez, et ensuite le décret de la Convention qui déclare ce perfide général traître à la patrie, et promet une récompense de trois mille livres à tout citoyen qui l'emmènera à Paris mort ou vif ».

« Le rapport du comité de sûreté générale ayant été lu, le citoyen maire a dénoncé les accapareurs qui affament le grenier public, et a promis une cymine de bled à tous dénonciateur qui fournira des preuves à l'appui de la dénonciation ».

Séance du 11 avril 1793

« La séance est ouverte par la lecture d'une lettre adressée à la société par le citoyen Brival, député, qui mande la désertion du traître Dumoueriez, de plusieurs autres scélérats de son espèce ; que notre armée a reconnu les perfidies de cet infame, etc. Un membre a fait la motion qu'au bureau de poste on interceptait les lettres et a demandé qu'on cherchât les moyens de remédier à cet inconvénient ».

Séance extraordinaire du 17 avril 1793

Le président dit que cette séance est motivée par la venue à Tulle des citoyens Borie et Bordas, commissaires nommés par la Convention nationale pour les départements de la Haute-Vienne et de la Corrèze ; ces citoyens devant « honorer de leur présence les membres de la société ».

Vers huit heures du soir les citoyens Borie et Bordas sont introduits. — Le président prononce une allocution et les invite à prendre place au bureau. — Les citoyens Borie et Bordas répondent. — Le citoyen Bordas prend le fauteuil de la présidence, ayant à ses côtés son collègue Borie et le Président de la société, l'abbé Jumel.

« Les citoyens commissaires de la Convention nationale se sont ensuite livrés à des instructions propres à éclairer le peuple dans leurs intérêts. »

Le citoyen Bordas, président de l'assemblée, a demandé à être affilié, ce qui a été accepté.

Séance du 19 avril 1793

Le Président explique les causes de cette réunion qui sont l'arrivée à Tulle et la réception à cette séance de deux délégués de la société d'Aurillac, venus pour «établir une correspondance fraternelle avec la société de Tulle.»

«On s'est occupé de la lecture d'une circulaire de la *Société des Amis de la Liberté et de l'Égalité* ci-devant *Jacobins*, en date du 5 avril courant, adressée à cette société, tendante à ce que les départements, les districts, les municipalités et les sociétés populaires s'unissent et s'accordent à réclamer auprès de la Convention, à y envoyer, à y faire pleuvoir des pétitions qui manifestent le vœu formel du rappel instant de tous les membres infidèles qui ont trahi leur devoir en ne votant pas la mort du tyran (1) et surtout contre ceux qui ont égaré un si grand nombre de leurs collègues.»

Après que les délégués d'Aurillac ont été reçus et acclamés, il est arrêté qu'une adresse imprimée sera envoyée à toutes les sociétés populaires de la République. Elle portera en substance : 1° que les députés qui ont voté l'appel au peuple sont des traîtres, des royalistes ou des ineptes ; «qu'il faut que la République réprouve les amis des rois, parce que ce sont eux qui la morcelle, la ruine et ont juré de l'anéantir.» 2° qu'il fallait solliciter la Convention de rappeler les députés patriotes qui sont en mission dans les 83 départements et les remplacer par «de nouveaux apôtres choisis au milieu d'elle, afin qu'ils soient envoyés dans les villes et dans les campagnes, soit

---

(1 Il n'est pas sans intérêt de rappeler ici les votes des Conventionnels corréziens au sujet du jugement de Louis XVI (Voir pour plus de détails *Les Législateurs corréziens pendant la Révolution et le Consulat*, par Victor Forot.

Brival, de Tulle, vota *contre* l'appel au peuple et expliqua son vote. — Il vota la peine de mort en expliquant encore son vote.

Borie, dit Cambort, de St-Bazile-de-Meyssac, vota *contre* l'appel au peuple. Il vota la peine de mort en expliquant son vote.

Bigorie-du-Chambon ou *Chambon* tout court, de Lubersac, vota

pour faciliter le plus prompt recrutement, soit pour échauffer le civisme et signaler les traîtres. » Les citoyens Chrétien, Béral, Juyé et le président sont chargés de rédiger cette adresse.

Les délégués d'Aurillac remettent un extrait du procès-verbal de leur société, et un autre du conseil permanent du département du Cantal, demandant que la société de Tulle fraternise et corresponde avec celle d'Aurillac. — Accordé après échange de discours.

Séance du 20 avril 1793

Le citoyen Roussel, présent à la séance, est accusé, par une lettre venant de la société populaire d'Ussel, d'avoir, dans son acte de mariage avec Olympe Cosnac, employé des termes inconstitutionnels, tel que : fille de Messire etc., et d'avoir fait mention de prêtres non assermentés. — Le citoyen Roussel se disculpe disant que pour complaire à son épouse, il avait laissé employer ces termes et rédiger l'acte sur une feuille de papier mort, qu'il n'aurait pas souffert qu'il eut été rédigé en acte public, dans cette forme, celui qu'il a laissé faire n'a aucune valeur. Il proteste de son dévouement à la République et dit que son passé le prouve. Ses excuses sont admises.

---

pour l'appel au peuple et expliqua son vote. Il vota la peine de *mort* sans sursis en expliquant son vote.

Lidon, de Brive, vota *pour* l'appel au peuple et vota la peine de *mort* sans sursis.

Lanot, de Tulle, vota *contre* l'appel au peuple et vota la *mort* en expliquant son vote.

Penières, de Servières, vota *contre* l'appel au peuple, il vota la *mort* sans sursis et expliqua son vote.

Laffont, de Beaulieu, s'abstint de voter sur toutes les questions posées disant qu'il n'était pas député pendant le jugement et ne connaissait pas assez les accusations portées contre Louis.

On trouvera les détails de la vie parlementaire de ces députés dans l'ouvrage intitulé *Les Législateurs corréziens* par Victor Forot.

Séance du 9 mai 1793

Lecture d'une circulaire de la société de Dijon indiquant des moyens propres à déjouer les manœuvres des contre-révolutionnaires. — Autre circulaire de la même ville touchant la nécessité de pourvoir aux subsistances et portant fixation du prix du pain, de manière à ce que l'excédent, s'il en survient sur le prix d'achat du grain, soit supporté proportionnellement par les riches.»

Un procès-verbal du conseil général de la commune de Paris demande l'adhésion du département pour faire proscrire de la Convention les mandataires coupables du crime de félonie envers le peuple souverain,» est applaudi, et l'assemblée décide qu'il sera fait une semblable adresse à la Convention.

Le citoyen Lormann, capitaine d'une compagnie d'artillerie de la marine, est introduit ; il demande à être admis dans la société. — Accueil du Président. — Réponse du capitaine. — Il est admis.

Sur la demande du procureur syndic du département, la société désigne le citoyen Roussel pour prendre part aux délibérations qui seront prises le samedi suivant à la réunion du département.

Séance du 15 mai 1793

Lecture des papiers nouvelles.

Il est fait appel aux membres de la société qui depuis le mois de janvier n'ont pas pris de cartes et n'ont rien payé. — Comme précédemment, les membres sont invités à retirer chacun leur carte pour faire honneur au déboursé qu'entraîne ordinairement les correspondances et frais de poste.»

Un citoyen de Treignac dit qu'il existe dans l'église de cette ville «un emblème de la tyrannie» et demande que deux commissaires soient envoyés auprès de la municipalité de Treignac pour « l'engager à le proscrire, en conformité d'un décret existant à cet égard. » On s'informera au sujet de cette loi auprès de la municipalité de Tulle, et il sera pris une décision ultérieure « pour anéantir ce genre aristocratique. »

Il est fait lecture de plusieurs lettres « de frères d'armes à leurs parents de Tulle. »

« On a pareillement fait lecture d'un dialogue du père Duchesne, auquel l'assemblée a vivement applaudy, et pour appaiser sa grande colère, il a été arrêté qu'il serait livré à l'impression. »

Les citoyens Eubas et Barratier sont admis et prêtent serment.

Séance du 24 mai 1793 (1)

Le Président dit « qu'il a convoqué extraordinairement l'assemblée pour délibérer sur les moyens qu'il y avait à prendre pour engager le détachement qui est en station dans l'armée de la Vendée à rester fidèle à son poste, malgré la réclamation qu'il a faite au département pour obtenir son remplacement, appuyée par les femmes et mères qui y ont leurs maris et leurs fils, surtout d'après la bataille qu'ils viennent de livrer à nos ennemis intérieurs, où ils ont montré une valeur digne de vrais républicains. »

Il est fait une lettre « de félicitations sur la conduite ferme et courageuse tenue par la gendarmerie

---

(1) Il semblerait qu'à ce moment-là il y avait deux sociétés à Tulle, parce que le procès-verbal de cette séance porte : « Les membres composant la *Société des Amis de la Liberté* et de la *Liberté de la ville de Tulle* se sont réunis » etc. à moins que ce soit un *lapsus calami* du secrétaire Roume qui pourtant calligraphiait très bien et avait de l'orthographe.

et notamment par les citoyens Durand, maréchal des logis, Lagier et X... (nom en blanc) de Juillac, gendarmes nationaux, «qui ont constamment mérité, par leur exemple, l'approbation de tous leurs camarades et républicains.»

Il est aussi fait une adresse aux volontaires du détachement, «pour les exhorter à ne point désemparer de leur poste jusqu'à ce qu'on aura pu pourvoir d'une manière efficace.»

Une députation est envoyée au département pour le prier de récompenser, «par quelques places dans la gendarmerie de la Corrèze, les citoyens Durand, Lagier et N... de Juillac.»

Une commission est nommée pour réviser les règlements de la société.

Séance du 9 juin 1793

Il est donné lecture d'une pétition, présentée par un membre de la part des grenadiers de Tulle; touchant le citoyen Dubois «ci-devant concierge de la maison d'arrêt de Tulle.» — A ce sujet, le citoyen Roussel, officier municipal, dit «que le maire de cette ville l'avait chargé, comme officier municipal, de faire mettre à exécution une délibération du comité de salut public. En conséquence, il fut avec des volontaires, se saisir de la personne du citoyen Rabanide; homme de loi, déclaré suspect, l'arrêtèrent et le mirent entre les mains du citoyen Dubois, concierge de la maison d'arrêt. (1)

«Qu'ensuite ils furent arrêter le citoyen Vialle aîné, potier d'étain, qu'ils conduisirent à la maison d'ar-

---

(1) Pour les détails de cette affaire voir *Arrestations à Tulle sous la Terreur*, par Victor Forot, Tulle, imp. Crauffon 1901.

rêt et le donnèrent en garde à la servante du citoyen Dubois qui ferma la porte sur lui, et se retirèrent. Et que ledit Vialle a trouvé le moyen de s'évader, quelques moments après de la maison d'arrêt. »

Dubois fait remarquer à l'assemblée qu'il n'a pas eu connaissance de l'arrestation de Vialle.

A ce moment se produit sans doute du désordre, car un membre demande la lecture du règlement de la société, « attendu que l'ordre n'y régnait pas. »

Le président et les secrétaires ayant donné leur démission, il est immédiatement procédé au vote pour constituer un nouveau bureau.

Le citoyen Jumel est élu président par 22 voix. Les citoyens Roume et Béral sont élus secrétaires, le premier par 29 voix, le second par 23.

La discussion sur la pétition de Dubois est reprise. Un des volontaires ayant accompagné Roussel, lors de l'arrestation et de l'incarcération de Vialle vient déposer et répète ce qu'a dit Roussel.

L'assemblée décide d'envoyer quatre commissaires auprès du département pour le prier de raporter son arrêté (de destitution) contre Dubois. Ces commissaires sont Sarget fils ; Baluze cadet et Pierre Dragon.

Séance du 15 juin 1793 (1)

Lecture du bulletin de la Convention nationale. On lit aussi une adresse du citoyen Brival, député de la Corrèze, dédiée à tous les habitants de son département, pour les instruire sur la nature et les motifs de l'insurrection qui a eu lieu à Paris le 31 mai et

---

(1) Nouvelle appellation de la société, suivant le procès-verbal de la séance de ce jour qui porte : « Les membres composant la *Société républicaine de la ville de Tulle* s'étant réunis » etc.

jours suivants, réimprimée à la demande de la société des Jacobins.»

On lit encore deux autres adresses « du citoyen Trech chef du bataillon de la Corrèze, aux braves défenseurs de la République, en garnison à Strasbourg,» enfin, une brochure : *La Pierre Angulaire de l'Edifice Constitutionnel*, composée par Didier-Thirion, député de la Moselle.

L'assemblée arrête : 1° qu'une séance extraordinaire aurait lieu le lundi suivant, 24 courant, à une heure après-midi. — Tous les frères seront invités à s'y rendre ; 2° les invitations seront faites par affiches, deux jours d'avance, et au son du tambour, une heure avant la séance. 3° Dans cette séance, on fera un appel nominal de tous les membres. 4° Que les volontaires de la force départementale seraient invités à s'y rendre, pour communiquer leurs lumières.»

Séance du 24 juin 1793

Lecture d'une lettre du citoyen Lanot, député à la Convention nationale demandant des renseignements sur la conduite des citoyens Rivière et Plazanet, suppléants à la Convention nationale. — Les citoyens Mariau et Béral cadet sont chargés de se renseigner et de faire un rapport à la prochaine séance.

L'appel nominal de tous les membres est remis à la séance du samedi suivant.

Le citoyen Lannel, membre de la société de Bort, est admis à la séance.

Les citoyens faisant partie de la force armée membres d'une société populaire seront admis pendant 15 jours sans exiger la présentation d'un diplôme.

Aucun citoyen d'une commune où se trouve une société populaire, ne sera admis aux séances, s'il ne fait pas partie de la société de sa commune.

Séance du 29 juin 1793

L'assemblée décide que l'appel nominal sera fait sur le champ et qu'il serait donné des renseignements, au fur et à mesure qu'il se ferait, sur les membres qui se trouveront entachés d'incivisme ou connus pour être ennemis de la Révolution.»

« Et de fait, à mesure que cette opération s'est faite plusieurs membres ont demandé à parler contre certains faux frères et ont exigé qu'ils fussent étiquetés sur le tableau, et éximé d'y celluy lors de son renouvellement, ce qui s'est effectué paisiblement sans que personne ait réclamé contre.»

Il est ensuite donné lecture: 1º d'une adresse à la Convention nationale, et 2º d'une lettre à la commune de Paris, l'une et l'autre au sujet des événements des 31 mai, 2 et 3 juin.

Séance du 3 juillet 1793

Lecture du bulletin de la Convention nationale. Les citoyens dont les noms suivent demandent à faire partie de la société: Léonard Farge aîné ; — Jean Dumas ; — Antoine Darlot aîné ; — Louis Soleilhavoup aîné ; — Gaspard Craé, cannonier ; — Jean Riller, cultivateur ; — Martial Bossoutrot ; — Pierre Estorges ; — Jean Maurissane, charpentier ; — Léonard Geneste ; — Dominique Souiller ; — Léonard Farge, cadet ; — Pierre Tyssel, grenadier ; — Bernard Valéry ; — Jean Mathurier ; — Léonard Charbonnel.

Sont affiliés à la société: Marc Malsang, volontaire de la force départementale et membre de la société de Bort ; — Pierre Coste, aussi volontaire ; — Jean Deltrieu, volontaire ; — Jean François Bridal, volontaire ; — François Lapomerie, volontaire, membre de la société populaire de Neuvic ; — Louis André, volontaire et membre de la société populaire d'Ussel ; — Joseph Gerat, volontaire, membre de la même société.

Séance du 8 juillet 1793

L'assemblée s'est réunie à deux heures de l'après-midi pour une séance extraordinaire.

A trois heures, « les ouvriers de la manufacture des armes, tous munis d'un outil analogue aux différents genres d'ouvrage, se sont rassemblés sous leur drapeau, dans la cour du collège, ayant à leur tête, leur capitaine et le conseil général d'administration, ils ont été rendre leur hommage au citoyen Brival, commissaire de la Convention, et l'ont conduit en triomphe à la société. Au moment de son entrée les membres qui la composent ont fait retentir la salle de la séance des cris de Vive Brival ! — Vive Brival !» Il a été invité à prendre place au bureau par le président qui prononce un discours exprimant le plaisir de la société de le recevoir.

Le citoyen Brival lui répond et l'assemblée décide que son discours sera imprimé et envoyé à toutes les sociétés affiliées.

Il est fait lecture d'une lettre du citoyen Lanot, député à la Convention nationale, annonçant que « ne pouvant remettre deux adresses de la Société à leur destination il en a chargé le citoyen Borie, son collègue, et qu'il est persuadé que la Convention en décrétera la mention honorable et l'insertion au bulletin ».

Il annonce également que « la Constitution avait été acceptée unanimement par un grand nombre de sections de Paris, qu'il est surpris que la force départementale, dont la dénonciation seule l'affecte, mais dont il croit la masse bonne, se laisse entraîner par des meneurs coupables qui tâchent, par leurs insinuations perfides, de l'empêcher de se porter partout où le salut de la patrie l'appellera. » Il demande des renseignements à ce sujet. — On décide de les lui fournir.

Une lettre du citoyen Lagier, gendarme, annonce « que les brigands ont essuyé deux échecs dans la Vendée ».

Séance du 17 juillet 1793
L'an second de la République française
Une et indivisible

Lecture des papiers publics et d'une « lettre du citoyen Lanot, représentant du peuple à la Convention nationale, écrite à son collègue Brival, délégué, en qualité de représentant du peuple, près de la manufacture d'armes à Tulle, qui lui apprend que l'ami du peuple Marat a été assassiné par une fille ».

« L'assemblée a témoigné son indignation sur un pareil attentat, et a arrêté qu'il serait fait une adresse à la Convention nationale pour lui exprimer ses regrets sur la perte du citoyen Marat, et qu'en outre le président était invité de s'occuper de son oraison funèbre pour être prononcée dimanche prochain à l'heure de trois, après midi, dans la salle de la société où tous les membres seront convoqués extraordinairement pour y assister (1).

Il est décidé « que pour ôter tout prétexte aux malveillants d'exercer de pareilles cruautés sur les représentants du peuple », il sera fourni une garde d'honneur au citoyen Brival. Mais « le citoyen Brival ayant manifesté son vœu contraire, a dit hautement que tant qu'il serait parmi ses frères et amis, il ne courait aucun risque, et a voté des remerciements à toute l'as-

---

(1(Cette oraison funèbre fut prononcée par l'abbé Jumel, vicaire général de l'évêché de la Corrèze, président de la société. Nous la donnons en *appendice* à la fin du travail.

semblée en la priant de se dispenser de cette garde provisoire.

Des commissaires seront envoyés à la municipalité pour la prier de faire réintégrer à la maison d'arrêt « quelques personnes suspectes qui en étaient sorties sous prétexte de maladie ou d'affaires personnelles. »

L'état-major de la force départementale ayant son commandant en chef à sa tête est introduit dans la salle. — Le commandant prononce l'allocution suivante :

« Frères et Amis,

» Dès les premiers moments de notre réunion, nous
» nous sommes sentis pressés par le plus vif désir de
» fraterniser avec vous.

» Nous venons dans votre sein pour vous manifes-
» ter ce vœu et rechercher votre amitié ; nous ne né-
» gligerons rien pour mériter votre estime.

» Nous avons accepté une Constitution populaire qui
» présage le bonheur des Français, nous avons juré de
» la défendre et nous tiendrons parole.

» Soyez les témoins de nos engagements et vous le
» serez aussi de notre fidélité à les remplir ».

Le président lui répondit :

« Citoyens,

» Les sentiments qui animent les soldats et les of-
» ficiers levés par arrêté du département sont vrai-
» ment dignes d'encouragement. L'empressement que
» vous avez mis à accepter la Constitution telle qu'elle
» est, est une preuve que vous avez rendu justice à
» nos fidèles représentants et la société ne doute point
» que votre exemple n'influe beaucoup sur les commu-
» nes de ce département. Les bons citoyens sont entière-
» ment persuadés que vous volerez partout où la dé-
» fense de la patrie vous appellera, et que vous par-
» ticiperez à la gloire que vos frères se sont acquise

» par votre union fraternelle et votre exactitude à vo-
» tre service. Soyez donc convaincus que la société ne
» pourra refuser son estime et sa bienveillance à des
» citoyens qui, pleins d'amour pour la République, con-
» tribueront par tous les moyens qui sont en leur pou-
» voir, à sa prospérité et à son bonheur, et elle verra
» toujours avec plaisir un bataillon commandé par un
» chef expérimenté et digne de toute la confiance de
» ses soldats.

Séance du 20 juillet 1793

Il est procédé au vote pour la nomination de deux commissaires devant faire partie du Comité de salut public, en vertu d'un arrêté pris par le conseil général d'administration du département. — Sont élus les citoyens Jumel et Roussel.

Séance du 25 août 1793

Le président a convoqué les membres de la société par affiches publiques, pour cette séance extraordinaire.

Il est fait lecture du règlement et la discussion de chaque article a eu lieu en vertu de la délibération prise dans la séance du 21 mai précédent.

Il est décidé qu'avant de transcrire ce nouveau règlement sur le registre de la société, les articles qui ont été modifiés seront soumis à une nouvelle délibération dans la prochaine séance.

Le bureau devant être renouvellé tous les mois, il est procédé à l'élection : le citoyen Vialle, procureur syndic du district de Tulle, est élu président. Les citoyens Roussel et Borie sont élus secrétaires.

Séance du 27 août 1793

Lecture des papiers nouvelles. — Il est procédé à

l'élection d'un trésorier ; le citoyen Collignon est élu. Sont nommés commissaires pour la police de la salle les citoyens Rominhac, officier de santé ; — Monteil, tailleur ; — Burg et Lacombe aîné.

Les ff∴ Villeneuve, maire, et Béral, officier municipal sont désignés «pour visiter la chapelle des ci-devant pénitents blancs et la salle de feu Darche Lauzelou: pour choisir la plus commode pour y tenir les séances de la société.

Il est décidé que la société écrira à celle de Limoges pour correspondre avec celle de Tulle et lui demander tous les renseignements qu'elle pourra se procurer sur les causes qui ont amené le département de la Haute-Vienne à cesser sa correspondance avec celui de la Corrèze.

Séance du 29 août 1793

Un f∴ d'une société affiliée a proposé d'envoyer une adresse à la Convention nationale pour exclure les ministres de tous les cultes, de toutes les places administratives. — Cette proposition est repoussée.

Le membre dit que dans la prochaine séance il déposera par écrit une dénonciation contre plusieurs prêtres du canton de Corrèze «qui ont cherché à corrompre l'esprit public.»

Le citoyen Malpeyre se présente avec un diplôme de la société des Jacobins, en date du 21 septembre 1791, mais comme il a constamment occupé des places dans l'administration du département de la Corrèze et qu'il n'a pas donné signe de vie à la société de Tulle, on décide d'écrire aux Jacobins pour savoir comment on doit traiter le citoyen Malepeyre.

Le citoyen Malepeyre est accusé par plusieurs membres: 1° de ne pas être venu aux réunions depuis qu'il habite Tulle et qu'il est membre du directoire du département de la Corrèze. — 2° d'avoir signé une adresse contre les Jacobins. Il répond que ses nombreuses occupations l'ont empêché souvent d'assister aux séances de la société, que pourtant il y est venu quelques fois — qu'il est vrai que quelques administrateurs du département avaient envoyé une adresse contre la société des Jacobins, mais qu'il n'était pas du nombre. Les explications du citoyen Malepeyre ayant satisfait l'assemblée «composée de 31 membres, 28 se sont prononcés pour son admission.» — Le président le déclare affilié.

Les ff∴ Villeneuve, Sauty et Jumel sont chargés de rédiger une adresse à la Convention, la priant de rester en fonction jusqu'à ce qu'il sera reconnu «que la chose publique n'est plus en danger» et jusqu'à ce que l'éducation nationale et le code civil seront organisés.

Les mêmes ff∴ sont chargés de rédiger une adresse au département 1° pour «l'engager à prendre des mesures pour forcer tous les fonctionnaires publics à se tenir à leur poste», 2° à ce que la loi fut exercée contre eux. — Adopté.

Il est décidé qu'une adresse générale serait faite à tous les citoyens du département «pour réchauffer leur patriotisme, préparer les esprits à la nouvelle levée des défenseurs que la patrie appelle dans ce moment à son secours, et enfin pour inviter le peuple à se tenir en garde contre les pièges que ses ennemis lui tendent continuellement.»

Enfin une autre adresse sera envoyée à toutes les sociétés affiliées du département pour les engager «à redoubler de zèle pour le maintien de la liberté et de l'égalité, et à se réunir à celle de Tulle pour les mesures de salut public proposées.»

Séance du 1ᵉʳ septembre 1793

Sur une plainte formulée par un f∴, la Société arrête qu'il sera écrit au département pour l'inviter à faire arrêter les nommés Château, père et fils, de la ville de Bort, les deux frères Remade, Broquin, accusés de sévices contre « le citoyen Brun, membre de la société de Tulle et procureur de la commune de Bort, ce frère étant sous le couteau des aristocrates de la ville de Bort, à cause des sentiments républicains qu'il a manifesté. »

Il est aussi décidé qu'on écrira à la société de Bort que « l'affiliation lui sera retirée si elle ne prend pas les moyens nécessaires pour assurer la tranquillité du f∴ Brun et de tous ses membres. »

Au cas où le département ne prendrait pas les mesures suffisantes, la société s'adressera aux représentants du peuple.

L'arrestation du citoyen Plazanet, messager d'Ussel à Bort, sera demandée, en raison de ce « qu'il colporte secrètement les dépêches des aristocrates de l'intérieur et facilite leur correspondance, » mais il sera sursis à cette demande jusqu'après décision du comité de salut public du département, à qui la question est soumise.

Une lettre de la société républicaine de Langres, datée du 11 août, dit que « ces zélés défenseurs des droits du peuple, indignés de la conduite contre-révolutionnaire des membres de la Convention qui siègent au Marais, invitent toutes les sociétés républicaines de les rayer ignominieusement de leurs tableaux, pour empêcher ces hommes pervers de chercher à influencer les sociétés populaires pour en corrompre l'esprit. »

Un membre propose « de faire une adresse à la Convention pour l'inviter à décréter qu'après la session tous les membres qui ont siégé au Marais fussent mis en arrestation. » Un autre demande l'arrestation immédiate de tous ces membres. — Un troisième combat cette proposition disant que les députés siégeant au Marais étaient trop nombreux. — Un quatrième propose de faire une adresse à la Convention nationale pour l'engager à décréter que tous les membres qui ont siégé au Marais seront tenus de rendre compte exact de leur conduite pendant le temps qu'ils ont été membres de la Convention, pour être jugés ensuite, par un juge s'ils sont coupables. » Cette dernière motion est acceptée.

On a arrêté en outre qu'on demanderait à la Convention de faire arrêter tous ses membres suspects.

Les ff∴ Clercy, Dulignon, Ludière et Dumas sont nommés commissaires pour aller recevoir le f∴ Lanot, député à la Convention nationale, qui doit arriver incessamment.

Séance du 3 septembre 1793

Un membre annonce que le premier bataillon de la Corrèze, a décidé d'envoyer à leurs camarades, prisonniers de guerre en Prusse, la totalité de la solde d'un jour dudit bataillon. — Ces généreux citoyens voulant faire un don utile à leurs frères malheureux, ont aussi arrêté d'envoyer la somme prélevée en assignats, au directoire du département de la Corrèze pour faire échanger cette somme en argent, attendu que les assignats n'ont pas de cours chez nos ennemis. — Le même frère, membre de la municipalité de Tulle, a fait lecture de l'arrêté de répartition du département de la somme à échanger entre les quatre districts ; il a ajouté que le conseil général de la commune avait arrêté de nommer deux commissaires pris dans le conseil général et que la société serait invitée de vouloir bien en nommer aussi deux pour se joindre à ceux de la municipalité, lesquels commissaires réunis seraient chargés d'inviter les citoyens de la commune à échanger la somme destinée aux volontaires du premier bataillon de la Corrèze qui ont été faits prisonniers par nos ennemis en combattant pour la défense de la liberté. » Les ff∴ Jumel et Boric sont nommés commissaires à cet effet.

« Plusieurs membres de la société se sont empressés de venir au secours des volontaires du premier bataillon de la Corrèze qui gémissent dans les cachots du tyran de la Prusse: Desprès a donné six livres en argent ; — Sauty, procureur général, douze livres en argent ; — Dauzère, commissaire de Toulouse, six livres argent ; — la citoyenne Louison Teyssier, 6 livres argent ; — Teyssier, officier municipal, 3 livres argent ; — Veilhan, administrateur, 6 livres argent ; — Bussière, 6 livres argent ; — Gany, 3 livres argent ; — Boric, du canton, 12 livres argent ; — Bessas, 25 livres en assignats (1).

Le f∴ Clercy, trésorier, a rendu ses comptes ; ils sont approuvés.

Lecture et approbation de l'adresse à la Convention nationale qui a été votée dans la séance du premier septembre. Les pouvoirs donnés aux ff∴ Jumel et Roussel pour le comité de salut public devant être renouvelés tous les mois, ces deux ff∴ sont réélus.

La société décide d'envoyer deux délégués auprès de la municipalité de Tulle pour l'inviter à mettre à exécution le décret qui ordonne la destruction de tous les monuments de l'ancien régime, ainsi que celui qui ordonne la conversion des cloches inutiles en canons. » Les

---

(1) A ce moment-là cent livres en assignats valaient, en Corrèze, 38 livres en argent. Pour les valeurs successives du papier monnaie en Corrèze de janvier 1791 à thermidor an IV (juillet 1796) voir les *Thermidoriens tullois* par Victor Forot.

ff∴ Jumel et Laval cadet sont nommés à cet effet. Ils se rendront auprès de l'évêque de la Corrèze pour lui rappeler qu'il y a plus d'un mois, il fit la promesse au comité du salut public d'envoyer une adresse aux curés du département pour les engager « à éclairer les habitants des campagnes et les préparer à l'exécution des décrets qui ordonnent de ne laisser qu'une seule cloche dans chaque église paroissiale, et de faire descendre toutes les autres pour en faire des canons. » Cette adresse n'ayant pas encore été faite, les délégués sont chargés de la rappeler à l'évêque.

Séance du 5 septembre 1793

Ont versé pour les volontaires prisonniers en Prusse : les ff∴ Jumel, 60 livres en argent ; — Bleygeac, 12 sols ; — Trainsoutrot, 18 sols ; — Floucaud, 6 livres en argent ; — Barry, 6 livres argent ; — Amat, 3 livres argent.

Un comité de correspondance est formé ; il se compose de trois membres du bureau et de deux commissaires nommés par la société. Chaque fois que ce comité sera chargé d'exprimer l'opinion de la société, il devra donner lecture des lettres et autres écrits à l'assemblée.

Un membre annonce que le département avait reçu une lettre de Borie, représentant du peuple, qui donnait des détails sur une affaire où le premier bataillon de la Corrèze s'était distingué. Il a proposé d'en demander communication. Aussitôt deux administrateurs du département, présents à la séance, se sont rendus au siège du directoire pour aller prendre cette lettre.

Les ff∴ Brousse et Grillère sont chargés 1° de se rendre auprès des membres du département pour les prier de communiquer à la société les lettres intéressantes qu'ils recevront venant des différents camps des armées ou de la frontière. — 2° de se rendre auprès du comité du salut public pour le prier de «surveiller les lettres qui seront adressées aux différents membres du département, du district et de la municipalité, même celles qui seront sous le cachet du président de ces administrations. »

Il est arrêté que les ff∴ membres du comité du salut public, près le département, devront rendre compte des opérations de ce comité à la société lorsqu'ils croiront qu'ils peuvent le faire sans compromettre le salut public.

Les ff∴, de retour du département, n'ont pu trouver la lettre, ils supposent qu'un de leurs collègues en mission à Uzerche a dû l'emporter. — Aussitôt deux membres sont désignés pour se rendre à Uzerche et rapporter la lettre.

Le bureau de la société est chargé de nommer six commissaires qui seront adjoints au comité de salut public pour surveiller els accapareurs et «les manœuvres des aristocrates qui cherchent à nous affamer.»

Les ff∴ Jumel et Floucaud sont élus membres du comité de correspondance.

Le f∴ Brival propose de rendre compte de sa mission dans le département de la Haute-Vienne, en qualité de repérsentant du peuple. — Il est prié d'attendre à la prochaine séance.

Le citoyen Lachèze, volontaire, réformé à cause des blessures qu'il a reçues en défendant la République est admis membre de la société.

Il est fait lecture d'une lettre du f∴ Vachot, gendarme, actuellement sur les frontières ; il remercie la société «de l'intérêt qu'elle a bien voulu prendre de son sort.»

Le f∴ Brival dit que la Convention s'occupe de l'organisation des instituts nationaux et il propose à la société de faire venir à Tulle un professeur qu'il connait, occupant une chaire à Limoges. — Solution remise à une prochaine séance.

Sur la proposition du f∴ Brival, la question d'organisation de l'éducation est mise à l'ordre du jour «pour se procurer des sujets capables de remplir les vues de la Convention.»

On s'adressera au département pour cela.

Séance du 6 septembre 1793

A propos de la lecture du procès-verbal de la séance précédente, la société a décidé qu'à l'avenir le secrétaire serait dispensé de reproduire les discussions qui précèdent les différents arrêtés de la société. Il a été décidé en outre «qu'aucun des ff∴ ne sera cité nominativement dans les procès-verbaux des séances pour l'opinion qu'il aura émis,» ce qui explique la formule ci-après : «Un des f∴ a fait la lecture du procès-verbal de ses opérations dans le département de la Haute-Vienne où il avait été envoyé en qualité de délégué du peuple. On a vivement applaudi à la conduite ferme et vigoureuse du représentant envers les mandataires perfides du peuple dans le département de la Haute-Vienne» (1).

Dans cette même séance «un des ff∴ membre de la Convention nationale et délégué du peuple dans le département de la Corrèze, s'est présenté à la séance. Forcé de céder aux vives instances de la société, il a occupé le fauteuil du président et a répondu aux empressements de ses ff∴ par le discours suivant que

---

(1) C'est du citoyen Brival de Tulle, qu'il s'agit.

la société a arrêté de faire transcrire au procès-verbal de la séance.

« Citoyens et Amis,

« Séparé de vous depuis environ un an par la volonté du peuple et la confiance dont m'ont honoré mes concitoyens, c'est avec une bien douce satisfaction que je me vois aujourd'hui dans votre sein. Jaloux de profiter de vos lumières, et d'enflammer mon âme du feu sacré du républicanisme qui vous anime, je me serais rendu plus tôt, si je n'avais été retenu par les démonstrations amicales des citoyens de la ville. — Je profite des premiers instants libres pour venir vous faire part de l'objet de ma mission, et pour vous demander le secours de vos lumières pour la remplir avec succès.

« Vous savez que la Convention nationale, par son décret du 16 août, a déclaré, au nom du peuple français, qu'il se lèverait tout entier pour la défense de sa liberté, de la Constitution, et pour délivrer enfin son territoire de ses ennemis auxquels la perfidie et la trahison l'a livré pour la seconde fois.

Vous savez qu'elle a nommé dix-huit commissaires, pris dans son sein, pour diriger, de concert avec les envoyés des assemblées primaires, les opérations relatives aux mesures de salut public, aux réquisitions d'hommes, d'armes, de subsistances, de chevaux, etc.

« Voilà, frères et amis, l'objet de ma mission, j'en sens d'avance toute l'importance, et je n'ai d'espoir de m'en acquitter avec succès que par l'assurance de votre attachement à la République.

« Je me plais à croire que vous aurez le courage de me dénoncer tous les abus que vous connaîtrez, qu'aucun respect humain, aucune espèce de crainte servile ne vous empêcheront de mettre au grand jour. toutes les plaintes que vous auriez à former contre les fonctionnaires publics. » (1)

Après cette allocution, les ff∴ dont les noms suivent déposèrent leur offrande pour secourir les volontaires de la Corrèze prisonniers de guerre en Prusse. Dulignon, 6 livres en numéraire. — Dombret, 3 l. en num. ; — Faurie, platineur, 6 l. en n. ; — Sage, secrétaire général du département, 6 l. en n. ; — Brival, 25 livres en assignats.

« On a fait lecture de l'apothéose du vertueux Marat, par les citoyennes, sœurs et amies de la Constitution républicaine de Tonnerre. »

Une lettre des f∴ de Valence demande l'envoi de délégués pour faire une fédération générale le 7 septembre, cette lettre est datée du 18 août et n'est lue que le 6 septembre. Copie en sera envoyée aux Jacobins, et la réponse aux ff∴ de Valence et ajournée.

On passe à l'ordre du jour sur une pétition envoyée à la Convention nationale par les ff∴ de Clayrac qui se plaignent du décret de démonétisation des assignats à face royale au-dessus de 100 livres.

Il est arrêté qu'on dénoncera au département la conduite du citoyen Lacoste, commissaire pour le brûlement des titres féodaux, de même que celle de la municipalité de Beaulieu et du district de Brive, qui n'ont pas fait exécuter l'arrêté du département à ce sujet.

Il est arrêté aussi que les ff∴ qui ont des relations avec les citoyens du canton de Beaulieu sont invités

---

(1) C'est le conventionnel Lanot, de Tulle, qui prononça cette allocution. Voir les nombreux détails de la vie parlementaire de Lanot dans les *Législateurs corréziens pendant la Révolution et le Consulat*, par Victor Forot.

à se procurer tous les renseignements qui peuvent mettre au jour la conduite du commissaire nommé pour assister au brûlement des titres à Beaulieu et celle des officiers municipaux de cette commune.

La société décide qu'elle recevra la dénonciation d'un des ff.·. contre Soubranne, commissaire du district pour l'inventaire et l'estimation du mobilier des émigrés.

Séance du 8 septembre 1793

Les secrétaires étant absents, pour cause de maladie ou commission, les ff.·. Laval et Béral aîné, sont chargés de remplir ces fonctions.

Les citoyens représentants du peuple Brival et Lanot font déposer sur le bureau, pour être distribués à tous les citoyens, une lettre imprimée du citoyen Lanot, caporal des grenadiers du 1er bataillon de la Corrèze, adressée à son frère, représentant du peuple, dans laquelle « est peinte la conduite brave et le courage de ce bataillon depuis quinze jours d'attaque, où l'ennemi a toujours été repoussé avec perte, et où ils ont perdu un homme et ont eu quarante blessés. »

Après la lecture des papiers publics il est lu deux discours du citoyen Jorné, évêque du Cher, à l'occasion des mariages de deux de ses vicaires. La société arrête que son président écrira à l'évêque du Cher et à ses deux vicaires « pour leur témoigner la satisfaction de la société de ce qu'ils avaient su s'élever au-dessus des préjugés et d'une discipline qui les dégradait, et que les deux lettres seraient envoyées à l'évêque de la Corrèze et à son conseil en les exhortant à suivre leur exemple. »

Il est lu une lettre de l'évêque de la Dordogne au sujet de son mariage. Le président est chargé de remercier cet évêque de sa communication et de le féliciter sur son acte. (1)

Une lettre des ff∴ de Bort et un extrait des registres de cette société dénonçant des gens suspects est envoyée au comité de salut public.

De nouvelles offrandes sont faites pour les volontaires prisonniers : Malepeyre, 12 livres en numéraire ; — Lornac, 12 l. en n. ; Duffaure, 6 l. en n. ; — Lavergne, 6 l. en n. ; — Befferal, 21 sols en n. ; — Colin, 3 l. en n.

Le citoyen Boudrie est proposé pour l'admission dans la société par cinq membres. — Son nom sera affiché suivant la règle.

Séance du 9 septembre 1793

Il est donné lecture des lettres à envoyer en réponse aux diverses sociétés de Valence, Langres, Bort. Au sujet de cette dernière on observe qu'il faut prier les ff∴ de Bort « de mettre sous leur surveillance spé-

---

(1) Au sujet de ce mariage, le f∴ J. C. Jumel, vicaire général de l'évêché de la Corrèze, membre de la société des Jacobins de Tulle, adressa à l'évêque de la Dordogne la pièce de vers suivante qui fut aussi publiée dans le journal tullois : *L'Observateur montagnard*, n° 4, du 1er octobre 1793.

*A Pierre Pontard, évêque de la Dordogne,
sur son mariage.*

Par J.-C. J.

Eh quoi d'honneur ! sans raillerie,
L'hymn te dicte ses sermons !
La future a des yeux charmans ;
Enfin, Pontard, tu te marie !
Le lieu, le jour, l'instant est pris ;
Hymen, Io ! fils de Cypris.
Accourez donc troupe brillante ;
Du bon prélat, amours et ris,
Charmez la soutane ondoyante
Et folâtrez dans son surplis.

ciale le citoyen Brun, qui est sous l'oppression des aristocrates. »

Sur la proposition d'un f.·., l'assemblée décide qu'un scrutin épuratoire aura lieu pour exclure « les membres qui ont manifesté des opinions opposées à celles de la Montagne. »

Une autre proposition est faite, elle consiste à l'exclusion de la société de tous les membres ayant « travaillé à obtenir les places des absents qui sont à la défense de la République. »

La séance pour le « scrutin épuratoire » est fixée au dimanche suivant après-midi. Elle sera annoncée par deux affiches ou placards, jeudi et samedi, par les quatre tambours de la garde nationale, la veille; — Le dimanche à midi, par le son de la grand'cloche de

---

N'ai-je pas lu qu'aux murs de Trente,
Dont les saints canons sont tombés,
L'Eglise, un jour intolérante,
Interdit l'hymen aux abbés ?
A coup sûr l'Esprit-Saint, qui pense
Très sagement sur tout cela,
N'honorait point de sa présence,
Le sanhédrin qui proposa
Cette impolitique abstinence,
Et quand il eut, d'un ton discret,
Rendu cet oracle imbécile :
Les temps sont changés, un Concile
Ne lutte point contre un Décret.

Poursuis donc ta noble entreprise.
Trop tard hélas ! tu la conçus :
Des coups mortels qu'elle a reçus,
L'hymen eût garanti l'Eglise.
Ce sénat dont l'autorité
Ressait des biens solitaires,
N'en doute pas, eût respecté
Des richesses héréditaires ;
Son arrêt n'a déshérité
Que d'impuissants célibataires ;
Incroyable fatalité !
Les prêtres sans la chasteté
Seroient encore propriétaires.

la cathédrale, et immédiatement après un rappel des quatre tambours. »

Ont versé pour secourir les volontaires : Maschat, 1 livre 19 sols en numéraire ; — Roume, 3 l. en assignats.

Séance du 11 septembre 1793

L'assemblée décide d'envoyer au comité de correspondance une lettre du 20e régiment d'infanterie et une adresse imprimée de ce même régiment « portant justification de quelques soupçons élevés à leur égard. »

    Toi qui n'as point à t'accuser
Des rigueurs de leurs destinées,
Dans les douceurs de l'hyménée,
Tu dois bientôt te reposer.
Quel sort t'attend ! quel sort prospère !
Bon mari, bon prêtre, bon père,
Aimant beaucoup, rimant un peu,
Unis l'Autel et le Permesse,
Le plaisir, la gloire et la messe,
Massillon, David et Chaulieu.
Qu'à l'inquiète jalousie,
Ton cœur jamais ne soit ouvert,
Ta sainte épouse est à couvert
D'une coupable fantaisie.

Abuser messieurs les maris
N'est point rare ; et même au mépris
De ces profanes, le dirai-je ?
C'est ce qui se fait sans éclat ;
Mais troubler d'un léger ébat
La couche auguste d'un prélat,
C'est commettre un noir attentat,
C'est effleurer le sacrilège.

Songe surtout que, désormais,
Le nœud très chrétien qui t'engage
De ton cœur léger pour jamais
Doit chasser tout penchant volage.
Ce libertin qu'on nomme amour,
Quand son joug nous semble trop lourd,
En affranchit par un caprice,
Sur d'autres cœurs nous fait régner :
Mais l'hymen est un bénéfice
Très difficile à résigner.

Sur la mise à l'ordre du jour « des dangers de la Patrie », il est fait lecture d'une adresse à la Convention nationale « rédigée par un certain nombre de républicains » adresse « pleine de force et qui ne veut plus de demi-mesures pour écraser l'hydre aristocratique. » L'impression, l'envoi à la Convention nationale, à la commune de Paris, à la société des Jacobins et à toutes les sociétés affiliées en est ordonnée.

On passe à l'ordre du jour sur une motion tendant à organiser une force révolutionnaire départementale.

On ajourne au dimanche suivant « les mesures à prendre pour la sûreté publique et le triomphe de la liberté. »

Sont dénoncés comme ennemis de la liberté et n'ayant pas obéi aux ordres qui leur ont été donnés : le procureur syndic du district d'Uzerche et le commandant de la garde nationale de la ville d'Uzerche. — « Les représentants du peuple ont déclaré prendre en considération ces dénonciations. »

Le président lit une lettre d'un volontaire du 1er bataillon de la Corrèze.

Les citoyens dont les noms suivent versent pour les volontaires prisonniers : Boudrie, de Saint-Adrian, 6 livres en numéraire ; — Firmigier, administrateur du district. 6 l. en n. ; — Chadebech, 5 l. en assignats ; — Villeneuve, de Saint-Jacques, 10 l. en assignats.

Il est fait lecture d'une adresse des représentants du peuple, Brival et Lanot « bien faite pour ranimer le courage des bons républicains, s'il en était besoin, et surtout celui des jeunes gens requis. »

Séance du 15 septembre 1793

Le f∴ Brousse, muni de deux diplômes de sociétés affiliées est admis.

L'ordre du jour portant « l'épurement des membres qui composent la société », l'un des secrétaires a appelé successivement tous les ff∴ inscrits. « Chacun a été soumis à la censure de l'assemblée et le résultat a été comme il suit :

« La société a rayé du tableau où sont inscrits les noms des ff∴ les nommés : Seigne, prêtre ; — Pénière, aîné ; — Pommo, la Poujade ; — Larouverade ; — Maurange ; — Mons, d'Espagnac ; — Cluzal ; — Chambon ; — Espinat, curé de Chanac ; — Sauveur ; — Lagier aîné, mazelier ; — Decombre ; — Ces individus ont été jugés indignes d'être comptés au nombre des ff∴ à cause de leur incivisme.

La société a arrêté d'écrire aux ff∴ Reignac, Labounoux, Dufraysse, Chaverliange, Iche, Chassaignac, Ramond, aîné, Rabanide, Godeu, Vivant, Dezaga, Vergne, directeur du séminaire, pour les engager à se rendre plus assidûment aux séances de la société.

« Un membre a dénoncé le f∴ Crofon pour avoir dit qu'il était fort surpris qu'on ait si bien reçu Brival à Tulle ; que dans peu 30.000 bordelais viendraient à Brive, et qu'ils ne manqueraient pas de mettre tout à la raison.

« La société a arrêté d'écrire au f∴ Crofon pour l'engager à venir se disculper ; arrêté également d'écrire à Besse, de Veirière, accusé d'avoir conseillé aux cultivateurs de s'armer de leurs outils aratoires pour repousser les commissaires envoyés pour les forcer à porter leurs grains aux marchés voisins.

« L'épurement de la société a rempli toute la séance. »

Séance du 17 septembre 1793

Le procureur de la commune de Saint-Martial-de-Gimel dépose 21 sols en numéraire pour les volontaires prisonniers de guerre en Prusse.

Le citoyen Decombre, rayé du tableau de la société dans la précédente séance, demande à répondre à ses dénonciateurs.

La société envoie chercher les accusateurs, les citoyens Elie Boule et Meneyrol.

Le citoyen Meneyrol est appelé et déclare «que l'avant-veille de la Saint-Jean... il fut chercher un gilet que lui faisait Bousset, tailleur, qui demeure chez Decombre, que ledit Decombre descendit, entra dans la chambre et s'assit sur le bord de la table ; on parla des affaires de la Vendée, ledit Decombre dit que les affaires y allaient bien, que les succès y étaient balancés, qu'il ajouta : on ne peut pas parler, on ne peut rien dire, mais je pense bien que si les affaires tournaient, je pourrais avoir une bonne place.

«Le déclarant ajoute qu'au même moment, le même Decombre lui dit que lorsque les paysans d'Eyrein le menaient à Tulle, plusieurs personnes lui avaient crié, et notamment un homme grand, au-dessous de Saint-Adrian, mais que leurs noms n'étaient pas perdus et qu'il espérait que quelques jours ils se trouveraient, et qu'alors ils se quittèrent et qu'ils ne se sont plus vus.

«La société a arrêté, sur la déclaration ci-dessus, de dénoncer à la municipalité le nommé Descombre et de l'inviter à le faire mettre à la maison d'arrêt.»

Séance du 18 septembre 1793

Lecture des papiers nouvelles. — Le citoyen Busnel, de Versailles, habitant Tulle actuellement, est proposé par cinq membres pour être reçu dans la société. — Il en sera fait suivant la règle.

Un citoyen de Saint-Cyr-la-Roche, district de Brive, dénonce le directoire du district de Brive «qui n'a pas exécuté l'arrêté du département contre le curé liberticide de cette commune. Il dénonce aussi le département qui n'a pas voulu écouter ses réclamations contre le district de Brive. »

La société, prenant en considération la dénonciation, a arrêté d'envoyer deux commissaires au département pour lui en faire part.

Il est arrêté que toute cocarde qui « ne serait pas celle des défenseurs de la patrie » serait considérée comme contre-révolutionnaire et que cette décision serait affichée (1).

Le f∴ Bassaler dépose six livres en numéraire pour les volontaires prisonniers.

Séance du 22 septembre 1793

« La société a arrêté d'écrire au citoyen Soulier, le Meyssac, volontaire au troisième bataillon des fédérés, qui à lui seul, a enlevé un drapeau gardé par douze anglais. »

Le citoyen Jarrige, de Saint-Aulaire, demande à être admis. — Il sera écrit à la commune de Saint-Aulaire pour avoir des renseignements sur la conduite du citoyen Jarrige depuis le commencement de la Révolution. »

Tous les ff∴ devront être munis d'une carte pour être admis aux séances.

Quatre commissaires sont chargés de rechercher un local pour tenir les séances, celui actuellement occu-

---

(1) La cocarde tricolore dont le port fut obligatoire, même pour les femmes, pendant la Révolution, fut créée en juillet 1789. Elle provint de ce que Louis XVI, conseillé par Lafayette, croit-on, appliqua, sur sa cocarde blanche, la cocarde bleue et rouge des fédérés parisiens dont l'origine remontait aux chaperons mi-partis d'Étienne Marcel et de ses partisans (1355).

La couleur bleue était au centre, la rouge ensuite et la blanche extérieurement. La cocarde tricolore actuelle date du 11 septembre 1830 seulement.

pé étant peu commode et «le chemin qui y conduit serait impraticable pendant l'hiver.»

Sur l'invitation d'un f∴ de la société des Jacobins de Paris, le f∴ Vialle, sera indiqué aux Jacobins de Paris, pour recevoir, sous son adresse, les lettres et paquets destinés à la société de Tulle par celle de Paris.

Les ff∴ n'ayant pas été nommés et inscrits sur la liste lue et arrêtée dans la séance du 15 courant, sont invités à adresser leur réclamation au secrétaire de la société.

Séance du 23 septembre 1793

Lecture des papiers publics.

Le f∴ D'arcambal dépose six livres trois sols en numéraire pour les volontaires prisonniers de guerre

Séance du 26 septembre 1793

Lecture des papiers publics et d'une lettre des ff∴ de Toulouse invitant la Convention nationale à simplifier le code civil. — Il est arrêté que la société adhérant à la proposition, elle écrira à la Convention pour l'appuyer.

Il est donné lecture du discours prononcé par le président de la société de Bordeaux, lors du rétablissement de cette société qui avait été dissoute à main armée par les ennemis de la liberté.

Autre lecture d'une adresse des ff∴ de Saint-Malo à la Convention, l'invitant à rester à son poste jusqu'à ce qu'elle ait consolidé la Constitution.

Les commissaires chargés de rechercher une salle convenable pour tenir les séances de la société proposent celle du chapitre de la cathédrale. — Elle est acceptée. — Les commissaires sont chargés d'y faire les réparations nécessaires. Le f∴ Brousse dépose 50 livres pour aider à faire ces réparations et invite tous les ff∴ à l'imiter.

Séance du 29 septembre 1793

L'élection du président étant à l'ordre du jour, il y a eu ballottage entre les ff∴ Villeneuve et Dulac. Au second tour, Villeneuve a été élu président.

Le citoyen N., dit Gatte-Bois, est proposé et appuyé par cinq membres. — Il sera donné suite en se conformant au règlement.

Le f∴ Luneville demande un diplôme. — Il est accordé.

Le f∴ Ceyrac, muni d'un diplôme de la société de Collonge, est admis à la séance.

Séance du 29 septembre 1793, 7 heures soir

Lecture des papiers publics et d'une note du *Père Duchêne de la Corrèze* (1) «bien propre à annihiler et à nous délivrer de nos cruels ennemis de l'intérieur.»

Le journal de la Haute-Vienne fait connaître divers moyens pris par le comité de salut public de ce département pour assurer la tranquilité publique; plusieurs membres proposent que des commissaires soient nommés pour demander aux administrateurs du département de la Corrèze qu'ils prennent des mesures semblables. Les ff∴ Roussel et Jumel sont nommés à cet effet. Ils demanderont en outre: 1° de fixer le prix du tabac; 2° de faire mettre en état d'arrestation les ci-devant religieuses, sœurs grises, etc., qui refu-

---

(1) *Le Père Duchêne de la Corrèze* était dit-on rédigé par l'abbé J.-C. Jumel, vicaire général de l'évêché de la Corrèze. Cet abbé fut même baptisé de ce nom : *Père Duchêne* pendant qu'il était président de la société des Amis de la Constitution de Tulle.

seraient «de venir prêter, dans le sein de la société, le serment de maintenir de tout leur pouvoir, la liberté l'égalité, l'unité et l'indivisibilité de la République. »

Il est décidé que le côté droit de la salle serait laissé libre par les membres «où nos amis les volontaires partant pour les frontières pourraient prendre place, sans néanmoins qu'ils puissent prendre part aux délibérations. »

L'article du règlement portant nomination, chaque mois, de quatre commissaires pour la police de la salle sera de nouveau appliqué.

Un membre a proposé de rendre utile à la patrie ses propres ennemis, et a dit que dans les maisons d'arrêt il y avait nombre de femmes qui accordaient ci-devant l'industrie de leurs doigts aux brodures de gilets au tricottement des bas et autres objets de luxe pour les élégants muscadins, qu'aujourd'hui il faudrait l'employer bien plus utilement en les occupant à faire des chemises, des bas et autres objets pour nos braves volontaires. » La question sera mise à l'ordre du jour de la prochaine séance.

Séance du 1er octobre 1793

Le président de la société populaire d'Argentat dépose sur le bureau la somme de 117 livres 9 sols en numéraire et celle de 121 livres 15 sols en assignats, pour les volontaires prisonniers de guerre.

Au sujet de l'épurement de la société d'Argentat, il est décidé que le président fera parvenir une liste de tous les membres de cette société.

Le président de la société d'Egletons dépose sur le bureau une somme de 84 livres 12 sols en numéraire et 36 livres 5 sols en assignats, pour les volontaires prisonniers.

Lecture d'une réponse de la société des Jacobins

de Valence. — Il est arrêté qu'il serait écrit à cette dernière société pour lui témoigner avec quelle satisfaction la société de Tulle a vu les mesures vigoureuses qu'elle a prise, et lui dire que nous les avions déjà prises nous-mêmes. »

Lecture 1° d'un discours prononcé aux Jacobins le 10 août, par Royer, envoyé de Châlon-sur-Saône.

2° d'une adresse des envoyés de toutes les sections de la République à la grande réunion du 10 août.

3° d'un discours sur la mort de Marat, prononcé aux Jacobins.

4° d'un discours d'Anacharsis Cloos, dans la société mère, intitulé *Croisade civique.*

5° d'une oraison funèbre de Marat, l'ami du peuple, prononcée par le citoyen Guiraut dans la section du contrat social.

6° d'un rapport fait par Léonard Bourdon à la Convention nationale, au nom des comités d'agriculture et de salut public.

7° d'une adresse de Saint-Yrieix à la Convention nationale.

8° d'une lettre de la société de Valence, avec l'adresse à la Convention, et l'arrêté pris par 71 sociétés représentées par députés à Valence.

9° d'une délibération de la société de Toulouse, proposée par elle à toutes les sociétés populaires de la République.

La société adhère à cette proposition.

Il est arrêté que les statues de Brutus, de Lepelletier et de Marat seraient placées dans la salle des séances de la société.

Il est fait lecture d'une note du journal de Strasbourg où est dépeinte la manière courageuse des braves volontaires du premier bataillon de la Corrèze.

Autre lecture d'une adresse du procureur généralsyndic du département, à ses concitoyens, sur le décret qui ordonne de mettre en arrestation les personnes suspectes.

Séance du 3 octobre 1793

Apprenant que des poursuites rigoureuses étaient exercées par divers créanciers contre les volontaires de la Corrèze qui étaient partis pour défendre leur patrie, la société décide que les corps administratifs seront invités à prendre des mesures pour que ces braves gens ne fussent pas poursuivis en justice aussi longtemps qu'ils se sacrifient pour la République.

« Un membre a observé que les détenus dans les maisons d'arrêt, étant libres de voir toute espèce de monde, et en particulier les hommes de loi de donner des conseils aux plaideurs, ils pouvaient faire plus de mal que s'ils étaient chez eux. — Un frère ayant observé qu'il y avait un arrêté du département qui enjoignait au concierge de ne les laisser parler qu'à leurs proches parents, il a été arrêté d'envoyer chercher Dubois, concierge. Sur le champ, s'est présenté le citoyen Dubois, et, après l'avoir entendu, la société a passé à l'ordre du jour, sur les inculpations contre lui faites, « en, par lui, expulsant dès demain, de sa maison sa servante. »

Dans cet intervalle, le citoyen Brival a demandé la parole pour faire part des mesures qu'il avait proposées à Limoges, et « a fait un discours bien propre à exciter la surveillance des bons citoyens, et à stimuler l'ardeur des jeunes citoyens qui volent aux frontières. »

« On a repris la discussion sur les moyens à prendre pour empêcher que les détenus suspects ne puissent plus propager leurs mauvais principes, ni verbalement, ni par écrit, et après une longue discussion, il a été arrêté qu'il serait envoyé deux commissaires au département pour faire part à l'administration du vœu de la société et la prier de vouloir rapporter son arrêté qui permettait aux proches parents des détenus de les voir, et d'ordonner que dorénavant personne ne pourra ni les voir, ni leur parler ; et comme, par leurs lettres, ils pourraient nourrir l'esprit des partisans de leurs principes, ils seront totalement privés de plumes d'encre, et de papier, et lorsqu'ils voudront se procurer le nécessaire de chez eux, ils s'adresseront au commissaire du peuple, qui est chargé de les visiter, qui prendra les moyens nécessaires pour le leur faire parvenir. — Comme ils pourraient entretenir leurs intrigues au-dehors, par la voie de ceux qui leur portent leurs vivres, et que d'ailleurs les riches détenus font très bonne chère, tandis qu'il y en a de pauvres qui ont été corrompus par les richesses des premiers et ne peuvent se procurer le nécessaire, le guichetier sera chargé de leur donner leurs repas, qui seront préparés par des cuisiniers nommés pour cela ; qu'il y ait un proviseur qui tiendra note de tout ; qu'ils mangent tous ensemble, que la dépense soit supportée par les riches, et qu'enfin les riches qui couchent sur trois ou quatre matelas, tandis qu'il a fallu fournir des matelas aux pauvres (matelas destinés à un meilleur emploi), les riches soient tenus de fournir des lits aux pauvres. — En conséquence, la société ayant laissé au président le choix des commissaires, Roussel et Borie ont été nommés. »

Un membre ayant attiré l'attention de l'assemblée sur ce que bon nombre d'édifices publics et de maisons particulières portaient encore les attributs de la féodalité, il dépose sur le bureau, la liste des constructions qui portent encore de ces marques. Rappelant que le procureur de la commune a été chargé de faire enlever toutes celles qui se trouvaient sur les édifices publics, il demande que la municipalité fasse une proclamation déclarant que tous les propriétaires des constructions particulières qui ne les feront enlever dans les 24 heures seront regardés comme suspects et traités comme tels. »

Le citoyen Cypière présente un diplôme de la société de Collonge et demande à être affilié. — Accepté.

L'ordre du jour portant le renouvellement des deux secrétaires, est remis au lendemain.

Séance du 4 octobre 1793

Le f∴ Floucaud dépose, au nom du citoyen Moussours, une somme de six livres pour les volontaires prisonniers.

Il est arrêté que les représentants du peuple Brival et Lanot seraient invités à se transporter à Argentat et à Bort « pour tâcher d'y relever les esprits à la hauteur des circonstances et examiner la composition des différents comités de surveillance » qui sont dénoncés comme étant mal composés.

Les ff∴ Desprès et Bassaler, de Seilhac, sont désignés pour se rendre auprès du département et le prier de transmettre à la société la liste des membres composant les comités de surveillance existants dans le département.

« Après une longue discussion, la société a arrêté de regarder comme suspects ceux qui signeraient ou colporteraient des pétitions en faveur de gens déclarés suspects, et demanderait qu'ils fussent traités comme tels. »

Il est donné lecture d'un arrêté pris par le comité de surveillance, et adopté par le département, sur les mesures de sûreté générale.

Tous les membres présents prêtent serment « de maintenir de tout leur pouvoir les différentes mesures prises par le comité de surveillance. »

Le f∴ Taillant a obtenu le diplôme qu'il demandait.

Le f∴ Rivière, député à la Convention nationale, fait demander un diplôme par l'entremise de son collègue le f∴ Lanot. — Une discussion s'engage sur la conduite de Rivière dans la Vendée, et sur certains fonds qui avaient été entre ses mains. En lui accordant le diplôme, elle charge les ff∴ Desprès, de Brive, et Bassaler, de Seilhac, de vérifier l'emploi des sommes que Rivière avait eu en main, et d'en rendre compte à la société.

Les ff∴ Brival, Péral cadet, et Rigolle sont chargés de choisir cinq membres de la société pour les aider à établir une liste des gens suspects.

Séance du 6 octobre 1793

Lecture des nouvelles.

Un membre annonce que les cinq compagnies des volontaires faisant partie du quatrième bataillon de la Corrèze, désiraient prêter leur serment avant de partir pour Toulouse. — Accepté.

« Le capitaine de la première compagnie a dit qu'il était porteur d'un discours au nom des compagnies et qu'elles désiraient que le père Duchesne (1) en fît lecture, ce qui lui a été accordé. — Ce discours dans lequel les volontaires expriment leur vœu pour le complètement du bataillon a été vivement applaudi. »

Les ff∴ Beral et Paillé, et le capitaine de la première compagnie ont été désignés pour se rendre auprès des représentants du peuple et leur demander que le bataillon fut complété. Diverses dénonciations sont envoyées au comité de surveillance.

Les délégués, de retour, annoncent que les ff∴ Brival et Lanot, représentants du peuple, avaient déclaré qu'ils allaient prendre les mesures les plus actives

---

(1) Il s'agit ici de J.-C. Jumel.

pour faire compléter le bataillon.

Les ff∴ Mariau et Jumel sont élus secrétaires.

Séance du 8 octobre 1793

Après l'ouverture de la séance, le président, indisposé, est remplacé par le secrétaire Jumel.

Lecture des nouvelles. — Lecture d'un arrêté du département de Toulouse sur l'échange forcé du numéraire contre le papier-monnaie.

Un citoyen est dénoncé pour avoir tenu des propos « très anti-civiques ». Plusieurs citoyens vont le chercher. « Le citoyen Teyssier, d'Orfeuil, a été amené en présence de la société où les deux témoins ont accusé Teyssier d'avoir dit, en leur présence, que nos frontières étaient rasées comme la main, et que tous les loups-garous marcheraient. — Plusieurs membres ont dit que le citoyen Teyssier était en démence et qu'il fallait le renvoyer chez lui. Un autre membre a dit que comme il avait un fils prêtre émigré, il était obligé à avoir un certificat de civisme ou un certificat de démence.

L'assemblée consultée a déclaré être satisfaite du comité de salut public et « qu'elle s'y confiait entièrement. »

La liste des certificats de civisme à délivrer aux parents des émigrés sera lue et discutée dans la séance du dimanche 10 octobre courant, « afin que chaque citoyen y prouve des raisons de civisme ou d'incivisme de la part des citoyens obligés à ces certificats. »

Séance du 10 octobre 1793.

Les ff∴ Jugé, procureur de la commune; Fougère et Vialle, procureur-syndic, sont nommés pour rédiger une adresse aux cultivateurs « afin de faire abonder les subsistances sur le marché. »

Il est décidé que le président choisira 26 commissaires qui seront chargés « de se rendre dans les cantons pour y éclairer l'esprit public. » Ces commissaires seront présentés à la société dans la prochaine séance pour qu'elle les approuve.

Une dénonciation sera faite au comité de salut public contre plusieurs citoyens du district de Brive qui ont enfoui dans des souterrains et dans des barriques du blé ; et aussi sur la difficulté des subsistances dans le canton de Curemonte. »

Il est décidé que les marchands devront avoir un registre pour inscrire la vente des marchandises de première nécessité, et deux commissaires seront nommés pour vérifier ces registres. Une proclamation sera faite à ce sujet par la municipalité.

Il est passé à la discussion de la liste des citoyens parents d'émigrés, que la loi oblige à avoir des certificats de non suspicion.

FÉNIS DE LA FEUILLADE, après quelques légères discussion sur son civisme » il obtient un certificat de *non suspicion*.

LEYX (*Pierre*) père, négociant : plusieurs membres ayant parlé sur les marques de civisme qu'il avait donné depuis la Révolution » il obtient un certificat de *non suspicion*.

LEYX (*Jean-Jacques*), assesseur. Plusieurs membres ont dit qu'ils ne connaissaient pas de marques de non civisme du citoyen Leyx, un membre a levé quel doute sur la conduite du citoyen Leyx, lors de la fédération, à Paris.

Leyx assistat à la séance, se disculpe et obtient un certificat de *non suspicion*.

LEIX (*François-Charles*) obtient un certificat de *civisme*.

Il est décidé que le président poserait la question comme suit : « Ce citoyen a-t-il donné des marques de civisme pour obtenir un certificat ? »

MESNAGER aîné, obtient un certificat de *civisme*.

SARTELON père. — Un membre a dit que le citoyen

Sartelon avait demandé à un cultivateur pour ses honoraires quarante sols en papier, ou vingt-trois sols en argent. — Un autre a dit qu'il avait été président du club monarchien. — Un autre, qu'il n'avait jamais donné de marques de civisme. — Un autre qu'il avait dit que le serment civique n'était pas nécessaire.

Le citoyen Sartelon fils disculpe son père. — La décision est ajournée et deux commissaires, Amat et Denis, sont envoyés vers le cultivateur aux fins d'éclaircir les faits.

FEMME SARTELON. — Le certificat de *non suspicion* lui est refusé sur le rapport de divers membres qui ont assuré qu'elle avait donné des marques d'incivisme. — D'autres ont cependant dit le contraire.

Le citoyen SARTELON *fils* ayant demandé la parole lorsqu'il a été appelé pour se justifier de la conduite irréprochable qu'il aurait constamment tenue à la Vendée ; plusieurs membres ont parlé après lui ; ils ont prouvé les mêmes faits. — La question mise aux voix, il a été délibéré qu'il aurait un certificat *de civisme*.

SARTELON *jeune* obtient un certificat de *non suspicion*.

La fille du citoyen SARTELON, âgée de 16 ans, vu la faiblesse de son âge, il a été délibéré qu'elle devait avoir un certificat de *non suspicion*.

La femme du citoyen JUGE, procureur de la commune, d'après une infinité de marques de civisme, obtient un certificat de *non suspicion*.

VIALLE, potier d'étain, plusieurs membres ont parlé de la conduite qu'il tenait à l'hôpital, et du patriotisme qu'il suscitait à tous les pauvres. — Un membre a dit qu'il avait envoyé à son fils deux assignats de cent livres avant sont émigration, en le conseillant de ne point abandonner son poste, et qu'il ferait tout le bien possible à son retour. Son fils, curé de Seilhac, a parlé en faveur de son père, relativement aux bons traitements et secours que son père lui faisait depuis longtemps. » Il obtient un certificat de civisme.

VIALLE (Suzanne), plusieurs membres ont dit qu'elle n'allait point à la messe ; - son frère, curé de Seilhac, a dit que la Constitution laissait la liberté d'opinions sur la religion, et qu'elle devait être libre à ce sujet. — Un membre a répondu que la liberté d'opinion religieuse était libre, mais que l'on ne devait point la manifester lorsqu'elle tendait à troubler l'ordre public. Le certificat de civisme lui est *refusé*.

Femme du citoyen ROUSSEL. « un membre a dit qu'elle n'avait pas prouvé son civisme en se mariant à un prêtre non constitutionnel ; — le citoyen Roussel a demandé la parole pour justifier sa femme, et d'après plusieurs motions faites par différents membres, il a été délibéré qu'elle devait avoir un certificat de *non suspicion*.

Veuve LAMORE, certificat *de civisme refusé*.

Elisabeth LAMORE, femme d'AUDUBERT, certificat de non suspicion *refusé* parce qu'elle n'a donné aucune marque de civisme.

Citoyenne MOUGEN SAINT-AVID, certificat de civisme *accordé*.

Citoyenne LABROUSSE *mère*, certificat de *non suspicion refusé*.

Citoyenne LABROUSSE, *refusé* à l'unanimité.

Citoyenne Noelle DUMONT LESPINASSE, femme du citoyen PEBEYRE, après lecture d'une pétition de cette citoyenne, le certificat *de civisme* est *refusé*.

Marianne BRUGEAU, *veuve* ORLIAGUET, on lui accorde un certificat de *non suspicion*.

Séance du 11 octobre 1793

Les commissaires chargés de l'enquête au sujet du citoyen Sartelon se présentent, accompagnés du cultivateur, qui est appelé à témoigner. Il dit : « qu'il avait été chez le citoyen Sartelon, environ la Saint-Jean de l'année dernière, pour quelques affaires et qu'il lui avait demandé pour ses honoraires 24 sols, mais qu'il pouvait lui donner comme autrefois 12 sols, et qu'il lui avait donné 12 sols de sonnes (sic) (1) : Il est décidé que SARTELON n'aura *pas de certificat de civisme*, bien qu'il ait présenté une pétition pour sa justification.

Le président fait lecture de la loi relative aux gens suspects et aux parents des émigrés « afin que tous les citoyens de la société fussent bien fixés sur ce qu'ils avaient à prononcer. »

Il est décidé que le président posera la question suivante au sujet de chaque personne inculpée : « Le réclamant a-t-il manifesté constamment son attachement pour la Révolution ? »

Anne BRUGEAU *fille*, certificat de civisme *refusé*.
Jeanne REYNAL, marchande, certificat *refusé*.
Catherine REYNAL, ci-devant sœur grise, certificat *refusé*.
Suzanne REYNAL, 3ᵉ du nom, certificat *refusé*.
François PIMONT, marchand, certificat *refusé*.
Marie EYROLLES, femme de Laval, certificat *accordé*.
Marianna BRUGEAU, certificat *accordé*.
Marguerite LIGNÉ, femme de CLUZAN, invalide, certificat *accordé*.
Jeanne FILIOL, veuve BRUGEAU, *accordé*.
Jean-Joseph MESNAGER, jeune, marchand, *accordé*.
MALARET, gendarme, certificat *accordé*.
Jeanne BORDE, épouse du citoyen Malaret *accordé*.
Martiale DUCHER, femme du citoyen DARCAMBAL, *accordé*.

---

(1) Ce mot *sonnes* est ici pour *soounas*, qui signifie en patois *sou*. « Uno soouno doublo », deux sous.

Jean-Joseph SAGE, fils, secrétaire du département, *accordé*.

SAGE *père*, négociant, *refusé* à l'unanimité.

DUVAL, épouse de SAGE, négociant, *accordé*.

La *fille* de SAGE, négociant, *accordé*.

Marie FLOUCAUD, veuve VILLADARD, *accordé*.

Martiale BORDES, veuve ESPEZOLLE, *accordé*.

FILIOL *père*, *refusé*.

Marie FILIOL ; *Jeanne* FILIOL ; *Maria* FILIOL ; *Françoise* FILIOL et *Pierre* FILIOL ; *Maria* FILIOL ; cordés.

Jeanne DELBOS, *veuve* GRAVICHE, *refusé*.

Toinette GRAVICHE fille, *refusé*.

Jeanne GRAVICHE, veuve CÉLÉRIER, *accordé*.

Joseph DUCHIER, orfèvre, *refusé*.

MASSINGUÉRALE, épouse de DUCHIER, *accordé*.

Marie FLOUCAUD, veuve DUCHIER, était infirme et reconnue pour n'avoir pas donné constamment des marques de civisme, un membre fait la motion que la veuve Duchier devait être renvoyée au comité de surveillance pour qu'il prenne les mesures convenables à son sujet. » Adopté.

Marie DUCHIER fille, certificat *accordé*.

Thérèse DUCHIER, fille, ci-devant sœur grise, *refusé*.

Marguerite REYNAL, femme de Seguy, huissier, *refusé*.

Jeanne MAS, veuve BONNÉLIE, *refusé*.

Marie BONNÉLIE, femme du citoyen CHAMMARD, *accordé*.

Marie-Jeanne MÉNAGER, fille, *accordé*.

Veuve REIGNAC, du canton, *refusé*.

Michel BRUGEAU, notaire, *accordé*.

SUDOUR, avoué, *refusé*.

Marianne SUDOUR, sa sœur, regardée comme non avenue. »

Marie BARDON, épouse de *Martial* DUVAL, huissier, *accordé*.

Jean-Louis MACHAT, ferblantier ; MACHAT, aussi ferblantier, son frère ; *Jérôme* MACHAT ; leur mère et trois sœurs. Accordé à toute la famille.

Marie-Jeanne DUMAS, âgée de 22 ans, *accordé* (1).

Un membre demande que « les boulangers ne cuisent qu'une sorte de pain, c'est-à-dire moitié froment moitié seigle, ou les deux tiers de seigle et moitié froment, mélangés ensemble et que l'on prenne toutes les mesures nécessaires pour que les citoyens ne fussent pas trompés par les boulangers. »

Un autre membre propose de mélanger des pommes de terre au blé, ce qui n'est pas accepté. — Les citoyens Dulac et Bleygeat sont désignés pour porter ce vœu au département et à la municipalité. Ils seront aussi chargés de demander l'application de la loi du 11 septembre dernier qui interdit aux meuniers de faire le commerce des grains, sous peine de dix ans de fer. — De demander encore que les meuniers soient payés en monnaie courante et que le maximum du prix de la mouture soit fixé par les administrateurs.

Les citoyens Chammard, chimiste ; Ménager aîné ; Ménager jeune, demandent à être admis. Ils subiront le règlement qui veut qu'aucun citoyen ne soit reçu qu'après six mois d'épreuves.

Séance du 12 octobre 1793

Les citoyens Vauzanges aîné et Lagarde sont chargés de se rendre auprès du département pour l'inviter à prendre les mesures nécessaires pour que le blé, très abondant dans le district d'Ussel, soit emmené à Tulle, convaincu que le district d'Ussel nous rendrait réciproquement les secours que nous lui avions rendu lorsqu'ils ont manqué de subsistances. »

---

(1) Voir en *Appendice* le *fac-simile* d'un certificat de civisme.

Une adresse à envoyer aux cultivateurs, présentée par le citoyen Vialle, est adoptée ; elle sera imprimée à 500 exemplaires.

Le citoyen Vialle est chargé de choisir immédiatement 26 commissaires chargés de porter dès le lendemain cette adresse à la campagne.

Deux commissaires sont nommés pour « inviter les représentants du peuple à faire verser, par anticipation, ou d'avance, en totalité les grains que les fermiers des biens nationaux peuvent posséder, et d'autoriser le département à prendre toutes les mesures nécessaires à ce sujet vers le receveur des droits d'enregistrement. »

Des dénonciations sont faites contre Massoullier, du village de Malangle, qui, possédant des grains, refuse de les vendre, et ayant tenu des propos contraires à la loi sur la livraison des grains. Même dénonciation contre Jean Pimond. Les deux seront transmises au comité de salut public. Autre dénonciation contre le citoyen Maillard, au sujet de la vente des vins au-dessus du cours, est envoyée aussi au comité de salut public.

Le citoyen *Pierre LAGIER*, fabricant d'étoffes, bien que défendu par son fils, curé à Sainte-Fortunade, se voit *refuser* le certificat de civisme.

Vingt-deux commissaires sont nommés pour se rendre immédiatement chez tous les meuniers, pour se rendre compte de la quantité des grains qu'ils possèdent. — Ils sont chargés d'arrêter les meuniers qu'ils rencontreraient en route, s'ils les soupçonnent de ne pas avoir fait la déclaration de la quantité exacte du blé qu'ils possèdent.

Séance du 13 octobre 1793

Lecture est faite de diverses adresses et d'un décret de la Convention nationale invitant tous les bons citoyens « à surveiller les citoyens qui sont pourvus des emplois de la République... de quelque nature qu'ils soient et de dénoncer les abus. »

Le citoyen Durand, de Tulle, est signalé « comme s'étant comporté en vray républicain dans l'armée des patriotes de la Vendée. Il sera signalé au ministre avec d'autres concitoyens. Les citoyens Vachot et Lanot, frère du représentant du peuple, seront aussi signalés.

Les citoyens Béral et Collignon sont chargés de hâter les réparations nécessaires dans la salle du chapitre, afin que la société y puisse tenir ses séances.

« La séance a été interrompue par l'arrivée de deux ci-devant sœurs grises qui ont été présentées, l'une par son frère, l'autre par son beau-frère. Ayant été admises vers le président, elles ont prêté serment de soutenir la liberté et l'égalité, de reconnaitre la République française, une et indivisible, ou de mourir en la défendant. Ce serment ayant paru être prononcé avec franchise, a occasionné un applaudissement universel. Elles ont été invitées à la séance. »

Le président prononce une allocution à ce sujet. Le citoyen Brival lui succède, et dans un « discours le plus énergique, il a démontré les vices les plus énormes que produisait le célibat des deux sexes, les malheurs qu'il avait produit. Il a cité enfin tous les passages de l'évangile et des saints Pères à ce sujet, accompagnés d'une morale la plus propre à éclairer les âmes fanatiques et timorées. » Il est décidé que ce discours sera imprimé.

Il est décidé qu'on nommera deux commissaires par district pour « dénoncer au ministre tous les gens suspects employés aux armées ou fonctionnaires publics. —

Le citoyen Merlhiac, ci-devant prévôt du département de la Corrèze, sera dénoncé au ministre « comme aristocrate caché, et inviter le ministre à le mettre en état d'arrestation, et enfin de faire mention au ministre que lorsque cette délibération fut prise dans la société républicaine de Tulle, elle se leva spontanément toute entière pour en demander son exécution. »

Les citoyens chargés de se rendre chez les meuniers déposent chacun leur procès-verbal. — Il sera statué dans une séance suivante.

Séance du 14 octobre 1793

Après la lecture des papiers publics, « la citoyenne MELON, ci-devant cligieuse, s'est présentée et a demandé à prêter le serment exigé par le comité de salut public, en conséquence, elle jure de maintenir la liberté et l'égalité et de défendre la République ou de mourir en la défendant. »

Lecture d'une lettre de la société de Villeneuve-d'Agen, demandant l'affiliation.

La société adhère à une adresse envoyée à la Convention nationale par la société de Toulouse, demandant que tous les citoyens soient obligés « de remettre dans les caisses publiques tout l'or et argent monayé, ainsi que les lingots qui seraient échangés en assignats. »

Sur la demande de la société de Bort, il est décidé que la société correspondra « assiduement, non seulement avec celle de Bort, mais avec toutes les sociétés affiliées du département, mais avant cela, elle les invitera à faire un scrutin épuratoire. »

La société de Turenne a envoyé cent livres, celle de Ségur [la somme est en blanc]. Ces sommes seront transmises au département pour être envoyées aux prisonniers de guerre du premier bataillon. Des commissaires sont nommés pour échanger ces assignats contre de la monnaie d'or ou d'argent : Vigne et Brousse pour la section des *Sans-Culottes* ; Guy et Chaumette pour celle de *La Montagne* ; Vigne aîné, Lager, Coste, Gaspard et Madelord pour celle de l'*Unité*.

Le curé d'Argentat écrit, protestant « d'avoir été expulsé de la société », en disant qu'on chassait les patrioles. Le citoyen Moulin, d'Argental, se présente et dit aussi avoir été chassé parce qu'il était patriote.

On reçoit pour les prisonniers du 1er bataillon: de Mesnager cadet, 2 livres en argent; Dubois, 2 ll. en argent; Duchet, 3 ll. en argent; Lafeuillade, 15 ll. en assignats; la femme Boudry, 11 ll. 10 sols en numéraire; Dufaure, 3 ll. en assig.; anonyme, 10 ll. en assignats; Mas, 6 ll. en num.; Charvanges, 6 ll. en num.; Guy a promis deux paires de souliers; un citoyen de Meyssac a remis 3 ll.; Chaumette a promis 1 l. 10 s. en num.; Chastang, de la Barrière, a promis 6 l. en num.; Chamond a promis le galon en or de son manteau; — un citoyen inconnu donné 6 ll.; la femme de Vigne, chapelier a promis 6 ll. en numéraire; le citoyen Guy a donné 1 l. 14 s.; la femme de Ludière, cadet, promet 3 ll. en num.; la citoyenne, femme de Poulverel, qui est sur la frontière, a déposé une paire de boucles d'argent; la Guibert a déposé 3 ll. en numéraire et a promis 6 ll.; la *détenue* Personne donnera 6 ll. en num.; — Malaret a donné 3 ll. en num.; le cit. Seguy, fils, 5 ll. 8 s. en num.; la cit. Claudine, 3 ll. en num.; l'épouse de Mas, perruquier, a promis 3 ll. en num.; la cit. Ruaud a promis une paire de boutons en argent; le cit. Baratier et la cit. Goute donneront 3 ll. en num.; Orliaguet, 3 ll. en num.; la veuve Barodie, 12 s. en num.; — l'épouse Courteau déposera les boucles d'argent de son mari; — Marie-Anne Moussours a promis 3 ll. en assig.; — la cit. Meygeac, qui a son mari aux frontières, a donné 3 ll. en assig.; — la cit. Libouroux a promis deux paires de souliers et deux vieilles pièces en argent; — la cit. Audubert, fille, de la fontaine Saint-Martin, donnera 3 ll. en num.; — Cluzan a promis 6 ll. en num.; Gaspard Lagier a promis 6 ll. en num.; — Lagier, du Chapeau Rouge, donnera 6 ll. en num.; la fille Lestrade a déposé 3 ll. en num.; — la femme de Lagier Gondely a promis une boucle en argent; — la cit. veuve Lagier, deux paires de bas de coton ; — Laval fils aîné, 24 ll. en or ; — le cit. Massoulier, aîné, a promis 3 ll. en num. ; — Borderie a promis 3 ll. en assig. ; — Maschat donnera 3 ll. en assig. ; — Lagier aîné, du Trech et ses filles donneront 24 ll. en num. ; — Clouastre a déposé 3 ll. en num. ; — St-Priech, neveu, 12 ll. en num. ; — Buisson, 1 l. 15 s. en num. ; — Clouastre, une pièce de 6 s. ; — Ambasse, 3 ll. en num. ; — un inconnu, 10 ll. en num. ; — Bourget fils, 10 ll. en assignats.

La séance est levée après cette quête fructueuse et le procès-verbal est signé, sur le registre, par J.-C. JUMEL, *secrétaire*.

Séance du 16 octobre 1793

Le citoyen Brival préside, en l'absence du citoyen Villeneuve. — « Après beaucoup de dons déposés sur le bureau, pour nos frères prisonniers en Prusse, » on fait lecture des nouvelles.

La citoyenne Reygnac, ci-devant religieuse, prête serment. — Sur la demande d'un membre, le président donne l'accolade fraternelle à cette citoyenne.

Le procès-verbal est encore signé J. C. JUMEL, secrétaire. (1)

---

(1) C'est la dernière fois que nous rencontrons la signature de Jumel dans les registres des procès-verbaux de la société ; aussi croyons-nous devoir donner quelques détails sur la vie de cet homme qui a joué un rôle important à Tulle, pendant la période révolutionnaire.

J.-C. Jumel était né à Paris en 1751 ; il fut prêtre, — aumônier de l'École militaire en 1782. — Il fut aussi un des héros de la Bastille. — Il vint à Tulle, en qualité de vicaire épiscopal, (aujourd'hui vicaire général) de l'évêché de la Corrèze, en octobre 1791. — Il fut admis à la société des Amis de la Constitution le 26 décembre de cette même année.

J.-C. Jumel fonda un journal qui avait pour titre l'*Observateur Montagnard* ; le premier numéro nous semble être celui du mois de mai 1793 (an second de la République). On y lit : *La grande colère du Père Duchêne contre la grande assemblée du département, tenue à Tulle, le 12 janvier et jours suivants de l'an second de la République*.

Jumel fut nommé membre du district de Tulle par le représen-

*Séance du septième jour de la troisième décade
de l'an deuxième (18 octobre 1793)* ( )

Un citoyen membre de la société de Ségur, dépose sur le bureau, pour les prisonniers du 1er bataillon de la Corrèze, une somme de 29 livres 9 sols en numéraire et celle de 67 livres 15 sols en assignats.
— «Le petit Duché, fils de Duché, l'orfèvre, a présenté 6 ll. en numéraire.»

« On a fait lecture d'une lettre de la société de Corrèze qui témoigne son étonnement de la disette de grain qui est à Tulle, et qui dit qu'elle a nommé des commissaires pour parcourir la commune et les engager à porter l es grains à la ville ».

Un membre a fait la motion de nommer des commissaires pour inspecter les marchés afin de déjouer les manœuvres des malintentionnés. — Ce citoyen a fait

---

tant du peuple en mission Lanot, en brumaire an II (novembre 1793).

Il fut ensuite professeur à l'école centrale de la Corrèze, à Tulle, en 1798. — Il quittait Tulle en 1803.

Il s'était marié à Tulle, le 10 nivôse, an II, alors qu'il était administrateur du district. Il avait épousé Jeanne Peuch, fille mineure de Gabriel-Paul Peuch, marchand, et de Toinette Baluze. Les témoins du mariage étaient Jacques Brival, représentant du peuple ; Joseph-Anne-Sauveur Vialle, agent national près le district de Tulle ; Jean-Baptiste Juyé, administrateur du district ; Malepeyre, vice-président du département de la Corrèze. (Archives de la mairie de Tulle).

Jumel mourut, dit-on, aux environs d'Avallon, en 1824.

(1) Le 5 octobre 1793, la Convention adoptait le calendrier républicain avec la dénomination des mois et des jours comme suit ;

AUTOMNE. — Du 22 septembre au 22 décembre.

Octobre : *Vendémiaire*, du mot *vendemia*, qui signifie vendanges.
Novembre : *Brumaire*, des brumes et brouillards, qui annoncent dans ce mois le commencement de l'arrière saison.
Décembre : *Frimaire*, des frimats.

HIVER. — Du 22 décembre au 22 mars.

Janvier. *Nivôse*, du mot *nivis*, qui signifie neige.
Février : *Ventôse*, du mot vent.
Mars: *Pluviôse*, des pluies qui tombent ordinairement pendant ce mois.

PRINTEMPS. — Du 22 mars au 22 juin

Avril : *Germinal*, pour indiquer que c'est dans ce mois que la terre, précédemment fécondée, commence à faire reparaître ses bienfaisants produits.
Mai : *Floréal*, du mot *flor*, qui signifie fleur.

part des mesures prises par la commune [de Tulle] à cet effet, ce qui a satisfait la société.

Sur la proposition d'un membre, le président nommera, tous les dimanches, douze membres qui inspecteront les marchés pendant la semaine ; ils seront quatre par section.

La citoyenne Roussel a donné 20 ll. en numéraire ; le cit. Valade, 3 ll. ; le cit. La Combre [Lacombe], 2 ll. 8 s. pour les prisonniers du 1er bataillon.

Deux commissaires sont envoyés auprès du département pour l'engager à nommer des commissaires chargés de se rendre à Aurillac pour savoir quelle est la nature des troubles qui se manifestent dans le département du Cantal.

« Des commissaires, de retour des communes, ont dit qu'on devait la pénurie des denrées dans la ville aux insultes que l'on fait journellement aux cultivateurs et ils ont demandé qu'on sévisse vigoureusement contre les femmes ».

« Des visites domiciliaires ont été arrêtées, et on a statué que des commissaires seraient envoyés à la commune pour les demander. »

Il est arrêté « qu'on ne lirait que les pétitions de ceux qui se sont rendus dans la maison d'arrêt, et que

---

Juin : *Prairial*, du mot prairie, pour marquer que c'était à cette époque qu'on les dépouille.
    Eté. — Du 22 juin au 22 septembre
Juillet : *Messidor*, du mot *messis*, qui signifie moisson.
Août : *Fervidor*, du mot *fervidus*, qui signifie brûlant.
Septembre : *Fructidor*, du mot *fructus* : fruits.
 Plus tard, les noms des mois furent légèrement modifiés : *Pluviôse* vint avant *Ventôse* et *Fervidor* fut changé en *Thermidor*.
 Les jours des décades furent : Primidi — Duodi — Tridi — Quartidi — Quintidi — Sextidi — Septidi — Octidi — Nonodi — Décadi.
 Les jours complémentaires, dit Sans-Culottides, étaient consacrés à des fêtes nationales : le 1er on devait célébrer la *fête des Vertus* ; le 2e celle du *Génie* ; le 3e celle du *Travail* ; le 4e celle de l'*Opinion* ; le 5e celle des *Récompenses*.
 Tous les quatre ans on devait célébrer le jour bisextile par la Sans-Culottide et « tous les Français renouvelleront leur serment chéri, celui de vivre et de mourir libres et républicains ».

l'on attendait que le comité de surveillance eut donné connaissance des motifs qui ont déterminé à mettre en arrestation les détenus. »

Les commissaires envoyés auprès des représentants du peuple ont rapporté que dès le lendemain, un commissaire serait envoyé à Aurillac.

Au sujet des certificats de civisme, il est décidé que :

Le citoyen CARRAGNE aurait un certificat.

Les quatre LASALVANIE n'en auraient pas.

François LAGIER fils, n'en aurait pas.

Marie-Catherine LAGIER n'en aurait pas.

Louise-Thérèze LAGIER n'en aurait pas.

Marie LAGIER, femme Saint-Priech, en aurait un.

Que *Catherine* LAGIER et *Marie-Jeanne* LAGIER n'étaient pas dans la loi à cause de leur âge.

Catherine LACOSTE, femme de DAUBECH, la femme de LAMAURE, citoyenne DAUBECH n'en auront point. La citoyenne *Fénis* LACOMBE est exceptée de la loi à cause de son grand âge.

DUFRAYSSE mère, et DUFRAYSSE, fille aînée, *refusé*. Le citoyen MOUSSOUR, sa femme, son fils et sa fille ont obtenu le certificat, de même que le cit. GERMAIN et sa femme. — La citoyenne veuve BASSALER est mise au rang des infirmes, mais son fils et ses deux filles n'ont pas obtenu de certificat.

Séance du 8ᵉ jour de la 3ᵉ décade de l'an 2
(19 octobre 1793)

Continuant la discussion sur l'obtention des certificats de civisme, l'assemblée décide que « le citoyen CHADABEC, à cause de son patriotisme généralement reconnu a obtenu un certificat, quoiqu'il ait un frère prêtre émigré.

« Le citoyen GUEUIL l'a obtenu et il a été refusé à son père. — Le citoyen BALUZE, fils du maire, l'a obtenu. — La citoyenne LAPORTE, dont le fils est au bataillon, *Louisa* LAPORTE, femme de RAMOND, *Louise* LAPORTE, vieille tante, et *Léonard* DUCROS, menuisier, ont aussi obtenu leur certificat de civisme.

Il est arrêté que tous ceux qui ont obtenu ou obtiendraient un certificat de civisme, prêteraient le serment civique.

Le président fait lecture de la liste des gens suspects, dressée par le comité des neuf, ainsi que les motifs de suspicion à leur égard.

Le citoyen Laval, détenu à la maison d'arrêt, adresse une pétition pour obtenir un certificat de civisme. On vote : 36 voix pour, 63 voix contre. — Laval n'aura pas de certificat.

Des remerciements sont votés au comité des neuf « pour leur discernement et leur courage à dénoncer les faits anti-civiques des mauvais citoyens. »

Séance du 9ᵉ jour de la 2ᵉ décade de l'an 2
(20 octobre 1793)

Sur leur demande, les citoyens Perrier et Moncourrier, de la société d'Ussel, sont associés à celle de Tulle. — Le citoyen Firmigier est inscrit sur la liste des candidats à l'admission dans la société. — Le citoyen Villedieu offre 30 sols pour les prisonniers du 1ᵉʳ bataillon.

On propose de faire mettre le lard à très bas prix pour empêcher que les cultivateurs donnent le grain à manger à leurs cochons. — Remis à plus tard.

Il est décidé qu'on écrirait au comité de salut public pour rendre témoignage de la bonne conduite que le citoyen Berthelmy a tenu pendant son séjour à Tulle. Cependant il a été enjoint aux rédacteurs de marquer au comité que la société ne comptait influencer en rien le jugement du citoyen Berthelmy, que s'il était coupable, les membres verraient tomber sa tête avec plaisir. — Les citoyens Béral et Jumel ont été nommés commissaires et ont été engagés à s'occuper de cette lettre dans la soirée même, afin de la faire partir par le courrier de demain. » (1)

Séance du 10e jour de la 3e décade de l'an 2 (21 octobre 1793)

Après la lecture des papiers publics, on donne communication d'une lettre du cit. Barthelmy, adressée au cit. Lafond. Cette lettre est écrite de la prison de l'abbaye à Paris.

Le cit. Saint-Amour verse 3 ll. pour les prisonniers.

Sur une demande de la soc. d'Egletons, il est décidé qu'elle ne serait pas affiliée avant d'avoir prouvé qu'elle était déjà affiliée à deux sociétés voisines.

Deux membres de la société de Saint-Pardoux offrent 17 livres en numéraire, 27 livres 5 sols en assignats et sept chemises pour les prisonniers du 1er bataillon.

Le cit. Brival s'étant opposé à l'exécution des réparations à faire à la salle du chapitre, disant qu'elle était nécessaire pour établir un grenier d'abondance, l'assemblée décide d'installer la salle du palais pour tenir les séances de la société.

Séance du 1er jour de la 1re décade du 2e mois de l'an 2 (22 octobre 1793)

Une lettre de la société de Mauriac demande des secours en subsistances. — Il sera répondu que « nous ne sommes pas riches en grains et que l'on ferait

---

(1) Sur la proposition de Robespierre, au nom du comité de salut public, Berthelmy fut décrété d'accusation par la Convention nationale dans la séance du 24 septembre 1793. Il était accusé d'être le complice du général Houchard, commandant l'armée du Nord, dont il était le chef d'état-major général. — Le décret d'arrestation fut aussitôt exécuté et Berthelmy fut arrêté à Arras et conduit à Paris. — L'instruction se poursuivit lentement et le 9 thermidor survenant, Berthelmy en bénéficia. — Il sortit de la conciergerie le 20 de ce même mois.

des reproches à ce district d'avoir promis un prix exhorbitant pour les voitures, afin qu'à la faveur du gain du transport, il put attirer les grains chez lui. »,

Une lettre du cit. Taillefert, député du Cantal, adressée aux députés de la Corrèze, les tranquillise sur les faux bruits d'insurrection qu'on avait répandu.

Une députation du Comité de surveillance demande à connaître les dénonciateurs du curé qu'ils « disent avoir empêché les laboureurs de porter du blé dans la ville de Tulle ».Après discussion, on passe à l'ordre du jour.

Le cit. Burnel, commis au timbre, demande à être admis ; — il sera pris des renseignements à Versailles.

La citoyenne Brival, mère du député, demande un certificat de civisme. « Il a été déclaré qu'elle n'avait point donné de certificat (sic) de civisme depuis la Révolution ; cependant la société a arrêté qu'elle inviterait le comité de salut public à prendre en considération le grand âge de la citoyenne Brival. — La société a également arrêté qu'elle inviterait le comité de prendre en considération la citoyenne Vernéjoux.

On a dénoncé des faits inciviques de la société d'Ussel, et particulièrement des nommés Démichel, Brival, Delmas. — Les citoyens d'Ussel qui sont actuellement à Tulle seront priés de choisir les meilleurs citoyens de leur ville pour former une nouvelle société, et les représentants du peuple seront priés de dissoudre celle qui existe « comme étant gangrénée ».

Séance du 2e jour de la 1re décade de l'an 2
(23 octobre 1793)

Le citoyen Villeneuve étant absent, le citoyen Jumel préside.

Il est décidé que les certificats de civisme seront délivré dimanche prochain aux fonctionnaires.

Les citoyennes Catherine, Louise et autre Catherine

Dostan (les trois sœurs) de la commune de Darazac, ci-devant religieuses, prêtent serment et reçoivent l'accolade fraternelle du président en même temps qu'un certificat.

Le cit. Léonard Menot, porteur d'un diplôme d'une société républicaine est admis.

Le cit. Courtois donne une boucle de jarretière en argent pour les prisonniers de guerre.

La citoyenne Manan, de la commune d'Égletons, ci-devant religieuse, prête serment. Elle reçoit l'accolade du président, qui prononce un discours au sujet des quatre reilgieuses.

Il est donné lecture d'une lettre du cit. Rodarel, ci-devant commandant de la garde nationale de Tulle, par laquelle il sollicite un certificat de civisme qui lui est refusé. Le comité de salut public sera prié de prendre en considération le grand âge de ce citoyen.

Les deux commissaires du canton de Chameyrac présentent un rapport rédigé par le cit. Floucaud. Plusieurs dénonciations sont faites contre le curé constitutionnel de Saint-Germain et son vicaire, ainsi que contre le curé de Cornil qui « n'a jamais voulu reconnaître l'évêque constitutionnel ». Les cit. Floucaud, avoué, et Sarget et fils, présenteront ces dénonciations au département.

Séance du 3ᵉ jour du 2ᵉ mois de la 1ʳᵉ décade de l'an 2 (24 octobre 1793)

Après la lecture des papiers publics, les citoyens Cassin, Maublanc et Pierre Longeau, membres du comité de salut public de Limoges, ont fait part de nouvelles satisfaisantes de la Vendée.

Une lettre du citoyen Vachot, chef de brigade, annonce un échec éprouvé par l'armée du Rhin.

Conformément au règlement, l'abbé Saret, vicaire régent de Laguenne, qui demande à être admis, subira le stage de six mois.

Les citoyennes Catherine Dumas, Soulages, Toinette Leygonie, Marie-Louise Murayac, ci-devant religieuses au couvent de Sainte-Claire, d'Argentat, et les citoyennes Madeleine Dumas, Toinette Dufaure, Jeanne Testu, aussi ci-devant religieuses de Sainte-Ursule, prêtent serment, reçoivent l'accolade fraternelle du président et un certificat de civisme.

Il est fait lecture d'une lettre du comité de surveillance de Cornil. « Le peu de fondement que la société y a trouvé », l'a fait passer à l'ordre du jour.

La veuve Villeneuve verse 5 ll. en assignats pour les prisonniers de guerre.

Le citoyen Constant, voiturier et marchand de vin, déclare que le vin est taxé à un prix trop élevé ; il annonce que le lendemain, jour de foire, il le livrera à dix sols la pinte. « Après une longue discussion il a été délibéré qu'il serait fait des remerciements au citoyen Constant. » Ce même citoyen propose de taxer la voiture de vin venant du Puy d'Arnac à 2 livres 10 sols la baste et 3 livres pour Beaulieu « en ne fournissant pas le fourrage » pour les animaux de trait. — Pas de décision.

Les citoyens Béral aîné et Dumas, marchand, sont chargés de prendre des renseignements auprès du département au sujet d'une somme de « mille louis », provenant du ci-devant Default, frère Alexis, apothikaire de la communauté de Toulouse, qui aurait été perçue par le P. Mari, ci-devant provincial des Récollets, laquelle somme devait revenir à la Nation.

Une dénonciation de plusieurs gens suspects n'étant pas signée, n'est pas prise en considération.

« Il a été fait plusieurs motions sur les marchands en gros et en détail, relativement à la fixation des denrées et sur les accaparements, ainsi que sur les causes de leur renchérissement. Après plusieurs discussions, il a été délibéré qu'il serait fait une adresse à la Convention nationale tendant à autoriser les petits marchands en détail à ne payer leurs marchandises dues aux marchands en gros depuis un an, ou plus, que jusqu'à l'époque de six mois, selon leur renchérissement. »

« Le président a invité tous les membres de la société à dénoncer tous les marchands qu'ils pourraient surprendre d'accaparement. »

Séance du 4e jour du 2e mois de la 1re décade de l'an 2

(25 octobre 1793)

La citoyenne Claude, de la Malaurie, verse 5 livres pour les prisonniers de guerre, et le cit. Lapeyre, aussi 5 livres en numéraire.

Une adresse de la société des Sans-Culottes de Montauban, envoyée à la Convention nationale, demande « qu'en attendant que la Constitution républicaine s'exécute, tout procès sera jugé par un jury patriotique sur défenses verbales et sans frais. La société a délibéré que pareille adresse serait envoyée à la Convention. »

Une adresse de la société républicaine de Rouen est lue, relativement à l'assassinat commis par les anglais, dans la ville de Toulon, sur le représentant du peuple Beauvais. — Il est décidé que pareille adresse sera envoyée à la Convention.

Le citoyen Finette est dénoncé comme espion de Puyhabilier. — On passe à l'ordre du jour.

Un certificat de civisme est délivré au citoyen Dubois, gardien de la prison.

Un membre, commissaire de la société républicaine

de Limoges, dit qu'il paraissait que la détention des gens suspects n'était qu'un jeu ; qu'ils étaient entourés de tous leurs parents qui ne faisaient que solliciter leur liberté, et qu'il s'en suivait des considérations particulières qui deviendraient très funestes pour la sûreté de la République. Il a proposé à ce sujet de faire un échange des détenus du département de la Corrèze avec celui de la Haute-Vienne. — Cette motion, mise aux voix, a été adoptée avec enthousiasme à l'unanimité. »

Il sera fait une adresse à la Convention nationale à ce sujet et le comité de salut public de Tulle sera invité à prendre les mesures nécessaires.

Ordre est donné au gardien de la prison pour que toutes les mesures utiles soient prises afin d'éviter l'évasion des prisonniers.

Le citoyen MAURI, gardien de la prison, obtient un certificat de civisme. Le citoyen AUDIBERT, aussi gardien de prison, est ajourné jusqu'après décision du comité de salut public. — ROUX, cordonnier, *accordé*. — LESPINAT père, *refusé*. — BLEYGEAC, concierge, *accordé*. — MOMORT, tailleur ; — DODO et MURAT, cordonnier, *accordés*. — COLIN, concierge de la maison ci-devant Récollets, *refusé*. — ROBERT, rapeur ; BACHELLERIE, sabotier, *accordés*. — MALAURIE, maçon ; FARGES, huissier, *refusés*. — Antoine BUISSON, tailleur ; *Léger* MALOMBRE, journalier ; VERGNE, papetier ; ESTORGES, corroyeur, *accordés*. — *Antoine* FAUX *ajourné*. — *Pierre* FAUX, dit *Beauséjour, refusé*. — *Jean* PLAISANCE, *refusé*. — *Pierre* MONGONELLI, charpentier, *ajourné*. — Jean-François GAROUX ; LACROIX, sabotier ; TRUEIL, recouvreur, *accordés*.

Tous les sus-nommés devront paraître à la séance du dimanche suivant afin qu'ils soient connus de tous les membres de la société. »

« Un membre a proposé de prendre tous les moyens possibles pour procurer du travail aux réclusés du séminaire, comme s'ennuyant de ne rien faire, en les faisant filer, faire des guêtres, des chemises pour les volontaires qui volent à la défense de la patrie. — Cette proposition est adoptée comme aussi qu'elles n'auront d'autres promenades que la cour » (1).

Séance du 5e jour du 2e mois de la 1re décade de l'an 2 (26 octobre 1793)

Le président Villeneuve étant absent, le citoyen Jumel préside.

La citoyenne Durieux, de la commune de Monceau, ci-devant religieuses des ursulines d'Argental, prête serment et reçoit un certificat.

Il est fait lecture des papiers publics, d'une adresse envoyée à la Convention par la société des Amis de la République de Gourdon et d'un discours de son président.

« Un membre a lu une lettre du citoyen Borie, député de la Corrèze, envoyé à l'armée du Rhin, faisant un détail de l'échec de notre armée républicaine, des trahisons qui s'y sont commises, ainsi que de la prise de Wissembourg, par l'armée des tyrans. »

Les cit. Béral et Dulignon iront faire part au comité de salut public, de la décision prise au sujet de l'échange des prisonniers entre la Corrèze et la Haute-Vienne. Les mêmes cit. inviteront le comité de salut public à donner la liberté au citoyen Montel, détenu dans la maison d'arrêt, comme ayant été présenté à la société, afin de connaître de lui plusieurs rensei-

---

(1) L'ancien séminaire servait de maison d'arrêt pour les femmes. Les prêtres réfractaires étaient détenus dans l'ancien couvent des Récollets.

gnements de conspiration et ayant répondu franchement tout ce qu'il pouvait savoir, il a été reconnu qu'il n'était pas un des chefs des conspirateurs du tout, mais seulement un être passif et repentant de tout ce qu'il avait pu faire de mal. Plusieurs membres ont aussi rendu compte de la bonne conduite qu'avait tenu le citoyen Montet, à la Vendée. Il a lui-même dit qu'il y serait encore s'il n'avait pas eu la fièvre, et qu'il était prêt à y retourner. »

Une motion est faite pour obtenir qu'il fut imprimé une liste « de tous les citoyens qui n'ont pas constamment montré du patriotisme depuis le commencement de la Révolution ». Refusé.

Séance du 6e jour du 2e mois de la 1re décade de l'an 2 (27 octobre 1793)

Le président Villeneuve absent, le cit. Jumel préside.

On passe à l'ordre sur une adresse de la société populaire de Caen.

Il sera envoyé une adresse à la Convention nationale, demandant « que tous les fonctionnaires publics et corps administratifs en général, ensemble ceux élus par le peuple, fussent soumis à avoir un certificat de civisme et que aucun administrateur ne pourrait être membre du comité de salut public. »

Il est fait lecture d'une adresse qui sera envoyée à la Convention nationale relativement à la diminution des viandes de bœuf et de cochon.

La commune des Angles a versé 19 livres 16 sols 6 deniers en numéraire et 16 livres 6 deniers en assignats.

Les membres « pris de vin et présents à la séance » seront censurés et renvoyés.

Certificats de civisme à donner aux fonctionnaires publics non élus par le peuple. — Ont obtenu le certificat : Barthélémy Juyé, avoué ; Pierre Floucaud vieux ; Joseph Laval cadet ; Bussières, notaire et administrateur du département ; Gabriel Moussours, avoué ; Floucaud jeune, avoué ; Floucaud père, notaire ; Julien Dulac ; Brugeau, notaire ; Jean Bardon, huissier public ; Jean Vauzanges père, huissier ; Bardon, huissier, qui a été à la Vendée ; Agnoud, huissier ; Contrastin, huissier ; Sargel, père, greffier ; Jean Sage, huissier, qui a été à la Vendée ; Agnoud, huissier ; Contras-Mazin, huissier ; Pierre Vianne, huissier ; François Besse, huissier ; Léger Rabès, père, huissier ; Pierre Valade, huissier ; Michel Vauzanges aîné, huissier ; Noël Védrennes, huissier ; Nicolas Rochemont, huissier ; Sales, huissier (fils cadet) ; François Martial, père, huissier ; Courtillac, huissier ; Jean Soleilhavoup, huissier du juge de paix ; Jean Vauzanges fils, huissier ; Pierre Vergne, huissier ; Joseph Leyrat, huissier ; Blaise Eyrolles, expert ; Léger Chastanet ; Joseph Morel, huissier ; Martial Duval, huissier ; Marie Filiol, épouse de Terrioux, de Lagarde ; Ludières, juge de paix.

Ont été refusés :

Paraud, huissier ; Vincent Farges, huissier ; Guillaume Goujon ; Jean Pimont, huissier.

Ont été renvoyés à leurs communes respectives :

Jean Terrioux, de Corrèze ; — Jean Terrioux fils, de Corrèze ; — Antoine Terrioux, notaire à Corrèze.

Le citoyen Lanot, représentant du peuple, a lu une lettre de son frère, qui est à l'armée du Rhin, où il fait l'éloge du citoyen Baluze, gendarme. Le citoyen Lanot a demandé qu'il fut écrit au ministre de la guerre pour lui faire obtenir une place d'officier à l'armée du Rhin, ce qui a été adopté à l'unanimité. — Le citoyen Jumel doit en faire la rédaction de suite. »

Séance du 8ᵉ jour du 2ᵉ mois de l'an 2
(29 octobre 1793)

Les papiers publics annonçant « la destruction totale des brigades de la Vendée » ont été lus et applaudis. — Il en est de même pour ceux concernant les armées du Nord.

« Un citoyen, arrivant de la Vendée, a été introduit à la séance, en y apportant une branche de laurier accompagnée d'un ruban tricolore. — Il a parlé de la défaite totale des brigands et qu'il ne devait pas en exister aucun. Il a été entendu avec enthousiasme et vivement applaudi, il a été ensuite délibéré que le canon serait tiré le lendemain, et qu'il serait fait une farandole, et que la municipalité prendrait tous les moyens pour célébrer cette fête mémorable. »

Il est fait lecture d'une autre lettre donnant des détails sur le voyage du 1ᵉʳ bataillon de la Corrèze jusqu'à Montauban, où il a reçu l'ordre de rétrograder pour se porter au département de la Lozère, où il y avait quelque insurrection. »

On lit encore un discours du commissaire supérieur de l'armée révolutionnaire du département du Lot au général Riclon, ainsi qu'un autre discours prononcé par le citoyen Grivel, commandant le 1ᵉʳ bataillon de la Corrèze, aux Montalbanais, à l'occasion de la réception du drapeau qu'on leur a offert.

Lecture est faite de deux lettres des citoyens Rabès et Pourchet, gendarmes, au sujet de « la défaite totale de l'armée des brigands ». Elles sont applaudies. — Il est décidé qu'on écrirait une lettre de félicitations aux gendarmes de la Corrèze, en raison du courage qu'ils ont montré dans la guerre de la Vendée.

« Les citoyens composant le directoire de la Corrèze ayant délibéré d'offrir au citoyen évêque du département de la Corrèze, un bonnet rouge et une pique, en échange de sa mitre et de sa crosse, et ayant envoyé ce nouveau et simple apanage à la société, comme réintégrant le service du culte dans sa simplicité originaire, duquel les prêtres ne l'ont que trop longtemps trompé. Ce nouvel apanage comme devant détruire les anciens préjugés a été accepté avec le plus grand transport et avec les plus vifs applaudissements par la société. — Il a été délibéré à l'unanimité qu'elle lui serait présentée demain, lorsqu'on fera la farandole, afin que le citoyen évêque puisse s'en servir à la première décade.

« Un membre a demandé qu'il soit présenté au citoyen évêque une croix de bois au lieu de celle d'or. — La société a passé à l'ordre du jour. »

« Un autre membre a demandé que le citoyen évêque soit invité à donner sa bague à la première citoyenne qui épouserait un prêtre. — Cette motion est adoptée. »

La citoyenne Ampinat, de la commune d'Auriac, ci-devant religieuse, prête le serment civique et reçoit un certificat.

Les citoyens Machat, jeune, cordonnier, et Chaumette, sont nommés « gardiens-pourvoyeurs-cuisiniers » des prêtres réfractaires détenus dans la maison des Récollets.

Il est accordé des certificats de civisme aux citoyens dont les noms suivent:

Baudry, notaire, rue de la Barrière; — Boudrie, notaire (après longues discussions); — Gabriel Soleilhet, homme de loi; — Léonard Martinie; — Ludières, juge de paix; — Joseph Villeneuve, avoué (après plusieurs discussions pour et contre); — Gabriel Guirande, cadet (le certificat lui ayant été refusé, il lui est cependant accordé après discussion); — Jean-Baptiste Guirande, aîné; — Dubois, huissier; — Seguy, huissier ; — Delbos, porteur de contrainte (d'abord refusé, mais enfin accordé, après longues discussions) ; — Antoine Guillemy, fils aîné ; — Simon Guillemy, père ; — Bernard Guillemy, fils cadet.

Les citoyens Borie et Brousse sont chargés de prendre des renseignements sur le civisme du citoyen Luymège, notaire à Laguenne, qui a un fils blessé aux frontières.

Les citoyens Béral et Béril ayant recueilli des « renseignements de conspirateurs », détenus à la maison d'arrêt, disent qu'ils ne croient pas pouvoir en faire part à la société, mais seulement au comité de surveillance.

Séance du 10ᵉ jour du 2ᵉ mois de l'an 2
(31 octobre 1793)

Après la lecture des papiers publics, il a été lu une proclamation des représentants du peuple près l'armée de la Moselle et du Rhin, relativement à une armée révolutionnaire qui a été formée « pour dégager les entraves que causaient les approvisionnements de l'armée. »

Un imprimé annonce l'arrestation d'un particulier qui se trouvait dans la diligence de Brumat, et tenait des propos inciviques ; cet individu était porteur de 37.339 livres en or ou en argent. — Le conducteur de la diligeance a été aussi arrêtée.

On lit un extrait d'un procès-verbal d'une séance de la Convention nationale « qui décrète que les suppléants à la Convention, qui, dans les divers départements, auraient protesté, soit comme fonctionnaires publics, soit comme citoyens, contre les événements des 31 mai, 1ᵉʳ et 2 juin, ou qui seraient convaincus d'avoir participé aux mesures liberticides des administrateurs fédéralistes, ainsi que ceux qui auraient été suspendus de leurs fonctions, comme suspects, par les représentants du peuple envoyés dans les départements, ne seraient point admis dans son sein. »

D'après ce décret, la Convention nationale demande à la société républicaine de Tulle de lui donner des renseignements à ce sujet en ce qui concerne le citoyen Pierre Rivière, de Chamboulive, et Antoine Plazanet, de Peyrelevade, afin qu'ils soient à même d'en faire le rapport à la Convention nationale.

La société décide qu'elle s'en occuperait à la séance prochaine.

On passe à l'ordre du jour sur une demande du citoyen Tramond, qui voudrait faire changer d'arme son fils, caporal au régiment ci-devant Lionnais, pour entrer au bataillon de la Corrèze.

Les citoyens Malpeyre, Béral et Vialle sont nommés pour faire un rapport sur le renouvellement du comité de surveillance.

Le président annonce que le citoyen évêque est parti de Tulle, et ne sera de retour que lundi prochain. — Il n'a donc pu répondre à la proposition qui lui a été faite par écrit, par le président, au sujet de la substitution d'une pique et d'un bonnet rouge en remplacement de sa crosse et de sa mitre.

Le citoyen Lafond, de Meymac, est dénoncé par une lettre anonyme. — On passe à l'ordre du jour.

Séance du 1er jour de la 2e décade du 2e mois de l'an 2 (1er novembre 1793)

Il a été délibéré à l'unanimité que le citoyen Jolibois préparerait la cuisine pour les prêtres réfractaires détenus aux Récollets.

Le citoyen Vassal (sic), demande par lettre un certificat de civisme. — Renvoyé à la prochaine séance.

La discussion sur les renseignements à donner au

sujet des citoyens Rivière et Plazanet est remise à la séance suivante, les sociétaires étant en trop petit nombre.

Les membres du département faisant partie de la société seront invités à assister à la prochaine séance afin de faire connaître les mesures prises et à prendre en ce qui concerne les subsistances « les égoïstes, les gros propriétaires et les accapareurs. »

Le maire de Tulle remet sur le bureau 74 livres 11 sols, en numéraire, pour les prisonniers de guerre du bataillon de la Corrèze, détenus en Prusse.

Séance du 14e jour du 2e mois de l'an 2 (4 novembre 1793)

Antoine Roussarie, charpentier, de Tulle ; — Sage, huissier public, à Tulle ; — Pourville, huissier public, à Tulle, ont été présentés et appuyés. — Les règlements seront suivis.

« Une dépêche arrivée au département, dont lecture a été faite à la société, apprend que le traître Lidon s'est brûlé la cervelle à Terrasson, après avoir tiré trois coups de feu sur les gens d'armes qui voulaient l'arrêter, la société a rougi de l'avoir vu dans son seing, et a placé ses cendres dans l'urne du mépris : Comme cette lettre apprenoit que Lidon étoit dans le dessain de se rendre à Brive, aux termes d'un billet trouvé sur luy, il a été arrêté que le comité de surveillance seroit invité de surveiller celluy a qui le billet était adressé. » (1)

---

(1) Bernard Lidon était avocat à Brive. Il fut élu député à la Convention nationale en 1792. — Il vota la mise en jugement de Louis XVI. — Il vota *oui* sur la question de culpabilité. — Il vota l'appel au peuple. — Il vota la peine de mort et refusa d'accorder le sursis.

Accusé de coalition avec le parti girondin, il fut mis hors la loi dans la séance du 27 juillet 1793.

Ce n'est pas à Terrasson qu'il se suicida, c'est à la Géronie, petit

Le citoyen Juyé est élu président ; Dulac et Béral aîné sont élus secrétaires.

Les citoyens Dulac et Borie sont élus commissaires pour le recrutement et l'équipement des chevaux de la nouvelle levée.

La société de Ségur demande à être affiliée. — Le règlement sera suivi.

Des gens suspects se sont glissés dans la société d'Argentat ; — le secrétaire vient d'être arrêté. — Il est arrêté que cette société serait épurée : « les Sans-Culottes de cette société, depuis 1789, seront seuls admis à voter, » en présence des citoyens Dulac et Béral, qui se rendront à Argentat à cet effet.

Les cit. Béral et Pauphille se rendront auprès du département pour demander l'application de la loi sur l'exportation.

Séance du 15e jour du 2e mois de l'an 2

(5 novembre 1793)

Après la lecture des papiers publics, la société a vivement applaudi au jugement du tribunal révolutionnaire qui condamne à la peine de mort 21 membres de la Convention, convaincus d'être les auteurs du fédéralisme. » (1)

---

hameau près de Cublac, où il se cachait depuis quelques jours (14 novembre 1793).

La femme, le frère et la maîtresse de Lidon furent mis en arrestation aussitôt après sa mort.

Voir, pour plus de détails, *Les Législateurs Corréziens pendant la Révolution et le Consulat*, par Victor Forot.

(1) Rappelons les noms de ces vingt-et-un girondins morts à la fleur de l'âge, quelques-uns pleins de jeunesse et de talent :

Brissot, Gardien, et Lassource avaient 39 ans ; — Vergnaud,

La société arrête que le vilain *vous*, demeure banide la société, et qu'il sera remplacé par le mot *loi*; que tout membre qui ne se conformera pas au présent arrêté, sera rappelé à l'ordre.

Il est ensuite décidé que la société fera une adresse à la Convention par laquelle elle sera invitée à rendre un décret prononçant la dissolution des sociétés qui ne sont pas affiliées aux Jacobins de Paris, ou qui n'obtiendront pas une association à cette société mère.

La citoyenne Françoise Mas prête le serment civique.

Le citoyen Mercure Escure, de la commune de Sainte-Fortunade, retour de l'armée, à cause de son grand âge, est remplacé par son fils dans le même bataillon, est désigné pour garder les personnes suspectes qui sont dans les maisons d'arrêt de Tulle.

Il est décidé que pendant trois jours le crieur public annoncera que la discussion sur les certificats de non suspicion est à l'ordre du jour de la société et que ceux qui, dans ce délai de trois jours, ne se présenteront pas ne seront pas entendus.

Séance du 16e jour du 2e mois de l'an 2
(6 novembre 1793)

Marianne Viladard, ci-devant religieuse à Argentat, prête serment, de même que Jeanne Villadard, ci-devant sœur de Nevers, et Françoise Linard, ci-devant religieuse à Argentat. — Elles reçoivent l'accolade fraternelle du président.

Gensonn et Lehardy, 35 ans, Mainvielle et Ducos, 28 ans ; Boyer,— Fonfrède et Duchatel, 27 ans ; — Duperret, 46 ; — Carra, 50 ; — Valazé et Lacaze, 42 ; — Duprat, 33 ; — Sillery, 57 ; — Fauchet, 49 ; Lesterp-Beauvais, 43 ; — Boileau, 41 ; Antiboul, 40 ; — Vigé, 36 ans.

A l'avenir, la société ne devra donner aucune marque d'approbation ou d'improbation lorsqu'une ci-devant religieuse se présentera à la séance.

Ont obtenu des certificats de non suspicion : Antoine Lacombe, géomètre, membre de la société ; — Latreille, notaire à Saint-Hilaire-le-Peyroux ; — Jean Léonard Meynard, de cette même commune.

Les certificats ont été refusés à : Rochefort, de Tulle, à sa mère et à sa fille. Ont été ajournés, jusqu'à ce qu'ils se soient présentés : la citoyenne Arancourt ; Pimond, huissier ; — Baluze, fille.

Les citoyens Rivière et Plazanet, députés à la Convention nationale, ont été renvoyés à la prochaine séance. Celui du citoyen Hamo lui a été refusé après longue discussion.

Séance du 17ᵉ jour du 2ᵉ mois de l'an 2
(7 novembre 1793)

« Après la lecture des papiers publics, il a été donné connaissance à la société d'une lettre de la société populaire de Brive, relative au fourbe Merliac, et il a été arrêté : 1° qu'il serait écrit au ministre de la guerre pour luy témoigner la surprise de la société de voir un hypocrite dangereux placé à un poste important, pour la République, au moment où la société l'a dénoncé comme un traître qu'il est. — 2° Qu'il serait écrit au comité de salut public pour l'instruire de la nomination de Merliac et luy dénoncer le ministre de la guerre qui a fait cette nomination au mépris des avis d'une société qui le connaît, que sa conduite depuis la Révolution sera détaillée au comité de salut public ; qu'il lui sera envoyé toutes les dénonciations faites contre Merliac ; — qu'il sera écrit à la société populaire d'Angers, de Brive et de Lorient pour les inviter de surveiller ce traître et de demander son arrestation. » (1)

Lecture faite d'une lettre de la société populaire de Tulle, on a passé à l'ordre du jour, eu égard à la situation physique de Treignac. » (2)

Le citoyen Eloy André sollicite un secours pour se rendre à son poste. — Le département sera invité à donner ce secours, le juge de paix ayant fait arrêter ce citoyen.

L'ordre du jour appelle la discussion des certificats de civisme des citoyens Rivière et Plazanet. — Il est décidé : que l'arrêté du département qui dévoile les sentiments de ces deux députés serait envoyé au comité des décrets et qu'il leur serait répondu qu'il n'est pas à la connaissance de la société que ces deux membres de la Convention ayent protesté parce qu'ils étaient absents, mais qu'il leur sera donné connaissance de la vie privée et politique de ces citoyens. » Les citoyens Dulac et Desprès sont chargés de rédiger cette adresse.

Une dénonciation contre Béral jeune est remise au lendemain.

Le citoyen Tersat, capitaine au 3ᵉ bataillon de la Corrèze, reçoit un certificat de civisme, ainsi que la citoyenne Meynard, épouse de Fénis Laprade. « La cit. Meynard, sa mère, ayant obtenu la parole, a remercié la société et a présenté un étuy d'or, dont la citoyenne Meynard fait le don aux volontaires de la Corrèze. Elle a observé qu'elle l'aurait plus tôt offert si la société avait eu à juger son civisme. » Les ci-

---

(1) Au sujet de M. Gibert de Merliac, voir *L'An 1789 en Bas-Limousin* et *L'Année de la Peur à Tulle*, par Victor Forot.
(2) Cette phrase, peu compréhensible, doit contenir une erreur ; au lieu de « la société populaire de *Tulle* », il faut lire, je crois, « la société populaire de *Treignac* ».

toyens Bechenel, timbreur, et Marianne Blavez, sa femme ; Coustillard et Laffon, obtiennent un certificat de civisme. — Avant d'accorder ceux des citoyens Baray et Martin, imprimeurs, la société prendra des renseignements à Limoges.

*Séance du 19 du 2e mois de l'an 2
(9 novembre 1793)*

« Le scrutin épuratoire étant à l'ordre du jour, le président est remplacé par le citoyen Dulignon et les secrétaires par les citoyens Reignac, Desforges et Bardon, officier de santé, comme les plus anciens. Sur la motion d'un membre, la société arrête que quiconque se permettra des personnalités sera rayé du tableau. — La liste ayant été lue par ordre de réception, ont été rayés du tableau, après discussions, ceux dont les noms suivent : » (1)

Des certificats de civisme sont accordés aux citoyens **Floucaud**, receveur ; Vialle, procureur syndic du district ; Béral, 3e officier municipal ; Dombret et Amat.

*Séance du 20 brumaire, l'an 2 de la R. F.
(10 novembre 1793)*

Un membre de la société populaire de Meymac dénonce le nommé Mary, de la dite commune, mais ne sachant pas écrire, trois commissaires sont nommés pour recevoir cette dénonciation, la transcrire et la présenter dans la prochaine séance.

Reignac, Desfarges et Floucaud sont adjoints aux membres chargés de faire la liste des membres de la société d'après les registres.

---

(1) Ici se trouve une page blanche, mais nous retrouverons ces noms, au moins en partie, dans la liste que nous publierons à la fin de notre travail.

Séance du 20 brumaire, an 2
(11 novembre 1793)

« Amable Rela, juge de paix de la section de l'Union, de la commune de Limoges, a remis sur le bureau sa lettre de greffier du point d'honneur, pour être brûlée, ce qui a été exécuté dans la salle. »

Une adresse demandant à la Convention nationale d'étendre l'effet de la loi relative au certificat de civisme jusqu'à tous les fonctionnaires publics est approuvée.

Il est passé à l'ordre du jour au sujet d'une adresse de la société d'Uzerche réclamant la destruction de la digue dite « le saut du saumon » qui se trouve sur la Vézère.

L'adresse relative aux députés Rivière et Plazanet est lue et approuvée. — Elle est envoyée aussitôt au comité des décrets.

Séance du 24 brumaire, an 2
(14 novembre 1793)

« Après la lecture des papiers nouvelles, sur la motion d'un membre, et après vive discussion, il a été arrêté que le cit. Brival, jeune, partirait en poste pour Paris, porter à la Convention, à la société mère des Jacobins, au tribunal révolutionnaire, au comité de salut public, le témoignage de la société et des corps constitués et de la garde nationale, de la bonne conduite du citoyen Barthelémy (sic) tant qu'il a demeuré dans le département de la Corrèze. — Cette adresse a été lue et approuvée, et il est demeuré arrêté que le cit. Béral partirait le lendemain à midy pour le plus tard. »

Il est fait lecture d'une lettre du comité des décrets au sujet du suppléant de Lidon. On passe à l'ordre du jour, la société ayant « déjà satisfait à cette invitation. »

« On a ensuite fait lecture d'une lettre du picard Ludien (?) professeur d'humanité à Tulle et la société a arrêté qu'elle serait brûlée et que les cendres luy seraient adressées.

« Suit la teneur des pouvoirs donnés au c. L. Béral, commissaire :

« La société populaire de Tulle, chef-lieu du département de la Corrèze, instruite que le cit. Berthelemy... de l'état-major de l'armée du Nord, est accusé et poursuivi devant le tribunal révolutionnaire, que pendant qu'il a demeuré dans le département de la Corrèze il a constamment montré le patriotisme le plus ardent, qu'il a été un des fondateurs de la société et a été un des premiers qui aye élevé l'esprit public à la hauteur des circonstances, arrête : 1° qu'il sera fait une adresse à la Convention nationale, dont copie sera portée à la société mère des Jacobins et au tribunal révolutionnaire attestant les faits et démarches civiques dont elle a été témoin. — 2° Que la société mère sera invitée à veiller à ce que la vengeance nationale s'appesantisse promptement sur sa tête s'il est coupable, ou qu'il soit justifié s'il est innocent. — 3° La société nomme pour porter son adresse et copie du présent arrêté aux Jacobins, au tribunal révolutionnaire et à la Convention, le citoyen Louis Béral, officier municipal, l'un de ses membres, qui demeure chargé de partir sur le champ pour se rendre à sa destination et remplir sa mission avec zèle et l'activité dont il est capable.

« La séance est levée le 24, à une heure après-minuit. »

Séance du 25 brumaire, l'an 2 de la R. une et ind.
(15 novembre 1793)

François Ramade, membre de la société populaire de

Beynat, remet sur le bureau une somme de soixante-dix livres en numéraire pour être envoyée aux volontaires du premier bataillon de la Corrèze détenus en Prusse. « La société a arrêté qu'il serait fait mention honorable de ce don fait par les républicains de Beynat. »

Les citoyens Mitreau et Labesse, ce dernier ci-devant prêtre, actuellement volontaire du 5e bataillon de la Corrèze, demandent et obtiennent des certificats.

Séance du 27 brumaire, an 2 (1)
(17 novembre 1793)

Séance du 1er frimaire (21 novembre 1793)

Le citoyen Juyé préside et « le citoyen Jumel fait le rapport des circonstances qui ont accompagné la mort de l'infâme Chambon. La société a applaudi à cette nouvelle et la narration a été terminée au milieu des cris de vive la République ! » (2)

Des commissaires envoyés par la société populaire de Brive présentent une lettre « portant invitation à celle de Tulle de renouveler entre les deux sociétés les sentiments fraternels qui les unissaient autrefois et d'établir une correspondance suivie entre elles. — Cette lettre invitait encore la société de Tulle de s'intéresser au c. Bedoch, membre de la société populaire de Brive et président du comité de surveillance de Brive, mis en état d'arrestation par le comité de surveillance central. » — Après une vive discussion de laquelle ressortent « les causes qui ont ralenti l'esprit public de

---

(1) La date de cette séance est seule indiquée, le reste de la page est en blanc.
(2) Voir *Les Législateurs Corréziens*, par Victor Forot, pour les détails.

Brive et retardé dans cette commune les progrès révolutionnaires », la société passe à l'ordre du jour sur les diverses mesures proposées relativement à Bedoch, et arrête « qu'avant de rétablir entre les deux sociétés les relations proposées, elles s'enverront mutuellement le tableau des membres respectifs qui composent les deux sociétés. »

Un membre de la société de Lubersac fait une narration de la mort du scélérat et traître Chambon et assure que les Sans-Culottes de Lubersac, longtemps trompés par le monstre, avaient abjuré leurs erreurs, étaient disposés aujourd'hui à embrasser toutes les mesures révolutionnaires qui tendraient à affermir la république. — Le commissaire de la société de Lubersac déclare qu'il était prêtre et qu'il a abdiqué le métier pour se consacrer à la défense de la patrie et il assure qu'il va partir.

Séance du 28 brumaire, l'an 2 de la R. F.
une et indivisible
(18 novembre 1793)

Un sociétaire demande que les membres du comité de surveillance soient renouvelés avant le départ du citoyen Lanot, représentant du peuple. Il est arrêté qu'il serait choisi huit commissaires pris dans les quatre districts, en nombre égal, à l'effet de former une liste, composée de 50 membres, qui serait présentée au représentant du peuple, qui choisirait sur ces 50 personnes, 12 membres devant former le comité de surveillance.

Les commissaires sont aussitôt nommés et se retirent de la séance pour former la liste.

Le citoyen Bettinger est dénoncé pour avoir fait fabriquer de mauvaises armes pour les défenseurs de la patrie. — Le citoyen Bettinger est appelé et entendu ,« luy et ses ouvriers » ; la société le reconnaît coupable et arrête que « l'interrogatoire et les réponses de l'accusé seraient gardés en minute et que copie ien serait adressé au comité de surveillance qui la ferait parvenir au comité de salut public, après en avoir retenu expédition. » Les citoyens Monteil, tailleur, et Dulac ,sont chargés de l'affaire auprès du comité de surveillance.

« Les huit membres chargés de faire la liste des 50 en ont fait lecture à la société, qui les adopte. » (1)

Séance sans date (2)

Mention honorable est faite de la conduite du citoyen Drapero.

« La société passe à l'examen des jeunes gens qui, pour se soustraire à la réquisition, ont eu la lâcheté de se réfugier dans la manufacture en qualité d'apprentis. Il est donné lecture de l'arrêté des représentants du peuple à ce sujet et un membre demande qu'il ne reste à la manufacture que les jeunes gens vraiment propres à la fabrication des armes « et qui ont pris le métier en vue de mieux servir la République ».

Il est donné lecture de la liste des jeunes gens qui depuis peu sont entrés dans les ateliers de la manufacture en qualité d'apprentis : « Teyssier fils ; Ribeyrolle et Saulange se sont attirés le mépris de la société. Le premier, mandé par la société, a paru au milieu des huées, et après quelques interrogations qui lui ont été faites par le président, la société s'est con-

---

(1) Ici se trouve une page blanche, au verso de laquelle on lit la suite d'une séance qui doit être celle du 30 brumaire.
(2) Le commencement du procès-verbal de cette séance manque au registre.

vaincue que ce citoyen était plus tôt digne de la maison d'arrêt que de porter les armes pour la défense de la liberté. »

Après de longues discussions, il a été arrêté que « si tous les jeunes gens qui, en fraude de la loy s'étaient mis dans la manufacture ne s'empressaient pas d'aller se faire inscrire, la société prendrait des mesures, auprès du comité de salut public, pour les faire mettre à la maison d'arrêt. »

Meneyrol et Plaisance ont été jugés propres à la fabrication des armes, comme connaissant leur métier.

« Un membre demande que tous les commis de la manufacture qui sont jeunes gens et presque muscadins, soient remplacés par des pères de familles et qu'ils partent pour les frontières... ; deux commissaires seront envoyés vers l'administration de la manufacture pour l'engager à faire remplacer dans le plus bref délai tous les jeunes gens, afin qu'ils puissent partir pour les frontières. »

Il est décidé qu'une relation de la mort de Chambon serait immédiatement envoyée à la Convention nationale. — On arrête que la séance du lendemain sera spécialement affectée à la discussion des certificats de civisme réclamés par les officiers du 1er bataillon.

La séance est levée à 10 heures du soir (1).

Séance du 2 frimaire de l'an second de la République française, une et indivisible (23 novembre 1793)

Présidence du citoyen Juyé.

---

(1) C'est le dernier procès-verbal de séance transcrit sur le premier registre de la société. Les feuillets suivants portent le règlement que j'ai donné page 5 et suivantes de ce volume.
Sur la dernière page, et au rebours, on lit ce qui suit :
« Citoyen président,
» La société populaire de Tulle ayant témoigné désirer d'avoir le tableau de la feste qui a eu lieu le 20 prairial, je me suis empressé d'en faire délivrer une copie par le citoyen Dalligny, dessinateur

L'ordre du jour portait la délivrance des certificats de civisme aux officiers du 5ᵉ bataillon de la Corrèze. Il en fut délivré aux citoyens dont les noms suivent : Lagier, capitaine ; — Lagier, lieutenant ; — Sartelon, sous-lieutenant, « après cependant avoir observé à ce citoyen que la conduite criminelle de son frère devait attirer sur luy la surveillance de sa compagnie, et le porter à se comporter en guerrier intrépide. » — Même arrêté, par rapport à Pauquinot, sergent-major. A Moussour ; à Bugeat ; à Malaurie ; à Villeneuve, fils de l'aubergiste de Saint-Jacques ; à Lagier, caporal ; à Marvy ; à Sudour, en ajoutant cependant qu'il serait invité à mieux finir qu'il avait commencé, parce que ce citoyen prit les armes contre les patriotes à l'affaire du Trech.

« Sur l'observation d'un membre, le président a dit aux Sans-Culottes de la compagnie 1ʳᵉ organisée, que le choix des officiers qu'ils avaient fait exigeait d'eux une grande surveillance et mettait sur leur tête une grande responsabilité. La société a passé à la discussion des officiers de la seconde compagnie : Pineaud a été mis à la discussion et le certificat de civisme luy a été délivré à l'unanimité. Même arrêté par rapport à Juyé, lieutenant ; Baluze et tous les sous-officiers de cette compagnie, après avoir été discutés, ont

---

dans mon bureau. Il y a mis tout le zèle que son patriotisme luy inspire et je te prie de le faire agréer à la société comme un hommage de notre désir de faire ce qui peut luy estre agréable.

» Salut et fraternité.
» *L'ingénieur en chef du département,*
» RÉMILLAT. »

Au dessous, la signature de DALIGNY.

Le lecteur trouvera hors texte une gravure très exacte de ce tableau dont j'ai fait la description dans *Les Fêtes Nationales et Cérémonies publiques à Tulle sous la Révolution et la Première République* que je publiais en 1903-1904 dans le le *Bulletin de la Société Scientifique, Historique et Archéologique de la Corrèze*.

obtenu aussi leur certificat de civisme et la société a vu avec plaisir que le grand nombre était des sans-culottes.

« La société passe à la discussion sur les officiers de la 3ᵉ compagnie, et après une légère discussion, la société arrête qu'il serait délivré un certificat de civisme aux officiers et sous-officiers de la troisième compagnie. »

La société décide qu'elle « se rendrait en masse à la place de la Liberté pour assister au serment qui y sera prêté par le cinquième bataillon de la Corrèze au moment de son départ pour les frontières, et que tous les citoyens de la ville seraient avertis de l'heure où le bataillon émettrait cet acte si doux à des cœurs républicains; et en outre que les corps constitués seraient invités à assister à cette assemblée civique. Au surplus elle arrête qu'elle prendra toutes les mesures pour que cette fête soit célébrée avec toute la dignité qui doit toujours se trouver dans les assemblées du peuple en masse.

« La séance était levée, lorsqu'un membre a annoncé que les commissaires envoyés dans les différents cantons ramassaient à merveille les aristocrates dispersés dans le département. Il a ajouté que dans la commune de Saint-Chamant, cette opération avait été fort bien exécutée et que cette commune venait de prendre le nom de la commune de la Fraternité. »

Deux commissaires se sont rendus au comité de salut public pour le prévenir que tous les officiers et sous-officiers des trois compagnies du cinquième bataillon organisées dans le district de Tulle, avaient obtenus des certificats de civisme.

Séance du 4 frimaire (25 novembre 1793)

Un nommé Lagier étant inculpé de « l'enlèvement

d'un sac de blé » deux commissaires sont nommés pour faire vérifier le fait. Ces deux citoyens ont assuré que le fait ne pouvait pas être attribué à l'un des deux Lagier partant avec le bataillon.

Il est donné lecture d'une lettre du frère Béral, annonçant que plusieurs députés de la Corrèze s'intéressent à Berthelmy et « qu'ils triompheront s'il est innocent. »

Deux lettres des gendarmes de la Corrèze à l'armée du Rhin annoncent que « les sans-culottes, braves et intelligents, se sont élevés aux premières places. »

Un certificat de civisme est demandé. — Renvoyé après que l'épuration sera terminée.

Le citoyen Veyssière demande que son fils « sachant presque son métier, » travaillant à la manufacture, soit dispensé de partir pour les frontières. — Décision ajournée jusqu'après l'arrivée du citoyen Brival, « délégué du peuple. »

Un certificat de civisme est accordé au citoyen Grillères, récemment nommé caporal.

La société décide d'intervenir pour faire obtenir au citoyen Valéry, une des places réservées aux pères des défenseurs de la patrie.

Une demande d'affiliation de la société d'Égletons est remise au lendemain.

Séance du 5 frimaire (26 novembre 1793)

Après lecture d'une lettre du citoyen Lanot, représentant du peuple, il est décidé qu'une réunion spéciale aura lieu le lendemain « pour former un comité de recherches qui puisse indiquer à ce représentant les fonctionnaires publics qui doivent être frappés de nullité dans ce département et les sociétés populaires qui ne professent pas des principes républicains, et la séance sera convoquée au son de la grand'cloche. »

Ajournée au lendemain, une demande de certificat de civisme présentée par les fils Bardoulat, en faveur de leur père.

Il est décidé que le citoyen Lafontaine sera, sur sa demande, « inscrit sur le tableau de ceux qui ont droit d'attendre des secours de la République, » et que la société s'intéresserait à faire obtenir la place que ce citoyen demande.

Une lettre du citoyen Sartelon demande que « la société prenne en considération le sort de ses père et mère et que, vu leur conduite, elle leur fasse obtenir la liberté. » — Renvoyé au lendemain.

Des commissaires de la société d'Egletons demandent qu'on s'occupe de l'affiliation de leur société.

L'affiliation de la société est remise, la société n'étant pas réunie en assez grand nombre. — Renvoyé au lendemain.

Ont obtenu un certificat de civisme : Jean Seigne, de Naves ; Louis Puibas, de Bonnet-Avalouze, et Léonard Vareille, de la même commune.

Séance du 6 frimaire (27 novembre 1793)

Les mesures à prendre « pour remplir les vues du délégué du peuple, Lanot, » sont discutées, mais la discussion est interrompue pour permettre la lecture d'une lettre du général Vachot. « La société satisfaite de sa lettre et de la conduite de ce général de la République, a arrêté, sur l'observation d'un membre, qu'il lui serait écrit et le citoyen Villeneuve a été chargé de la rédaction de la lettre. »

« Vergne, cy-devant curé d'Aurliac-de-Bar, est monté à la tribune et après avoir prononcé un discours rempli d'énergie et dicté par le républicanisme le plus pur, il a déposé ses lettres de prêtrise. — La société a applaudi aux sentiments du frère Vergne, cy-devant prêtre, et arrêté que son discours serait imprimé et répandu le plus possible. Faugère a remplacé Vergne à la tribune ; il a parlé assez longtemps à peu près dans le même sens que le premier orateur, mais avec moins de véhémence. L'ordre du jour a été invoqué et adopté. »

Labords, d'Ussel, fait lecture d'une « dénonciation complète de l'hypocrisie de tous les prêtres. — La société applaudi. »

Sur la demande de la Convention nationale, une commission de sept membres pris parmi les sociétaires qui ont déjà passé au scrutin épuratoire, est nommée pour dresser une liste des citoyens, candidats propres à occuper des places. — Des membres des autres sociétés seront nommés pour aider à la formation de cette liste.

Il est donné lecture d'une lettre du citoyen Lanot, représentant du peuple. « L'échange de la marchandise suspecte qu'elle annonce a attiré l'attention de la société. On a proposé de faire la liste des individus qui doivent être donnés en échange. — La discussion devenait tumultueuse, lorsqu'un membre a demandé que la société arrêta qu'il y aurait toujours un commissaire chargé de la police de la salle, qui se promènerait une pique à la main et le bonnet rouge à la tête. — Cette mesure a été adoptée, et on arrête qu'elle serait désormais constamment pratiquée.

« La discussion sur le genre de marchandises à faire partir par le premier envoy a été rétablie. — Plusieurs motions ont été faites à ce sujet, et, après d'assez longs débats, la société arrête qu'il serait nommé trois membres, qui en nommeraient neuf pour faire le tableau de l'envoy. Les trois membres choisis pour désigner les neuf, ont été : Desprès, Pauphille et Raymond Béral. — Un membre a observé qu'il arriverait avec la marchandise suspecte de Limoges, des sans-culottes, et il a demandé qu'ils fussent accueillis avec fraternité. La société a unanimement applaudi à cette proposition et a chargé le citoyen Villeneuve de veiller à ce que les frères sans-culottes de Limoges fussent reçus et accueillis avec grande fraternité. (1)

Les délégués de la société d'Égletons renouvellent la demande d'affiliation pour leur société. — La question est ajournée au lendemain.

Séance du 7 frimaire (28 novembre 1793)

Une lettre du délégué du peuple Lanot, annonce l'arrivée de la pacotille suspecte expédiée par nos frères de Limoges. » — On décide d'envoyer un courrier au devant des f∴ de Limoges ». « En outre, la société a arrêté qu'elle se porterait en masse, avec la musique, au devant de nos f∴ de Limoges, avec le meilleur ordre possible et qu'il serait pris des mesures pour loger ces sans-culottes chez d'excellents patriotes, qui demeureraient chargés de leur faire l'accueil le plus fraternel. La société voulant donner aux f∴ sans-culottes de Limoges, des preuves de son désir de fraterniser et de cimenter une union éternelle avec eux, a arrêté qu'il serait demain fait un repas civique aux ci-devant Récollets, où chacun porterait les plats qu'il pourra ou qu'il voudra. — Quatre commissaires ont été chargés de veiller à l'ordre de ce repas, et ces commissaires sont les frères Barry, Rigolle, Machat, Jumel et Borderie, adjoint.

« Un membre a demandé que tous les signes de superstition qui offusquent les patriotes, dans tous les

---

(1) La marchandise suspecte dont il est ici question n'est autre que les prisonniers détenus dans les prisons de Limoges qui devaient être, et furent envoyés à Tulle, en échange d'autres prisonniers de Tulle qui furent envoyés à Limoges.

points de la commune de Tulle, fussent abattus et détruits. Cette motion a été accueillie avec transport, et, pour l'exécution, la société a arrêté qu'elle sortirait en masse du temple de la Liberté (1) pour se porter dans celuy de la superstition et le dépouiller de tous les monuments consacrés au fanatisme et à l'erreur. — L'heure de cette opération sera indiquée au son de la grande cloche, et pour la rendre plus bruyante et plus solennelle, la société a arrêté que tous les membres seraient tenus de se rendre, sous peine d'être exclus pour toujours de la société, pour consacrer la journée d'aujourd'hui à la raison et à la philosophie.

« Sur la motion d'un membre, la société a arrêté qu'il serait mis à l'entrée du temple de l'erreur, la cy-devant cathédrale, cette inscription en grandes lettres : TEMPLE DE LA RAISON. »

La séance est levée et de nouveau reprise à midi et demi.

Il est donné lecture d'une lettre du citoyen Brival, évêque, par laquelle « il déclare abdiquer sa place. La société a applaudi. » (2)

« Gaillardon et Borie, ci-devant vicaires épiscopaux, l'imitent, et quelques autres. — Pascaud (?) se démet de sa place pour voler aux frontières, et il demande que la société luy désigne un sujet pour le remplacer.

« Un citoyen d'Ussel remet ses lettres de bachelier.

« Il a été fait lecture d'une lettre du citoyen Maisonneuve par laquelle il abjure sa qualité d'homme

---

(1) Voir *Les Fêtes nationales et Cérémonies publiques à Tulle sous la Révolution et la Première République*, par Victor Forot, pour la nomenclature des noms, des places, rues, quais, ponts, églises etc., de Tulle sous la Révolution.

(2) M. Brival, évêque du département de la Corrèze, se retira à la campagne, dans la commune de Saint-Hilaire-le-Peyroux, mais il reprit ses fonctions en juillet 1795.

de loy et demande que ses lettres soient livrées aux flammes.

La société s'est levée en masse et au son de la musique, elle s'est portée partout où des signes de la superstition paraissaient encore.

Séance du 8 frimaire de l'an deuxième de la République française, une et indivisible (29 novembre 1793)

L'affiliation est accordée à la société d'Egletons, à condition qu'elle ne recevra aucun membre dans son sein pendant l'espace d'un an, sauf les cultivateurs.

Le président a annoncé que le président de la Corrèze avait déposé entre ses mains ses lettres de prélature, et qu'il protestait qu'il n'exerçait plus ses fonctions. — Il a été arrêté qu'on lui écrirait, au nom de la société populaire, pour lui témoigner sa satisfaction.

Les citoyens Jumel, Tramond, Brousse, Rigolle et Béral cadet, sont nommés commissaires chargés d'être présents lorsque les détenus communiqueront avec leurs parents et tous ceux avec qui ils pourront avoir des affaires.

Le citoyen Vachot est délégué pour partir à l'instant et se rendre auprès du citoyen Lanot, délégué du peuple à Limoges, afin de se mettre d'accord avec lui sur le mode de formation d'un tribunal révolutionnaire.

Le citoyen Crauffon, de Brive, demande son admission dans la société. Diverses accusations sont portées contre son civisme. — Après avoir entendu des témoins, la société remet son admission jusqu'à plus amples informations.

Le citoyen Bedoch est accusé, pendant qu'il était secrétaire de la société populaire de Brive, d'avoir lu « d'un ton ironique, toutes les adresses contre les journées, des 31 mai et 2 juin et qu'il avait caché chez lui, pendant deux mois, un nommé Dupuis, curé de Mernoir. » (Lisez Ménoire).

La séance s'est terminée par la lecture des papiers publics.

Séance du 9 frimaire (30 novembre 1793)

« La séance ouverte par le Président, trois prêtres ont successivement renoncé à leur métier. Pierre d'Estang, l'un d'eux, est monté à la tribune, et, après avoir manifesté les sentiments les plus républicains, a livré ses lettres de charlatan aux flammes. En abdiquant son métier de prêtre, il a voulu se débarasser de tout ce qui pourrait lui rappeler le souvenir des erreurs qu'il a abjuré ; il a demandé à la société de porter le nom de Fabricus, au lieu de celui de Pierre, le menteur. La société a applaudi, et a arrêté qu'il s'appellerait désormais Fabrice. — Barbe, qui a adopté avec enthousiasme la profession de foy du citoyen Destang, a demandé de porter le nom de Beaurepère, nom cher à la République par la fermeté que ce citoyen montra en se donnant la mort lorsque Verdun, dont il commandait la place, fut livrée aux satellites des tyrans (1). Proussergue, le troisième des abdiquants

_____

(1) En 1792, le lieutenant-colonel du 2º bataillon de Maine-et-Loire, M. de Beaurepaire, commandait la ville de Verdun lorsque cette ville fut assiégée par l'armée austro-prussienne. — Après un bombardement formidable, qui dura plus de quinze heures, le duc de Brunswick fit une dernière sommation des plus menaçantes. Le conseil général de la commune fut réuni et, à l'instigation de quelques royalistes, il fut décidé que des pourparlers seraient entamés avec le roi de Prusse pour obtenir une capitulation honorable.

Beaurepaire, qui assistait à cette discussion, fit tous ses efforts pour éviter la capitulation, mais la majorité repoussa toutes ses propositions, bien qu'il rappela la parole donnée de ne pas livrer la ville. — La décision prise, Beaurepaire se retira dans l'appartement qu'il occupait à l'hôtel de ville même. Tout à coup, vers 3

n'a pas voulu conserver le nom du dernier tyran des Français, et, à la place de Louis, il a demandé à être appelé Mucius Scævola. — La société y a consenti, et satisfaite de la conduite de ces trois citoyens, leur a décerné la mention honorable. »

« Vialle, procureur sindic, appelé Joseph, ne voulant avoir aucun rapport avec son patron, a demandé à la société la permission de porter le nom de *Saumes*, un des administrateurs de la Vendée, qui aima mieux souffrir la mort que de crier *Vive la tyrannie!* (1) — Un membre a observé que ce changement de nom pourrait entraîner des inconvénients, et la société a arrêté qu'à l'avenir on ne s'occuperait plus de cet objet-là. »

« Béronie, ci-devant prêtre (2), est monté à la tribune tenant à la main un paquet de papiers et de lettres, il a demandé que le paquet fut livré aux flammes. Il a parlé avec franchise et énergie sur les erreurs

---

heures du matin, on entendit une détonation, et les personnes accourues au bruit du coup de feu trouvèrent Beaurepaire dans sa chambre la tête fracassée, avec deux pistolets à côté de lui.

Tout d'abord on accusa les royalistes du conseil communal de l'avoir assassiné, irrités qu'ils étaient de la résistance qu'il opposait à leurs desseins, mais il fut reconnu que le colonel s'était suicidé. — Il avait préféré la mort à la honte d'une capitulation, ayant juré de ne pas rendre la ville qu'il commandait.

(1) Il s'agit ici de Joseph-Anne Viallo, avocat, procureur-syndic du district de Tulle, continuateur du *Dictionnaire Patois du Bas-Limousin*, dont la publication fut commencée par l'abbé Béronie, de Tulle. — J'ai écrit une biographie d'Anne Vialle.

(2) C'est de Nicolas Béronie, ancien professeur au Collège de Tulle, auteur du *Dictionnaire du Patois du Bas-Limousin*, dont il s'agit ici. — Béronie était originaire de Tulle; il fut ordonné prêtre et chargé des cours d'humanités par les ecclésiastiques séculiers qui avaient remplacé les jésuites au collège de Tulle. — Il accepta la constitution civile du clergé et prêta le serment civique en 1791, — abjura en 1793, alors qu'il était curé de la paroisse des Angles, près Tulle.

J'ai écrit sa biographie qui sera publiée dans le *Bulletin de la Société Amicale des Anciens Élèves du Collège et Lycée de Tulle* où il avait fait ses études.

qui avaient si longtemps subjugué le peuple, et la société a arrêté qu'elle lui accordait mention honorable. »

« Le citoyen Jumel a fait lecture d'une adresse faite à la Convention nationale portant le détail de la fête civique célébrée dans la ville de Tulle et annonçant à nos législateurs les progrès rapides faits par l'esprit public dans notre contrée. Cette adresse qui ne respire que la liberté, le républicanisme et la raison, a été vivement applaudie, et la société en a arrêté l'envoy et l'impression. ( ) »

« Un membre qui a cru être caractérisé dans cette adresse, a réclamé contre une phrase ; — après une légère discussion, la société a passé à l'ordre du jour. »

Une souscription est ouverte « pour les besoins de la patrie. » Un registre est ouvert à cet effet.

« Il a été fait lecture d'un arrêté du comité de salut

---

(1) Cette fête civique n'était autre que celle dite *Fête de la Raison*, qui avait été célébrée à Paris le 20 brumaire précédent (19 novembre 1793), dont un rapport avait été envoyé à tous les départements de la République et où fut chanté le fameux *Hymne à la Liberté*, composé par Chénier :

Descend, ô Liberté, fille de la nature,
Le Peuple a reconquis son pouvoir immortel :
Sur les pompeux débris de l'antique imposture,
   Ses mains relèvent ton autel.

Venez, vainqueurs des rois, l'Europe vous contemple ;
Venez, sur les faux dieux étendez vos succès ;
Toi, sainte Liberté, viens habiter ce temple,
   Soit la déesse des Français !

Ton aspect réjouit le mont le plus sauvage,
Au milieu des rochers enfante les moissons ;
Embelli par tes mains, le plus affreux rivage
   Rit, environné de glaçons.

Tu doubles les plaisirs, les vertus, le génie ;
L'homme est toujours vainqueur, sous tes saints étendards ;
Avant de te connaître il ignore la vie :
   Il est créé par tes regards.

Au Peuple souverain, tous les rois font la guerre ;
Qu'à tes pieds, ô Déesse, ils tombent désormais !
Bientôt sur le cercueil des tyrans de la Terre
   Les Peuples vont jurer la paix.

Guerriers libérateurs, race puissante et brave,
Armés d'un glaive humain, sanctifiez l'effroi !
Terrassé par vos coups, que le dernier esclave
   Suive au tombeau le dernier roi !

public, relativement au citoyen Villeneuve que des malveillants d'outre Rhin avaient tenté de comprendre dans la liste de leurs affiliés en luy écrivant une lettre de satisfaction. — La société a entendu avec satisfaction la lecture de cet arrêté, et convaincue des sentiments républicains du membre inculpé, a arrêté qu'il serait inscrit tout au long sur le registre. »

Il est décidé que les enterrements des membres de la société seront fait sous la surveillance d'un officier de police portant une pique à la main et ayant à la tête le bonnet de la Liberté.

« Un membre a observé que, depuis peu, il avait été fait une procession au sujet de quelque vierge qui avait été sortie de la chapelle des Malades ; il a demandé que, pour réparer cette faiblesse, la statue en question fut brûlée au milieu de la salle de la société. Cette motion a été adoptée.

« Un autre membre a demandé que le mouchoir du ci-devant prêtre, qui avait pleuré à cette cérémonie, fut brûlé comme ayant servi à essuyer ses larmes. La société a passé à l'ordre du jour. »

Une seconde lecture de la lettre du citoyen Jumel est faite pour les membres qui n'assistaient pas au commencement de la séance. — Elle est de nouveau applaudie et on décide son impression à quatre mille exemplaires pour être envoyés à toutes les sociétés populaires, aux corps constitués, et pour être répandue le plus possible.

Une invitation sera envoyée au comité de surveillance pour que le citoyen Melon, président du département, ne prolonge pas son absence de son poste.

« Un membre demande que la société s'intéresse à un aristocrate qu'il avait vu dans ses visites à la maison d'arrêt, étendu sur un grabat ; il fonde sa réclamation sur le grand âge de ce mauvais citoyen. »

L'ordre du jour est demandé par un citoyen qui observe « que ce n'était plus le temps de s'apitoyer sur l'aristocratie expirante. » Cet ordre du jour est voté.

Il est demandé que les frais d'impression de l'adresse soient « pris sur les aristocrates. » Le Président « demeure autorisé de tirer un mandat de six cents livres sur quelques fanatiques reconnus, et le citoyen Villeneuve a été chargé de veiller à ce que ce mandat soit exactement acquitté. »

« Un membre observe que le citoyen Grivel, connu par son civisme, a été censuré vivement et même insulté par la note mise sur son certificat de civisme, par le comité de surveillance de Brive. — La conduite de ce comité a indigné la société. — Plusieurs membres ont parlé avec énergie dans l'intérêt de Grivel, et ont prouvé qu'il ne méritait pas une telle note de ses concitoyens.

« Plusieurs motions ont été faites contre le comité de surveillance de Brive et, après une longue discussion, la société a arrêté que le comité de surveillance de Brive serait dénoncé au délégué du peuple et que le certificat délivré à Grivel serait retenu ; et enfin qu'il serait pris des mesures pour qu'il parvienne à Grivel un certificat de civisme en due forme. (1) »

---

(1) Il s'agit ici d'Antoine Grivel, qui avait été garde de la porte sous Louis XVI, puis avocat à Brive. Élu député à la fédération de 1790 par le district de Brive, commanda des volontaires de la Corrèze en 1792. Accompagné de ses deux fils, il alla rejoindre l'armée des Pyrénées-Orientales où il prit part à tous les combats jusqu'au traité de paix avec l'Espagne.
De retour à Brive, Antoine Grivel fut nommé président du tribunal criminel et plus tard président de chambre à la cour royale de Limoges.
Un de ses fils, Jean Grivel, né à Brive, en 1778, entra dans la marine à son retour de l'armée des Pyrénées-Orientales. Il fut promu lieutenant de vaisseau en 1800 ; — s'illustra par un brillant combat contre la flotte anglaise devant Boulogne en 1801. — Au cours de la campagne d'Autriche, il commanda une flottille de canonnières

*Séance du décadi de frimaire de l'an second
de la République française
(30 novembre 1793)*

La séance est ouverte par un discours d'un sans-culottes de Limoges « contre les vestiges de la superstition et de l'erreur, il a demandé qu'il fut fait une promenade civique pour porter la dernière main contre les monuments du fanatisme. Ce discours a été vivement applaudi. »

Le citoyen Mouton accuse le département de n'avoir pas fait le nécessaire pour que l'organisation de la compagnie des canonniers fut terminée. Le procureur général du département, présent à la séance, lui répond que le département n'a rien négligé pour accélérer la formation de cette compagnie. — On passe à l'ordre du jour.

Le président lit une lettre du représentant du peuple Lanot, remise sur le bureau par le commissaire Vachot. — « Elle sera remise au comité de surveillance pour prendre les mesures nécessaires. »

L'organisation du tribunal révolutionnaire est demandée. — Il est demandé « que la société déféra à la confiance que mérite le représentant du peuple Lanot et que la formation du tribunal révolutionnaire fut différée jusqu'après la réponse du comité de salut public de la Convention nationale que le représentant Lanot a consulté. » Adopté.

« Suivant l'invitation faite par le représentant (La-

---

sur le Danube; fut chargé de missions à Vienne, Dantzig et en Espagne. — Se trouva enveloppé dans la capitulation de Baylen, en 1808, mais il réussit à s'échapper des pontons de Cadix en 1810. — Fut promu contre-amiral après la chute de l'empire (en 1825); vice-amiral en 1831; pair de France en 1815; baron en 1816 et sénateur en 1858. — Jean Grivel mourut à Brest, en 1869).

not] la société a arrêté qu'il serait donné un échange des pièces de marchandises de second ordre (1). »

Un membre observe que le fanatisme est renversé, et il demande, pour le tenir dans le néant, qu'il soit envoyé des instituteurs dans les communes, dans le plus bref délai. — Une adresse sera envoyée à la Convention nationale pour lui demander de presser l'organisation des instituts. — Il sera envoyé deux commissaires au département pour qu'il envoie provisoirement des instituteurs dans les communes.

On passe à l'ordre du jour sur une dénonciation contre le citoyen Goudaux, ci-devant vicaire épiscopal, qui propage des principes superstitieux ; des membres ont assuré que Goudaux était disposé à remettre ses lettres de prêtrise et à abdiquer son ancien métier. »

Séance du 11 frimaire (1er décembre 1793)

Une lettre du général Vachot donne des détails satisfaisants sur les affaires qui ont eu lieu dans sa division et annonce des salées prochain qui seront très considérables. La société applaudi et arrête qu'il serait fait réponse à ce général et qu'elle prendrait des mesures pour luy faire parvenir dans le plus bref délay une paire de pistolets qu'il demande. »

Une lettre du frère Béral donne des nouvelles satisfaisantes de l'affaire concernant le frère Berthelmy.

Le frère Jumel est chargé de répondre à une lettre du comité d'aliénation des biens nationaux.

Le citoyen Goudaux monte à la tribune, « et après avoir déclaré qu'il abdiquait son état de prêtre, il a offert d'ouvrir un cours de physique expérimentale

---

(1) C'est toujours des prisonniers qu'il s'agit ici sous le nom de « marchandise ».

et de mécanique. » On vote une mention honorable à Goudaux. « Ce citoyen a promis d'indiquer l'époque où il commencerait le cours de ses expériences pour que le père Duchêne put l'insérer dans son journal. »

Le citoyen Coustillac, prêtre, monte à la tribune et prononce un discours républicain et philosophique en déclarant qu'il renonçait à son état de prêtre. Mention honorable et impression du discours sont votés.

Laval, ci-devant prêtre, a aussi « abdiqué son ancien métier de prêtre et a promis de remettre ses lettres dès qu'il pourrait les faire venir de la commune où il habitait. »

« Le citoyen Mougenc, juge au tribunal du district, qui a déjà fait remise de ses lettres de cy-devant homme de loy, a fait don de sa médaille. — Mention honorable lui est votée.

« Saugon, par l'organe de Borie, a abjuré son métier de prêtre. »

Le citoyen Lacombe, juge au tribunal, qui a déjà livré ses lettres et provisions de ci-devant conseiller et juge, offre six chemises neuves pour « nos frères d'armes ».

Les certificats de civisme des citoyens Remilhac, ingénieur en chef, et Vincent, ingénieur en second, sont visés. Remilhac promet cinquante livres pour les frais de la guerre.

Sur la demande d'un cultivateur, le curé et le vicaire de Gimel seront dénoncés au comité de surveillance pour s'être opposés à la formation d'une société populaire dans la commune de Gimel.

La société passe à l'ordre du jour sur différentes affaires de prêtres, elle décide que « désormais elle ne perdrait plus son temps à entendre des prêtres, et que ceux qui voudraient se déprêtriser, s'adresseraient aux corps constitués. »

Séance du 12 frimaire (2 décembre 1793)

Le citoyen Destang demande un nouveau diplôme, celui qu'il possède indiquant la qualité de prêtre. — Accordé. — Le certificat de civisme de Pierre Chadebech, volontaire sur les frontières, est visé.

Un membre observe que parmi les citoyens qui doivent aller à Limoges, il y a beaucoup d'ouvriers de la manufacture d'armes et que cela nuira à la fabrication (1). — On passe à l'ordre du jour. —

Le citoyen Pierre-Clément Baluze, détenu pour suspicion et devant être envoyé à Limoges, présente une pétition demandant sa mise en liberté. — Après examen, il est décidé qu'un certificat de civisme sera accordé à Baluze et qu'on invitera la municipalité à le faire rayer de la liste des prisonniers à envoyer à Limoges, et qu'on le mettra en liberté immédiatement.

Un membre demande la suppression des messes dans tout le département et aussi la formation d'une armée révolutionnaire. — On passe à l'ordre du jour. —

Séance du 13 frimaire (3 décembre 1793)

Une lettre du club du département de Bec-d'Ambès (2), annonce que le club national a été installé aux Récollets, où l'ancien club tenait ses séances.

La société de Meyssac réclame une copie de la dénonciation qui a été faite contre elle. — Accordé.

Une lettre du citoyen Juyé, lieutenant au 5ᵉ bataillon de la Corrèze, fait part des remarques faites par lui dans l'intérêt de la République. — Il lui sera fait réponse et on le priera de continuer sa correspondance.

---

(1) Ces citoyens devaient conduire à Limoges les prisonniers dont on faisait l'échange entre les départements de la Haute-Vienne et de la Corrèze.

(2) On désignait ainsi le département de la Gironde, après la proscription des girondins (1793).

Un certificat de civisme est accordé aux citoyens Boudrie et Vastroux, au 1e bataillon de la Corrèze.

De nouvelles mesures sont prises par rapport à Mathieu. »

Il est fait lecture d'une adresse envoyée aux campagnes par le comité central et le département réunis.

Séance du 16 frimaire (6 décembre 1793)

La citoyenne Françoise Doumèche, ci-devant religieuse, prête serment et reçoit l'accolade fraternelle.

Un membre veut s'occuper des prêtres, mais la société s'y oppose.

Séance du 17 frimaire (7 décembre 1793)

Le citoyen Brival, délégué du peuple, préside, et s'adressant « aux ouvriers de la manufacture, il leur a témoigné sa surprise de ce que la fabrication des armes se trouvait considérablement diminuée depuis quelque temps. Des ouvriers ont observé que la principale cause de cette diminution était la grande rigueur de ceux qui visitaient les armes et plusieurs se sont plaints amèrement contre le réviseur. Le citoyen Brival a observé qu'il était impossible qu'un seul homme fut la cause de ce que deux cents hommes ne travaillaient plus. D'autres ouvriers ont dit que les fréquents voyages qu'ils étaient obligés de faire pour se procurer des subsistances les empêchaient de travailler. Le citoyen Brival a parlé avec énergie et loyauté aux ouvriers assemblés et leur a mis sous les yeux le grand intérêt qu'avait la République à ce que la fabrication des armes ne fut pas ralentie.

« Les ouvriers qui doivent partir pour Paris ont demandé qu'il fut pourvu aux frais de leur voyage. A l'instant, le citoyen Brival leur a délivré un mandat de 800 livres.

Quelques ouvriers se sont plaints qu'on leur réformait beaucoup de canons qui ne devaient pas l'être. Il y a eu plusieurs motions faites à ce sujet. Le citoyen Dombret a observé qu'il ne réformait que ceux qui étaient vraiment défectueux. Le citoyen Brival a parlé de nouveau aux ouvriers en masse, et il s'est efforcé de leur inspirer la plus grande ardeur pour le travail. — Des ouvriers ont observé que le mois courant il serait fabriqué et livré beaucoup d'armes. On s'est occupé ensuite du départ de ceux qui sont destinés pour Paris. » (1)

Séance du 20 frimaire (10 décembre 1793)

Lecture d'une lettre de Béral annonçant de bonnes nouvelles de l'affaire Berthelmy et aussi les avantages remportés sur les ennemis par les armées.

Deux commissaires sont nommés pour aider les quatre commissaires de la société de Meymac qui sont chargés de faire ressortir le républicanisme et l'innocence du citoyen Mary, accusé « d'avoir tenu des propos inciviques et contre-révolutionnaire. »

La société donne un avis favorable pour que les citoyens, « pères de défenseurs de la patrie » Marvi et Broc, obtiennent des places de gardien dans les maisons d'arrêt.

Les citoyens Jean et Louis Moreau, de la société d'Aubusson, seront affiliés sur le vu de leur diplôme.

La discussion sur le cas de Terrioux, ajourné au scrutin épuratoire, sera reprise à la séance prochaine.

---

(1) Ces ouvriers étaient envoyés à Paris pour initier à la fabrication des armes de guerre les ajusteurs, serruriers, etc., qui avaient été réquisitionnés pour ce genre de travail.

Des certificats de civisme sont accordés à trois volontaires qui partent pour les frontières.

Séance du 23 frimaire (13 décembre 1793)

Lecture d'un discours du citoyen Brival, délégué du peuple au club du Bec-d'Ambès. — Ce discours qui a été prononcé le 3 brumaire, est applaudi par la société.

Lecture du procès-verbal de la fête célébrée à Brive, en l'honneur des martyrs de la liberté.

Il est fait lecture d'une lettre du comité de salut public au sujet de Bettinger. « Le délégué du peuple, Lanot, après avoir développé d'une manière brève et énergique les causes graves qui avoient provoqué des mesures contre Bettinger, a demandé que la société envoya copie de l'interrogatoire de ce prévenu au comité de salut public, ce qui a été arrêté à l'unanimité. (1)

« Le délégué du peuple Lanot, a ensuite témoigné sa grande surprise que la femme Bettinger était partie pour Paris, et il a demandé qu'il fut pris sur le champ des mesures pour savoir d'où cette femme avait obtenu son passeport. — Un membre a observé qu'il croyait que la municipalité de Tulle avait délivré un

---

(1) Il s'agit ici de M. Bettinger, un des entrepreneurs de la manufacture d'armes de Tulle. Une note à son sujet ne sera pas déplacée.

En 173', MM. de Saint-Victour Wendel et Bettinger formèrent une société pour l'exploitation de la manufacture d'armes de guerre de Tulle, mais, par la suite, ce fut M: Bettinger seul qui dirigea l'exploitation de l'établissement. Il avait comme principal commanditaire M. Mégret de Sérilly, trésorier général de la guerre, qui fut guillotiné en l'an II. — Son autre associé Wendel avait émigré en 1792 et Saint-Victour bénéficia de sa part dans l'association, mais après un long procès, il se retira, et Bettinger resta seul. — Cependant il fut déchu de tous ses droits en 1804 et le ministre de la guerre lui substitua le « sieur Fréconnet, qui offre plus de solvabilité et de moyens. »

passeport à la femme de Bettinger, par les ordres du représentant du peuple Brival.

Deux commissaires se rendent à la municipalité pour être éclairés sur ce point, mais n'ayant pu trouver le maire, la discussion est remise à une prochaine séance.

Le citoyen Lanot propose la formation d'un comité de recherches, qui se réunira au comité de surveillance pour « parvenir à un épurement complet des autorités constituées. » Adopté. — Ce comité sera composé de huit membres qui ne seront attachés à aucune autorité constituée et qui n'occuperont aucune place salariée. La nomination des membres de ce comité est remise après le retour de Meymac du représentant Lanot, et la société sera, à cet effet, convoquée au son de la grand'cloche, le jour de cette opération.

Le citoyen Estorges, volontaire dans le bataillon de la Drôme, en garnison à Huningues, reçoit un certificat de civisme.

Le citoyen Lanot fait un rapport sur son voyage à Tulle.

Le citoyen Jumel rend compte de la réception fraternelle que nos sans-culottes avaient éprouvée de la part des sans-culottes de Limoges, et des différentes fêtes civiques célébrées à Limoges pendant leur séjour.

A la fin de la séance, le citoyen Lanot propose trois membres pour le comité de recherches: Pineau, aîné ; Marsillon et Raymond Béral.

Séance du 25 frimaire (15 décembre 1793)

Par une lettre, la société d'Argentat prévient celle de Tulle que le comité de salut public de la Convention nationale lui demande l'original d'une lettre signée Pénières, comme contenant des choses qui intéressent la sûreté générale et la République. » Une copie de cette lettre, qu'a publiée le *Père Duchêne*, sera envoyée à la société d'Argentat parce qu'elle n'a pu trouver l'original dans ses archives. Il est décidé en outre que le citoyen Vialle coucherait sur le registre la déclaration de ce qu'il sait relativement à cette lettre. »

Il est fait lecture d'une lettre du citoyen Mons, major au 3ᵉ bataillon de la Corrèze, « qui respire le patriotisme le plus pur. »

Il est arrêté que la société fera parvenir aux autres sociétés du département « la liste de ses candidats propres à remplir des places de tout genre, et qu'elle les prierait d'en faire de même. Mais comme il a été observé qu'il y a un grand nombre de membres de la société à Meymac, la matière a été réservée jusqu'à leur retour. »

Séance du 24 nivôse (13 janvier 1794) (1)

Le citoyen Dubois, cadet, offre une somme de 3 livres en numéraire.

Une lettre du citoyen Durand annonce qu'il « n'a reçu ni ses provisions, ni la lettre de la société qui lui annonçait sa nomination à la place d'adjudant général. La société pénétré d'estime pour ce brave militaire, arrête qu'il serait écrit au ministre pour demander la place de capitaine de la gendarmerie pour ce républicain. »

Le citoyen Braconat fait remettre sur le bureau deux

---

(1) Bien qu'un mois se soit écoulé entre ces deux procès-verbaux de séances, le registre ne porte aucune trace d'arrachement de feuillet. — Il faut donc croire qu'il n'y a pas eu de séance entre le 15 décembre 1793 et le 13 janvier 1794, ce qui nous semble cependant extraordinaire.

pièces de toile. — Béronie, ci-devant prêtre, a déposé deux chemises et une paire de boucles d'argent.

« Le ci-devant curé de Meyssac a fait lecture d'une longue pétition, et il conclut à ce qu'on lui rendit son innocence et celle de sa servante. Les expressions arabesques de cet ex-prêtre ont prêté à rire, ce qui a mis le désordre dans la société, et la séance a été levée. »

Séance du 25 nivôse (14 janvier 1794)

Il est fait lecture d'une lettre du citoyen Vintéjoul, sergent-major dans l'armée du Rhin. « La société satisfaite des bonnes nouvelles qu'elle renfermait a arrêté qu'elle répondrait à ce frère d'armes. Dulac a été chargé de la rédaction de la lettre.

Le même Dulac est chargé de répondre à la société de Seilhac qu'avant de lui accorder l'affiliation qu'elle demande, elle devait fournir copie de son règlement, la liste des membres et la date de sa formation.

Le citoyen Plaisance demande une place de garde à la maison d'arrêt. « Plusieurs membres réclament contre le civisme de cet individu, et sur l'observation qu'il était pauvre, il a été ouvert à l'instant une souscription qui a produit 21 livres 10 sols. »

Le citoyen Maurel « dépose 6 francs pour le secours de nos frères des frontières. »

Sur l'observation d'un membre disant que « la loi du maximum était journellement violée » la société vote une adresse à la Convention nationale « pour l'inviter à maintenir la rigueur de cette salutaire loi et a arrêté que la personne qui l'avait transgressée serait dénoncée à la municipalité. »

La société des subsistances est invitée à fournir son rapport à bref délai.

Séance du 26 nivôse (15 janvier 1794)

Une lettre du citoyen Brival annonce que « Bellegarde, commandant du 3ᵉ bataillon de la Corrèze a été fusillé à Landau, comme coupable d'avoir trempé dans le complot de livrer cette place. » (1)

Après une dénonciation faite contre lui par la société de Limoges, le citoyen Gauger est monté à la tribune et a « pris la parole avec cette force et cette énergie qui partent d'un cœur républicain. Il a dévoilé le complot formé contre l'évidence qu'il n'avait été dénoncé que parce qu'il avait eu le courage de battre des armes de la vérité les intrigants de la société de Limoges, qui sont des prêtres. Il a été couvert d'applaudissements.

« Le citoyen Lanot lui ayant succédé à la tribune, il a rendu le témoignage le plus éclatant du patriotisme de Ganger... Il a été déclaré qu'il était digne de la liberté. »

---

(1) Ce Bellegarde, dont le véritable nom était, dit-on, Soleilhavoup, ou mieux Pierre Farge, était né à Saint-Jal. — Fils d'un cultivateur, il fut domestique d'un membre de la famille de Seilhac. Ce dernier, croyant que le nom de Soleilhavoup n'était pas assez ronflant pour un domestique de sa maison de Paris, le baptisa Bellegarde. Mais la Révolution arriva. M. de Seilhac se fit petit et se cacha, abandonnant le domestique qui revint à Seilhac et s'enrôla dans le 3ᵉ bataillon de la Corrèze, sous le nom de Farge-Bellegarde. Il obtint un grade d'officier, devint chef de bataillon, à la suite de la nomination de Trech au grade de général de brigade.

En 1793, pendant le blocus de Landau, qui dura 6 mois, éclata la conspiration connue sous le nom de *conspiration de Landau*. Elle avait pour but le renversement de la République. Farge-Bellegarde fut compromis « plus bête que méchant on lui faisait dire aux volontaires corréziens qu'il y avait trop de maîtres en France, que la République ne pouvait pas durer un an ; qu'il faudrait en venir à marier la fille de Capet avec le fils du roi d'Angleterre et mettre ce dernier sur le trône.

« Bellegarde fut dénoncé par les hommes de son bataillon, révolté de ce langage anti-patriotique, tenu à portée du canon de l'ennemi. » Il fut arrêté et traduit devant le tribunal militaire qui rendit le jugement suivant :

« Le tribunal jugeant révolutionnairement, et après en avoir

Un membre renouvelle la bonne conduite du citoyen Durand... le citoyen Lanot dit qu'il devait organiser la gendarmerie et qu'il ne manquerait pas de donner la première place à Durand. »

Les citoyens Mas et Porte obtiennent des certificats de civisme.

Séance du 27 nivôse (16 janvier 1794)

Le citoyen Bussières lit son rapport sur les subsistances. Après discussion, deux commissaires sont nommés pour se rendre auprès du délégué du peuple et le prier de sanctionner ce rapport.

« Il est fait lecture d'une lettre du citoyen Béral qui demandent que les deux délégués du peuple écrivent au comité de salut public en faveur de Berthelmy, et pour les fixer sur les traits de civisme de ce citoyen, il fait passer des notes. — Le citoyen Dulac est chargé de communiquer la lettre et les notes aux délégués du peuple. »

Deux commissaires seront choisis par le président pour surveiller l'exécution de la « loi salutaire du maximum et en dénoncer les infractions. — Il est fait lecture d'une adresse à la Convention nationale pour

---

délibéré, considérant qu'il est constant que Pierre Farge-Bellegarde, chef du 3ᵉ bataillon de la Corrèze, a, pendant le blocus de la ville de Landau, tenu à différentes reprises des propos tendant au rétablissement de la royauté, qu'il les a tenus sans aucun doute dans l'intention de diviser la garnison, afin d'opérer promptement la reddition de la place, que conséquemment il doit être considéré comme partisan de l'ennemi.

» A condamné et condamne ledit Pierre Farge-Bellegarde à la peine de mort, ce qui sera exécuté dans les vingt-quatre heures, à la diligence de l'accusateur militaire.

» A Landau, le 13 nivôse an II. »

Pierre Farge-Bellegarde, qui avait été entraîné dans cette conspiration par le chef du parti de la capitulation Dentzel et deux officiers de ses amis, Gendré et Blanchard, témoigna les plus grands regrets de son acte. Il tomba en criant : « Je meurs par ma faute, vive la République ! »

provoquer le maintien du maximum (1). — Cette adresse est adoptée.

Une commission avait été nommée pour « visite et examen des papiers du citoyen Ganger, elle fait son rapport par l'organe du citoyen Villeneuve. — La société décide ensuite : « 1° qu'il sera sur le champ envoyé deux commissaires vers le délégué du peuple Lanot pour le prier de mettre ce citoyen en liberté. — 2° Que deux commissaires iraient aussi vers le citoyen Ganger pour lui déclarer qu'il n'avait cessé un instant de bien mériter de la société et de la République. — 3° Qu'il serait écrit à la société de Limoges pour lui dénoncer les calomniateurs du brave Ganger et l'inviter à se prémunir contre la horde sacerdotale qui la domine. — 4° Qu'il serait envoyé une copie du procès-verbal de la séance d'aujourd'hui au comité de sûreté de Paris. »

Ganger ayant paru à la séance, a été couvert d'applaudissements ; — monté à la tribune, il a exprimé ses sentiments envers la société avec toute l'énergie et la candeur qui caractérisent le vrai républicain ; et après avoir parlé, avec cette chaleur qui anime

---

(1) Dès la fin de 1792, la Révolution avait eu à se préoccuper de la hausse du prix des subsistances ; le gouvernement édicta des lois draconiennes contre les accapareurs et fixa des prix maxima pour les denrées et l'on obligea les producteurs à les porter sur les marchés. — Combattu par Rolland, puis par Marat, le principe en fut cependant adopté le 2 mai 1793. Mais dès février 1794, Barrère appréciait ainsi ce décret : « La loi du maximum fut un piège tendu à la Convention par les ennemis de la République... L'effet désastreux de cette mesure, devenue cependant nécessaire et impérieuse, a déployé son effroyable influence sur le commerce, sur les prix, sur les quantités des objets nécessaires à la vie des citoyens. »
C'est qu'en effet on ne trouvait pas les accapareurs et les denrées se cachaient. Le 11 brumaire an II (1er novembre 1793), la Convention aggrava, sans plus de succès, les rigueurs du système que l'on dû abolir après dix mois d'expérience. Et le 4 nivôse an III (24 décembre 1794), on pouvait annoncer à la Convention que les grains affluaient et que l'approvisionnement de Paris était assuré.

les vrais amis de la liberté, il a fini par développer toutes les intrigues et les conspirations clandestines du clergé expirant. La société l'a de nouveau couvert d'applaudissements et elle lui a déclaré en masse qu'elle le regardait comme un intrépide défenseur de la liberté. »

Séance du 28 nivôse (17 janvier 1794)

Sur la proposition du citoyen Lanot, délégué du peuple, la société décide qu'il sera envoyé une adresse au citoyen Béral, actuellement à Paris ; cette adresse relative aux subsistances, sera remise au comité des subsistances, après entente avec la députation de la Corrèze.

Il est fait lecture de la lettre à envoyer à la société de Limoges au sujet de Gauger. — Elle est approuvée.

Lecture de l'adresse à la Convention nationale pour presser l'exécution de la loi sur le maximum. — Adoptée.

Séance du 29 nivôse (18 janvier 1794)

Sur la demande d'un membre, tous les citoyens ne faisant pas partie de la société sont invités à se retirer hors de la barre. — Cette barre n'étant actuellement que fictive, elle sera rétablie dès demain.

Lecture d'une lettre du citoyen Villeneuve, en garnison à Landau. — Il y sera répondu.

Sur la proposition de Lanot, deux commissaires sont envoyés auprès du district pour « l'engager à prendre des mesures pour assurer à la République les biens de l'infâme Bellegarde. »

« Une adresse des commissaires de la société de Clergoux a été mise sur le bureau et lue avec applaudissements. — Un membre de la commission a parlé dans

son idiome avec beaucoup de force et d'énergie sur les désordres occasionnés par la caste sacerdotale. Plusieurs membres ont parlé sur cette matière et la société arrête que le comité de surveillance s'assemblerait sur le champ pour prendre les mesures les plus actives pour empêcher qu'il ne fut dit de messe aux lieux où il est convenu de s'en dire demain. (1).
« Un membre a observé que l'intérêt et la tranquillité publique exigeait que tous les prêtres fussent surveillés d'une manière particulière par la société. Un autre membre a ajouté qu'il convenait de les chasser ; d'autres ont demandé qu'ils fussent ajournés à un mois, et la société a arrêté que les prêtres et ex-prêtres étaient ajournés jusqu'à nouvel ordre. »

On fait lecture d'un décret accordant soixante mille quintaux de grains au département de la Corrèze, et des ordres sont transmis par la commission des subsistances pour lever ces secours.

La société arrête que le département serait invité à renvoyer copie de toutes pièces aux délégués du peuple et à la société. »

Le citoyen Lanot demande que la société s'occupe de prendre des mesures pour connaître les abus qui pourraient régner dans toutes les autorités constituées. Il est décidé que le délégué du peuple s'entourerait, à son choix, des membres qu'il jugerait nécessaire pour cette opération. « Le citoyen commence la lecture d'un discours qu'il doit prononcer demain, jour de décade.

Séance du 7 nivôse (27 janvier 1794)

Après un discours du citoyen Brival, la société

---

(1) Ces messes devaient être dites en commémoration de la mort de Louis XVI.

décide que le district serait invité à prendre des mesures pour que tous les prêtres soient tenus de se rendre au chef-lieu du district, en les invitant préalablement à le faire.

Les citoyens Bussières et Sauty sont désignés par la société pour être présentés au délégué du peuple, pour se rendre dans les départements qui ont été désignés pour fournir les subsistances.

Séance du 9 pluviôse (28 janvier 1794)

Un diplôme est accordé à Martin Jules, qui a perdu le sien.

Un membre a présenté un certificat de civisme et de bravoure appartenant à Aboukir, détenu dans la maison d'arrêt. — On passe à l'ordre du jour.

Le délégué Lanot voulant s'occuper de l'organisation de la gendarmerie nationale, demande que la société lui indique des sujets propres à remplir les places. — Il annonce la nomination de Durand comme capitaine. — Le citoyen Maurel est proposé pour un poste de gendarme.

Le maire de Naves est dénoncé « parce qu'il fait faire du pain blanc dans sa commune et pour avoir empêché des métayers de porter du grain à Tulle, en disant qu'il se chargeait de tout, et qu'on devait s'en rapporter à ce qu'il disait. Les employés au grenier des subsistances ont entendu tenir ces propos. » Il est accusé d'avoir pris douze livres de plusieurs particuliers en échange de la peine de la confiscation qui doit être prononcée contre ceux qui n'ont pas déclaré leurs grains. Le citoyen Laprade, détenu à la maison d'arrêt, a dit à Teyssier, officier municipal, que le maire de Naves empêchait qu'on portât à Tulle le grain qu'il avait dans ses propriétés.

La question de la distribution journalière du pain sera traitée par le comité de surveillance, en présence des commissaires de la société et de la municipalité.

Le citoyen Sartelon envoi deux paires de souliers pour les volontaires.

Une adresse faite par Sauty sera envoyée à Béral, à Paris.

Il est fait lecture d'une lettre de Villeneuve, caporal à Landau.

Une souscription est ouverte « pour un cavalier jacobin. » Ont versé : Floucaud, 100 livres ; — Teyssier, 30 l. ; — Darcambal, 25 l. ; — Béral aîné, 50 l. ; — Dubois, 50 l. ; — Orliaguet, le chapelier, 10 l. ; — Lacour, 5 l. ; — Jean Courty, marchand, 5 l. ; — Roume, 10 l.

Il est donné lecture d'une lettre de la société de Caussade relativement à Aboukir. — Elle sera communiquée au juge de ce prévenu.

Séance du 16 pluviôse (4 février 1794)

Lecture d'une lettre de la Convention demandant si les citoyens Rivière et Plazanet, députés suppléants, actuellement à la Convention, ont protesté contre les événements des 31 mai, 2 et 3 juin. — L'assemblée étant peu nombreuse, la réponse à faire est remise à la prochaine séance.

Lecture d'une lettre « d'un nouveau général » et d'une autre de la société d'Argentat, contenant la liste des ses membres. L'une et l'autre sont ajournées à la prochaine séance pour la discussion. Il en est de même d'une lettre du citoyen Villeneuve, capitaine des canonniers en Vendée, qui demande un nouveau diplôme « et fait part des causes qui ont entretenu pendant si longtemps l'armée des brigands. »

Séance du 20 pluviôse, an II (8 février 1794)

Les ouvriers chargés de la décoration du temple de la raison demandant à être payés de leurs journées et de leurs avances ; il est nommé deux commissaires qui se transporteront devers la municipalité pour la prier de tirer un mandat de douze cents livres sur les aristocrates détenus, laquelle somme, déposée dans la caisse de la société servira à payer cette dépense et autres semblables. Ces deux commissaires sont Juyé et Clercy aîné.

Il est arrêté qu'un comité de douze membres sera nommé pour établir la liste des instituteurs et des institutrices « pour l'éducation républicaine des enfants de tout sexe. »

« Il est ensuite procédé au scrutin épuratoire des membres qui composaient la société lorsqu'elle tenait ses séances aux Récollets, en 1790. — La société a ensuite invité tous les membres de 1790 à s'entendre, à la prochaine séance, pour procéder au scrutin épuratoire des membres reçus depuis 1791 et années suivantes. — Clercy a été nommé commissaire pour faire la liste de tous les membres.

Séance du 26 pluviôse (14 février 1794)

On décide de faire sortir de la salle tous les étrangers à la société.

La société de Meyssac demande à la société de vouloir bien correspondre avec elle. — Un membre dénonce cette société comme professant des principes contraires à l'esprit républicain. Deux commissaires : Sauty et Vialle sont chargés de se transporter devers le représentant du peuple pour dénoncer la société de Meymac.

Il est fait lecture d'une lettre de Béral envoyé à Paris pour l'affaire Berthelmy.

Un membre ayant demandé si le choix de ceux qui doivent aller à Paris pour extraire le salpêtre était fait. — Personne ne s'étant encore présenté pour cela, la question est renvoyée à la prochaine séance. Mais le citoyen Salles se présentant alors, il est accepté.

Les citoyens Sauty et Malepeyre ont été nommés commissaires « pour faire la liste des jeunes gens propres à occuper des places dans les nouveaux arts. »

Séance du 30 pluviôse (18 février 1794)

Il est arrêté qu'à chaque séance le président nommerat quatre membres « pour imposer silence aux tribunes. »

Il est donné lecture d'une lettre du représentant de la Haute-Vienne à la société de Limoges et d'une autre lettre de la députation de la Corrèze, en réponse à celle que le département lui avait écrit pour l'informer du refus du district de Montauban de délivrer le blé promis à la Corrèze par la commission des subsistances.

« Une citoyenne des tribunes a demandé des secours à la société. — Après avoir prononcé un discours très patriotique, la société a passé à l'ordre du jour. »

A été adopté « une adresse à la Convention nationale pour lui annoncer qu'il n'existe plus de prêtres dans la Corrèze. »

Adoptés aussi des remerciements adressés à la Convention nationale « pour avoir envoyé Lanot dans la Corrèze. »

La société arrête que « ceux qui seraient désignés pour occuper des places dans l'éducation et qui refuseraient, seraient regardés comme suspects. » Le nombre des instituteurs est fixé à 7, et 7 aussi celui des institutrices. Leur nomination est ajournée et il est arrêté, qu'après cette, opération, le renouvellement du bureau, aurait lieu.

« Il a été arrêté d'écrire au 5ᵉ bataillon pour luy manifester la surprise de la société de ce qu'il a nommé un ex-noble pour commandant. Un membre a demandé que le bataillon fut dénoncé au ministre pour qu'il opère sa dissolution et son encadrement dans d'autres corps. — Après quelques débats, il a été arrêté que le bataillon serait invité à se prémunir contre les menées des intrigants qu'il renferme, et, en outre, qu'il serait écrit aux représentants du peuple près les armées, de surveiller certains individus de ce bataillon. Vialle, Malepeyre, Beneyton et Sauty ont été nommés pour faire la liste des membres de ce bataillon qui doivent être le plus surveillés. »

Il sera écrit à la société d'Uzerche « pour la prévenir qu'on cessait toute correspondance avec elle, et lui dire qu'elle recevait beaucoup d'aristocrates dans son sein, tels que Clédal, et elle a arrêté (la société) en outre, d'écrire à la société des Jacobins de Paris, pour l'engager à retirer son affiliation de celle d'Uzerche. »

Séance du 1ᵉʳ ventôse (19 février 1794)

Lecture des papiers, nouvelles et de la correspondance.

Séance du 5 ventôse (23 février 1794)

« La séance ayant été ouverte, un membre a dit que les commissaires envoyés dans le département du Lot étaient arrivés, et après avoir rendu compte des entraves qu'ils avaient éprouvé dans leur opération, mais n'étant pas instruit de tout, il a demandé que les commissaires fussent invités à la séance. A l'instant la société les a envoyés chercher. Les commissaires ayant paru, un d'eux est monté à la tribune et a dit que le premier obstacle qu'ils avaient trouvé pour leur opération, venait des ordres qu'avaient donnés les représentants du peuple près les armées du midi ; — après beaucoup de débats sur les moyens de faire lever l'embargo par les représentants du peuple, la société a arrêté d'envoyer sur le champ deux commissaires vers les envoyés de la commission des subsistances : Bussières a été nommé de nouveau par la société de Tulle, et celle de Brive est chargée d'en nommer un autre. Ces commissaires sont tenus de correspondre avec la députation de la Corrèze, avec la société et l'administration. En outre, Bussières et Marbeau ont été chargés d'écrire par le premier courrier à la commission des subsistances. Béral et Sauty ont été nommés pour aller vers le représentant du peuple pour l'engager à approuver la commission donnée à Bussières et à son collègue de Brive. »

Deux commissaires, qui se réuniront avec ceux nommés par la municipalité, se rendront auprès du représentant du peuple pour l'engager à « faire réintégrer la maison d'arrêt à tous les aristocrates qui en sont sortis. »

« Sur la motion d'un membre, il a été arrêté qu'il serait nommé deux commissaires pour aller vers la municipalité et l'inviter à faire exécuter la loy qui porte qu'il ne sera fait qu'une espèce de pain, en surveillant tous les boulangers. »

Séance du 7 ventôse (25 février 1794)

Le citoyen Teyssier fait don à la société des portraits de Marat et de Lepelletier.

Il est fait lecture d'une lettre du citoyen Boric, secrétaire de Brival, représentant du peuple. — Il sera répondu à ce citoyen.

Une lettre de la société de Poitiers annonce que Brival a été élu président.

Lecture d'une lettre d'Avignon, envoyée par la société de Limoges, contre Gauger.

« Villeneuve et Dubois ont été nommés pour aller vers Dulignon et Mariau pour leur demander une autre lettre relative à Gauger dont ils sont demeurés saisis en faisant les fonctions de secrétaires lorsqu'elle fut mise sur le bureau.

« La société a passé à l'ordre du jour sur la demande faite par la société de Marseille à ce qu'on s'intéresse à deux individus qu'elle dit persécutés. »

On passe aussi à l'ordre du jour sur une lettre de la société de Montauban, qui invite toutes les sociétés à « demander à la Convention qu'elle ne fasse pas la paix. » Il a été décidé qu'on écrirait à cette société pour l'engager à « nous procurer des subsistances. »

Desprès et Sauty sont nommés commissaires pour aller vers la société de Corrèze qui a été dénoncée par Lacombe comme renfermant beaucoup d'aristocrates. »

« Les commissaires étant arrivés, Dulignon a remis la lettre contre Gauger. Le président en a fait la lecture. Gauger est monté à la tribune et a fait le tableau de sa vie. La société a arrêté qu'il lui serait donné copie de la dénonciation, qu'il y répondrait, et elle a nommé quatre commissaires qui sont: Desprès, Béral jeune, Pineaud et Dulac pour faire un rapport relativement à Gauger. »

« Il a été arrêté d'écrire une lettre de consolation à Berthelmy, d'en charger Delfaut, qui part pour Paris, en l'invitant de travailler à faire rendre briève justice à ce détenu. »

Séance du 21 ventôse (11 mars 1794) (1)

« Il est fait lecture d'une lettre de Roux-Fazillac, représentant du peuple [en Corrèze] par laquelle il demande un membre de la société, pris parmi les artistes, pour se réunir au comité que le représentant veut former aux fins de porter la manufacture à un degré d'agrandissement dont elle est susceptible. — La société a, sur le champ, procédé au choix d'un membre, et au scrutin, le citoyen Mazin a réuni la pluralité absolue des suffrages. »

« Sur la lecture d'une lettre de la société d'Ussel, qui invite celle de Tulle à accélérer le remboursement des billets de confiance émis dans plusieurs communes, Sauty a été nommé pour inviter le département à faire imprimer de nouveau son arrêté qui enjoint aux communes de rembourser les billets qu'elles ont émis. »

Séance du 28 ventôse (18 mars 1794)

Lecture des papiers nouvelles et de la correspondance. — Lecture d'une lettre de Brival à laquelle le président répondra.

Lecture d'une lettre de la commission des subsistances relative aux moyens d'augmenter les productions.

Le citoyen Charmand informe la société qu'il « se chargeait de fabriquer du savon. La société a applaudit et l'a invité à faire incessamment son essai. »

Séance du 16 ventôse (6 mars 1794)

La société décide « qu'elle ferait venir de Paris le

---

(1) Cette date du 21 ventôse nous semble douteuse, bien que très bien caligraphiée, puisque à la page suivante du registre nous trouvons les procès-verbaux des séances des 16, 18, 20 et 21 ventôse.

buste des trois martyrs de la liberté: *Marat, Chalier* et *Le Pelletier* (1).

« Bardon, géomètre, a demandé, par une lettre, d'être admis à la place d'instituteur. — La lettre a été brûlée, par arrêté de la société, et elle a passé à l'ordre du jour. »

Les citoyens Forêt, Villeneuve, Deprès, Vialle, Sauty, Béral et Dulac sont chargés de choisir 7 instituteurs et 7 institutrices pour l'instruction publique.

Séance du 17 ventôse (7 mars 1794)

Le rapporteur de la commission de l'instruction publique fait connaître le choix du comité pour remplir les fonctions d'instituteurs, ce sont : Laval, cadet ; — Mazin ; — Dulignon ; — Baron ; — Borye ; — Sarget, père, et Basse, huissier public. Ils sont acceptés par la société. — Sur la proposition de plusieurs membres, Gendre sera le huitième instituteur. « Le même rapporteur a fait part à la société de l'embarras du comité pour le choix des institutrices et a demandé qu'il fut adjoint quatre membres de plus au comité pour concourir à son opération, et sur le champ la société a nommé Teyssier, officier municipal, Tramond père, Raymond Béral et Dumont, sellier.

Dumirat demande un certificat de civisme. Ajourné jusqu'après le scrutin épuratoire.

---

(1) Marat et Le Pelletier sont trop connus pour qu'il soit utile d'en parler, mais quelques mots sur Chalier ne seront pas déplacés : Chalier était né en Dauphiné, en 1747. Il fut prêtre, voyageur, négociant, enfin officier municipal à Lyon en 1791 ; il fut un administrateur actif et zélé. — Orateur des Jacobins de Lyon, il prit quelques mesures arbitraires qui l'obligèrent à se rendre à Paris en août 1792 pour se justifier. — Au moment de la crise girondine, en 1793, les sections royalistes de Lyon se soulevèrent : Chalier fut arrêté et, malgré les ordres de la Convention, il fut traduit devant le tribunal criminel de Rhône-et-Loire qui le condamna à mort. Il fut guillotiné le 16 juillet 1793.

Mariau est nommé caissier des offrandes pour subvenir aux besoins des indigents de la commune.

Est approuvée, une adresse à la Convention nationale pour qu'il soit créé des tribunaux révolutionnaires dans les départements.

Des commissaires sont envoyés auprès du délégué du peuple « pour qu'il fasse fermer toutes les personnes suspectes. — La société décide qu'il sera nommé trois membres qui en choisiront neuf pour faire la liste des gens suspects. — Sont élus : Pauphille, Béral et Dumont.

Séance du 18 ventôse (8 mars 1794)

Lecture de la liste des gens suspects. — Etant incomplète elle sera continuée.

Vialle, Béral cadet, Rigolle, Roussel, Dubac et Villeneuve sont chargés d'élaborer un règlement pour les instituteurs et institutrices.

Il est pris note des observations de plusieurs membres au sujet des suspects. Elles seront ajoutées à la relation des faits inciviques attribués à chaque suspect.

Séance du 20 ventôse (10 mars 1794)

Le citoyen Vialle fait part du premier envoi qu'il a fait de l'argenterie déposée au district.

Continuation de la liste des suspects.

On s'est occupé de l'épuration du tribunal criminel. Tous les membres ont été reçus.

Une adresse sera envoyée à Roux-Fazillac, représentant du peuple, pour « l'engager à purger tous les corps constitués de tous les prêtres. »

Séance du 21 ventôse (11 mars 1794)

Une lettre de Roux-Fazillac demande à la société de nommer deux commissaires pour s'occuper avec lui : de donner à la manufacture d'armes toute l'activité dont elle est susceptible pour accélérer et perfectionner ses travaux. » Le citoyen Manier est élu pour faire partie de ce comité qui doit se réunir le lendemain.

Sur la demande de la société d'Ussel, le citoyen Sauty ira, de la part de la société, vers le département pour l'inviter à faire réimprimer son arrêté qui enjoint aux municipalités d'acquitter les billets de confiance qu'elles ont émis.

Séance du 25 ventôse (15 mars 1794)

Le président donne lecture d'une lettre de l'administrateur provisoire des domaines nationaux portant envoi des cahiers M. N. O. P. de la liste des émigrés.

« Lecture d'un rapport de la société d'Excideuil qui donne les moyens propres à extraire de la terre la foudre qui doit détruire les tyrans. La société a admis les principes de celle d'Excideuil, mais les localités n'étant pas les mêmes, elle a nommé deux commissaires pour chercher le moyen d'occuper la société à extraire le salpêtre.

Il est donné lecture de deux lettres de Bussières, l'une annonce l'arrivée de plusieurs bâtiments chargés de grains et l'autre l'envoi de certains six quintaux de grains pour le département de la Corrèze. » Sur l'observation de plusieurs membres que le grain envoyé par les commissaires s'était arrêté à Brive, et après quelques débats, il a été arrêté que les commissaires seraient invités à envoyer directement à Tulle le contingent qui doit arriver dans ce district et, pour que cela n'éprouva pas de difficultés, il a été arrêté que l'administration demeurerait invitée à mettre en réquisition toutes les voitures du département pour aller chercher le grain dans l'endroit indiqué par les commissaires et le transporter à Souilhac, pour, de là, envoyer son contingent à chaque district. »

Un comité est nommé pour faire un rapport et donner le plan d'une salle pour les réunions de la société.

Séance du 26 ventôse (16 mars 1794)

Le citoyen Valette, de la société de Maringue (Cantal) est admis sur présentation de son diplôme.

Une lettre de Niort dénonce « Mainard, lieutenant de gendarmerie, comme un lâche et comme ayant plusieurs fois voulu soustraire aux gendarmes une partie de leur paye. » — Sauty et Villeneuve ont été nommés pour faire un rapport sur la conduite de Mainard.

Une lettre du 5e bataillon applaudit à la présentation de Dupont et l'accepte comme commandant. Ce bataillon demande des sabres. — Il sera écrit pour les inviter à ne mettre à leur tête que de vrais sans-culottes. Villeneuve et Roussel sont chargés de faire la levée des sabres et les envoyer au bataillon.

Il est décidé qu'on écrirait à Marbot, général à l'armée des Pyrénées, « pour l'engager à faire traduire à Tulle Parjadis, sous bonne et sûre garde, dans le cas où il soit auprès de lui. »

Lecture d'une lettre de Beaucaire.

Il est arrêté que le comité d'instruction publique se réunirait demain. — Il se composera de douze membres.

La commission des subsistances invite la société à prendre des moyens pour faire propager la culture de différentes sortes de légumes.

Après s'être concerté avec le district, la société nommera des commissaires chargés de l'établissement d'une bibliothèque exigée par la loi.

Séance du 28 ventôse, l'an 2ᵉ de la République
(18 mars 1794)

Après lecture d'une lettre du citoyen Brival, représentant du peuple, la société décide que le président y répondra.

Le citoyen Chamard disant qu'on peut faire du savon à Tulle, il est utile d'en faire l'épreuve le plus tôt possible.

Une motion est faite pour que le séquestre soit mis sur tous les meubles des détenus, en conformité de la loi, et qu'il était absolument nécessaire que les détenus ne dissipassent les assignats qu'ils pouvaient avoir en frugalité, parce qu'ils appartenaient à la République.

Séance du 30 ventôse, an second de la République
(20 mars 1794)

Une lettre de Brival annonce la conspiration ourdie contre la liberté (1).

Une lettre du comité d'armes demande le tableau des outils propres à la fabrication des armes. La société

---

(1) Une loi venait de déclarer traîtres à la patrie, et devant être punis comme tels, ceux qui seraient convaincus d'avoir, de quelque manière que ce fut, favorisé dans la République le plan de corruption des citoyens, de subversion des pouvoirs et de l'esprit public. — Ces dispositions furent prises à la suite d'un rapport de Saint-Just, dans lequel il déclare qu'« y a dans la République une conjuration « ourdie par l'étranger, dont le but est d'empêcher par la cor« ruption que la liberté s'établisse. Le but de l'étranger est de créer « des conjurés de tous les hommes mécontents, et de nous avilir, « s'il était possible, dans l'univers, par le scandale des intrigues. On « commet des atrocités pour en accuser le peuple et la Révolution. « C'est encore la tyrannie qui ait tous les maux que l'on voit, et « c'est elle qui en accuse la liberté ! L'étranger corrompt tout. »
Tout ceci était absolument exact et les preuves en furent données en 1814, lorsque les royalistes réclamèrent le prix des services qu'il avaient rendus « pour le salut de la monarchie. » (Voir l'histoire de France par l'abbé de Montgaillard, tome IV, page 182, en note).

arrête que la lettre du comité serait envoyée au comité établi près le représentant du peuple pour, d'après l'avis du représentant et les observations du comité, être répondu à la commission d'armes. »

« Il a été arrêté que ceux qui entreraient dans la séance n'étant pas de la société, seraient déclarés suspects et mis en état d'arrestation.

Pour distinguer les membres de la société, il a été arrêté que chaque membre porterait désormais une médaille où serait inscrit son nom avec cette légende : Sans-Culotte, membre de la société populaire de Tulle.

A la prochaine séance, le trésorier devra fournir un état des recettes et des dépenses de la société. « Vialle et Villeneuve fourniront un rapport sur l'état de la caisse et sur les moyens de remplir le déficit, s'il y en a.

Il est proposé d'accorder un secours de 1.200 livres au citoyen Jean Nayrac, à prendre sur les fonds de la caisse de secours, à cause de l'incendie qu'il a éprouvé.

Un certificat de civisme est accordé au citoyen Lanot père. Le citoyen Vialle a fait de nouveau lecture du projet de règlement des écoles primaires de Tulle. La discussion est ouverte sur chaque article ; ils ont été successivement adoptés. Les classes dureront deux heures. Elles commenceront le matin à 8 heures pour finir à 10 heures, et le soir à 2 heures pour finir à 4 heures. Les fautes légères pourront être corrigées par l'instituteur, mais pour les fautes graves, l'instituteur en fera le rapport chaque décade, de l'avis du Conseil de la compagie à la fête de la raison.

Feront partie du comité de l'instruction publique, les citoyens : Vialle, Villeneuve, Dulac, Roussel, Béral inspecteurs : Sauty, Déprès, Bardon, médecins : Bure, Pauphille, Darcambal et Juyé.

Séance du 1ᵉʳ germinal, an 2 (21 mars 1794)

Une lettre du comité de surveillance accuse les gardiens de la maison d'arrêt, et notamment Dubois « d'avoir malversé dans leurs fonctions. » Ils sont remplacés provisoirement par les citoyens Bleysac, Sage, huissier, et Magne, cadet, nommés par le conseil général de la commune. — Ce choix est approuvé.

Sont nommés pour aider la municipalité à faire le tableau des patriotes indigents : Burt et Déprès, pour la section de la Montagne. — Baratier et Rigole, pour la section de l'Unité ; et Dumond et Chastang, pour la section des Sans-Culottes. — La liste sera lue à la société pour s'assurer du civisme des citoyens qui y seront compris.

Le citoyen Peuch est élu pour faire partie d'un nouveau comité des subsistances.

Il est décidé qu'on procédera au remplacement de tous les gardes de la maison d'arrêt. — Le citoyen Lajeunesse, volontaire du 3ᵉ bataillon, réformé pour cause de maladie, est nommé portier de l'entrée du collège. « Comme il s'est élevé beaucoup de difficultés pour trouver des membres, il a été proposé et arrêté que trois commissaires de la société, qui sont : Libouroux, Sarget et Borie, du canton, se réuniront au comité de surveillance et à la municipalité pour faire une liste des membres pour ces places et les proposer à la société pour être épurés et approuvés.

Il a été fait lecture d'une pétition de la citoyenne Pétronille Personne, femme du citoyen Baluze, aîné, gendarme et capitaine des grenadiers dans un bataillon des Vosges, tendante à obtenir l'intercession de la société en faveur de son mari, pour lui procurer une place d'officier dans la gendarmerie, attendu que Baluze a un rhumatisme à un bras, qui lui rend le service à l'armée sinon impossible, au moins très difficile.

« La société a passé à l'ordre du jour motivé sur ce que le citoyen Baluze réunissant à un patriotisme bien prononcé, des connaissances militaires est plus utile à la République sur les frontières que dans l'intérieur, et qu'il ne doit abandonner le poste le plus périlleux qu'à la dernière extrémité, et lorsque le danger sera passé. — La société lui assurant que pourvu qu'il continue à se conduire en bon et brave républicain, elle s'empressera, dans toutes les circonstances à lui procurer une place qui lui assurera, et à sa famille, une retraite lucrative et honorable, et pour cet effet, il a été arrêté qu'extrait du procès-verbal sera remis à la femme Baluze. »

Le citoyen Pastrie est désigné par la société pour se rendre le plus tôt possible à Saint-Céré, afin d'accélérer la rentrée des grains accordés au département de la Corrèze par la commission des subsistances de la Convention nationale.

Séance sans date (1)

Un membre dépose sur le bureau une cloche offerte à la société par la citoyenne Bleygeat. Les membres ci-après chargés de dresser la liste des indigents, réclament leur remplacement : Rigolle, Baralier, Dumont, Libouroux, sont remplacés par Vauzanges ; Floucaud, jeune ; Vigne ; Lagler, jeune.

Une lettre de la députation annonce que le comité de salut public a pris des mesures rigoureuses pour

---

(1) Le procès-verbal de cette séance est intercalé entre celui du 1ᵉʳ germinal et 7 germinal (21 mars 1794 et du 27 mars 1794) ; il est écrit de la main de Dulac, secrétaire, et signé par lui et le président Juyé.

procurer au département de la Corrèze le grain que la commission de subsistance lui a destiné.

Lecture d'une lettre de la société de Landon. — Il y sera répondu après s'être assuré du patriotisme de cette société.

Burg et Vachot, membres du comité de surveillance, sont accusés de ne jamais se rendre à leur poste. — Ils seront entendus par la société avant qu'on prenne une décision.

Il est décidé que le président et le secrétaire de la société se rendront auprès du représentant du peuple pour l'engager à ne laisser dans le comité de surveillance que des membres de la société populaire.

Un des commissaires nommé pour l'application des scellés sur les meubles des détenus, a remis sur le bureau le procès-verbal dressé dans la maison de détention des Récollets.

La société arrête que la municipalité sera invitée à faire exécuter la loi en ce qui concerne les détenus ; qu'ils seront séquestrés dans leur chambre et la fenêtre de la « ci-devant sacristie du collège, sera fermée ; que les gardes seront changés, et qu'il sera nommé six commissaires pour surveiller les détenus et faire leur rapport à la séance de demain. »

Un membre propose d'envoyer une adresse à la Convention nationale « pour la féliciter sur les mesures vigoureuses prises pour arrêter les conspirations et punir les conspirateurs et pour l'engager à faire tomber la tête du fils du tyran et la tête des autres Bourbons qui peuvent encore exister dans la République. » Après de longs débats, l'adresse est ajournée.

Séance du 7 germinal, an 2 de la République
(27 mars 1794)

Sur présentation de son diplôme, le citoyen Dominique Blanc, de Marseille, est admis et pourra assister aux séances pendant son séjour dans la commune de Tulle.

Ont obtenu des certificats de civisme, les citoyens : Vedrenne, fils, canonnier ; Seguy, fils, canonnier ; Floucaud, quatrième du nom, canonnier.

Les citoyens Roussel et Darcambal sont nommés commissaires pour faire connaître la conduite des autres canonniers avant que la société leur délivre des certificats de civisme.

Deux commissaires sont chargés de se rendre au comité de surveillance pour demander l'arrestation de Bourguet, de la place.

Un comité, auquel se joignent divers citoyens, membres de la société « vont faire la visite des détenus. »

Séance du 21 germinal (10 avril 1794) (1)

Une question tendant au déplacement des ateliers de la manufacture d'armes est remise à une prochaine séance, les membres de la société n'étant pas en nombre suffisant pour traiter une question aussi importante.

Le citoyen Ventéjoul demande un certificat de civisme, afin de pouvoir occuper le poste d'instituteur de la commune de Gimel. — Après de longs débats, ce certificat est refusé.

Séance du 28 germinal (17 avril 1794)

Le district communique à la société une liste de sept commissaires pour accélérer le transport des grains. Cette liste est adoptée.

La municipalité demande à la société de nommer

---

(1) Le procès-verbal de cette séance a été transcrit sur le registre de la société à trois pages plus loin et le scribe a noté : « Ici rapporté par transposition. »

huit commissaires pour être adjoints à ceux déjà choisis par elle pour la vérification des caisses des bons de confiance. — La société décide de nommer quatre commissaires seulement. Ce sont: Pineaud ; — Valade aîné ; — Marsillon fils et Ambasse.

Il est arrêté que les commissaires nommés pour l'habillement des enfants appartenant à des parents pauvres qui fréquentent les écoles primaires, de même que les commissaires de l'instruction publique feraient leur rapport dans les trois jours.

Sur la motion de Peyron, la société a arrêté qu'il serait écrit à l'administration de la gendarmerie en service à l'armée du Rhin, pour prévenir ce corps que le citoyen Pison n'a reçu aucune espèce de paye en qualité de gendarmes.

Deux commissaires sont nommés pour se rendre auprès de la municipalité afin de l'engager à faire travailler principalement les meuniers patriotes. — La société prendra des mesures pour que Malaurie, meunier patriote, ait son moulin employé.

Les canonniers dont les noms suivent obtiennent un certificat de civisme: Vieillefont ; — Floucaud ; — Jean Bonhomme ; — Jean Pouget ; — Jean Faurie ; — Jean Puissade ; — Ségui ; — Vedrenne et Mouton. — Le certificat de civisme est refusé à Champ et à Maynard. — Le citoyen Taillandier obtient aussi un certificat de civisme.

La municipalité communique la liste des indigents de la section de la Montagne. La lecture en est ajournée à la prochaine séance.

Séance du 30 germinal, an 2 de la Rép. une et indiv.
(19 avril 1794)

Trois étrangers qui circulent dans la ville depuis plusieurs jours seront invités à venir justifier de leurs pouvoirs devant la société.

Sur présentation de son diplôme, Jean Bard, membre de la société de Sainte-Foy est admis.

Deux commissaires sont nommés pour se rendre auprès du district pour l'engager à faire réparer sans délai, la maison de justice.

La nomination d'un gardien pour la maison de justice est remise à la prochaine séance. Il en est de même pour la nomination des deux commissaires chargés de la formation de la bibliothèque.

Les citoyens Béral et Régis reçoivent un certificat de civisme.

Les commissaires chargés de se prononcer sur le choix du local devant servir à l'établissement du centre de la manufacture d'armes devront remettre leur rapport à la séance de demain.

« Les commissaires nommés pour aller vers les trois étrangers dont il a été parlé, sont rentrés et ont déclaré qu'ils ne les avaient point trouvés. La société a arrêté que ces trois étrangers qui se disent envoyés de la part de Lakanal, seraient mandés. »

Séance du 1er floréal (20 avril 1794)

Lecture d'une lettre de Lanot représentant du peuple. — Le bureau y répondra.

Lecture d'une lettre imprimée du représentant du peuple Brival, adressée à la société populaire de Limoges.

Des commissaires sont délégués auprès du représentant Roux-Fazillac, pour lui annoncer que les suffrages de la société s'étaient porté sur les citoyens Floucaud, maire, pour le poste d'administrateur du département ; — Bardon, pour le poste de maire ; — Borie, pour celui d'officier municipal ; — Martin Sindriac et Dulignon, pour les deux places de notables qui sont vacantes les unes et les autres.

« Vialle est monté à la tribune et a fait le rapport sur le lieu convenable au nouvel établissement que les entrepreneurs de la manufacture se proposent de faire. Il a dit qu'il croyait les ci-devant carmes très propres pour remplir les vues des entrepreneurs. Il y a eu quelques débats à ce sujet et la société a ajourné la décision de cette affaire à la première décade.

La société passe à l'ordre du jour sur une lettre du citoyen Laval, instituteur, en raison de ce que ce fonctionnaire est provisoirement remplacé.

La nomination d'un gardien pour la maison de justice est ajournée, parce que les émoluments sont portés à 400 livres au lieu de 200, ce qui peut engager quelque bon citoyen à se présenter. »

Diverses propositions sont faites sur la nécessité qu'il y avait de surveiller d'une manière particulière les détenus qui pourraient bien tenter de s'évader en apprenant que la commission populaire est, ou va être, organisée pour les juger. Après quelques débats, la société a arrêté que le comité de surveillance serait invité à choisir tous les jours, parmi les citoyens qui seront de garde, des hommes sûrs pour la garde de la maison de justice et de la maison d'arrêt. »

Il est décidé que tous les officiers de la garde nationale de Tulle devront justifier d'un certificat de civisme.

Séance du 3 floréal, an 2 (23 avril 1794)

Il est arrêté que l'article 20 du décret de la police générale de la République serait écrit en grosses lettres au-dessus de la porte d'entrée de la salle de la société (1).

---

(1) Cet article était ainsi conçu :
« Tous les citoyens sont tenus d'informer les autorités de leur ressort et le comité de salut public des vols, des discours incivique et des actes d'oppression dont ils auraient été victimes ou témoins. »

Tous les membres de la société « sont invités à déclarer tout ce qu'ils pourraient découvrir avoir été caché par les aristocrates, tant au conseil de surveillance qu'aux autorités constituées, comme aussi de dénoncer ceux qui dégradent les biens des détenus, attendu qu'ils sont censés appartenir à la République. »

La discussion sur la liste des indigents qui ont à prétendre des secours sur les biens des aristocrates est ajournée au lendemain.

Séance du 5 floréal, an 2 de la Rép. une et indiv. (24 avril 1794)

Lecture d'une lettre des citoyens Bussières et Pastrie, annonçant l'arrivée incessante des grains. — Il sera répondu à ces deux commissaires.

La discussion sur la liste des indigents est encore remise à une séance ultérieure, à cause du petit nombre des membres présents à la séance.

Séance du 6 floréal (25 avril 1794)

Lecture de divers documents de la « société de Meymac, se disant régénérée. » 1° « une déclaration d'une Montbazet, aubergiste de Meymac, qui s'excuse d'avoir vendu le pain au dessus du maximum, sous le prétexte qu'elle était autorisée par le représentant du peuple Lanot. » — 2° Une adresse dans laquelle les membres du bureau de la société de Meymac s'efforcent de se justifier des inculpations portées contre eux par la société de Tulle. — 3° Un extrait des délibérations de la même société demandant la nomination de « deux commissaires chargés de faire rapport si la société populaire de Meymac régénérée, renferme dans son sein des membres gangrénés. » Après avoir entendu les délégués de la société de Meymac, il est décidé qu'on « enverra des commissaires vers le représentant du peuple pour l'instruire des principes de la société de Meymac, pour le prier de prendre en considération ce que ses commissaires sont chargés de lui dire et le prier de prendre dans sa sagesse s'il ne serait point de l'intérêt public de suspendre la société populaire de Meymac.

Sur la demande du citoyen Boiville, commissaire d'instruction pour la fabrication du salpêtre, la société arrête qu'elle invitera la municipalité à fournir des élèves pour s'instruire dans cette fabrication et nomme les citoyens Cindriac, jeune, et Vialle, ci-devant curé de Seilhac, qui sont à cet effet, choisis parmi les membres de la société.

Séance du 8 floréal (28 avril 1794)

« Il a été lu quelques lambeaux des rapports de Saint-Just et de Billaut-Varenne, qui ont excité de vifs applaudissements. »

« Le citoyen Bardon, maire, est monté à la tribune et, par un discours simple, mais présentant les sentiments les plus purs, a exprimé le désir de correspondre à la confiance que le peuple venait de lui donner. La société l'a couvert d'applaudissements. »

Sauty a lu le rapport au nom du comité d'instruction publique. La citoyenne Rigault a été acceptée à l'unanimité pour huitième institutrice. — Le règlement proposé par le comité a été accepté à l'unanimité et deux commissaires sont nommés pour se rendre auprès de la municipalité et l'inviter à faire exécuter ce règlement.

Le rapport sur l'ordre de célébrer les fêtes décadaires a été adopté (1).

---

(1) Voir *Les Fêtes et Cérémonies publiques sous la Révolution et la Première République à Tulle*, par Victor Forot.

Le représentant Roux-Fazillac, ne pouvant se rendre à Meymac, invite la société à nommer quatre commissaires qui s'y rendront et prendront connaissance des faits. Il les investira des pouvoirs nécessaires. Sont nommés : Roussel ; Clereye ; Sauty et Juyé.

Il est arrêté que chaque décade le bureau nommera douze commissaires qui seront chargés de surveiller et de dénoncer tous les abus qui pourraient se commettre relativement aux vivres apportés dans la commune par les habitants des campagnes.

Séance du 10 floréal (30 avril 1794)

Lecture des papiers publics et d'une adresse au peuple polonais par un de ses généraux. — Applaudissements. Est aussi applaudie, une lettre du fils de Botric.

Un vétéran muni d'un diplôme est autorisé à assister aux séances.

Un certificat de civisme est accordé à Antoine Eslorges, cultivateur de la banlieue de Tulle, actuellement aux frontières.

Le citoyen Charles, envoyé dans le département de la Corrèze pour la liquidation des chevaux, ayant demandé une attestation de bonne conduite, elle lui a été accordée à l'unanimité.

Plusieurs pétitions ayant été présentées au bureau, il est décidé qu'on ne délibérerait sur les pétitions que lorsque les pétitionnaires seront présents à la séance.

Il est demandé que les déserteurs polonais fussent mieux traités que les autres, et que l'accès des tribunes de la société leur fut accordé « pour s'instruire des éléments de la liberté. » Il est décidé que l'agent militaire prendra des renseignements sur ces déserteurs et fera un rapoprt sur cet objet.

Le citoyen Jean demande un millier d'ardoises au représentant du peuple, celui-ci présent à la séance, répond que « cela regardait l'administration du district. »

Les citoyens Béral aîné ; Villeneuve ; Béral jeune ; Rigolle et Vialle sont chargés de faire un rapport sur le local destiné à l'agrandissement de la manufacture d'armes.

« Le citoyen Béral jeune est monté à la tribune avec les médailles à distribuer aux frères épurés de la société. La société a arrêté à l'unanimité que la première serait distribuée au citoyen Roux-Fazillac, représentant, qui a parlé pour exprimer sa reconnaissance avec l'énergie d'un vray sans-culotte. La société l'a couvert d'applaudissements. La distribution a été continuée ; plusieurs membres ont réclamé en disant qu'ils auraient dû être épurés. La société a décidé qu'elle continuerait de s'occuper du scrutin épuratoire à toutes les séances et que les séances seraient aussi fréquentes que faire se pourrait. »

Séance du 14 floréal (4 mai 1794)

Les citoyens Jean Rozier et « Boivert, défenseur de la patrie », ont obtenu des certificats de civisme.

Le citoyen Burg a été épuré et admis. — On arrête que « ceux qui seraient à la tribune pour être épurés, répondraient aux inculpations qui leur seront faites sans en faire eux-mêmes et s'ils en faisaient ils seraient ajournés pour quinze jours. »

On a continué la distribution des médailles.

Il est arrêté que la médaille serait envoyée à nos frères des frontières qui font partie de la société et aux femmes de nos députés, qui sont aussi membres de cette société, c'est-à-dire: Borie, Lanot et Brival. L'envoi de ces médailles a été ajourné à la première décade.

Le citoyen Tramond sera invité par le président à venir à la prochaine séance pour répondre aux motifs qui ont occasionné son ajournement.

La société arrête qu'il sera nommé six commissaires pris dans le sein de la société pour être adjoints aux six commissaires de la société d'Uzerche. Le président a nommé Vidalin et Lacour pour opérer dans la section de l'Unité ; — Rigolle et Lafeuillade, dans la section des Sans-Culottes ; — Vauzange et Vergne, pour la section de la Montagne. » (1)

Vauzange aîné dénonce Brossard pour lui avoir dit un jour en se rendant à la Morguie (2) « qu'il attendait du savon en quantité et qu'il lui en donnerait sa provision à raison de quarante deux sols la livre. »

Par décision de ce jour, les membres ajournés seront de nouveau épurés.

Séance du 15 floréal (5 mai 1794)

Lecture d'une lettre des commissaires du district de Montauban. — Elle est applaudie et on y répondra.

Des certificats de civisme sont accordés « aux deux Chambon, cultivateurs, actuellement aux frontières. »

Une lettre de la société de Charolles invite toutes les sociétés à prendre des mesures pour que les jurés fussent choisis dans les sociétés populaires. « Les aristocrates, dit cette société, poursuivent partout les pa-

---

(1) Il y a probablement ici une erreur du secrétaire Dulac, qui a écrit *Uzerche* au lieu de *Tulle*, car les sections dont il s'agit sont celle du chef-lieu : l'*Unité*, ancien quartier du Trech ; les *Sans-Culottes*, quartier de la Barrière et, la *Montagne*, quartier de la Barussie.

(2) Ancienne propriété d'agrément des évêques de Tulle, dans la commune de sainte-Fortunade, canton de Tulle. Voir *l'Aliénation des Biens du Clergé*, par victor Forot.

trioles, jusque dans les tribunaux, et se servent de toutes les occasions pour les perdre.

Séance du 17 floréal (7 mai 1794)

Sauty, Béral et Roussel sont désignés pour rédiger : 1° une adresse à la Convention nationale pour l'inviter à organiser promptement les commissions populaires ; 2° une autre adresse aux corps constitués pour les engager à poursuivre avec vigueur les ennemis de l'intérieur.

Les citoyens dont les noms suivent, reçoivent des certificats de civisme : Roussarie, volontaire aux frontières ; Madrange, gendarme ; Andral, gendarme ; Basty.

La société décide le versement entre les mains du trésorier, d'une somme de six mille francs pour payer le prix d'achat du ci-devant palais destiné à faire une salle de la société, et pour fournir aux frais de construction et de réparation de cet édifice. (1) Il a été arrêté encore que Béral jeune serait autorisé, conjointement avec d'autres commissaires qui voudraient s'adjoindre, à faire faire provisoirement des réparations à la salle du collège.

Ont été épurés et reçus : Blaisac ; Talin ; Mazin ; Sarget père, instituteur ; Vergne, huissier du juge de paix ; Ludière, secrétaire du conseil d'administration [de la manufacture d'armes] ; Roume, secrétaire du département. Ont été ajournés : Valadier, gendarme, et Neuville, qui a voulu prendre la défense de Valadier.

---

(1) Cet ancien palais était, croit-on, l'ancien *réfectoire* de l'abbaye de Tulle. Par un acte du 12 mai 1577, le chapitre céda ce bâtiment à la ville pour y tenir les assemblées municipales et les audiences des tribunaux. — De là le nom de *palais*. Cette vaste construction était exactement entre les cloîtres et la Solane (aujourd'hui couverte), au point où est placée la fontaine monumentale en fonte de fer, place Municipale.

Séance du 19 floréal (8 mai 1794)

L'administration du district demande par lettre qu'on lui dénonce les volontaires des premiers bataillons qui n'auraient pas rejoint leurs postes. « Le président a observé que les peines prononcées contre ceux qui auraient abandonné leur drapeau devaient être les mêmes que celles prononcées contre les royalistes, en conséquence tous les membres ont été invités à dénoncer tous ceux qu'ils pourraient découvrir avoir quitté leur poste. »

On continue le scrutin épuratoire et la liste des épurés est entre les mains de Béral jeune. »

Séance du 20 floréal (10 mai 1794)

Le citoyen Robinac, monté à la tribune « n'ayant pu répondre d'une manière satisfaisante aux inculpations qui lui ont été faites, la société l'a ajourné jusqu'à la paix. »

Ont été épurés et admis : Labounoux, juge du tribunal ; Terrioux, instituteur de Corrèze ; Boule, de la Barrière ; « et sur l'observation qu'il y avait beaucoup d'aristocrates à Corrèze, la société a arrêté qu'il serait nommé quatre commissaires pour prendre des renseignements. » Ces commissaires sont : Roussel, Sauty, Béral et Villeneuve.

« La séance a été levée pour aller à la farandole. » (1)

---

(1) Dans le sens ordinaire du mot, *Farandole* ou mieux *Farandoule*, cela signifie une danse particulière à la Provence. Mais il s'agit ici de la Farandole politique que nous ne saurions mieux comparer qu'à la danse dont parlent les auteurs anciens, qui fut inventée par Thésée, et dans laquelle les danseurs imitaient les évolutions des troupes de grues voyageuses. La *Farandole* a d'ailleurs bien conservé tous les caractères des danses antiques errantes, ardentes, emportées, dans lesquels les danseurs s'enivraient de leurs propres mouvements et arrivaient ainsi au paroxisme de l'agitation, ne reculaient plus, dans leur inconscience, devant les

Séance du 11 floréal (11 mai 1794)

« Avant de passer au scrutin épuratoire, il a été arrêté que le président rappellera à l'ordre celui qui demandera à passer. Que tous les membres seront épurés séparément et que tous ceux qui troubleront la société seront dénoncés au juge compétent. »

« Jean Péroussie déclare que Melon et Lacoste lui ont proposé de signer pour le culte des Carmes. »

« La citoyenne Poulverel obtient le certificat de civisme qu'elle a demandé.

« Plusieurs membres sont épurés. »

« Il a été arrêté que la chaise à porteur de l'hôpital servira à porter les aristocrates infirmes ; que celle qui a servi à porter les aristocrates servira à porter les pauvres. » (1)

« Il a été arrêté qu'il serait établi une infirmerie dans chaque maison d'arrêt, et que les malades seraient servis par les autres détenus. — La municipalité sera invitée à s'occuper de cette opération. Roussel a été nommé commissaire » à cet effet.

« Les portiers qui laisseront entrer des vivres seront mis dehors, et ceux qui porteront des friandises aux détenus seront mis dedans. » (sic).

Séance du 22 floréal (12 mai 1794)

« La séance a été ouverte par la lecture d'une lettre

---

actes les plus répréhensibles.

S'il est douteux que les Ménades mirent Orphée en morceaux, dans les emportements d'une danse, il est certain que la Farandole, surtout pendant la période révolutionnaire, a conduit le peuple méridional à des excès regrettables.

Les *Farandoles* tulloises furent plus grotesques et bruyantes que dangereuses.

(1) Notons à ce sujet que l'hôpital général de Tulle conserve encore la chaise à porteur du célèbre Mascaron, qui fut évêque de Tulle de 1671 à 1680. — Cette pièce historique serait assurément mieux placée au Musée de la ville de Tulle que dans le coin de l'hôpital où elle se trouve.

de Jumel. La société a arrêté qu'il viendrait s'expliquer sur le sens de cette lettre.

Sur la motion d'un membre, il a été arrêté que les femmes qui paraîtront dans la séance avec des hochets de fanatisme seront, pour la première fois expulsées de la société, et pour la seconde fois mises en arrestation.

Il a été lu une adresse de Clou tendant à obtenir des vêtements ; renvoyé à un atelier de charité pour en gagner.

Jumel paraît et explique sa lettre : il s'en tire mal.

Plusieurs pétitions venant de la citoyenne Brival et autres ont été mises sur le bureau : la société a passé à l'ordre du jour.

Il a été donné lecture d'une lettre des commissaires, renvoyés pour l'approvisionnement de la Corrèze, dans laquelle ils rendent compte de leur mission : Dufaure, un des commissaires, est monté à la tribune et a parlé relativement à la commission.

Séance du 24 floréal, an 2 de la Rép. fr. une et ind.
(14 mai 1794)

Béral, Sauty, D'Arcambal, Dulignon et Traiusoutrot sont chargés de faire choix de trois commissaires, l'un pour remplacer le citoyen Lachèze, actuellement malade, commissaire aux subsistances, et les deux autres pour se rendre à Toulouse, pour accélérer l'expédition des grains qui ont été accordés par la commission des subsistances au département de la Corrèze. — Cette commission a désigné aussitôt : Pineaud pour remplacer Lachèze et Mougene et Leix pour aller à Toulouse. Ils ont été acceptés par la société.

Une lettre d'Arles, signée Drapeyron, annonce de grandes victoires remportées sur les Espagnols.

Une autre lettre signée Valadier, annonce des avantages remportés sur les Prussiens et les Autrichiens.

Il a été donné lecture de plusieurs arrêtés du représentant du peuple Borie, délégué dans le département du Gard, relativement aux mesures qu'il a prises pour l'organisation des armées et du gouvernement révolutionnaire. (1).

« Plusieurs membres ont parlé sur le compte de Bédoc, ils ont observé que ce grand coupable, par les intrigues de ses concitoyens de Brive, était sur le point d'obtenir la liberté dont il est indigne. Après de longs débats, la société a arrêté qu'il serait nommé des commissaires chargés de prendre toutes les mesures pour que Bédoc, soit renvoyé au tribunal criminel. Desprès, Béral et Sauty ont été nommés pour cette opération. » (2).

---

(1) Voir les *Législateurs Corréziens pendant la Révolution et le Consulat*, par Victor Forot, au sujet des accusations portées contre Borie par le département du Gard, accusations qui causèrent son arrestation.

(2) Pierre-Joseph Bedoch était originaire de Lescurotte, petit village de la commune de Sérilhac, canton de Beynat, arrondissement de Brive. Né en mars 1763, il fit ses études de droit et représenta la paroisse de Sérilhac à l'assemblée générale des trois sénéchaussées de Tulle, Brive et Uzerche, qui eut lieu à Tulle, en mars 1789, pour les élections des députés aux Etats généraux.

Il fit partie du bataillon de la Corrèze en 1791, fut blessé au bras gauche et se retira à Brive, où il exerça la profession d'avocat. Elu accusateur public à Tulle, déclaré suspect en 1793, il s'enfuit et fut arrêté à Paris vers le mois de prairial an II (mai 1794). Le coup d'Etat du 18 brumaire le rendit à la liberté (9 novembre 1799). Le 18 floréal an VIII (8 mai 1800), il fut nommé commissaire du gouvernement près les tribunaux criminels de la Corrèze, enfin procureur général impérial à la cour criminelle du même département. Conseiller d'Etat après les Cent-Jours. Après 1815, il revint à Tulle où il resta jusqu'en 1821, exerçant sa profession d'avocat.

Il fut élu député, et ce mandat lui fut renouvelé sept fois. Le *Compte-rendu des Sessions législatives* de 1831 dit : « Les électeurs de la Corrèze ont vraiment du malheur. La Révolution accorde un député de plus au département ; la députation toute entière est renouvelée, et les patriotes n'y peuvent pas compter sur une seule voix. Dans les temps les plus mauvais de la Restauration, jamais si complète défaite n'avait été essuyée par eux. La Corrèze avait

Le trésorier Dulignon dépose ses comptes sur le bureau. Marsillon et Dulac sont nommés pour les vérifier.

Séance du 27 floréal, an II (17 mai 1794)

Sur la demande du représentant du peuple Roux-Fazillac, la société est invitée à se prononcer sur les locaux qui doivent être cédés aux entrepreneurs de la manufacture pour l'agrandissement de cet établissement. Après discussion, et en raison des deux bâtiments proposés, les Carmes ou le Collège, la société

---

toujours obtenu au moins un libéral sur trois députés ; ce ne fut que dans la chambre de 1830 que les choses changèrent. On y trouvait, pour représenter la Corrèze, trois légitimistes : aujourd'hui, on y trouve quatre hommes du milieu. Pour notre part, nous ne saurions auxquels donner la préférence. MM. Ganjal, De Noailles et De Valon, légitimistes, ne valaient ni plus ni moins que les quatre députés qui leur succèdent. M. Gauthier est un déserteur de la cause nationale. Bien des gens affirment que M. Bedoch ne l'a jamais servie, et nous croyons pouvoir assurer que MM. Lavialle et Plazanet ne la serviront jamais.

« BEDOCH. — Député de Tulle. — Presque complètement silencieux durant le cours de cette session, M. Bedoch a négligé de nous donner des échantillons fréquents de cette éloquence que, dit-on, il possède. En revanche, son vote muet, ainsi que sa parole, n'a pas un seul instant abandonné le ministère.

C'est un adversaire des principes de Juillet. Il a soutenu toutes les prodigalités du budget, les pensions des chouans, etc., etc. »

La *Biographie pittoresque des Députés* de 1820 faisait ainsi le portrait de notre compatriote :

« Il a 55 ans ; sa taille et sa corpulence sont moyennes ; sa figure, pâle, est plissée ; ses yeux sont petits, creux, discords, et sa bouche est grimacière. Il marche comme le paysan de la Corrèze, mais il pense comme le paysan du Danube.

» Démosthène, comme on sait, remplissait sa bouche de cailloux en marchant au bord de la mer, afin de se donner ensuite à la tribune l'organe libre et la voix pure ; M. Bedoch apporte à la tribune les cailloux de Démosthène. Si ce député représente la Corrèze, ce doit être au moment où elle gronde au pied des montagnes de Millevaches, ou lorsqu'elle fait entendre un son si rauque sous les ponts de Tulle et de Brive. Il est difficile de dire de meilleures choses que M. Bedoch ; il est impossible de les plus mal dire. On n'a pas le cœur plus droit et la voix plus fausse. »

Pierre-Joseph Bedoch mourut à Paris, président d'âge de la Chambre des députés, le 16 février 1837.

choisit le Collège pour y faire l'établissement projeté.

On adopte une adresse à la Convention nationale pour qu'elle active la formation des commissions populaires.

Le citoyen Dulac est chargé de rédiger une adresse à la Convention nationale pour rendre hommage à la conduite de Lanot et de Brival dans leur commission dans les départements de la Haute-Vienne et de la Corrèze.

Une somme de six cents livres est mise à la disposition du trésorier pour les besoins courants et une autre somme de six mille livres pour réparation ou le payement de la nouvelle salle de la société.

Séance du 29 floréal (19 mai 1794)

Trois citoyens munis de diplômes des sociétés de Felletin et d'Aurillac sont admis.

Il est donné lecture d'une lettre des commissaires aux subsistances : Pastrie, Bussières et Charain, présentent le détail et le résultat de leurs opérations ; « Les commissaires se plaignent de ce que la société n'a jamais répondu à leurs lettres. » Le bureau y répondra.

Une lettre « remplie de patriotisme » signée Ludière fils et lue à la tribune, de même qu'une autre de Lalai, juge de paix de Limoges, qui demande une attestation de la société pour constater qu'il a fait brûler dans la salle de la société de Tulle quelques patentes qu'il tenait du tyran. »

Le président est chargé de choisir six commissaires pour être adjoints à ceux de la municipalité pour établir le rôle des patriotes indigents.

Le certificat de civisme est refusé à la veuve Bassaler et à ses filles. Il en est de même pour Thérèze Graviche, femme Gouyon.

L'heure tardive empêche la discussion sur les mesures à prendre pour éviter les abus sur les marchés qui dégoutteront les habitants des campagnes de porter des denrées à la ville. »

Séance du 30 floréal, an 2 (20 mai 1794)

La société désigne la citoyenne Raymond, femme du frère Baluze, pour remplir les fonctions d'institutrice pour les jeunes citoyennes de Souillac. »

Ont été épurés et reçus : Parent ; — Combe ; — Jeunehomme ; — Pierre Antoine, marteleur ; — Pierre Tisset ; — Jean Serre ; — Jean Dégrange, limeur. — Jean Laurent a été ajourné.

Il est arrêté que la question suivante serait posée aux ouvriers de la manufacture qu'on devrait épurer : « Avez-vous travaillé de tout votre pouvoir à la fabrication des armes ? »

Ont été ensuite épurés et reçus : André, platineur ; — Jean Fayé ; — Dominique Soulié ; — Jean Chastain.

La question suivante a été posée à tous les ouvriers déjà épurés : « Avez-vous été sollicité par quelqu'un de quitter la manufacture de Tulle ? » Le citoyen Jean-Antoine a déclaré que les citoyens Rambeau et Borie, commissaires du citoyen Lakanal, représentant du peuple, délégué dans le département de la Dordogne, l'avaient plusieurs fois sollicité de quitter la manufacture de Tulle pour l'engager à aller à celle de Bergerac, en lui faisant entendre qu'il serait mieux payé. — Fayé, canonnier, a déclaré que les deux mêmes commissaires s'étaient adressés à lui plusieurs fois pour lui faire les mêmes propositions et qu'ils lui avaient offert une gratification de cent écus pour lui et une pension de trente livres par mois pour sa femme, s'il se décidait à aller à Bergerac. Sur l'observation que le déclarant fit à ces commissaires qu'il ne pouvait pas quitter la manufacture de Tulle sans une autorisation du représentant du peuple, les commissaires lui répondirent : nous ne pouvons pas nous charger d'avoir cette autorisation, mais gardez le silence là-dessus, il sera sollicité et obtenu un décret de la Convention nationale sur cet objet et quand vous serez à Bergerac, vous vous y trouverez très bien.

Dezaga a déclaré que les commissaires l'avaient invité un jour à dîner chez eux, mais qu'il se refusa d'y aller, en disant que le travail pressait. Il ajoute qu'ils lui ont dit quelquefois : il est dommage que tu ne sois pas chargé de conduire la manufacture qui doit s'établir à Bergerac, tu la mettrais sur un bon pied.

Baluze déclare que le représentant Lakanal lui a donné une somme de dix écus, sans connaître pour quel motif.

Jean Tisset a déclaré qu'il avait reçu quatre livres par jour pour former deux apprentis de Bergerac, et que les deux commissaires lui ont promis une gratification de cent écus qu'il doit percevoir aujourd'hui.

Un membre a demandé que les déclarations consignées dans les registres fussent envoyées à Lakanal, pour lui prouver qu'il a été sans doute trompé par ses deux commissaires ; ce qui a été adopté à l'unanimité !

Quelques ouvriers ont fait des déclarations à peu près semblables à celles déjà rapportées, qui prouvent qu'il y avait un projet d'embauchage des ouvriers de la manufacture de Tulle pour les faire aller ailleurs.

Ont été épurés et admis : Jean Champeval ; — Antoine Ambier ; — Pierre Daubès.

Séance du 5 prairial (24 mai 1794)

Les enfants troublant la société, il est décidé qu'on n'admettrait pas aux tribunes les enfants au-dessous de 6 ans.

Un certificat de civisme est accordé à Ventéjoul, pour occuper un poste d'instituteur à la campagne.

Sauty est chargé de rédiger une adresse à la Convention nationale pour qu'elle mette en réquisition les laines, afin de fabriquer des vêtements pour nos frères des frontières.

Il a été arrêté qu'à la prochaine séance on lirait le rapport de Robespierre sur l'existence de l'Être suprême et sur l'immortalité de l'âme. » (1).

Le citoyen Vedrenne, huissier, a été épuré et refusé. — Le citoyen Joseph Maurel a demandé à être épuré, mais n'étant pas membre de la société, il a été invité à se retirer.

Séance du 8 prairial (27 mai 1794)

Grillière fils, et Goudelou, gendarmes, obtiennent des certificats de civisme.

Il a été arrêté qu'on écrirait à nos députés Lanot, Brival et Borie, par les citoyens Dumons et Libouroux, qui seront aussi porteurs des médaillons de la société pour ces députés. Lanot et Brival seront priés de donner aux autres députés les mêmes médaillons s'ils les en jugent dignes, à l'exception de Pénières. — Par la même lettre, ces députés seront invités d'accélérer le jugement de Berthelmy. — Villeneuve a été chargé de

---

(1) C'est à la suite de ce discours de Robespierre que la Convention rendit un décret reconnaissant officiellement une religion nouvelle et établissant les fêtes décadaires. Voir à ce sujet l'ouvrage publié par nous en 1904, intitulé *Les Fêtes nationales et Cérémonies publiques à Tulle sous la Révolution et la première République*.

rédiger la lettre. — Dumons et Libouroux demeurent autorisés à faire tout ce qu'ils croiront nécessaire dans l'intérêt de Berthelmy, même de lui donner des fonds s'il en a besoin, après cependant en avoir référé avec nos députés. »

Une demande de certificat de civisme faite par Levas, imprimeur chez Chirac, est remise à la prochaine séance.

Séance du 10 prairial (29 mai 1794)

Il est donné lecture d'une lettre des commissaires aux subsistances : Bussières, Pastrie et Charain. — Le bureau y répondra.

Sur invitation de la société, le maire de Tulle, présent à la séance, dit qu'il s'occupera de l'organisation de la garde nationale pour le quintidi de cette décade.

Les deux sœurs des citoyens Tabanon reçoivent des certificats de civisme de même que le citoyen Lebas, imprimeur. Le citoyen Pascal obtient un diplôme et le citoyen Daubec, meunier, est épuré et reçu.

Un long incident se produit du fait de Grangeau, qui de la tribune déclare « qu'on était venu l'inviter à aller battre pour l'enterrement du club. » Il ne peut prouver ce fait, et termine en déclarant que le jour de l'affaire de Pâques, montant au Trech pour faire une proclamation de la part des trois corps administratifs, sur l'opposition qu'il trouvait de la part des attroupés, Melon se présenta et leur dit : Vous m'avez toujours pris pour votre chef, écoutez-moi dans ce moment et laissez passer cet homme qui va exécuter les ordres des corps administratifs. Il a signé sa déclaration.

Bassaler, de Naves, est accusé d'avoir cabalé pour faire avoir la liberté aux dames de Chaunac ; son épurement est ajourné jusqu'après la seconde décade.

et Chabanier, qui a porté cette accusation, est invité à produire la preuve du fait. Léonard Charbonnel, de Souillac, a été épuré et admis, de même que les citoyens Vigne, chapelier ; Jean Saugon, fils, menteur, et Jean Ventéjoul, chaudronnier. — Laurent est accusé d'avoir tenu des propos tendant au rétablissement de la royauté, il a été invité à sortir. Un membre du comité de surveillance, présent à la séance, a dit qu'il prendrait tous les renseignements relatifs à cette affaire. »

Séance du 14 prairial (2 juin 1794)

Lecture d'une lettre du citoyen Mougenc, commissaire dans le département des Landes pour le transport des grains destinés au département de la Corrèze.

Un membre a observé que le commissaire Dufaure, actuellement à Souillac, avait des affaires de famille l'obligeant à quitter son poste. — La société désigne le citoyen Trainsoutrot, administrateur du district, pour faire les démarches nécessaires pour rappeler ce commissaire.

Séance du 17 prairial (5 juin 1794)

Le citoyen Bussières, commissaire aux subsistances, demande à être remplacé en raison de ses affaires de famille et aussi à cause des fonctions de juré qu'il remplit en ce moment. — Le citoyen Régis est nommé à sa place. Ce citoyen est aussitôt épuré et admis, et a reçu la médaille de la société.

Il a été donné lecture d'une lettre du général Souham, qui présentait les résultats des succès remportés par les troupes républicaines que le général commande sur les satellites des tyrans. La société a applaudi et a arrêté qu'il luy serait répondu en luy rappelant d'examiner si David, cy-devant curé d'Uzerche, et son aide-de-camp, pouvait être digne de sa confiance, Dulac a été chargé de la lettre. » (1).

Séance du 22 prairial (10 juin 1794)

Lecture d'une lettre du représentant Lanot, d'une autre de Mougene, commissaire des grains et d'une troisième de Juyé, officier au 5e bataillon de la Corrèze, qui fait le détail des événements arrivés dans la commune de Bédouin, département de Vaucluse, par le fanatisme.

Le citoyen Floucaud, chimiste, nommé agent national, pour le salpêtre, a demandé un certificat de civisme, qui lui a été accordé. Il en est de même pour le citoyen Fiston, perruquier.

La société passe à l'ordre du jour sur la question du recrutement de la gendarmerie. Elle fera connaître son avis si elle est officiellement consultée.

Un certificat de civisme est accordé à la sœur de Laval, qui a été nommée institutrice à la campagne.

---

(1) Il s'agissait, en cette circonstance, de la fameuse victoire de Tourcoing, remportée par 70.000 Français sur 100.000 ennemis coalisés. Notre compatriote Souham en avait organisé le plan d'attaque et conduit l'action.

L'abbé David, dont il est ici question, était un cousin du général Souham qui, poursuivi par le comité révolutionnaire, se réfugia auprès du général, au quartier général de Lille, en 1793, lui demandant l'hospitalité. Il se lia très étroitement avec le général Pichegru, qui avait le commandement de l'armée de Nord. — Il s'occupait beaucoup de politique, et lorsque Pichegru prit le commandement de l'armée du Rhin, David quitta Souham, passa en Suisse, puis à Paris, où il fut arrêté en pluviôse de l'an XII (février 1804), sous l'accusation de conspiration contre l'Etat. — Les généraux Souham, Moreau et Pichegru furent aussi décrétés d'accusation.

JOSEPH SOUHAM était né à Lubersac, en 1760. Enrôlé aux cuirassiers du roi en 1782 — Elu lieutenant-colonel en second du 2e bataillon des volontaires de la Corrèze en 1792. — Général de brigade en 1793, promu divisionnaire deux mois plus tard. — Commandant de la 27e division militaire (Belgique), en 1796. — Mis en réforme en 1797. — Employé à l'armée de Mayence en 1898; — à l'armée du Rhin en 1799. — Mis en non activité en 1801. — Com-

La lecture du rapport de Sauty sur l'affaire de Bedoch est remis au lendemain.

Bussières et Dulac sont chargés de se rendre auprès du représentant du peuple pour lui demander communication des pièces produites contre Desroche, président du tribunal du district de Brive, « gémissant dans la maison d'arrêt », et dont « les sentiments républicains que ce citoyen avait montré depuis le commencement de la Révolution méritaient que la société prit connaissance. » Ces deux commissaires feront incessamment un rapport sur cette affaire.

Séance du 23 prairial (11 juin 1794)

A l'avenir, le procès-verbal de chaque séance sera rédigé sur une feuille volante et porté sur le registre seulement après l'approbation.

« Sauty est monté à la tribune pour faire le rapport sur l'affaire de Bedoch, et après avoir fait l'analyse des griefs qui existent contre Bedoch, qui sont en grand nombre, il a conclu que ce mauvais citoyen fut ren-

---

mandant de la 20ᵉ division militaire en 1802. — Chevalier de la Légion d'honneur en décembre 1803, il fut compromis dans la conspiration de Moreau, Pichegru et Cadoudal ; arrêté et destitué en 1804. — Remis en activité en 1807, promu officier de la Légion d'honneur, il fit les campagnes d'Italie et d'Espagne en 1807, 1808 et 1810. — Blessé d'un coup de feu à la tête, au combat de Vigne (province de Barcelone), il fut créé comte de l'empire avec 10.000 francs de rente annuelle sur la Westphalie. — Envoyé à l'armée d'Allemagne en 1811, en Espagne et Portugal en 1812, il commanda la 8ᵉ division de la grande armée en 1813 et fut élevé à la dignité de grand'croix de la Légion d'honneur. Grièvement blessé à la bataille de Leipzig, le 18 octobre 1813, il obtint un congé de convalescence et commanda la 2ᵉ division de réserve à Paris, en 1814. — Il suivit la *défection de Marmont* et fut destitué en 1815. — Inspecteur général d'infanterie en 1816 et 1817 ; — gouverneur de la 5ᵉ division militaire de 1818 à 1830. — Au cadre de réserve en 1831. — Mis à la retraite en 1832. — Décédé à Paris le 28 avril 1837. Le nom de Rouham est inscrit à Paris, sur le côté nord de l'arc de triomphe de l'Étoile.

voyé au tribunal criminel ; — plusieurs membres ont ffait des observations à la charge de Bedoch. — Les conclusions du rapport mises aux voix, ont été adoptées et la société a arrêté que Bedoch serait dénoncé à l'accusateur public.

« Bussières lui a succédé à la tribune pour faire le rapport sur l'affaire Desroche et a rapporté les griefs imputés à ce détenu ; il a fait en raccourci le tableau de sa vie politique. — Plusieurs membres ont successivement parlé sur le compte de Desroches et en rapportant les faits civiques dont le citoyen a orné sa carrière pendant la Révolution, ils ont insisté sur les vertus morales qui l'ont toujours caractérisé. — Beaucoup de membres, qui ont eu occasion de le voir dans les différentes crises de la Révolution, ont unanimement rendu le témoignage que Desroches avait des principes républicains et ont attribué les faiblesses qu'il a laissé voir dans la lettre qui a fait les motifs de son arrestation à l'attachement immodéré de ce citoyen pour une mère et une tante que le moine à qui il écrivait avait capté et fanatisé. — Quelques autres membres ont fait le parallèle de Desroches avec le scélérat Bedoch, et en rappelant la conduite des citoyens de Brive envers l'un et l'autre, ils ont fini par dire que Desroche était victime de l'aristocratie, et tous ont demandé que la société prît des mesures les plus actives pour faire mettre Desroches en liberté. — La proposition mise aux voix, la société a arrêté que le représentant Roux-Fazillac serait invité à mettre Desroches en liberté et a nommé Bussières et Dulac pour se rendre vers le représentant et lui adresser le vœu de la société. »

La citoyenne Germain « destinée à remplir les fonctions d'institutrice à la campagne », obtient un certificat de civisme.

Le citoyen Sage, secrétaire du département, ayant été nommé payeur-général, la société approuve le choix qui a été fait du citoyen Charain pour le remplacer.

Séance du 14 prairial (12 juin 1794)

Le procès-verbal de la précédente séance est modifié en y insérant que la société avait approuvé les lettres qui ont fait les motifs de l'arrestation de Desroches.

Chaumette n'ayant pas répondu d'une manière satisfaisante aux questions qui lui ont été posées, est ajourné jusqu'à la paix. La société passe à l'ordre du jour sur une proposition tendant à faire que ce Chaumette « ne puisse plus faire les fonctions de distributeur de lettres. »

Séance du 25 prairial (13 juin 1794)

Les certificats de civisme demandé par Bullan, instituteur, et Laget, sa femme, sont refusés et le citoyen Dodet est nommé pour se rendre « vers le comité de surveillance pour dénoncer les propositions inciviques tenues par Bullan, notamment contre la société. »

Chaumond demande un certificat de civisme. — Ajourné à la prochaine décade.

« Il a été arrêté que la société inviterait la municipalité à lui communiquer la liste des officiers de la garde nationale de Tulle pour examiner leur conduite politique et délibérer s'ils sont dignes d'obtenir un certificat de civisme. »

Grangeau, tambour, est épuré et admis.

Il sera dressé une liste de tous les membres à épurer, elle sera mise dans une urne et tirée au sort. — Les membres appelés deux fois qui ne se présenteront pas seront rayés de la société.

Séance du 26 prairial (14 juin 1794)

Sur la demande du représentant du peuple, présent

à la séance, Bussières, Béral et Pineaud sont nommés pour se rendre à Allassac et opérer l'épuration des membres de cette société. — Ils seront munis des pouvoirs nécessaires par le représentant du peuple qui déclare ne pouvoir se rendre personnellement à Allasac.

Les citoyens dont les noms suivent sont épurés et admis : Maurice, membre de la société, et capitaine des grenadiers ; — Bassaler, auditeur du district ; — Henry Pyron ; — Berger, cadet.

A été ajourné pour quatre décades : Pierre Vergne, plafonneur, « pour avoir conduit hors la ville, Lacoste, sapeur de la contre-révolution, qu'il trouva chez lui. »

Béril a été inculpé sur sa conduite « lorsqu'il avait déposé dans l'affaire du Trech, mais il a été admis.

« Diverses inculpations sont portées contre le président du tribunal d'Aurillac, en particulier d'avoir imposé silence à plusieurs témoins qui paraissaient vouloir dire la vérité, et d'avoir particulièrement dit aux citoyennes Villeneuve et Vachot qu'il ne fallait pas parler de bonnets blancs et de cocarde noire qu'avait pris Villeneuve-Chambéry ; qu'il y avait assez d'acharnement entre les citoyens de Tulle et que cela ne faisait que les aigrir davantage. »

La société décide d'envoyer copie de ce procès-verbal au comité de surveillance pour qu'il soit transmis au comité de sûreté générale.

Séance du 27 prairial (15 juin 1794)

« La société arrête que tout membre qui s'écarterait de la décence qui convient à tout républicain, serait invité de sortir de la société, sauf à prendre de nouvelles mesures, s'il y a lieu. »

Une demande de certificat de civisme présentée par la citoyenne Guillemy est ajournée.

Le citoyen Laval, ex-prêtre, obtient un certificat de civisme.

« L'administration du district a soumis à la décision de la société la nomination qu'elle venait de faire aux places de la gendarmerie. — Le citoyen Malaret, nommé à la place de lieutenant, à la résidence de Tulle, a été ajourné pour la discussion. »

Séance du 29 prairial (17 juin 1794)

Le citoyen Chadirac est autorisé à assister aux séances, après la présentation de son diplôme.

« Sur la motion de plusieurs membres, la société a arrêté que l'agent national serait invité à provoquer, sans délai, l'arrestation des personnes suspectes qui peuvent être dans la commune de Corrèze. »

Séance du 2 messidor (20 juin 1794)

Il est donné lecture d'une lettre de la commission des dépêches contenant l'accusé de réception et la mention honorable faite par la société à la Convention nationale.

La société invite les bons citoyens à donner du vieux linge pour faire de la charpie.

Le citoyen Ganières, ex-prêtre, obtient un certificat de civisme.

« Le citoyen Brun, de Bort, a présenté un diplôme d'une forme antique et royaliste. La société a arrêté que ce diplôme demeurerait au secrétariat et que cependant, le citoyen Brun serait admis aux séances. »

La demande de certificat de civisme présentée par Dumirat, ex-chevalier de Saint-Louis, sera envoyé au comité de surveillance.

Diverses dénonciations sont faites au sujet des grains ; elles sont envoyées à un examen particulier.

« Plusieurs membres ont observé que les agents nationaux d'Ussel et d'Uzerche avaient nommé des muscadins pour aller à l'Ecole de Mars, mais quelques membres ayant ajouté que le représentant du peuple avait pris des mesures pour remédier à cet abus, la société y a applaudi. (1).

Le citoyen Lacombe est exclu, pour une quinzaine, pour avoir manqué à des institutrices.

Le comité de surveillance sera invité à mettre provisoirement en arrestation un nommé Albiat, ci-devant prêtre, qui est porteur de certificats suspects.

Les secours destinés aux parents des défenseurs de la patrie n'étant pas encore arrivés, la société décide de faire un emprunt.

Séance du 5 messidor. (23 juin 1794)

« Après une longue discussion et diverses propositions, il a été arrêté qu'il serait envoyé vers le représentant du peuple pour lui demander de faire faire un nouvel épurement à toutes les sociétés du département, et qu'il serait nommé un comité pour présenter un nouveau mode d'épurement, et que s'il était adopté, ce même comité se retirait de vers le représentant du peuple pour lui présenter et pour lui demander que, d'après ce, tous les fonctionnaires publics, et généralement tous ceux qui ont besoin d'un certificat de civisme fussent obligés de se présenter aux sociétés, même ceux qui l'ont déjà obtenu, pour en avoir un d'après le mode qui sera adopté par la société. —

---

(1) En 1793, toutes les écoles militaires de France furent licenciées, et remplacées par l'*Ecole de Mars*, le 13 prairial an II (1er juin 1794). Elle était destinée aux enfants du peuple. Quinze cents élèves furent réunis sous la tente au camp des Sablons (actuellement quartier de la Sablonnière à Neuilly). Mais cette école fut dissoute presque aussitôt, le 4 brumaire an III (25 octobre 1794). Les élèves allèrent à la frontière apprendre la guerre en la faisant.

Béral jeune, Bussières, Deprès, Roussel et Sauty ont été nommés membres de ce comité pour faire leur rapport jusqu'à la décade. »

« Chabrillange père est monté à la tribune pour l'épuration, et lui ayant été reproché de n'avoir jamais donné de chapeaux pour nos volontaires, a répondu n'en avoir pas dans ce temps-là, mais en avoir actuellement deux cents blancs ; qu'on lui donna des drogues pour les teindre, qu'il les donnerait au maximum. La société a accepté son offre et l'a admis. »

Mas, aubergiste du Trech, a été ajourné jusqu'à demain. Pierre Roux, du Chastang, absent, a été ajourné jusqu'à ce qu'il se présente. Basty, fondeur ; Roux, marchand ; Val ; Tenèze ; Colin, entrepreneur ; Laurent ; Meneyrol ; Maschat jeune ; Plantade, meunier ; Vialle, aubergiste ; Leymarie ; Mas, canonnier, absent pour maladie, et Lagarde, dit Chetou, absent pour affaire de la République, sont admis.

Séance du 9 messidor, an 2e (27 juin 1794)

« Plusieurs écrits très volumineux ont été renvoyés au comité d'instruction publique chargé d'en faire un rapport. »

Des fonds étant disponibles, il sera versé une somme de 6.000 livres entre les mains du trésorier de la société.

« Mas, aubergiste, est monté à la tribune pour être épuré, après plusieurs questions, il a sorti de sa poche un papier sur lequel il avait écrit plusieurs observations qu'il avait assaisonné de passages latins. De tout ce qu'il a dit, il en est résulté que Beaufès, du Cambon, Audubert, fils aîné, Melon, Lagarde d'Auberty, Villeneuve-Chambéry et Laprade aîné, faisaient partie de l'attroupement du Trech. — Interpellé pourquoi il s'était trouvé dans cet attroupement, il a répondu qu'il y était allé par les ordres de Ladoire aîné, qui était venu le chercher pendant deux fois et qu'il n'y avait resté qu'un instant. Il a déclaré de plus, qu'il avait signé volontairement la pétition des Carmes qui lui fut présentée par l'un des Viallère. » Il est admis.

« Un membre est monté à la tribune et a dit qu'un patriote gémissait dans les fers, que les motifs de détention étaient pris de deux lettres écrites à deux calotins, que du reste il avait orné sa carrière pendant la Révolution d'une série d'actes civiques et républicains, qui ne devaient pas laisser de doute sur ses sentiments ; il a ajouté que le patriote, le citoyen Desroche, avait été la terreur des aristocrates, et que sa détention devait être considérée comme une calamité publique et comme un sujet de triomphe pour les malveillants. — Les propos, a-t-il dit, qui se trouvent dans les lettres écrites par Desroche sont plutôt un acte de faiblesse et de complaisance pour sa mère qu'un crime, et il a demandé que la société prît des mesures pour rendre cet infortuné patriote à la liberté. »

« Après plusieurs débats, tant sur la conduite de Desroche que sur le contenu des lettres, la société a arrêté d'envoyer deux commissaires vers la société et les corps administratifs de Brive, pour prendre des renseignements sur la conduite de Desroche. — Le président, au nom de la société, a nommé Bussières et Sauty ; elle a arrêté en outre, qu'il serait délivré à ces commissaires un extrait du procès-verbal de la séance d'aujourd'hui. »

Séance du 7 messidor (25 juin 1794)

Diverses lettres et adresses sont renvoyées au comité d'instruction publique pour en faire le rapport.

Feugère et Boric ont obtenu un certificat de civisme.

Vergne a été accepté comme gardien de la maison d'arrêt du séminaire.

Boisville devra fournir la liste des hommes qu'il emploi à l'extraction du salpêtre.

Vialle et Roussel sont nommés pour examiner la conduite de Dulaurent.

Les nominations faites pour l'Ecole de Mars, au préjudice des sans-culottes seront dénoncées aux représentants du peuple.

Séance du 11 messidor (29 juin 1794)

L'ordre du jour porte la discussion de l'affaire Desroche, mais l'assemblée peu nombreuse déclare vouloir s'occuper du scrutin épuratoire. Le représentant du peuple, présent à la séance, demande que les marchands soient interpellés pour savoir s'ils ont vendu au-dessus du maximum. — Accepté.

Dumas est épuré ; — des commissaires sont nommés « pour examiner le concordat passé entre lui et ses créanciers, et en faire un rapport avant qu'il soit admis aux séances de la société. »

Une discussion s'élève au sujet de l'affaire Desroroche, et un nommé Regné, voulant l'accuser, est expulsé. Cette discussion est remise à la prochaine séance.

Séance du 12 messidor (30 juin 1794)

« Après l'ouverture de la séance, l'ordre du jour a appelé la continuation de la discussion sur le compte de Desroche.

« Un membre a demandé la parole et dit que la détention d'un républicain devait affecter douloureusement toute la société, que le sort des patriotes serait bien à plaindre si on osait diriger vers eux la terreur qui ne doit épouvanter que leur ennemi. Malheur à celui qui confondant les erreurs inévitables du civisme avec les erreurs calculées de la perfidie, où avec les attentats des conspirateurs, ont poursuivi le citoyen paisible ! — Périsse, dit Robespierre, le scélérat qui ose abuser du nom sacré de la liberté, ou des armes qu'elle lui a confié, pour porter le deuil ou la mort dans le cœur d'un patriote. — L'orateur a fini par dire qu'il y avait oppression contre tous les patriotes quand un seul de ses membres était opprimé ; et n'existait-il dans toute la République qu'un seul homme vertueux persécuté, le devoir du gouvernement serait de le rechercher avec inquiétude et de le venger avec éclat. Ensuite il a déclaré qu'il regardait de pareille détention comme une calamité publique.

« Un autre membre a demandé la parole et, après avoir fait lecture de la lettre, qui avait donné lieu à l'arrestation de Deroche, il les a examinées en détail et phrase par phrase, et il a été prétendu que le sens qu'elles renfermaient ne présentaient rien de rigoureusement mauvais, et que s'il pouvait exister quelque équivoque dans certains passages de ces lettres, la vie entière du détenu levait certainement tous les doutes que les lettres pouvaient suggérer. - Il a soutenu qu'il fallait juger des lettres par l'homme, et non pas l'homme par ses lettres. Et il a fini par déclarer qu'il regardait Deroche comme un patriote vertueux et incorruptible.

« Un autre membre a fait la motion que pour prononcer avec certitude l'on discuta phrase par phrase. » — Proposition combattue : il faut juger l'ensemble.

« Un autre membre, après avoir rendu justice à la moralité de Deroche et à son civisme, a dit, en improuvant formellement ses lettres, qu'on y voyait une critique contre les mesures rigoureuses qu'on prit alors contre les prêtres réfractaires, mesures que le caractère doux et timide du détenu lui faisait paraître intolérantes. Que c'est par suite de la faiblesse de son caractère qu'il n'a pas eu la force de rompre brusquement avec le moine Bellicot, ce que l'opposition de leurs sentiments politiques aurait dû lui inspirer, qu'enfin il croit avoir aperçu dans la trempe de son moral une âme vertueuse, mais faible, un ami de la liberté, mais trop peu énergique, et enfin un philosophe pénétré des principes de la morale, mais qui aurait désiré moins d'efforts et de convulsion dans la régénération du corps politique et a conclu à ce que la société renvoie des commissaires vers le représentant du peuple pour l'inviter à le faire sortir sur le champ de la maison d'arrêt et le mettre en arrestation chez lui momentanément, pour le rendre ensuite à la chose publique le plutôt possible. — Cette dernière motion n'a pas été appuyée.

« Beaucoup d'autres membres ont parlé et ont fait sentir au peuple la pureté qu'on doit exiger dans la conduite de ceux même qui ont montré le plus de civisme, mais aussi la nécessité où sont les patriotes de se rallier plus que jamais pour échapper aux efforts qu'employent leurs ennemis pour les perdre. Ils ont observé qu'après avoir commencé par Deroche, ils avaient sans doute conçu l'odieux projet de faire incarcérer tous les hommes généreux qui avaient eu le courage de les démasquer et de les combattre. Qu'il était impossible qu'aucun patriote leur échappa, si des erreurs momentannées étaient punies d'une détention sans terme ; que l'opinion de tous ceux qui avaient connu le détenu était à son avantage et qu'enfin il était impossible qu'un homme aussi probe dû rester confondu dans une maison d'arrêt au milieu de ceux dont il a constamment combattu les principes et déjoué les complots.

« Sur ces différentes observations, la société arrête que deux commissaires se rendraient vers le représentant du peuple pour lui dire que Deroche, depuis le commencement de la Révolution avait donné des preuves éclatantes de patriotisme, que lorsqu'il fut nécessaire de purger le sol de la République des prêtres qui avaient refusé d'obéir à la loi, son caractère de bonté ne pût s'accoutumer de suite aux mesures énergiques que les circonstances commandaient, qu'une condescendance coupable, pour sa tante, lui dicta les lettres qui ont motivé son arrestation, qu'enfin il demeura pendant quelque temps hors de la ligne de la Révolution parce que la douceur de son caractère ne lui permit pas d'en suivre le mouvement rapide, mais qu'enfin sortant de cette faiblesse, il reparut bientôt dans la carrière révolutionnaire, et s'y est montré jusqu'à ce jour avec une énergie vraiment républicaine. En conséquence, les commissaires l'inviteront à rendre à la liberté un homme qui peut la servir utilement et dans lequel les preuves réitérées et soutenue de civisme peuvent faire oublier une faute que sa conduite antérieure et postérieure doit faire pardonner. »

Séance du 13 messidor an 2 (1er juillet 1794)

« Après la lecture du procès-verbal sur l'affaire Deroche, le représentant du peuple, Roux-Fazillac, présent à la séance, a demandé que le procès-verbal fut signé individuellement par les membres épurés de la société. La proposition mise aux voix, la société a arrêté que pour cette fois seulement elle contreviendrait à son règlement qui porte que les procès-verbaux ne seront pas signés individuellement ; en conséquence, tous les membres présents épurés ont signé l'extrait du procès-verbal concernant Deroche qui devait être présenté au représentant du peuple.

« La société a passé à la lecture de la liste des membres qui composaient la société monarchienne. Il s'est élevé quelque discussion sur la signature présentant le nom de Ludière et sur quelques autres, en conséquence la société a nommé un comité de cinq membres chargés d'examiner les signatures et d'en faire un rapport. Béral, Vialle, Roussel, Desprès et Bussière ont été choisis par le président pour former le comité. — La société a encore arrêté que les membres qui se trouvaient signataires de la liste monarchienne déposeraient la médaille et sortiraient de la société ; en conséquence, plusieurs membres dont la signature s'est trouvée dans cette liste ont déposé la médaille et se sont retirés. »

Séance du 14 messidor (2 juillet 1794)

Le citoyen Laval est élu secrétaire en remplacement du citoyen Dulac.

Il est fait lecture d'une lettre du général Souham où il fait part des divers combats qu'a donné la première division du Nord qu'il commande, et des avantages qu'ils ont eu dans le courant du mois dernier (1). — Le bureau répondra.

Il est donné lecture de nombreux documents et entre autres d'un arrêté du Comité de salut public concernant les formes dans lesquelles les comptes des taxes, des dons, des échanges, etc., doivent être rendus, ce qui a motivé la nomination de deux commissaires pour compulser les registres et faire un relevé des dons qui ont été faits à la société et en présenter un rapport.

---

(1) Parmi ces avantages, on peut citer la fameuse victoire de Tourcoing où l'ennemi perdit 60 canons et eut 3.000 tués, blessés ou prisonniers. — La prise d'Ypres, après 12 jours de siège. La garnison, forte de 6.000 hommes, est prisonnière de guerre. Enfin, les fameux combats de Saint-Amand et Vicoigne, où « le 2ᵉ bataillon de la Corrèze aborda l'ennemi à la baïonnette, ayant en tête son héroïque commandant Souham, marchant l'épée haute et le chapeau au bout de l'épée. Les commissaires de la Convention, qui avaient été témoins de sa brillante valeur, le nommèrent, quelques jours après, général de brigade », dit M. Vacher, dans son *Historique des Bataillons de Volontaires de la Corrèze*.

« En attendant les divers commissaires qui ont en leur pouvoir, soit numéraire, soit assignats ou autres divers objets sont tenus de porter le tout aux deux commissaires Villeneuve et Marsillon. »

Le citoyen Faurie promet une pièce en or de 24 livres. « S'étant élevé à la porte de la salle un bruit, il a été nommé quatre commissaires pour surveiller au dehors de la salle. »

On passe à l'ordre du jour sur une pétition de Sublince, demandant une place de gardien de la maison d'arrêt. Il sera dressé une liste des gardiens des maisons d'arrêt et de la profession de chaque garde « afin d'examiner s'il serait possible de les placer plus utilement. »

En raison de ce qu'il se trouve sur la liste « monarchienne », qu'il a été membre de cette société et à cause de « sa conduite dans l'enterrement du Cloub, et sur diverses autres inculpations », Mariau a été invité à déposer sa médaille et à se retirer de la société, ce qu'il a fait séance tenante.

Au sujet des listes diverses qui ont paru « soit sur l'ex-société des amis de l'ordre et de la paix, soit sur la fameuse affaire du Trech », Maugein, membre de la société, a observé qu'à la vérité il avait été membre de la société monarchienne, mais que c'était à l'instigation de Ménager aîné, membre du comité de surveillance, qui était venu le chercher dans sa boutique pour le faire inscrire, et que Maschat, ferblantier, lui avait prêté 1 livre 4 sols pour payer sa réception. La société a arrêté de faire mention de cette déclaration au procès-verbal.

« Un membre, après avoir obtenu la parole, a dit que s'il avait quelque reproche à faire à la société en sa qualité de représentant du peuple, c'était celui de lui avoir laissé ignorer ces faits ; qu'il invitait la société à bien approfondir cette question et après avoir donné quelque définition sur le but des ex-sociétés monarchiennes, il a conclu à ce que la société demanda que les fonctionnaires publics qui se trouveraient avoir été de cette société des amis de la paix, où dont les noms figureraient sur quelques-unes de ces listes fussent suspendus de leurs fonctions. » — Cette proposition est acceptée. — Il sera fait deux copies des diverses listes, l'une pour les archives du district et l'autre pour le greffe du tribunal criminel.

Séance du 15 messidor an 2ᵉ (3 juillet 1794)

« Le frère Faurie a déposé sur le bureau la pièce d'or de 24 livres qu'il avait offert hier. — Il a été ensuite donné lecture à la société de la pétition et des noms de ceux qui, en 1792, demandèrent aux corps administratifs l'autorisation d'acheter l'église des cy-devant carmes pour y pouvoir exercer librement le culte de leurs pères, où étaient à suite l'avis de la municipalité, du procureur sindic du district et celui du district ; il a été observé qu'on avait placé à la suite de cette liste beaucoup de noms d'individus qui ne savaient point signer et en particulier beaucoup d'agriculteurs, et que ceux-là devaient être regardés d'un œil bien différent puisqu'il pourrait être très bien arrivé qu'on les y eut placés sans leur consentement ; Beneyton, après avoir obtenu la parole, a dit qu'à portée de voir cette assemblée catholique, puisqu'il demeuroit aux cy-devant carmes, et qu'il leur avait même prêté un écritoire ; il avait reconnu peu d'agriculteurs. — Un membre l'ayant inculpé du prêt de cet écritoire, il a été arrêté que le procès-verbal ferait motion de ce prêt pour s'en rapporter lors d'une nouvelle épuration. — Il a été ensuite arrêté d'envoyer de suite cette liste au comité de surveillance pour qu'il fit son devoir envers certains individus, et que, d'après ce, le comité composé de cinq membres, qui sont Roussel, Béral, Vialle, Després et Bussières, vérifierait les noms de cette liste comme ceux des autres trouvées, pour faire son rapport le plus tôt possible ».

« Un membre a déposé sur le bureau une lettre du citoyen Rivière, représentant du peuple (1), où il est dit qu'on annonce à Paris une grande victoire remportée par l'armée du Nord sur les satellites des tyrans couronnés ; la société a vivement applaudi. »

Il est aussi donné lecture d'une lettre du général Vachot, où il détaille les grands succès de l'armée du Rhin.

Séance du 18 messidor, 2e année de la République (6 juillet 1794) (2)

« Un membre a observé que la société avait l'avantage de posséder dans son sein le représentant du peuple Roume. Le citoyen Roume, ayant pris la parole, a annoncé au peuple le but et le motif de sa mission, a parlé sur l'esprit public qui anime cette commune ; il a rendu justice au patriotisme tant des Sans-Culottes, qui fabriquent les armes pour foudroyer les tyrans, qu'aux autres citoyens qui ont combattu avec tant de courage les contre-révolutionnaires du département ligués pour anéantir la liberté dans le chef-lieu.

« Le président, par un discours aussi expressif que laconique, a peint la satisfaction de la société de

---

(1) Pour la vie politique de Rivière, voir les *Législateurs Corréziens*, par Victor Forot.
(2) Le procès-verbal de cette séance porte : « La séance est ouverte par le vice-président Villeneuve. » Il est à remarquer que c'est pour la première fois que nous rencontrons le qualificatif de vice-président, depuis la création de la Société.

posséder dans son sein cet honorable membre de la Convention. »

Le citoyen Teyssier dépose en offrande deux paires de bas, l'une en coton, l'autre en laine. — Antoine Ambier trois livres en numéraire. — Jacques Bigoury, 36 sols. — Duval, 3 livres. — La citoyenne Saugon, 24 sols. — Tersat, 6 livres. — Jean Fénis, une paire de bas de coton. — Marie Soulier, 3 livres, le tout en numéraire.

« Roume a observé qu'il avait vu avec surprise sur certains bâtiments des marques de féodalité et de fanatisme. La société a nommé Dulignon et Darcambal pour aller vers la municipalité demander que les marques qui avaient échappé jusques à présent à l'œil patriote fussent abattues. »

« Sur l'observation que fait Roume en témoignant sa surprise de voir que dans le sein d'une société libre, le censeur soit armé d'une pique, le rapporteur demande qu'il soit encore pris d'autres mesures de sûreté avant de commencer son rapport » « Il demande que la garde soit doublée, que les canonniers soient à leur posté, les canons braqués et les avenues gardées. — Il s'est élevé une discussion sur ces mesures, il a été observé que ces précautions devaient être envoyées aux soins des autorités constituées, et après une légère discussion, le rapporteur a dit qu'il avait existé dans les murs de cette commune une conspiration tendante à détruire par la corruption, par les menaces, et enfin par la force des armes, les patriotes qui voulaient établir la liberté. Que cette conspiration, conduite par un art perfide et profondément scélérat, avait commencé à se manifester par la nomination d'un stipendié de la liste civile qui se fit faire maire par la force des bayonnettes, après avoir cherché à comprimer l'énergie des patriotes par la pendaison de deux malheureux cultivateurs (1). Que cette manœuvre coupable n'ayant pu réussir, les scélérats cherchèrent à égarer les hommes faibles en organisant une société postiche dans le dessein de miner par des opinions erronées le principe et l'existence morale de la société des Jacobins. Que cette société éphémère n'ayant pu se soutenir par le poids de l'opinion, qui la conspua dès sa naissance, ces êtres pervers et avilis eurent recours dans leur désespoir à la dernière ressource des conspirateurs, ils cherchèrent à main armée à faire égorger ceux qui soutenaient la cause. »

« Enfin, le rapporteur, après avoir donné lecture de la loi sur l'organisation du gouvernement révolutionnaire, a conclu à ce que les nommés Melon de Praldoux, Chaumont, Sudour, Meynard, Lacoste, Daubech, Faugéron, Chabrignac, Villeneuve-Chambéry, Albier fils, Soustre aîné, Laprade aîné, Laprade cadet, Lagarde-Praliou, Ludière, Servientis, Braconat, Devianne, Sartelon, Merliac, prévôt de la cy-devant maréchaussée, Saint-Hilaire, Marcillac-Combret, Rabanide, la femme Jarrige, la femme Darluc, la femme Favière, Maynard, Cucille, Laval aîné, Parjadis, Monbrial, Bedoch, Bournazel, la femme Bournazel, fussent dénoncés au représentant du peuple Roux-Fazillac, avec invitation de les faire traduire au tribunal révolutionnaire.

« Divers membres ont dénoncé les nommés Brossard père, Froment père et Melon, cy-devant chanoine de Notre-Dame de Paris, Brossard fils aîné, Alaric et Duchambon.

« Le premier, pour avoir cherché à dissoudre la société populaire, discrédité et avili les assignats, acheté

---

(1) Voir *L'Année de la Peur à Tulle*, par Victor Forot, pour les détails de cette affaire.
(2) Il s'agit ici de l'échauffourée du Trech, dont l'historique a été tracé dans *La Guerre des Bonnets à Tulle*, par Victor Forot.

un bien national dans les vues coupables de le conserver au cy-devant évêque réfractaire (1), cherché à dégoûter les patriotes de la Révolution, témoigné publiquement le désir de voir entrer Brunswik sur le territoire de la République, enfin avoir accaparé les matières de première nécessité, telles que tabac et suif.

« Le deuxième, cy-devant noble, auditeur de compte et bailli de Versailles, soupçonné d'avoir cherché à affamer le peuple de Versailles et de s'être venu réfugier à Tulle pour se soustraire à sa juste vengeance ; a fait de sa maison le repaire de tous les aristocrates et fanatiques qui ont déchiré la commune de Tulle ; pour avoir été un des promoteurs de l'assemblée qui eut lieu en la cy-devant église des carmes, dans le dessein perfide de soulever le peuple par le fanatisme, en demandant la faculté d'ouvrir leur culte catholique par le ministère d'un prêtre réfractaire ; pour avoir provoqué l'insurrection des aristocrates contre les patriotes ; pour avoir différé de marier sa fille parce qu'il ne voulut pas qu'elle le fut par des prêtres conformistes ; enfin pour avoir continuellement conspiré avec eux contre la liberté.

« Le troisième, cy-devant chanoine de Notre-Dame de Paris, pour avoir dit que le tyran aurait le pouvoir de punir tant les Feuillants que les Jacobins, que ces deux sectes devaient être sacrifiées aux prérogatives de la royauté et principalement les Jacobins comme plus dangereux ; pour avoir perverti l'esprit public dans la commune de Saint-Clément où il vint à bout de se faire nommer officier municipal ; pour avoir été vu dans l'affaire du 20 juin à Paris, dans les galeries du Louvre, et enfin pour avoir bravé et in-

---

(1) Il s'agit ici du domaine de La Morguie, qui fut acheté 50.000 livres par Brossard. — Voir *L'Aliénation des Biens du Clergé à la Révolution*, étude initiale sur documents inédits, par Victor Forot. Tulle, 1905.

sulté les patriotes de Tulle dans leur lutte avec les aristocrates (1).

« Le quatrième, cy-devant garde du tyran, pour avoir tenu à Tulle des propos dangereux pour la liberté, pour avoir, dans le temps qu'il fut à la Vendée, rapporté avec complaisance les plus mauvaises nouvelles, ce qui lui mérita le surnom de *Canon d'alarme* ; pour avoir dit à un officier du bataillon de Libourne, qu'il était bien fâché de n'avoir pas émigré, que c'était malgré lui qu'il portait les armes pour une cause qu'il n'aimait pas, et qu'il espérait que les brigands qui paraissaient avoir à leur tête des hommes expérimentés dans l'art de la guerre et versés dans la politique, feraient bientôt de grands progrès ; qu'il n'y avait rien de si aisé pour les brigands que de prendre les Sables, il faudrait seulement qu'une patrouille, en sortant la nuit, donna le mot de l'ordre aux brigands ; que quelques-uns de ceux-ci se déguisassent en gardes nationaux ; qu'ils égorgeassent le corps de garde, ils ne trouveraient plus aucun obstacle. Enfin désespéré de n'avoir pu trouver le moment favorable pour aller se joindre aux brigands, il s'empressa d'aller se réfugier parmi les fédéralistes de Bordeaux, après avoir fait tous ses efforts pour engager ses camarades à le suivre.

« Le cinquième, sans profession, escroc et souteneur de tripots, adultère scandaleux, il a été depuis le commencement l'exécuteur des plans de tous les chefs aristocrates, dont il est le proxénète et le Mercure ; propos, actions, intrigues, cabales, tout a été de son ressorts ; il a été signataire de toutes les listes ; a

---

(1) Dans son *Histoire du Tribunal Révolutionnaire de Paris*, Campardon parle de ce Melon, jeune (François), chanoine à Paris, puis chasseur-dragon, traduit devant le Tribunal révolutionnaire et renvoyé à son corps le 30 vendémiaire an III.

pris les armes contre le peuple ; l'indignation publique le força à aller se réfugier à Aurillac, son pays natal.

« Le sixième, teneur de tripot, prêteur sur gages, homme sans moralité, insultant aux mœurs publiques par un concubinage scandaleux ; signataire des listes ; liberticide et ayant pris les armes contre le peuple.

« Le rapport du comité mis aux voix, il a été arrêté que les dénommés au rapport ainsi que les autres dénommés seraient dénoncés au représentant du peuple avec invitation de les faire traduire au tribunal révolutionnaire (1). »

« La décoration de la société a été présentée au représentant Roume qui, en acceptant le gage de fraternité, a répondu de la manière la plus sensible et a demandé que la société voulut bien poser son visa sur son diplôme de la société mère ».

Séance du 28 messidor, an 2e (16 juillet 1794)

Le président fait part de divers rapports du co-

---

(1) Le « rapport du Comité nommé par la Société populaire de Tulle, sur la conspiration qui a existé dans la commune de Tulle contre la Liberté et ses amis » se trouve en original aux archives nationales W-55, il a été publié dans le *Bulletin de la Société des Lettres, Sciences et Arts de la Corrèze*, en 1887, pages 119 à 146. — Ce document, trop long pour être reproduit ici, contient des détails très intéressants sur les événements qui se produisirent à Tulle à cette époque. — On y voit figurer les Melon, Servientis, Chaumont, Villeneuve, Marpillat, Monteil, Teyssier, le chevalier de Laprade, de Seilhac, de Lamaze, Salès, Connelie, Noiret, de Corn, Marbeau, Combret, Labrousse, Darsonval, Nussane, D'Arche, Dumas, Brossard, Saint-Hilaire, Dumas, Braconat, Duclaux, Bourguet, Devianne, Labastide, Melon, Gilibert de Meilhac, Massé, Deneux, Soustre, Duchassain, Bussières, Darcambal, Rigolle, Du Fraysse, Sartelon, Desailleux, Sudour, Daubech, Vedrenne, Valade, Albier, Laval, Vialle, Poissac, Puyabillier, Bournazel, Favière, Darluc, Rabanide, Laroque, Brival, Ludière, Chabane, Pinaud, Meynard, Labordorie, Faugeyron, Sclafer, Berthelmy, Delafon, Bardon, Delmas, Bassaler, Chabrignac, Rouveix, Lagarde-Praliou, Parjadis, Bourdet, Bedoch, Mons, Nussac, Dufour, Montbrial, Chastrusse, Froment, Jarrige, Boulègue, Dubech, Estorges, Colin, Rigolle, Daubech, etc., etc.

mité de salut public et d'une adresse aux instituteurs et aux pères de famille. — Lecture est faite d'une lettre de la société d'Aurillac qui demande de leur procurer des cercles en fer pour les cuviers de salpêtre. Cette lettre sera envoyée au district pour qu'elle soit prise en considération. » Il sera écrit à la société d'Aurillac « que celle de Tulle se prêtera de tout son pouvoir à tout ce qui pourra intéresser la chose publique et qu'on la prie de nous procurer des cuirs et du cuivre. »

Le représentant du peuple Roux-Fazillac sera prié d'inviter les ingénieurs à lever le plan de Tulle « pour, d'après ce travail, dire ce qui peut tendre à l'embellissement et à l'amélioration de Tulle. Tous les citoyens sont aussi invités à donner aux ingénieurs tous les renseignements qui seront en eux pour pouvoir parvenir à ce but. »

« Un membre a demandé un certificat de civisme pour le citoyen Juyé jeune, membre de cette société et officier au 5e bataillon de la Corrèze, dans lequel certificat il serait dit qu'il s'est fait prêtre dans un temps où il en fallait pour abattre le fanatisme, les anciens préjugés et les anciens prêtres ; qu'il a été un des premiers à abdiquer cet état et qu'il avait de suite paru dans la société revêtu d'un uniforme et qu'il partit ensuite pour la défense de la patrie. — La société, vu la conduite civique qu'a toujours tenu Juyé jeune, vu que tout ce qui est avancé par ce membre est la vérité même, a arrêté qu'il lui serait délivré un certificat tel. »

La société accorde aussi un certificat de civisme à Louis Lanot servant dans le 1er bataillon de la Corrèze, elle lui enverra aussi la médaille de la société. — Oignon cadet, servant en qualité de gendarme à l'armée du Rhin, recevra aussi un certificat de civisme.

Un membre du comité des cinq a fait un rapport sur la conduite incivique du citoyen Villeneuve-Chambéry, il a été adopté en ajoutant que si Villeneuve avait été à la Vendée, c'était parce qu'il savait qu'il y avait un mandat d'arrêt contre lui ; que le soufflet qu'il avait donné à un patriote avait été relevé par deux autres, qu'un autre patriote lui avait donné ; qu'il avit troublé la section des Récollets réunie en assemblée primaire ».

Il est donné lecture de nouveau des listes contre-révolutionnaires, afin que chacun des membres visés puissent présenter leur défense.

Séance du 29 messidor, an 2e (17 juillet 1794)

Des certificats de civisme sont accordés aux citoyens dont les noms suivent : Brun, tambour au 5e bataillon de la Corrèze ; Béronie, ex-curé, et Gaillardon, ex-vicaire épiscopal de la Corrèze ; Blanc, inspecteur aux réquisition des fourrages.

Elie Boulle a été épuré et admis.

Ont été expulsés : Colin, entrepreneur « sur le fait particulier à lui imputé de tenir un bonnet blanc dans la poche le jour de l'affaire du Trech. — Bardon, huissier, accusé d'avoir dit le matin du jour de cette affaire, qu'il ne voulait point de bonnet rouge, mais un bonnet blanc. — La société a chargé les membres du comité de surveillance présents d'inviter le comité à prendre des renseignements à ce sujet. Faurie et Lagrange sont chargés de rechercher la femme Colin. Elle arrive et répond affirmativement sur la question de savoir si elle a entendu les propos suivant : « Rigolle est là-haut, à la fenêtre, fort tranquille, il ne le sera pas ainsi longtemps ; il y passera un des premiers, » mais elle ignore qui a tenu ce propos « étant étrangère et nouvellement arrivée à Tulle, pour lors, elle ne connut pas l'individu qui le tint. »

« Roux, marchand sur la place, a été expulsé et le comité de surveillance a été invité à prendre des renseignements sur son compte et sur son agiotage. »

Séance du 30 messidor, an 2ᵉ (18 juillet 1794)

« Un membre demande que la médaille de la société soit réclamée à la veuve d'un frère mort, dans la crainte que « ce médaillon passe entre les mains d'un aristocrate qui pourrait s'en décorer ailleurs. » La société décide de laisser cette médaille entre les mains de la veuve « en, par elle, le représenter à toute réquisition. »

Les citoyens Gargouillat, Pierre Roux, Dézaga et Chastaing sont épurés et admis.

Teyssier aîné, de Chanac, est ajourné jusqu'après le rapport que feront les commissaires.

Séance du 5 thermidor, an 2ᵉ (23 juillet 1794)

Lecture des papiers publics qui contiennent les plus heureuses nouvelles.

Une lettre de la société d'Autun témoigne des inquiétudes au sujet des déserteurs. Des renseignements seront pris sur ceux qui habitent la commune de Tulle et on ajourne la question de savoir si on écrira à la Convention nationale pour les faire chasser ou renfermer, puisqu'il pourrait y avoir des émigrés et des espions parmi eux. »

La société passe à l'ordre du jour sur une proposition d'inviter les autorités constituées à « surveiller de près les appréciations faites par des ci-devant féodistes» en ce qui concerne la vente des biens nationaux « qui se vendent infiniment au-dessus du prix d'estimation. »

« D'après la lecture des nouvelles, on s'aperçoit qu'à Paris, les aristocrates, se voyant presque sans ressources, après avoir épuisé tous leurs moyens perfides se servaient aujourd'hui de celui de faire faire des repas publics pour fraterniser avec les patriotes, afin de pouvoir les tromper encore s'ils le pouvaient, ou se soustraire à la peine qui les attend. » La société est invitée par un de ses membres à se prémunir contre ces insinuations perfides. Au cours d'une longue discussion, quelques membres ont parlé avec véhémence au sujet de certains repas qui avaient eu lieu à Tulle « où il y avait eu mélange de patriotes et d'aristocrates, et ce, chez des aubergistes aristocrates ; — il en est résulté que le comité des cinq reste chargé de faire un rapport sur les aubergistes suspectés d'aristocratie, et les autorités constituées seront chargés de faire fermer leurs auberges (1).

Séance du 12 thermidor (30 juillet 1794)

Le président donne lecture de la lettre suivante :

---

(1) Montgaillard dit qu'à Paris « on dressait sa table devant la porte de la maison, et toute la famille prenait son repas en face du peuple souverain. Le sans-culotte s'asseyait sans façon, mangeait buvait et chantait la « Marseillaise ». Les bons bourgeois de Paris prenaient cette fraternité en bonne part et se gardaient bien de faire mauvaise mine aux convives qui se présentaient, quelque déguenillés qu'ils fussent. La rue Saint-Honoré présentait le spectacle d'une longue file de tables, où l'on voyait rassemblé tout ce que la population de la capitale peut offrir de plus dégoûtant et de plus vil. » Barrère fit ressortir ces fait dans son rapport du 16 juillet 1794, disant que les aristocrates, se trouvant en communication familière avec les modestes patriotes, parvenaient à les séduire en les faisant boire.

Paris, le 9 messidor, 2ᵉ année Républicaine

Liberté, Egalité, Fraternité ou la Mort

CONVENTION NATIONALE, COMMISSION DES DÉPÊCHES

Les Représentants du Peuple composant la commission des dépêches aux Citoyens membres de la Société populaire de Tulle.

Il nous est parvenu l'adresse que vous avez envoyée à la Convention nationale datée du... par laquelle vous lui témoignez votre indignation sur l'attentat dirigé contre les représentants du peuple Collot-d'Herbois et Robespierre, et par laquelle aussi vous la félicitez sur son décret qui proclame l'existence de l'Être suprême et de l'immortalité de l'âme, lui faites part des dons que vous avez faits à la patrie, et lui annoncez que vous avez établi deux fabriques de salpêtre qui pourront fournir 100 livres par décade.

Elle a été lue ce jourd'hui à la tribune, il en a été ordonné la mention honorable, l'insertion au bulletin et le renvoi au comité des marchés.

Salut et fraternité.

Signé : GUYARDIN, membre de la commission des dépêches.

Sur une proposition de la société de Perpignan, il est arrêté que dorénavant, lorsqu'il serait délivré des diplômes, on y signalerait l'individu à qui il serait délivré et le ferait contresigner. »

Le rapporteur du comité de l'emprunt de 15.000 livres pour subvenir aux besoins des veuves, enfants et parents des défenseurs de la patrie dit que ce comité avait jeté des vues sur la veuve Maynard et sa fille pour 3.000 livres ; Laborderie, médecin ; La Fleurat; Vergne, peintre (1) ; et Soleilhet, pour autant chacun, et il a ajouté que tous avaient déjà prêté leur contingent, à l'exception de Soleilhet, qui avait demandé jusqu'au lendemain. La Fleurat avait donné 96 livres en or de l'ancien coin, et 96 livres en écus et Laborderie avait donné 500 livres en numméraire ou en couverts en argent et le reste en assignats. La société a arrêté que le numéraire serait envoyé à nos prisonniers en Prusse et l'on prendra en échange autant en assignats qui leur était destinés.

« Il s'est élevé une discussion sur certaines inculpations qu'on prétendait avoir été faites contre le comité nommé pour faire le rapport sur les listes trouvées. Il a été arrêté que le comité ferait incessamment ce rapport et que ceux qui dorénavant prendraient de l'humeur dans la société seraient rappelés à l'ordre par le président, d'après le règlement et que celui qui persisterait serait mis dehors jusques après la discussion. »

Séance du 14 thermidor, an 2 (1ᵉʳ août 1794)

Il est donné lecture d'une lettre adressée au représentant du peuple par laquelle le comité de surveillance demande à être complété. Le représentant a envoyé cette lettre au district afin qu'il lui désigna les membres à nommer, d'accord avec la société populaire. — On décide de procéder à l'épurement des membres du comité de surveillance présent à la séance, les autres le seront dès qu'ils se rendront à la société.

Tramond est épuré et conservera son poste.

---

(1) Ce Vergne, peintre, était un artiste de quelque valeur, dont nous parlons dans notre travail sur les *Sculpteurs et Peintres du Bas-Limousin et leurs Œuvres aux XVIIᵉ et XVIIIᵉ Siècles*.

Barratier ayant fait partie de la société monarchienne n'a plus la confiance de la société pour pouvoir continuer ses fonctions, pas plus que pour être membre de la société. Il devra déposer sa médaille sur le bureau.

Vergne, membre du comité, mais non de la société, n'obtient pas la confiance pour continuer ses fonctions au comité.

Séance du 15 thermidor, an 2 (2 août 1794)

« La société a exprimé vivement son indignation sur l'horrible conspiration annoncée sur les papiers nouvelles, tramée par le tyran Robespierre, tendante à la dissolution de la Convention nationale. Toute la société a prêtée serment de ne jamais souffrir de maître et de poignarder le premier qui voudrait s'emparer de l'autorité. »

Clercy, Pranchère et Chastang, membres de la société et du comité de surveillance sont épurés et la société leur continue sa confiance.

Le président est chargé de présenter dès demain, la liste des membres de la société non fonctionnaires publics et celle des membres de la commune « et que de suite, chaque sociétaire ferait son billet, sur cette liste, y mettrait dix noms et les cinq membres qui recueilleraient la pluralité des suffrages, compléteraient le comité et remplaceraient les membres du comité de surveillance qui avaient été expulsés.

Séance du 16 thermidor, an 2 (3 août 1794)

Lecture d'une lettre annonçant une victoire remportée par l'armée des Pyrénées-Orientales « sur les satellites du tyran d'Espagne ». — Autres lettres, l'une écrite par un citoyen de l'armée du Rhin et l'autre par un de l'armée du Nord, rendant compte des succès de ces deux armées. Il est aussi donné lecture de deux couplets d'un hymne fait sur la prise de Charleroy et d'une adresse de la société de Commune affranchie ; d'une adresse de la société de Tonin-la-Montagne.

Le citoyen Lacombe, membre de la société et du comité de surveillance est épuré et conserve la confiance de la société.

Les citoyens Ouffaure, de Pompadour, Lachèze, de Tulle, et Simon, entrepreneur des Ponts et Chaussées, sont chargés de la « surveillance des travaux de la nouvelle usine qui va se faire. » (1)

Après lecture de la liste des membres de la société qui ne sont pas fonctionnaires publics, on délibère pour savoir si les ouvriers de la manufacture d'armes pourront faire partie du comité de surveillance. La réponse de la société est affirmative. Il est ensuite « fait l'appel nominal, et chaque membre a nommé à haute voix cinq membres, en qui il avait plus de confiance, le résultat a été que Dumond a recueilli 57 voix ; — Rigolle, 53 ; — Reignac-Desfarges, 47 ; — Pastrie, négociant, 46 ; — et Marsillon fils, 38. » Ils sont donc élus membres du comité de surveillance.

« Le représentant du peuple présent à la séance a aussitôt autorisé ces cinq citoyens à exercer provisoirement leurs fonctions jusqu'à ce qu'il aurait donné son vœu. »

Il est arrêté que les trois membres qui avaient recueilli le plus de suffrages, après les cinq premiers, remplaceraient ceux qui pourraient être obligés de quitter le comité. Ce sont : Pineaud aîné, qui a re-

---

(1) Cette nouvelle usine n'était autre que la *Nouvelle manufacture nationale d'armes de Tulle*, qui devait s'appeler Usine de la Montagne, et dont nous publierons prochainement l'historique.

cueilli 32 voix ; — Vigne cadet, 28 ; — Dombret, 25.

Séance du 17 thermidor, an 2 (4 août 1794)

Les papiers nouvelles annoncent la prise de Liège. La société applaudit.

Lecture d'une lettre et de la liste des membres de la société d'Ussel. — Cette liste est remise à Sauty qui fera un rapport sur les individus qui y sont inscrits. — Les membres sachant quelque chose à ce sujet sont invités à le faire connaître à Sauty.

Est envoyé au comité d'instruction, en raison « de son éloquence et des bons principes qu'il contient, » un discours prononcé à Poitiers « en l'honneur des deux jeunes martyrs de la Liberté : Bara et Viala (1) ».

Romanet, de Seilhac, est épuré et admis. — La société arrête que Bassaler, président de la société de Seilhac, et membre de celle de Tulle, serait obligé de venir rendre compte, dans le sein de la société, de la conduite qu'il tint lorsque Romanet demandait l'ajournement d'un certificat de civisme à livrer à l'ex-

---

(1) Il n'est peut-être pas inutile de citer ici la légende et l'histoire de Bara, de la *Revue des Questions Historiques* (juillet 1882) :

BARA, personnage historique et légendaire de la Révolution, né à Palaiseau, en 1779, mort près de Cholet, en 1794. Emmené comme domestique à la guerre de Vendée, par le général Desmanes, et revêtu du costume de hussard, Bara fut tué par les Vendéens, à qui il refusait de livrer les chevaux de son maître.

Dans la séance de la Convention du 8 nivôse an II, Robespierre célébra son héroïsme en ajoutant qu'il avait péri pour avoir crié : « Vive le Roi ».

La légende s'empara désormais du nom de Bara, dont elle fit un tambour de 13 ans, et qu'elle associa à Viala, dans un vers du « Chant du départ ».

VIALA (Joseph-Agricol), enfant célèbre de la Révolution, était né à Avignon, en 1780 ; il fut tué sur les bords de la Durance en 1793. Malgré sa jeunesse, il faisait partie de la petite garde nationale, lorsque, en 1793, les royalistes révoltés de Marseille, se dirigeant vers Avignon (où se trouvait plus tard le 5e bataillon des volontaires de la Corrèze) apparurent sur la rive gauche de la Durance pour la traverser. — Une troupe républicaine, à laquelle s'était mêlé Viala, fut envoyée pour empêcher le passage des roya-

curé de Belmont, jusqu'à ce qu'on aurait pris des renseignements sur son compte ; ce qui aurait fait expulser le dit Romanet du sein de la société de Seilhac et l'avait même exposé à des dangers. »

Une proposition tendant à appeler dans chaque chef-lieu de district tous les ex-prêtres est ajournée au lendemain.

Il est arrêté que la société enverrait une adresse à la Convention nationale « pour la féliciter de l'heureuse victoire qu'elle vient de remporter sur une faction liberticide (1). »

Le renouvellement du comité des cinq et l'épuration de ses membres sont remis à la prochaine séance.

---

listes. Il fallait couper les câbles qui retenaient les pontons à la rive droite.

Tandis que ses compagnons hésitaient, Viala s'élança au poteau et attaqua le câble à coups de hâche. — Il tomba mortellement blessé, avant d'avoir pu achever son œuvre, sous les coups des royalistes, qui traversèrent la Durance, transpercèrent l'enfant blessé de leurs baïonnettes et jetèrent son corps dans la rivière.

L'héroïque action de Vialat fut racontée à la Convention par son oncle, Agricol Mureau.

La Convention avait fixé la date d'une fête patriotique pour la translation au Panthéon des urnes funéraires de Bara et de Viala, mais les événements du 9 thermidor an II l'empêchèrent d'avoir lieu.

(1) Il s'agissait de la révolution du *9 thermidor*, qui entraîna la chûte de Robespierre et de ses partisans. On peut la résumer ainsi : Dès juin 1794, l'influence de Robespierre commençait à décliner. — Il fut forcé de donner sa démission de membre du Comité de Salut Public, n'y ayant plus qu'un seul partisan : Saint-Just. La majorité de la Convention était contre lui, mais le 8 juillet 1794, le jour où à tête du célèbre chimiste Lavoisier tombait, Robespierre tentait de regagner son autorité en prononçant un discours menaçant contre les députés qui lui étaient hostiles. Le lendemain, la Convention lui refusait la parole à la tribune, on décrétait d'arrestation ses amis Couthon, Saint-Just et Lebas, de même que son frère et lui-même. — Délivrés peu après par Coffingeal et Hanriot, aidés de quelques sections de la commune, ils arrivèrent à l'hôtel de ville et risquèrent les chances d'une insurrection. La garde nationale soutint la Convention et s'empara de l'hôtel de ville. Un gendarme,

Séance du 18 thermidor, an 2 (5 août 1794)

« Une lettre du citoyen Moncourrier, d'Ussel, prisonnier à Vezel, en Prusse, annonce que « les prisonniers de la Corrèze en Prusse, n'ont rien reçu de l'argent que les diverses sociétés leur ont fait passer ; il a été arrêté qu'il serait écrit à la Convention nationale et à la députation de la Corrèze afin de faire parvenir le plus tôt possible cet argent à nos citoyens prisonniers en Prusse, et les inviter à tâcher de faire opérer l'échange de ces braves républicains. — Malepeyre et Bussières ont été chargés d'écrire ces lettres. »

Sur la proposition d'appeler tous les ex-prêtres au chef-lieu de chaque district, il a été arrêté que « ces ex-prêtres seraient regardés et traités comme les autres citoyens pourvu qu'ils eussent donné des preuves constantes de civisme, et cependant, en leur appliquant la loi portée contre, ils seront obligés d'être

---

nommé *Merda*, le blessa, dit-on, d'un coup de pistolet à la mâchoire : Lebas se tua. Robespierre et les autres prisonniers furent guillotinés le lendemain.
Le 9 thermidor marque la fin du régime de la Terreur.
Puisqu'il vient d'être question de Merda, voici ce qu'en dit Larousse : « MERDA (Charles-André), dit MÉDA, gendarme, meurtrier présumé de Robespierre, né en 1770, mort en 1812. — Le 9 thermidor, Merda faisait partie du détachement qui se dirigeait vers l'hôtel de ville pour s'emparer de Robespierre et de ses amis. Au moment où les gendarmes pénétrèrent dans la salle du secrétariat, Robespierre tomba, la mâchoire fracassée par une balle de pistolet. — Merda, qui s'attribua le coup, fut présenté, la nuit même, à la Convention qui l'acclama.
« Les apologistes de Robespierre ont soutenu qu'il s'était blessé lui-même, et cette hypothèse a jeté quelque doute sur les affirmations intéressées du gendarme.
« Ce coup de pistolet fit cependant la fortune de MERDA. »
Après le 9 thermidor, la Convention le nomma sous-lieutenant.— Il fit les guerres de l'Empire et mourut colonel en 1812, à la Moskova. — Il se faisait appeler le BARON DE MÉDA ! La lettre R supprimée de son nom n'empêchait pas les grenadiers de son régiment de le dénommer Baron de M...e.

munis d'un certificat de civisme portant qu'ils ont montré leur attachement constant à la Révolution.

L'ordre du jour portant l'épuration ou la suppres- du comité des cinq, les citoyens Bussières, Vialle, Desprès, et Béral « sont alternativement montés à la tribune et la société a déclaré que ces quatre membres avaient encore sa confiance. Roussel y est monté ensuite, et, après diverses inculpations, il a été déclaré que Roussel avait perdu la confiance de la société.

« Sur une nouvelle proposition de supprimer ce comité, la société a arrêté la suppression et que toutes les pièces dont il pouvait être nanti seraient remises au comité de surveillance. »

Séance du 19 thermidor, an 2 (6 août 1794)

« Sur la plainte d'un membre qui dépose sur le bureau un extrait du procès-verbal de la société d'Ussel, en date du 12 avril 1793 (vieux style), où le citoyen Roussel est dénoncé pour s'être fait marier par un prêtre réfractaire et avoir pris dans son contract de mariage des qualifications inconstitutionnelles. Ce membre témoigne sa surprise de ce que cette dénonciation est restée impunie et demande qu'il soit pris des renseignements sur ceux qui peuvent avoir caché cette pièce ; un autre membre dénonce Roussel pour avoir pris des présents d'un particulier qui, obligé de partir pour les frontières, s'était coupé un doigt pour s'en exempter, et qui avait dit, le soir en se retirant à quelqu'un qui lui demandait comment il avait fait : La clef d'or passe partout. — Il a été arrêté d'envoyer ces dénonciations au comité de surveillance. »

« Le courrier étant arrivé, il a été donné lecture des papiers nouvelles, et la société a vivement applaudi aux sages décrets qu'ils annoncent.

« Le membre chargé de faire l'adresse à la Convention nationale, en félicitation de son triomphe sur les perfides et les conspirateurs, monte à la tribune et fait lecture du projet d'adresse, elle est adoptée avec applaudissements. Un autre membre demande à faire lecture du véritable portrait du tyran Robespierre, la société frémit d'horreur à ce portrait et termine par là sa séance. »

« S'ensuit l'adresse à la Convention nationale :

« La société populaire de Tulle à la Convention nationale,

« Citoyens Représentants,

« Une nouvelle conspiration, plus terrible encore que toutes celles qui avaient éclaté jusqu'ici, s'était formée à côté de vous pour l'anéantissement de la liberté, ces conjurés s'étaient emparés de la confiance du peuple, ils avaient une autorité puissante, ils tenaient une partie des rênes du gouvernement et ils avaient su se couvrir de l'égide du patriotisme et de la vertu ; le génie de la France qui veille sur nous a dévoilé tout d'un coup la trame de leurs manœuvres perfides ; votre sagesse, votre énergie et votre courage, qui se sont accrus avec les dangers, ont encore une fois sauvé la patrie.

« A la première nouvelle de cette affreuse conspiration un cri général d'indignation s'est fait entendre dans le lieu de nos séances, et nous avons tous unanimement prêté le serment des hommes libres, d'immoler tout individu qui usurperait la souveraineté.

« Qu'ils étaient petits dans leurs projets criminels, ceux qui osaient se mettre à la place du peuple, à la place du souverain qui lutte avec intrépidité depuis six années contre les ennemis de toute espèce qui se sont soulevés contre lui ; du peuple qui veut être libre et qui maintient sa liberté par le poids de sa force et de sa puissance !

« Qu'ils étaient insensés et coupables, en feignant de croire que le peuple avait oublié l'existence de l'Être suprême et en cherchant à le lui persuader, pour mieux pouvoir l'égarer et le préparer peut-être à recevoir de nouvelles erreurs. Le peuple n'a jamais perdu de vue le flambeau de la Vérité et de la Raison, ce flambeau l'éclaire et le dirige, et dissipe devant lui tous les prestiges que la tyrannie ou l'intrigue pourrait lui présenter ; ainsi l'Être bienfaisant de la lumière dissipe les nuages qui s'élèvent derrière la montagne et donne à l'univers une lumière pure.

« Cette nuit pendant laquelle la représentation nationale a été menacée de sa dissolution prochaine, cette nuit pendant laquelle vous avez gardé cette attitude imposante et fière, digne de représentants d'un grand peuple, cette nuit pendant laquelle vous avez dicté des lois sévères et justes contre les conspirateurs en ordonnant la chûte de toutes les têtes criminelles sous le fer vengeur de la Liberté offensée, cette nuit ne sera jamais effacée des fastes de la République.

« Ils ont aussi bien mérité de la Patrie les Parisiens qui sont restés fidèles à la Convention nationale, qui l'ont entourée de leur force, qui ont exposé leur vie pour sa défense et qui ont fait exécuter ses ordres.

« Ah ! Frères et Amis, si nous eussions été près de vous, nous aurions partagé vos périls et votre gloire, nos corps auraient servi de remparts, comme les vôtres, à nos représentants, et nous aurions été percés de mille coups avant que les conjurés eussent pu les atteindre.

« Continuez, sages représentants, vos immortels travaux, la Victoire couronne de ses brillants succès nos frères qui marchent au pas de charge contre les ennemis de l'extérieur, les mêmes lauriers vous couronnent pour vos succès contre ceux de l'intérieur, la massue d'Hercule est dans vos mains, vous disposez de la force et de la puissance du peuple, qu'elles soient la terreur des ennemis et ne les épargnez que lorsqu'ils seront complètement anéantis.

« Vive la Convention nationale, centre unique du gouvernement.

« Vive la République française, une et indivisible. » (1).

Séance du 24 thermidor, an 2 (11 août 1794)

Les fonctions de secrétaire qui étaient remplies par Laval étant vacantes, le président Juyé nomme provisoirement Bussières et Pinaud.

Sur la proposition d'un membre il est procédé au renouvellement du bureau : Juyé est remplacé à la présidence par Pierre Jarrige. Les secrétaires élus sont Bussières et Pinaud, avec deux suppléants qui sont Lacombe jeune et Vialle, agent national.

Le président avant d'occuper le fauteuil, après avoir récapitulé tous les griefs et faits inciviques articulés contre Roussel, a demandé que la société, en le déclarant indigne de porter la médaille du patriotisme,

---

(1) A la suite de cette adresse, le registre des délibérations de la Société contient neuf feuillets en blanc. Cela laisse supposer qu'au moment de ce grand revirement gouvernemental, les secrétaires croyaient qu'il y aurait quelque chose à ajouter au registre. — Cependant, entre la séance du 19 (6 août) et celle du 24 (11 août), nous ne voyons au registre que cette seule note, en tête du quatrième feuillet : *Séance du .... Thermidor.* Y a-t-il eu une séance dont le procès-verbal n'est pas transcrit ? Cela est probable.

De cette période, nous savons que, par décret du 23 thermidor an II (10 août 1794), fut constitué le nouveau tribunal révolutionnaire de Paris; un Boule, aubergiste à Tulle, en faisait partie comme membre du jury, d'après le *Moniteur du 27 thermidor an II.*

nomma de suite deux de ses membres chargés de se rendre chez lui et de rapporter la médaille ; que le comité fut invité de prendre en considération toutes les dénonciations faites sur le compte de Roussel et à faire apposer les scellés sur ses effets et papiers ; la proposition mise aux voix a été arrêtée à la presque unanimité. Les citoyens Marsillon et Brousse ont été nommés, et ont porté la médaille de Roussel à la société. »

Le citoyen Borderie-Vernéjoux fait don de 300 livres pour « le soulagement des pères et mères des défenseurs de la patrie. »

Trois lettres sont écrites par la société, l'une au comité de salut public, l'autre à la commission de l'organisation de l'armée, la troisième aux citoyens représentants Brival et Lanot, les invitant à accélérer l'arrivée d'une somme de 9.802 livres en numéraire et assignats pour les prisonniers corréziens en Prusse.

Séance du 25 thermidor, an 2 (12 août 1794)

Il est arrêté que tous les citoyens qui auraient quelques renseignements à donner sur la conduite de Roussel depuis le commencement de la Révolution, devront les transmettre au comité de surveillance.

Le citoyen Moreau, muni d'un diplôme de la société d'Aubusson est admis.

En raison des mauvais principes de la société d'Argentat, l'affiliation lui est retirée.

Le comité des armes, chargé de la construction de la nouvelle manufacture, demande des piqueurs. Les postulants devront se faire inscrire au bureau du secrétaire. La société choisira ensuite.

Les noms de ceux qui troubleraient les séances de la société seront envoyé au comité de surveillance.

Le citoyen Régis, membre du comité de surveillance est épuré et admis à l'unanimité. Il en est de même du citoyen Béral aîné, membre du même comité. —

gardien de la maison des ci-devant Récollets est favo-
Le citoyen Maschat, fondeur, est admis à la majorité
des voix.

Pierre Rioux n'est pas admis, ayant fait partie du club monarchien.

Séance du 26 thermidor (13 août 1794)

« Un membre a donné lecture d'une lettre de Berthelmy, qui exprime à la société sa reconnaissance sur l'intérêt qu'elle a pris à sa détention et annonce sa prochaine arrivée. »

Une demande du citoyen Lachèze, pour le poste de gardien de la maison des ci-devant Récollets est favorablement accueillie.

Sont choisis pour être piqueurs aux ateliers de construction de la nouvelle manufacture les citoyens Pierre Valade, chapelier; Martial Duval, huissier; Jean-Baptiste Roussarie fils; Reignac, plus jeune; et Coustillac père. Pour suppléant : Sublime, dit Lafontaine; Louis Ramond jeune; J.-B. Brunie; et François Freissilline. — Le citoyen Boite s'était présenté, mais ne sachant pas écrire, il lui sera donné une place de gardien aux Récollets. — Pierre Puymège sera nommé gardien à la maison d'arrêt des femmes.

Le citoyen Roux-Fazillac dépose sur le bureau un mémoire anonyme, — il en fait l'éloge et invite « l'auteur à s'exercer à un journal. » — Le même membre a parlé sur la conduite illégale de la société de Brive qui, après avoir, de son autorité, destitué des membres du comité de surveillance s'est permise d'en nommer d'autres. Il a ajouté qu'il avait pris un arrêté repressif à ce sujet, et a fait part à la société des motifs qui l'y avaient déterminé, il a engagé la société à prendre en considération, la conduite repréhensible des membres de la société de Brive, et a demandé qu'il fut nommé des commissaires pour savoir si une telle société était digne d'être affiliée à la nôtre... La société a nommé Sauty et Béral pour faire ce rapport, demain. »

Séance du 28 thermidor (15 août 1794)

On passe à l'ordre du jour sur une demande d'organisation de la gendarmerie, un décret ayant suspendu toutes nominations.

Une place de garde à la maison des Récollets sera accordé à un défenseur de la patrie gravement blessé.

Le citoyen Borderie, menuisier, fait don de six livres.

Des renseignements sont demandés sur le civisme de Sarget, père. « La société arrête qu'on répondrait qu'il était membre épuré de la société. »

« Le citoyen Vialle a donné connaissance à la société de la réponse sublime du citoyen Barthel, capitaine au 3e bataillon de la Corrèze, qui, ayant été blessé à mort, dit à l'officier de santé qui accourait pour le penser : *Va-t-en donner du secours à ceux de mes camarades qui en ont plus besoin que moi !*

La correspondance avec la société d'Ussel est remise jusqu'à ce qu'on sache de quelle manière avait été fait l'épurement de cette société.

Un anonyme fait don d'une chaîne en or.

Maschat est épuré et admis à l'unanimité.

Le citoyen Lacombe jeune se plaint des abus qui se commettent dans les maisons d'arrêt par ceux qui en ont la surveillance. Invité à s'expliquer, il fait une longue déclaration qu'on peut résumer à ceci : commandé pour faire une visite de la maison d'arrêt, il a rencontré Roussel descendant l'escalier, le croyant mis en liberté, il a surveillé sa sortie qui ne s'est pas effectuée. L'agent national a donné lecture aux détenus de l'arrêté du représentant du peuple, alors Teyssier, officier municipal, leur dit : « Vous vous réjouissiez de ce que l'on avait mis dedans un patriote à deux heures après minuit, un de ces jours, et vous sortiez en foule aux fenêtres. » Le citoyen Lacombe luy a répondu qu'il n'était pas juste qu'un patriote fut fermé, qu'il avait toujours cru que la maison n'était faite que pour les aristocrates... Il demanda où était le patriote détenu et dit qu'il voulait voir s'il était à l'ordonnance comme les autres ; — Remontant dans la chambre de Roussel... il y trouva deux matelas à son lit dont les gardes en tirèrent un. Puis, descendant dans la salle des grilles, et entrant dans la chambre qu'occupe le concierge, il trouva à sa table Roussel ; en entrant dans la salle des Grilles avec les commissaires Pastric resta avec Roussel pendant qu'on faisait la visite de cette salle, et puis la visite faite, Pastric et Roussel se firent des adieux. »

Les témoins de ces faits étaient Soleilhet, Lacour, Etienne Lagarde, Antoine et un autre dont il ignore le nom.

Séance du 29 thermidor (16 août 1794)

« Un membre a exposé que les femmes de ceux qui avaient été traduits au tribunal révolutionnaire n'avaient été mises en arrestations que pour avoir cherché à fournir des moyens de justification à leurs maris ; qu'une telle oppression était d'autant plus tyrannique qu'on avait violé à leur égard tous les principes de justice naturelle et positive. Il a demandé que la société envoya deux commissaires vers le représentant du peuple pour demander leur élargissement. » Adopté à l'unanimité.

« On a donné lecture d'un mémoire qui tend à prouver qu'il y a des meneurs dans la société de Brive, et qu'ils égarent le peuple, dont la masse est toujours bonne... Il a été arrêté qu'on nommerait trois commissaires qui se rendraient à Brive ; qu'ils liraient au peuple les griefs articulés contre les citoyens qui les égarent et inviteraient la société de Brive de bannir de son sein tous ceux qui cherchent à l'égarer et qui l'influencent à luy témoigner tout l'envie que la société a toujours de fraterniser avec la loi. »

Juyé, Bussières et Béral jeunes sont nommés à cet effet.

Séance du 30 thermidor, an II (17 août 1794)

Bussières fait savoir qu'étant malade, il ne peut se rendre à Brive. — Le citoyen Roux-Fazillac croit le voyage inutile, une lettre de la société de Brive serait suffisante. — Accepté. Juyé et Béral écriront cette lettre.

Une question posée au sujet de l'arrestation des femmes dont les maris avaient été traduits au tribunal révolutionnaire est ajournée, l'assemblée n'étant pas assez nombreuse pour traiter une « matière aussi intéressante. »

Epuration. — Ont été conservés membres de la société, les citoyens Marry, de Meymac ; — Plantade, meunier ; — Combes, machineur ; — Jean Rhodes ; — Baptiste Antoine, aciéreur ; — Léonard Meneyrol.

Ajourné : Jean Leygonie, charron ; à la prochaine séance il doit amener avec lui celui qui l'a inculpé. »

Mas, canonnier, a été expulsé.

Séance du 30 thermidor au soir (17 août 1794)

Le projet de lettre à envoyer à Brive a été adopté, il sera imprimé.

Epuration. — Ont été conservé membres de la société les citoyens : Champagnat ; — Terrial ; — Joseph Lion ; — Jean Solanom ; — Saint-Amour ; —

Antoine Ferrières ; — Léger Coste ; — Francœur ; — Soubrany. — Mas a été ajourné à la première décade.

« La société arrête que tous les soldats citoyens venant de l'armée ou y allant, et munis de certificats en forme, qui désireraient être membres de la société, seraient admis, pourvu que personne ne prouve contre eux aucune démarche indigne d'un républicain. »

Séance du 1er fructidor, an 2e (18 août 1794)

Un membre demande que les citoyens exclus de la société ne puissent occuper aucune fonction publique. Chaumette sera remplacé dans ses fonctions, « son métier de cordonnier doit lui suffire... un grand nombre de patriotes en ont un plus pressant besoin que lui. »

Beneyton et Bussières sont nommés commissaires pour se transporter auprès du comité de surveillance pour l'inviter à joindre deux de ses membres aux deux membres de la société qui doivent se rendre vers le représentant du peuple pour le prier de rendre à la liberté toutes les femmes qui ne sont pas comprises dans la loi du 17 septembre dernier (vieux style).

« La société a arrêté d'inviter le comité de surveillance, de faire mettre en arrestation tous les aristocrates qui pourraient être en liberté. »

On passe à l'ordre du jour sur une demande de Jean Queille, qui sollicite une place de piqueur.

Sont épurés et conservés : Roux ; — Jacques Ténèze ; — Boussel, jeune ; — Roussarie, aîné ; — Jacques Meneyrol, cafetier.

Séance du 2 fructidor (19 août 1794)

« Après la lecture des papiers publics, un membre a exposé que la mission du représentant du peuple était expirée, d'après le décret qui venait d'être rendu qui bornait à trois mois la présence des députés dans les départements ; il a invité la société de s'adresser au comité de salut public pour faire proroger dans ce département les pouvoirs de Roux-Fazillac, fondé sur les besoins que la Manufacture avait de sa présence... Il a été arrêté qu'on écrirait au comité de salut public. »

Une somme de cent livres est accordée à Grangeau pour les services qu'il a rendu à la société.

Sur une lettre de Lagarde, qui demande à être épuré; il n'est pris aucune décision.

Séance du 3 fructidor, an II (20 août 1794)

La lettre demandant au comité de salut public de proroger le séjour de Roux-Fazillac en Corrèze est lue et adoptée.

Le citoyen Bardon, malade à la maison de réclusion présente une pétition exposant son innocence et l'état déplorable où il est réduit. Cette demande a donné lieu à différentes motions, parmi lesquelles il en a été fait une qui tendait à faire mettre en arrestation le citoyen Léonard Bardon, ci-devant homme de loy et un des fondateurs de la société. — Cette dernière motion est restée muette, le silence le plus profond l'a accompagnée et n'ayant été appuyée par personne, on a passé à l'ordre du jour. — Quant à la première, la société se rendrait vers le comité de surveillance pour qu'il invita le représentant du peuple à faire mettre en liberté tous les patriotes qui peuvent être reclus. — Un autre membre a demandé d'inviter le comité de surveillance à faire mettre en arrestation tous les ennemis du peuple qui n'avaient pas été atteints par la loi. »

Compas et Joseph Maschat sont épurés et conservés.

Séance du 5 fructidor, an 2ᵉ (22 août 1794)

Le citoyen Léonard Bardon est monté à la tribune pour se laver des inculpations qui lui avaient été faites par un membre dans la précédente séance. Son discours a été interrompu par une femme des tribunes qui après avoir suscité du tumulte, s'est permise de crier : « A bas le Président ! » La société a décidé qu'elle serait dénoncée au comité de surveillance, ce qui n'ayant pas suffi pour réprimer son audace, elle a été provisoirement mise en arrestation par ordre du président. Le discours du citoyen Bardon, couvert d'applaudissements, a été suivi de quelques discussions et enfin il a été arrêté à trois reprises différentes, et toujours à la presque unanimité, qu'il restait membre épuré de la société et qu'en conséquence, il lui serait délivré une médaille.

Les citoyennes Gaud et Pauphille obtiennent un certificat de civisme.

Les citoyens Terrial, Dufraisse et Peuch, défenseurs de la patrie, sont reçus membres de la société. — Il est décidé que tous les défenseurs de la patrie contre lesquels il n'y aurait point de reproches fondés seront considérés comme membres épurés de la société.

Séance du 6 fructidor, an 2ᵉ (23 août 1794)

« La séance est commencée par la lecture du procès-verbal. Un membre ayant demandé la parole sur la rédaction et ayant prétendu qu'il était faux que le citoyen Bardon eut été admis comme membre épuré à la presque unanimité, attendu que lui, qui parlait, n'avait pas émis son vœu sur la motion faite par Bardon lui-même, il a été arrêté que l'observation insidieuse de Béral jeune serait inséré au procès-verbal.

« Le citoyen président ayant été inculpé par un membre dans la séance précédente d'avoir cherché à influencer les suffrages de plusieurs de ses camarades, s'est justifié victorieusement de cette inculpation, et la société en a fait justice en passant à l'ordre du jour. »

Il est arrêté que les quatre bustes de Marat, Pelletier, Chalier et Brutus seront placés dans une salle de la société, la décade suivante, avec une solennité digne des hommes célèbres qu'ils représentent.

Les citoyens Lacombe, Vauzange cadet et Duffaure sont nommés pour surveiller la boulangerie « que le citoyen représentant du peuple doit établir au ci-devant château de Cueille. » (1)

Le citoyen Bousquet est épuré et conservé.

Séance du 7 fructidor, an 2e (24 août 1794)

« Après la lecture des papiers nouvelles, un membre a dit qu'il courait un bruit que certains membres de la société avaient écrit à la députation sur la conduite qu'avait tenu la société depuis la chute de Robespierre et nommément dans l'arrestation de Roussel ; en conséquence il a fait la motion que la société somma ceux de ses membres qui pourraient avoir écrit de déclarer la vérité en leur âme et conscience. En cas d'aveu, il a demandé qu'il en fut fait lecture à la société, afin qu'elle puisse juger de la vérité ou de la fausseté de l'exposé.

« En cas de désaveu, il a demandé que si jamais il était question de ces lettres, la société arrêta que dès à présent elle les désavoue, comme un ouvrage de ténèbres dont elle n'a aucune connaissance, et qu'elle mette leurs auteurs au rang des ennemis de la vérité.

« Dans toute sa proposition il a demandé que la so-

---

(1) Cette boulangerie était destinée à fournir le pain nécessaire aux nombreux ouvriers occupés à la construction de la nouvelle manufacture d'armes de Tulle, dite Manufacture de la Montagne. Voir à ce sujet notre travail sur l'historique de cette manufacture.

ciété fasse une adresse à la Convention, au Comité de salut public, à celui de la sûreté générale, à notre députation et aux sociétés affiliées de notre département pour les informer du véritable état des choses et qu'elle nomma de suite quatre commissaires.

La motion ayant été appuyée, le président a demandé s'il y avait des membres qui eussent écrit sur cette affaire et a sommé tous les membres de déclarer s'ils avaient écrit à la députation. Un membre a demandé que la liberté d'écrire fut conservée dans la société ; un autre s'est levé et le Président l'ayant sommé de déclarer s'il avait écrit, il lui a répondu qu'il ne lui plaisait pas de le dire. Sur quoi la société a arrêté qu'elle désavouait les lettres et qu'elle les regardait comme calomnieuses. »

Il est décidé que les adresses proposées seront envoyées, et Bardon, Vialle, Bussières et Juyé sont chargés de la rédaction.

« Un secrétaire a donné ensuite lecture d'une lettre des représentants du peuple Brival et Lanot qui prouve combien on leur en a imposé sur les sentiments et le civisme de la société.

« Le citoyen Desprès, de Brive, a demandé un asile dans cette commune. Le président l'a invité d'assister à la séance. »

« Plusieurs membres ont demandé qu'il n'entra plus personne dans la société que les sociétaires, et qu'ils fussent tous décorés de leurs médailles. — Arrêté avec l'amendement que tous les membres qui n'étaient pas encore épurés auraient également droit d'entrer.

Épuration. — Membres conservés: Louis Roussel ; — Joseph Leyrat ; — Pierre Broch ; — Jean Neyrat ; — Jean Combes ; — Chassain ; — Mathias Nadelon ; — Faure, monteur ; — Queyrel, forgeron ; — Brugeilles ; — Bournel, platineur.

Antoine Broch a été ajourné. Le citoyen Tabanoux a obtenu un certificat de civisme.

Séance du 9 fructidor, an 2e (26 août 1794)

Lecture de deux lettres du citoyen Roux-Fazillac. On autorise le bureau à « faire venir le journal *La Montagne.* »

Les citoyens Vachot, imprimeur, Leyrat, Farges et Bleygeat, cadet, volontaire au 1er bataillon de la Corrèze reçoivent un certificat de civisme. Ce dernier reçoit aussi un diplôme; il en est de même de Bleygeat ainé, capitaine au 3e bataillon.

Il est arrêté que tous les membres de la société qui sont aux frontières recevraient des médailles. Sont épurés et conservés : Peyrelade ; — Serre, volontaire ; — Pierre Chonac ; — Boette, tambour ; — Pierre Valery ; — Jean Farges ; — Lacombe, cadet, charpentier ; — J.-B. Traux ; — Ant. Garroux ; — B. Courteau ; — Ivernat ; — Brousse, jeune ; — Buisson, tailleur ; — Pauphille, ainé ; — Boussel, tailleur ; — Valéry, père ; — Buisson, fils ; — Peuch, cadet, et Moreau.

L'adresse votée à la précédente séance est lue et adoptée, elle sera envoyée avec un extrait du procès-verbal.

« Citoyens représentants,

« Le plus grand intérêt du peuple est toujours la justice et la République porte essentiellement sur les lois. C'est par les lois que le peuple est un, c'est par les lois qu'il exerce sa souveraineté, c'est par les lois qu'il protège le bon et punit le méchant, c'est par les lois qu'il est libre, parce qu'en obéissant aux lois qui sont son ouvrage, c'est à sa propre volonté qu'il obéit.

Tels sont, citoyens représentants, les principes éternels, les bases invariables de la vraie Liberté. Ces principes sont dans nos cœurs et ils n'en sortiront jamais.

Il peut, sans doute, dans le cours d'une révolution, arriver des orages extraordinaires qui nécessitent des mesures hors des règles communes. Alors, c'est la grande et suprême règle du salut du peuple qu'il faut consulter seule, alors ces lois établies pour la conservation de la liberté doivent être voilées pour quelques instants, pour l'intérêt de la liberté même. C'est le cas des lois révolutionnaires. Mais ce gouvernement terrible c'est à la seule représentation nationale à en sentir la nécessité et à en établir le mode et la durée. Si dans quelques communes de la République il existait des individus qui voulussent relâcher et resserer à leur gré les nœuds de ce gouvernement, les individus foulant aux pieds toutes les loix et le droit du peuple et la majesté de ses représentants, seraient assurément les plus odieux des tyrans et les plus coupables des hommes. Or, citoyens représentants, il en a pu exister et il en peut exister encore de ces hommes, dans la commune de Tulle, qui peu contents du gouvernement établi par la Convention nationale, ont voulu et veulent faire une terreur particulière à leur disposition pour la diriger sur les têtes qui leur déplaisent, au gré des viles passions de leur âme féroce. Ces gens, après avoir pendant longtemps comprimé le peuple, se plaindraient comme d'un attentat qu'il voulut recouvrer ses droits, et crieraient comme des furieux à la persécution, quant ils essayeraient de se soustraire à leur tyrannie! Ah! non sans doute, citoyens représentants, ce n'est ni pour les Aristocrates, ni pour les Feuillants et les modérés que la Convention nationale a déjoué les projets du tyran Robespierre : mais ce n'est être ni Feuillant, ni Aristocrate de ne vouloir de Robespierre ni à Paris ni ailleurs. D'aspirer à la liberté et à l'égalité, et de haïr également les tyrans et les esclaves. C'est pourtant là tout le crime de la société populaire, crime irrémissible aux yeux des intrigants, mais qui trouvera facilement grâce devant vous.

« La société n'a persécuté ni *Desprès*, ni *les Béral*, ni ancien patriote de 1789, ni aucun patriote de quelque espèce qu'il soit. Ils lui sont tous chers et précieux. Puissent les prétendus persécutés, pour satisfaire leur petite haine ou leur ardente soif de dominer, ne pas devenir eux-mêmes les calomniateurs et les persécuteurs de patriotes aussi purs qu'eux, et qui n'ont commis d'autre délit que de refuser de plier le genoux en leur présence.

« Vous nous parlez encore, citoyens représentants de Liong-Reigal, de Brive. Nous ne voulons rien dire de cet homme, mais consultez les pièces relatives à lui et qui viennent d'être envoyées au comité de salut public et de sûreté générale, tant par le comité de surveillance que par l'accusateur public auprès du tribunal criminel du département de la Corrèze. Ces pièces vous diront tout. Au reste, nous n'avons point persécuté cet homme, la plupart de nous ne le connaisssent pas, et la société populaire de Tulle quoiqu'elle haïsse souverainement les tyrans et les aristocrates, les combat de toutes ses forces, mais ne les persécute pas.

« Citoyens représentants, vous remplissez une place auguste et sublime, mais environnée d'écueils. Les pièges de la séduction sont sans cesse tendus autour de vous ; vous voulez être justes ; pour l'être à la distance où le peuple vous a placés de nous, vous devez vous déffier de tout, afin de juger tout.

En attendant, considérez, citoyens représentants, qu'il est plus invraisemblable que quelques individus sont des calomniateurs, des ambitieux, des méchants en un mot, qu'il ne l'est que la société populaire de Tulle, dont vous connaissez les principes et la conduite, se se soit subitement, au mépris de ses serments et de ses plus chers intérêts, avilie et dégradée à un tel excès d'infamie.

Oui, citoyens représentants, la société populaire de Tulle n'a point changé, jamais elle ne changera. Liberté, Egalité, Haine de la tyrannie, Amour de la République, dévouement jusqu'à la mort pour Elle, voilà sa profession de foi.

Avec de tels sentiments, elle ne mérite point de perdre votre estime et elle ne la perdra point car vous êtes justes.

JABRIGE fils, *président* — PINEAUD, *secrétaire* — BUSSIÈRES, *secrétaire*.

Séance du 10 fructidor (27 août 1794)

Ont été épurés et conservés : Brocq ; Salles, père ; Vauzanges, cadet ; Laurent ; Pauquinot.

Cluzan jeune et la citoyenne Desprès, femme de Lafeuillade ont obtenu un certificat de civisme.

« Louis Béral remet sur le bureau 60 médailles avec leur timbre et porte-pièce. — Il a été renvoyé au comité d'instruction publique pour l'inviter à donner un plan de la fête qui doit avoir lieu lors de l'inauguration des bustes. »

Dufaure, de Servières, est affilié, sur présentation d'un diplôme de sa société.

A l'avenir, le signalement des membres à qui seront délivrés des diplômes se trouvera sur ce titre. — On demandera aux députés de Tulle d'envoyer un modèle des diplômes des Jacobins de Paris.

Séance du 11 fructidor. (28 août 1794)

Jean Laval, de Réalville, est admis sur présentataion de son diplôme.

La société décide de prier la municipalité de donner une place au citoyen Antoine Fénis « vu ses infirmités, son âge et son patriotisme. »

Ont obtenu des certificats de civisme : Pastrie, imprimeur ; Soubrane, cadet ; Fougères, cy-devant prêtre ; Libouroux ; Fénis et la citoyenne Toinette Cueille.

La municipalité sera invitée à accorder une place à Francœur. — On passe à l'ordre du jour en ce qui concerne la demande de place du citoyen Lachèze, gendre de Fénis.

Le citoyen Chastanet pourra se présenter à la commune des Angles comme instituteur.

Le citoyen Souldet est épuré et conservé ; Bassaler, du village de Bouysse, est refusé.

Séance du 14 fructidor (31 août 1794)

Un discours prononcé par le représentant du peuple Brival dans la société d'Orléans, est lu et applaudi.

Le citoyen Baluze annonce l'arrestation du patriote Decoux, de Treignac, et ajoute qu'on l'avait menacé lui-même d'un mandat d'arrêt. La société décide de nommer deux commissaires pour obtenir la liberté de ce citoyen et prendre les renseignements précis sur les causes de son arrestation. — Sauty et Juyé se rendront pour cela à Uzerche et à Treignac. Baluze est mis sous la sauvegarde de la société.

Une adresse est proposée pour obtenir de la Convention nationale qu'on mette en liberté tous les patriotes qui peuvent se trouver en arrestation et l'inviter à ne décider l'élargissement d'aucun individu sans qu'au préalable on eût consulté les sociétés populaires.

Séance du 15 fructidor (1ᵉʳ septembre 1794)

Des commissaires envoyés par la société d'Ussel dénoncent trois individus et demandent leur arrestation. Il est décidé que cette société devra agir elle-même.

Pineaud, officier de santé, revenu en congé de l'armée, expose sa peine d'avoir trouvé son père, sa mère et sa sœur dans la maison d'arrêt, et sa maison paternelle fermée. Il a dit que si un de ses frères avait déserté, un autre était mort les armes à la main pour sa patrie, et que depuis trois ans il combattait pour elle aux frontières. Il a ajouté que tous ses parents avaient toujours été patriotes et que sa famille entière n'avait été mise en arrestation que par des haines particulières et par des dominateurs et complices du crime de Robespierre. »

« La société a rendu justice à la famille Pineaud en arrêtant que les filles et mère Pineaud n'avaient cessé de manifester un attachement constant à la Révolution, et elle leur a accordé un certificat de civisme. Le père Pineaud a été ajourné à la première décade. On lui avait reproché d'avoir refusé de remplir les fonctions de juré. Il a été reconnu qu'il ne l'avait fait que dans la crainte de n'avoir pas assez de lumières pour en remplir les fonctions, et qu'il avait fait un don le même jour qu'il fut mis en arrestation. »

Le citoyen Voltemance, qui va s'établir à Ussel, obtient un diplôme de la société.

Le citoyen Reignac a demandé un certificat de civisme pour Marie Reignac, sa sœur. La discussion a été interrompue. — La lecture des papiers nouvelles a causé la plus vive sensation par les heureuses nouvelles qu'ils contiennent. »

Séance du 17 fructidor (3 septembre 1794)

« Le président a donné lecture de la liste des citoyens qui sont dans le cas de la loi du 17 septembre dernier.

Cette liste a été présentée par un membre de la société. Après quelque débat, la société a arrêté que tous les citoyens qui y étaient sujets seraient tenus de se présenter à la société pour fournir des preuves de leur attachement constant à la Révolution, et que même leur certificat de civisme serait rapporté s'ils ne fournissaient point de preuves constantes d'un patriotisme soutenu. » (1)

En conséquence sont montés à la tribune les citoyens Sage, payeur général ; Brugeaud, notaire public ; Leix, aîné ; Pineaud, officier de santé ; Sartelon, cadet ; Lafeuil'ade ; les filles Filiol ; auxquelles on a conservé un certificat de civisme. — Vialle, père, potier d'étain ; Malaret, gendarme national et Lagarde, du canton, ont été absents. — La femme Roussel, comme nourrice, a été ajournée à une autre discussion, et on a arrêté qu'on vérifierait s'il existe une loi qui exempte les nourrices des maisons d'arrêt. »

Pimont, cadet, et Tintignac, obtiennent un certificat de civisme et on passe à l'ordre du jour sur celui demandé par Filliol père.

---

(1) Au nom du comité de législation, qui était présidé par Cambacérès, Merlin (de Douai) fut le rapporteur d'une loi concernant les gens suspects. — Le décret fut voté le 17 septembre 1773. En voici le texte :

« Immédiatement après la publication du présent décret, tous les gens suspects qui se trouvent sur le territoire de la République, et qui sont encore en liberté, seront mis en état d'arrestation. Sont réputés suspects ceux qui, soit par leur conduite, soit par leurs relations, soit par leurs propres écrits, se sont montrés les partisans de la tyrannie ou du fédéralisme, et ennemis de la liberté ; ceux qui ne peuvent justifier de l'acquit de leurs devoirs civiques ; ceux à qui il a été refusé des certificats de civisme ; ceux des ci-devant nobles, ensemble les maris, les femmes, pères, mères, fils ou filles, frères ou sœurs et agents d'émigrés, qui n'ont pas constamment manifesté leur attachement à la Révolution. Les Tribunaux civils et criminels pourront faire retenir en état d'arrestation, comme gens suspects, et envoyer dans les maisons de détention ci-dessus énoncées, les prévenus de délits à l'égard desquels il serait déclaré n'y avoir pas lieu à accusation, ou qui seraient acquittés de celles portées contre eux. »

« Pineaud, officier de santé, a exposé à la société que malgré les certificats de civisme accordés par la société à sa mère et à ses sœurs, il n'avait pu obtenir du comité de surveillance leur élargissement, et que de plus, il avait été insulté par Clercye, membre de ce comité. Sur sa réclamation, la société a arrêté que la loi sur les détenus serait lue demain à la société pour vérifier à qui appartient la mise en liberté de ceux des détenus qui ont leur certificat de civisme, et que Clercye serait censuré au procès-verbal.

« Cette discussion ayant occasionné des débats chaleureux, et certains membres s'étant permis quelques expressions peu mesurées, la société a arrêté que tout membre qui en personnalisera un autre sera censuré et ajourné pour un mois, en cas de récidive.

« Le citoyen Durand a été reçu membre de la société, avec Lamore, cadet, réception motivé sur ce que ce dernier avait combattu les rebelles de la Vendée et qu'il allait partir pour combattre les tyrans.

Séance du 18 fructidor (4 septembre 1794)

Cette séance extraordinaire a eu lieu sur la demande des citoyens Baluze et Decoux qui se plaignent que les commissaires envoyés à Uzerche et Treignac ne font pas leur devoir assez diligemment. — La société nomme deux autres commissaires, Bussières et Bardon, pour « faire toutes leurs diligences possible et instruire la société de l'état où en sont les choses » concernant les vexations et inculpations contre Decoux et Baluze.

Séance du 19 fructidor (5 septembre 1794)

Les citoyens Bardon et Bussières, de retour de leur mission, ont tranquillisé la société sur les inculpations faite au citoyen Baluze. Ils ont fait voir que d'après les pièces relatives à cette affaire, dont ils étaient porteurs, les citoyens Baluze étaient pleinement disculpés des griefs qu'on leur avait supposés, que quant à Decoux, il ne tarderait pas à être mis en liberté, puisqu'il était parti des commissaires d'Uzerche, chargé de prendre des renseignements à Treignac, et qu'on avait tout lieu d'espérer qu'ils seraient suffisants pour le faire rendre à la liberté. — Les commissaires ont remis au président tous les papiers relatifs à leur mission. »

Une lettre du citoyen Taillandier, de Tulle, annonce qu'un magasin de poudre a sauté à Paris « et que ce malheureux événement a fait perdre la vie à une infinité de malheureux. » Plusieurs membres ont attribué cet événement aux personnes qu'on mettait en liberté, d'autres l'attribuent aux partisans du dernier tyran. (1)

Il est donné connaissance d'un projet de fête à faire lors de l'inauguration des bustes de Marat, Chalier, Pelletier et Brutus. — Cette cérémonie aura lieu aux jours sans-culottides.

Séance du 20 fructidor :: matin (6 septembre 1794)

Les citoyens Voltemann et Rossignol obtiennent un certificat de civisme. François Villedieu est épuré et conservé, de même que Solcihavoup ; Jean Laurent ; Jean Ratonnie, revenus de la Vendée, porteurs d'un congé.

Le président déclare que l'épuration des membres portés au registre est terminée, après l'épuration de

---

(1) Ce magasin n'était autre que la poudrière de Grenelle, qui sauta le 31 août 1794, et où plus de mille personnes trouvèrent la mort. — La cause de ce désastre est restée ignorée.

Vauzanges et de Martial Planot, qui sont conservés.

Pauphille, premier du nom, demande un certificat de civisme pour son frère « qui combat contre les tyrans ». Accordé.

Le citoyen Bouchel, domicilié à Donzenac, recevra une médaille de la société.

Sont admis membres de la société : Pierre Sauveur ; Floucaud, fils, troisième du nom ; Mathurier, fils, venu en congé de la Vendée ; Charlier ; Verdier, de Peyrelevade ; Mourelou, de Chameyrac ; Jean Leygonie, de Naves.

Laval et Bardon sont chargés de prendre tous les renseignements nécessaires pour découvrir le procès-verbal qui manque sur le registre et qui énonçait la relation de la séance qui eut lieu lors de l'envoi de ceux qui furent traduits au tribunal révolutionnaire. »

Après discussion, Fraigne, de la commune de Lubersac est admis, étant muni d'un diplôme de sa société.

Jean Meynard est ajourné à la séance du soir pour entendre Rosier qui l'inculpe.

Bardon s'étant informé du procès-verbal auprès de Roussel, celui-ci a déclaré qu'il devait se trouver au comité de surveillance. Bardon s'y transportera.

Séance du 20 fructidor au soir (6 septembre 1794)

On passe à l'ordre du jour sur une lettre de Sauty et de Juyé au sujet de leur mission dans l'affaire Baluze et Decoux.

Lecture d'une lettre du citoyen Lanot, volontaire. — Applaudissements. Il lui sera répondu.

Jeanne Dubois, épouse de Salles, ainé, reçoit un certificat de civisme.

Il est passé à l'ordre du jour au sujet de l'adresse projetée pour la Convention nationale ; motifs : 1° parce que quant un décret est rendu, il ne reste qu'à lui obéir ;

2° Parce que la Convention a passé à l'ordre du jour sur l'adresse des Jacobins de Paris ;

3° Parce que d'après la loi du 10 thermidor, tous les patriotes qui seraient détenus seront élargis ;

4° Enfin, parce que s'il existait quelque patriote qui fut vexé, la société aura toujours le droit d'être écoutée dans la réclamation qu'elle ferait à ce sujet.

Dufraysse et Dulac sont chargés de se rendre auprès du comité de surveillance pour lui demander communication des déclarations qui ont été faites au sujet de l'arrestation de Roussel et d'en faire un rapport à la société.

Séance du 21 fructidor, an 2e (7 septembre 1794)

Il est donné lecture d'un mémoire de la société de Brive en réponse aux inculpations portées contre plusieurs membres de cette société. — Décision ajournée.

Dulac est épuré et pour la troisième fois conservé comme membre de la société aux applaudissements de l'assistance.

Cette épuration a occasionné des débats par les inculpations faites par Béral, jeune, à Dulac, qui se sont toutes trouvées fausses et controuvées. Cette discussion a déterminé plusieurs membres de la société à faire eux-mêmes des interpellations à Louis Béral. L'un l'a accusé d'avoir acheté à vil prix des effets des volontaires, un autre membre luy a soutenu qu'il luy avait fait faire des souliers, et que quoiqu'il fut officier municipal, il les avait vendus à la République pour y faire un profit considérable. Ces interpellations ont été suivies de beaucoup d'autres qui ont paru si grave à la société, que par un mouvement spontané, la plupart des membres se sont levés et ont demandé l'expulsion de Louis Béral, ce qui a été mis aux voix et a été arrêté. Cependant, différents membres ont observé que quand il s'agissait de statuer sur un homme qui avait joui d'une grande famosité de patriotisme, il était digne d'une société telle que la nôtre de ne rien précipiter et de délibérer de sens froid et sagesse. La société pénétrée de la vérité de ces réflexions a ajourné cette affaire à la première séance. »

La société « de Mercueil » (1) ayant demandé à entretenir une correspondance avec celle de Tulle, il lui sera répondu « que son vœu serait rempli si elle était affiliée avec les Jacobins de Paris. »

Estorges, volontaire ; la citoyenne Fragne, fille ; Béral, prêtre ; la citoyenne Melon, ci-devant religieuse ; Lachèze et Marpillat, ont obtenu un certificat de civisme.

Séance du 23 fructidor, an 2 (9 septembre 1794)

« L'ordre du jour a ramené la discussion sur le mémoire de la société populaire de Brive. — Il est arrêté que sans entrer dans les discussions qui pourraient exister entre le représentant du peuple Roux-Fazillac et la société populaire de Brive, celle de Tulle se bornait à rendre témoignage de la bonne conduite qu'avait tenue Roux-Fazillac dans notre commune.

« Un membre a observé que d'après l'arrêté de la société de Tulle, la dénonciation ne portait que sur trois ou quatre membres au plus de la société populaire de Brive, et que cependant dans l'adresse imprimée, les membres dénoncés étaient au nombre de six. Qu'une addition de cette nature était de la plus

---

(1) C'est probablement *Merceur* qu'il faut lire.

funeste conséquence et qu'en suivant cette méthode, les malveillants se serviraient bientôt du nom respecté des sociétés populaires pour perdre leurs ennemis sans se compromettre. En conséquence, il a demandé que la société ne négligea rien pour découvrir les auteurs de cette noirceur perfide.

« Un des rédacteurs du mémoire a dit qu'il croyait que les membres dénoncés d'abord étaient au nombre de quatre, et que Malepeyre y avait ajouté les deux autres. Malepeyre s'est levé et ne l'a pas désavoué.

« La société indignée que Malepeyre l'ait aussi cruellement compromise en se servant du nom et de la signature de son président et d'un des secrétaires pour assouvir sa passion contre ses ennemis, a arrêté: 1° que la conduite de Malepeyre était indigne d'un républicain ; 2° qu'elle n'avait jamais entendu comprendre dans la dénonciation les trois derniers membres nommés dans le mémoire imprimé et dont il n'avait pas été question en sa présence ; la discussion sur la conduite de Malepeyre a été ajournée.

« La société s'est ensuite occupée de la nomination des commissaires qu'elle devait envoyer à Brive pour resserrer les liens de fraternité avec le peuple de cette commune, et pour procéder à l'épurement des membres dénoncés dans le mémoire d'après le vœu de la société elle-même, les commissaires, au nombre de neuf, sont Brousse, Jarrige, Parent, Bussières, Bardon, Dodet, Vialle, Baluze, jeune, et Bousset. »

Les citoyens Sireix fils et Sales obtiennent un certificat de civisme.

Séance du 28 fructidor, an II (14 septembre 1794)

Le citoyen Clercy est invité à faire connaître à la société une lettre signée Seigne, ce qui a lieu, mais on passe à l'ordre du jour « attendu que Seigne est dans la maison d'arrêt. »

Le citoyen Mougene rend compte de la mission que la société lui avait donnée pour les subsistances dans le département de l'Aude. Il est applaudi et ensuite épuré et conservé. — Son arrestation a été considérée comme « un sujet de haine et de vengeance. »

Il est donné lecture de l'adresse décidée dans la précédente séance. Elle sera imprimée avec les deux procès-verbaux de Brive et de Tulle.

Les citoyens Maurice et Dubois ont été épurés et conservés. Une adresse faite par Jean Bon-Saint-André est applaudie. « Il a encore été donné lecture de l'article du bulletin de la Convention qui porte l'adresse faite par la société sur la conduite qu'elle a tenu depuis la chûte du tyran Robespierre. »

Séance du 30 fructidor, an 2, (16 septembre 1794)

Une somme de dix mille livres est mise à la disposition de Villeneuve pour continuer à donner des secours aux mères et femmes des défenseurs de la patrie.

Les citoyens Pineaud, Mougene, Villeneuve et Bussières sont choisis pour faire partie du comité des subsistances.

On écrira à la société de Brive pour l'engager à surveiller l'exécution de la loi qui accorde des secours aux mères et femmes des défenseurs de la patrie, en raison de ce que plusieurs communes, celle de Beaulieu, entre autres, se plaignent de ne rien recevoir.

Bardon, Lamore, cadet, et Floucaud sont chargés de vérifier les caisses de tous ceux qui détiennent des fonds de la société, à quel titre que ce soit.

Des commissaires sont nommés pour organiser la fête

qui aura lieu le quintidi. — Grangeau se plaint que les tambours refusent d'assister aux fêtes, n'étant pas payés. On avisera à les indemniser pour les engager à y assister à l'avenir.

Le citoyen Daligny, dessinateur, offre un tableau à la société « représentant la fête célébrée à Tulle en l'honneur de la divinité. » La société accepte, vote la mention honorable et remercie l'auteur. (1)

Lecture d'une lettre et d'un arrêté de la commission des subsistances de la Convention nationale qui accorde aux ouvriers de la manufacture (2) cent quintaux de riz à prendre au port de Blaye.

Une lettre de Brossard fils, détenu, prie la société de l'entendre au sujet d'une querelle qui a eu lieu entre lui et le commissaire de la maison de réclusion. — Ce commissaire, Teyssier, donne lecture du procès-verbal qu'il a dressé à ce sujet. Bussières et Lacombe sont chargés de se rendre à la maison d'arrêt pour entendre Brossard et de demander deux autres commissaires à la municipalité.

Ont obtenu des certificats de civisme : Lacoste, juge ; Lacombe, juge ; Dupuy, perruquier ; Mary et Vedrenne et la citoyenne Ardent qui veut exercer les fonctions d'institutrice.

Deux commissaires de la société de Treignac demandent l'affiliation pour leur société. — Il est arrêté qu'on donnera aux commissaires de Treignac « copie de l'arrêté qu'on avait pris relativement aux sociétés du département qui lui sont affiliées, et qu'on s'empresserait de fraterniser avec les frères de Treignac,

---

(1) J'ai donné une reproduction et une description de ce tableau dans mon travail sur les *Fêtes Nationales et Cérémonies publiques à Tulle*. Le lecteur en trouvera une copie hors texte.
(2) Il s'agissait des ouvriers maçons, terrassiers, etc., qui étaient occupés à la construction de la nouvelle manufacture d'armes, dite Manufacture de la Montagne.

aussitôt qu'ils seraient épurés et qu'ils seraient dignes d'être regardés comme des républicains. »

Séance du 1er sans-culottide de l'an second de la République une et indivisible (17 septembre 1794)

Lecture du procès-verbal d'une séance de la société de Brive accompagné d'une lettre écrite par les frères de cette société. « Ces deux pièces sont remplies de témoignages d'amitié et de fraternité. Le citoyen Lacombe est nommé, tant pour porter à la société populaire de Brive un exemplaire imprimé des deux procès-verbaux et de l'adresse à la Convention nationale, que pour l'inviter à renvoyer ses commissaires à Tulle le quatrième jour sans-culottide, attendu que la fête est fixée au lendemain quintidi. »

Massoulier et Presset obtiennent un certificat de civisme.

Après une assez longue discussion, le citoyen Pineaud, volontaire, qui assiste à la séance, est invité à prendre place parmi les membres de la société.

Le citoyen Courteaud fils est accusé d'avoir pris les armes contre les patriotes dans l'affaire du Trech. Il se disculpe à la tribune, mais « ses motifs de défense n'ayant pas été jugés suffisants, il a été arrêté que Courteaud déposera sa médaille sur le bureau, ce qu'il a fait. »

Le citoyen Lachèze demande à être admis ; il expose qu'il a reçu plusieurs blessures qui lui ont fait obtenir un congé. « Un membre lui a reproché qu'il n'avait pas voulu donner l'hospitalité à un citoyen, et qu'il tenait ce fait du curé de Vigeois. — Darcambal écrira au curé de Vigeois pour renseignements.

Sur la demande d'un membre, le citoyen Dulac dit que le citoyen Dufraysse s'occupait du rapport sur l'affaire Roussel, qu'il n'avait pas cru devoir s'en occuper, les devoirs de sa place le lui défendant, mais qu'il croyait que le commissaire Dufraysse s'en occupait ; en conséquence, la société a invité le fils du citoyen Lafeuillade d'engager son père de faire son rapport à la prochaine séance..»

Le certificat de civisme accordé à la femme de Roussel est retiré.

Les citoyens Lacombe et Bussières sont chargés d'inviter la municipalité à changer les gardes et commissaires des maisons d'arrêts, des plaintes étant portées contre eux.

Une dénonciation est faite contre le ci-devant curé de Saint-Julien, qui aurait parlé à la citoyenne Pauphille sur la terrasse des ci-devant Carmes. Ajourné jusqu'à ce que la citoyenne Pauphille puisse se disculper.

La loi interdisant aux membres du comité de surveillance de quitter leur poste, le citoyen Régis dit qu'il ne peut se rendre à Blaye pour prendre livraison des cent quintaux de riz accordés par la commission des subsistances. — Le citoyen Dulignon le remplacera.

Dulac, Bardon et Bussières sont nommés pour examiner les nombreuses pétitions qui sont adressées par les détenus. « La société a encore arrêté que ces commissaires ne recevraient aucune pétition des détenus chez eux, et que la société les inviterait à ne pas se laisser influencer par les parents des détenus. »

L'épuration de Raik est ajournée « jusqu'à ce que nos frères de Souillac seraient à la séance. »

« Deux commissaires d'Uzerche se sont présentés à la société pour qu'elle se joignit à eux pour demander au comité de sûreté générale le prompt jugement des trois cultivateurs de la commune d'Afficux détenus dans la maison d'arrêt. — Plusieurs membres ont témoigné leur surprise de ce que les citoyens Lavareille et Ninaud, compris dans l'affaire des trois cultivateurs, ne fussent pas compris dans la demande que faisaient les commissaires d'Uzerche. Enfin, après une longue discussion, la société a arrêté que les deux commissaires d'Uzerche se joindraient avec les quatre rapporteurs que la société a nommé pour les pétitions, qu'ils examineraient au comité de sûreté générale le prompt jugement de l'affaire Lavareille, des trois cultivateurs et de Ninaud.

Séance du tridi sans-culottida de l'an second de la République une et indivisible (19 septembre 1794)

Lecture d'une lettre de la citoyenne Pauphille qui se disculpe d'avoir parlé au curé de Saint-Julien. — On passe à l'ordre du jour motivé sur ce qu'il sera pris des mesures pour que les prêtres soient moins libres.

Villeneuve est monté à la tribune pour donner le plan de la fête arrêtée le cinquième jour sans-culottide pour l'inauguration des bustes : La musique ira les attendre avec la société en masse. Les commissaires et le bureau, la musique souperont le soir avec ceux de Brive. Le lendemain répétition, les membres de la société dineront avec les commissaires et chacun apportera son plat. — A 3 heures, l'inauguration des bustes. Accepté à l'unanimité.

Lecture d'une lettre du citoyen Duval, adjudant-major dans la 7e demi-brigade d'infanterie légère, qui est applaudie.

Lafeuillade est monté à la tribune pour faire son rapport à la société de l'information faite contre Roussel au comité de surveillance. La société n'a pu entendre ce rapport sans une indignation. — Un membre a demandé que copie du rapport et de l'information fut envoyé au comité de sûreté générale, aux sociétés affiliés et aux communes », en raison de ce que la société avait été diffamée.

Béral est accusé d'avoir quitté la médaille de la société. » Les citoyens Labounoux et Lafeuillade accusent Béral et Clereye, Darcambal et Mougne. — Ils seront invités à venir se disculper à la prochaine séance!

« La société a invité les frères de la manufacture à redoubler d'ardeur pour fabriquer les armes pour détruire les tyrans, et de dénoncer les ouvriers qui ne travailleraient point ; qu'il y avait des meneurs qui cherchaient à les détourner, mais qu'il fallait les dénoncer. L'on a proposé de nommer des commissaires pour examiner les causes qui ont diminué la fabrication, et que cette commission prît connaissance des tableaux et correspondance du comité des armes. Béral se trouve inculpé. Cela a entraîné une très longue discussion. Enfin la société s'aperçoit que l'on a cherché à dégouter les ouvriers et à démonter l'atelier. Il est arrêté qu'il sera nommé deux commissaires : Dulac et Lafeuillade. Il sera ouvert un bureau pour recevoir les déclarations. »

Les commissaires d'Uzerche sont invités à la fête.

Urbain, Maschal, Carafotte, et les deux enfants de Valade obtiennent un certificat de civisme.

Labesse remet sur le bureau les dons faits par la citoyenne Dumirat, fille, « pour servir au payement des ouvriers qui travaillent à la construction de la salle de la société. Ce dépôt consiste en : 1° une montre en or ; 2° une paire de boucles en argent ; 3° un étui en argent ; 4° une bague en or ; 5° trois cuillères à café ; 6° un cuiller à ragoût en argent ; 7° un dé à coudre percé, en argent. »

Séance du 5ᵉ sans-culottide, an 2 (25 septembre 1794)

« L'ordre pour la célébration de la fête ayant été affiché, tous les membres de la société se sont rendus dans la salle. La séance ayant été ouverte, les commissaires de Brive sont entrés au milieu des applaudissements et aux cris longtemps répétés : Vive la Convention ! Vive l'union et la fraternité !

« Un membre a demandé que le président et les secrétaires donnassent l'accolade fraternelle à nos frères de Brive ; cette motion couverte d'applaudissements a été exécutée aussitôt que arrêtée. Tous les membres se sont confondus dans des embrassements réciproques, et ont chanté d'accord *Fraternité fait le bonheur.*

« Un membre a fait la motion que pendant le séjour que nos frères de Brive feraient parmi nous, le bureau de la société fut occupé par le président et les secrétaires de Brive. Arrêté à l'unanimité. Un autre a demandé que pour perpétuer le souvenir de l'union et de la fraternité, il venait d'être épuré (sic) entre le peuple des deux communes, que chaque année à la même époque, la même fête fut renouvellée, ce qui a été arrêté avec l'amendement que les deux sociétés d'Ussel et d'Uzerche seraient invités de concourir à la fête commune des républicains frères et amis. Un membre demande que pour donner une marque parlante de la réunion qui vient d'être cimentée, deux des frères de Brive seraient invités à porter avec deux des membres de la société de Tulle, chacun des bustes de Brutus, de Marat, Lepelletier et Chartier dont l'inauguration devait avoir lieu quelque temps après. Cette proposition a été arrêtée. On lève la séance pour se rendre à la fête. »

Séance du 1er vendémiaire au matin
L'an troisième de la République une et indivisible
(22 septembre 1794)

Le président de la société de Brive dépose sur le bureau le procès-verbal de la séance de cette société du 2e jour sans-culottide et accuse réception de l'imprimé envoyé par la société de Tulle. «Il en fait une analyse raisonnée, et appuyant avec force les principes qui y étaient développés ; il peint d'une manière énergique l'opression où était le peuple avant la chute de Robespierre et des tyranneaux qui lui avaient survécu. Pour achever la défaite de ces petits sultans, la société de Brive a arrêté de faire une adresse à la Convention nationale destinée à lui exposer les heureux effets d'une réunion qui ne déplait qu'à ceux à qui tout ce qui est bien, a droit de déplaire. — Plusieurs des commissaires de Brive s'étendent ensuite sur la nécessité et les avantages de la fraternité. Au moyen de notre réunion, les calomniateurs se trouveront isolés et tels que des serpents au fond de leur impure retraite, leur venin ne pourra plus nuire qu'à eux-mêmes. Union, amitié, secours pour le bien de la République et sous les auspices de la vertu, tel doit être le principe invariable des deux sociétés, et bientôt les queues de Robespierre ne feront plus de mal à personne. »

Un commissaire de Brive dépose sur le bureau des pièces relatives à Després dont on donne lecture « avant de les faire passer au comité de surveillance. »

Le citoyen Berthelmy entre en séance « aux acclamations des peuples qui voyaient avec plaisir au milieu de ses frères un républicain échappé des cachots de l'infâme Robespierre. Pour donner au citoyen Berthelmy une marque expressive de l'amitié qu'ont pour lui les deux sociétés de Brive et de Tulle, il est arrêté, sur la motion d'un membre, que les deux présidents lui donneraient l'accolade fraternelle (1). »

Un commissaire de Brive demande la parole contre Béral et Sauty, rédacteurs du mémoire imprimé. Sauty étant absent, le citoyen Rochemont est chargé d'aller l'inviter à se rendre à la séance.

« Un commissaire interpelle le citoyen Juyé de dire pourquoi, en rendant compte au représentant Roux-Fazillac de sa mission à Brive, il avait calomnié cette commune au point que lorsque le représentant voulait y envoyer quelque commissaire, il prenait pour sa sûreté des mesures qu'on ne se permet que vis-à-vis d'une commune insurgée.

« Juyé, sans expliquer la conduite du représentant, s'est borné à nier qu'il lui eut rien dit au désavantage de la commune de Brive.

« Après une assez longue discussion, on a sommé Juyé de faire une déclaration authentique qu'il n'avait aucun sujet de plainte ni contre la commune, ni contre la société de Brive. Juyé n'a pu se refuser à cette demande et la discussion a été écartée par l'ordre du jour. »

« Sauty arrive et monte à la tribune. Le commissaire de Brive lui demande d'abord s'il était bien assuré de tous les faits insérés dans le mémoire.

« Il répond qu'il avait employé les pièces fournies par Roux-Fazillac, représentant du peuple.

« S'il était sûr que la lettre de Malès eut été imprimée.

« Répond qu'il l'avait entendu dire.

« Si du moins il donnerait les pièces afin que les innocents calomniés sachent à qui s'en prendre.

« Répond que les pièces sont entre les mains du représentant Roux-Fazillac.

---

(1) Berthelmy avait été mis en liberté le 20 thermidor an II (7 août 1794), par ordre du nouveau comité de salut public.

« On demande ensuite à Sauty pourquoi en 1792, il avait imprimé une diatribe contre la société et contre Brival.

« Répond qu'il est vrai qu'à cette époque il avait en vue Brival dans cet écrit, mais qu'il n'a jamais rien écrit contre la société populaire.

« On fait lecture de l'imprimé.

« On lui demande. si ce n'était pas la société qu'il entendait désigner sous ces noms de factieux, etc.

« Il ne répond rien à cela et s'étend pour faire voir que dans les places qu'il a occupé, il s'est conduit d'une manière digne d'éloges.

« On lui demande pourquoi, lorsque le décret salutaire de l'Assemblée législative concernant les prêtres fut paralysé par le veto du tyran, au lieu de se borner à requérir l'enregistrement, il fit un éloge pompeux et du tyran et de son vizir Duport-Dutertre et de la lettre écrite par ce dernier.

« Répond qu'il n'a fait l'éloge ni de l'un ni de l'autre, et il assure que la manière dont l'enregistrement fut fait, produisit à cette époque, un bien infiniment précieux et porta un coup mortel au fanatisme.

« La discussion est interrompue par un membre qui demande que ces explications individuelles soient remplacées par des mesures plus générales et que la société destine (sic) uniquement une séance à cet effet. — Cette proposition est arrêtée et l'épurement de Sauty est ajourné. »

Le président de la société de Tulle dit tout le plaisir qu'on éprouve d'avoir reçu les frères de Brive et les invite à prolonger leur séjour. — Les frères de Brive remercient.

Séance du 2 vendémiaire, an III (23 septembre 1794)

Le renouvellement du bureau est ajourné à la prochaine séance.

Le citoyen Baluze voulant poursuivre ses calomniateurs au sujet de son inculpation dans l'affaire Decoux, demande que les documents y relatifs lui soient remis. — Sur un vote de la société, le président et Sauty, rapporteur, sont autorisés à lui remettre tous les papiers concernant cette affaire et pouvant lui être utiles.

Un commissaire de la commune d'Allassac demande que deux commissaires soient chargés de s'unir à deux autres nommés par la société de Brive et que, de concert, ils se rendent à Allassac pour y prendre tous les moyens nécessaires pour imposer silence aux ennemis du peuple, et à donner aux patriotes d'Allassac le courage et l'énergie qu'ils n'auraient jamais du perdre. » Dulac et Villeneuve sont élus.

Le reste de la séance a été employé en des plaintes amères que la généralité des ouvriers ont apporté contre le conseil d'administration de la manufacture. — On s'est plaint de ce qu'on employait un temps considérable pour se faire rendre justice et se faire payer du fruit de leur travail, que rarement on obtenait et que ce n'était qu'à force de sollicitations qu'on obtenait l'autre ; — Que le Conseil d'administration, au lieu de rester à son poste, ou de leur rendre justice, allait s'amuser à la campagne ; on noyait leurs demandes dans des renvois inutiles et préjudiciables à leur journée. — D'autres ouvriers se sont plaint de ce qu'on les mettait en arrestation pour des fautes légères et souvent provoquées par leurs supérieurs. Un plus grand nombre assure que cette irrégularité de conduite de la part de leurs supérieurs cachait le but perfide de chercher à ralentir la fabrication des armes, et de vouloir, par cette voie contre-révolutionnaire, calomnier le patriotisme des ouvriers et autres membres de la société.

« La société frappée de ces considérations puissantes a arrêté qu'il serait ouvert un registre et que Lafeuillade serait tenu de recevoir les déclarations qui seraient faites.

Séance du 3ᵉ vendémiaire de l'an 3ᵉ de la République (24 septembre 1794)

En conformité du règlement, on procède au renouvellement du bureau.

« Le citoyen Brousse, platineur, a réuni la presque unanimité des suffrages, et il a été proclamé président aux applaudissements des membres de la société et des tribunes (1). »

Les secrétaires ont été les citoyens Lacombe et Lafeuillade. Suppléants : Mougene et Bardon.

On passe à l'ordre du jour sur une plainte de Béral, membre du bureau d'administration de la manufacture et des autres membres de cette administration, en raison de ce qu'un registre est ouvert pour recevoir ces plaintes et que le citoyen Lafeuillade se rendrait à 5 heures du soir dans la salle de la société pour y recevoir les plaintes des ouvriers.

---

(1) Si l'on en croit M. V. de Seilhac, dans ses *Scènes et Portraits de la Révolution en Bas-Limousin*, BROUSSE, dit *Broustassou*, était un sans-culotte à qui obéissait la société populaire : Broustas-
» sou était un citoyen redoutable : à sa voix, les prisons s'ouvraient;
» il commandait à la loi et à la force ; on raconte avec effroi ses
» motions cyniques et sanguinaires; l'imagination du peuple le
» représente encore comme le démon de la Révolution. Espèce de
» Marat, moins le hideux de la physionomie et l'instruction, Broustassou était ouvrier platineur à la manufacture de Tulle. Sa mère
» s'appelait Brousse; par une habitude de la province, on modifia
» son nom en celui de Broustassou. Sans famille, sans appui dans
» la vie, Broustassou se jeta à outrance dans la Révolution. A
» force d'exagération, il devint un des chefs du mouvement, président de la société populaire... »
Le lecteur jugera par les délibérations qui suivent si M. de Seilhac a tracé impartialement le portrait du « redoutable » et « sanguinaire » Brousse qui fut pendant *un mois*, après la chute de Robespierre, président de la société populaire de Tulle.

On passe à l'ordre du jour sur une pétition de Bournazel, détenu et traduit devant le tribunal révolutionnaire, aucune pétition n'étant admise avant l'arrivée du représentant du peuple en Corrèze.

On reprend l'épuration de Sauty. — On lui a reproché : 1° d'avoir fait donner un passeport à Desprès par la municipalité de Tulle, quoiqu'il ne pût ignorer que la commune et la société populaire l'avaient dénoncé. — Sauty a répondu qu'il n'avait pas fait donner de passe-port, qu'il avait mis seulement qu'on pouvait le lui donner, ce qui était bien différent, et que de plus, il n'avait cru rien faire de contraire à la loi en procurant à un accusé le moyen de recourir au comité de sûreté générale pour s'y défendre.

On lui a reproché en second lieu d'avoir manqué par ce procédé à ce qu'il devait à la société populaire de Tulle, dont il était membre, et qui avait pris Desprès pour sa sauvegarde, et d'avoir fourni à cet homme la facilité d'aller à Paris calomnier la société qui n'y avait personne pour justifier sa conduite.

Sauty a répondu qu'il avait été très éloigné de vouloir offenser la société populaire et qui au reste ne pouvait se persuader que Desprès se permît de calomnier une société de laquelle il n'avait reçu que de bons traitements.

« On a encore accusé Sauty d'avoir essayé, par ses écrits, de désorganiser le bataillon.

« Il a répondu qu'il n'avait jamais sur cet article rien écrit seul, mais avec ses collègues, et qu'il avait dit seulement que ceux qui s'étaient retirés sans congé avaient manqué à leur devoir.

« On lui a reproché d'avoir maltraité de paroles les femmes des défenseurs de la patrie, et même de les avoir menacées de l'arrestation. Il a nié absolument le fait.

« Enfin on a accusé Sauty d'avoir écrit à Audoin, de Meymac, une lettre dans laquelle il lui disait qu'il n'existait point de loi qui défendit au peuple de garder ses prêtres et les ustensiles prétendus sacrés.

« Sauty n'a point disconvenu avoir écrit une lettre, mais il a dit, qu'après avoir, au commencement, exposé la vérité, comme il y était obligé par son ministère, il y avait employé la suite à exhorter le peuple de cette commune à faire le torrent révolutionnaire en sacrifiant volontairement et ses ministres et leurs revenus. Et qu'ainsi il n'était coupable, tout au plus, que d'une imprudence.

« Un membre a observé que cette lettre n'avait pas été écrite à Audoin, qui en avait pu abuser, mais à un autre citoyen patriote reconnu.

« La fin de la discussion a été ajournée. »

Séance du 5ᵉ vendémiaire de l'an 3ᵉ de la République (26 septembre 1794)

Le citoyen Brousse préside. On lit une lettre du comité de subsistances en réponse à celle du représentant du peuple Roux-Fazillac, qui annonce au district de Tulle une quantité considérable de denrées et principalement onze cents quintaux de stockfisch à prendre à Marseille et destiné d'abord à approvisionner les ateliers pour trois mois (1) et le reste être réparti entre les différentes communes en proportion de leurs besoins (applaudissements). — Leyx et Chammard sont désignés pour se rendre à Blaye et prendre livraison de cent quintaux de riz.

---

(1) Ateliers de construction de la nouvelle manufacture d'armes de Tulle.

Il est fait lecture de divers documents envoyés par la société de Brive, parmi lesquels se trouvent : (1° une copie d'une partie des faits articulés contre Desprès, 2° une lettre du général Beaupoil contenant les détails de la prise de Bellegrade (1).

Une lettre du citoyen Sauty annonce qu'il ne montera plus à la tribune, en raison de la persécution qu'il éprouve, mais qu'il se défendra par écrit, ce qui cause une longue discussion qui se termine par l'ordre du jour.

Un certificat de civisme est accordé au citoyen Teraille, apothicaire, ci-devant carme. Les citoyens Jean Rouzaine devant partir pour Strasbourg, et Albier, obtiennent aussi un certificat de civisme.

Des administrateurs du département ayant calomnié la société, des commissaires sont nommés pour vérifier les registres du département.

On lit ensuite les papiers nouvelles : ils contiennent des détails satisfaisants sur les avantages de la République, sur les tyrans et surtout l'assurance de la mort du roi de Prusse, nouvelle infiniment intéressante pour la République en particulier et pour l'humanité en général, mais qui demande à être confirmée. » (2).

Mention honorable est faite d'un imprimé qui a

---

(1) Le 24 juin 1793, le fort de Bellegarde (Pyrénées-Orientales), se rendait au général espagnol Ricardos et restait aux mains des Espagnols, mais cette dernière position en France leur était enlevée, le 18 septembre 1794, par le général en chef Dugommier, ayant sous ses ordres les généraux de division Pérignon et Augereau, et le général de brigade Beaupoil de Sainte-Aulaire, notre compatriote.

(2) La nouvelle était fausse : Frédéric-Guillaume II était toujours à la tête des envahisseurs que nous avions battus à Valmy, et nous devions le contraindre bientôt à signer la paix de Bâle en laissant à la République la rive gauche du Rhin. — Le roi de Prusse ne mourut qu'en 1797.

pour titre : *Principes fondamentaux de l'Education.*

Les comptes des citoyens Béral et Teyssier seront soldés sans discussion.

Il est fait lecture d'une lettre du capitaine de grenadiers Baluze qui, à l'occasion de la réception de la médaille de la société, renouvelle sa profession de foi.

Séance du 7e vendémiaire an III (28 septembre 1794)

Les papiers nouvelles « contiennent des détails intéressants sur les triomphes multiples des enfants de la liberté, sur les satellites des tyrans. Partout les esclaves fuient, et le plus grand embarras des républicains n'est pas de les vaincre, mais de les atteindre (1). »

Une lettre du citoyen Juyé, volontaire dans l'armée du Nord « fait part de quelques détails qui prouvent de plus en plus que les soldats républicains ne comptent pas leurs ennemis, et que les esclaves soldés, malgré la supériorité du nombre, ne tiennent point en leur présence. » Il demande en outre un diplôme, ayant perdu le sien.

Une lettre du comité de salut public se plaint de la diminution qu'on a remarqué dans les travaux de la manufacture d'armes. « On attribue la raison au choix qu'à fait la société de quelques ouvriers, pour certaines commissions que d'autres membres pourraient remplir et ne veut plus qu'on en use de même à l'avenir, et annonce enfin l'arrivée prochaine d'un ins-

---

(1) Il s'agissait surtout des combats de Boxtel, de Maestricht où Bernadotte se plaça au rang des capitaines qui couvrirent la France d'une gloire immortelle. Bernadotte, à qui Napoléon enleva le commandement de nos armées en 1809 et que les Suédois vinrent chercher à Paris en 1810 pour le mettre sur le trône de Charles XIII.

pecteur général et d'un représentant uniquement destiné à surveiller les travaux de la manufacture. Plusieurs membres parlent sur ce sujet, en se plaignant de la malice des calomniateurs, n'en exhortent pas moins les ouvriers sans-culottes de redoubler d'ardeur pour ôter, s'il est possible, tout prétexte à la calomnie, en attendant que l'arrivée prochaine du représentant fournisse l'occasion de faire briller la vérité. »

Un paragraphe du *Journal de la Montagne* annonce que « la société populaire de Tulle a été dénoncée à celle des Jacobins de Paris, comme étant influencée par Bardon, mais que cette société a passé à l'ordre du jour.

« Bardon monte à la tribune et après avoir montré que la société de Tulle n'est en ce moment, influencée que par la raison, il fait voir que l'origine de toutes ces calomnies est dans le désespoir des petits Robespierres, qui veulent à tout prix rétablir leur trône renversé et faire revivre leur système favori de terreur dont il développe l'horreur et les suites funestes.

« La société a arrêté qu'il sera écrit aux Jacobins pour demander copie de la dénonciation, le nom du dénonciateur et les inviter à suspendre leur jugement jusques à ce qu'ils soient suffisamment éclairés. »

Il est arrêté que les calomniateurs connus seront déférés aux tribunaux.

« Le citoyen Vergne accuse le citoyen Leyx de lui avoir tenu des propos insultants. Le citoyen Leyx se justifie. Un membre reproche au citoyen Vergne, garde de la maison d'arrêt des femmes, de se permettre à leur égard de mauvais traitements que la loi défend et que la nature a en horreur. Comme Vergne, pris de vin, est hors d'état de se défendre, cette discussion est ajournée à la première séance.

Villeneuve et Dulac devant se rendre à Allassac, le premier observe qu'ils ne peuvent s'absenter tous les deux à la fois, en raison de ce que la session du tribunal criminel approche. — La société décide que l'un des deux se rendra à Allassac et que l'autre sera suppléé par le citoyen Pineaud.

« Dulac monte à la tribune et fait son rapport sur les tableaux décadaires concernant l'esprit public du département, renvoyés depuis un mois au comité de salut public, tant par l'agent national du district que par les administrateurs, ainsi que par la correspondance. — Comme ce rapport paraît devoir entraîner une assez longue discussion, et qu'il est déjà tard, on l'ajourne à la séance prochaine. »

Séance du 11e vendémiaire de l'an 3e (2 octobre 1794)

Il est donné lecture d'une adresse de la société populaire de Sisteron, à la Convention nationale « dans laquelle, en la félicitant de la fin de la tyrannie de Robespierre, on témoigne des craintes sur les effets d'une indulgence excessive. On fait des vœux pour le maintien du gouvernement révolutionnaire fondé sur la justice et la vertu.

Diverses propositions sont faites pour la répression des abus que commettent certains membres, on propose entre autres choses que si à la première séance tous les habits de toile et chapeaux de paille ne se présentent pas, ils seront privés de la médaille. » — On passe à l'ordre du jour.

Un membre se plaint de Béral, inspecteur de la manufacture et du conseil d'administration, il demande que Béral soit destitué et que la loi qui ordonne que dans le conseil il y aura des ouvriers soit exécutée.

On lui observe que cela n'est point du ressort de la société et qu'il faut attendre l'arrivée prochaine du représentant du peuple.

Un certificat de civisme est accordé à Tabanon, cadet,

« qui pour zèle et sans être requis, va partir pour les frontières. » Le citoyen Ladoire, ci-devant curé, actuellement en résidence à Brive, demande aussi un certificat de civisme. « Ajourné jusqu'à ce qu'il vienne en personne se présenter à la société. »

Sont élus membres du comité d'instruction publique : Villeneuve, Dulignon, Brousse, Jarrige, Dulac, Berthelmy, Bardon, autre Bardon, maire, Mougenc, Bussières, Darcambal et Lafeuillade.

« Le citoyen Vincent propose à la société son plan de distribution de trente-six réverbères destinés à éclairer les rues de cette ville. Son plan est adopté et il est chargé de l'exécution. » (1).

« Un autre membre observe que pour rendre complet cet acte de bienfaisance, il faudrait s'occuper de la réparation du pavé et particulièrement dans la partie de la voûte qui conduit à la salle des sciences. Il est arrêté qu'en attendant que la grande route fut mise en état, de faire provisoirement une banquette large de six pieds pour donner un accès libre aux citoyens dans les jours de pluie. »

Lecture d'une lettre d'un volontaire à l'armée des Pyrennées-Orientales contenant quelques détails sur la prise de Bellegrade (2).

---

(1) C'est à notre compatriote limougeaud La Reynie, premier lieutenant de police de Paris, qu'on doit l'éclairage des rues avec des lanternes suspendues à des potences, s'abaissant et se levant au moyen d'une corde passée sur une poulie. — Il remplissait en cela le vœu de Louis XIV qui, en créant sa charge et la lui donnant, lui avait recommandé trois choses : *netteté, clarté, sûreté*. — Mais ce ne fut qu'en 1765 qu'on substitua l'huile à la chandelle, de là datent les réverbères parisiens, ceux de Tulle ne vinrent que 30 ans plus tard.

Le citoyen Vincent était l'ingénieur ordinaire du département.

(2) Le 4e bataillon des volontaires de la Corrèze avait coopéré à la prise du fort de Bellegarde. La Convention nationale décréta : « l'armée des Pyrénées Orientales ne cesse de bien mériter de la Patrie. »

La municipalité de Beynat écrit pour que la citoyenne Maisonneuve « se rende pour être institutrice. »

Séance du 13 vendémiaire, an 3ᵉ (4 octobre 1794)

Lecture d'une adresse à la Convention nationale ; « elle improuve et réfute les principes contenus dans celle de la société d'Ussel, et, en rendant justice aux sentiments de cette commune, démontre que les meneurs qui ont fabriqué cet ouvrage des ténèbres ont méconnu les vrais fondements de la République et ont blasphémé ce qu'ils ignoraient. » Cette adresse est adoptée.

Il est arrêté que toutes les citoyennes qui se destinent à être institutrices soient invitées à se rendre le lendemain au comité d'instruction publique « pour y subir un examen sur les connaissances que la patrie a droit d'exiger d'elles. »

Est renvoyée au district une demande faite par les « ouvriers sans-culottes résidant à Souillac » afin d'obtenir des couvertures, matelas et traversins provenant des biens nationaux.

« L'ordre du jour ramène la discussion sur les membres qui dans la séance précédente avaient été dénoncés comme partisans du système anti-humanitaire et liberticide de Robespierre: Sauty ; Louis et Raymond Béral ; Tramond ; Barry ; Clercye ; Dumond ; Vidalin ; Amal ; Dombris, adressent des lettres à la société dans lesquelles ils déclarent ne pouvoir se rendre à la séance, mais être prêts à répondre par écrit aux inculpations qui pourront leur être faites. Quoique d'après ces lettres, la société eut pû, en rigueur, juger ces membres, cependant fidèle à ses principes de générosité, et en raison de son arrêté de la veille, elle déclare que tous les membres inculpés seront discutés l'un après l'autre.

« Le premier nommé c'est le citoyen Vialle, agent national du district (1). Il observe qu'il a été constamment assidu aux séances, et que, s'il s'est absenté quelquefois, il y a été forcé par des occupations impérieuses, ou par le mauvais état de sa santé.

« La société passe à l'ordre du jour sur ce membre.

« On nomme ensuite Raymond Béral, sellier, — On dit en vain, pour le justifier, qu'il est moins méchant que bête, et que ce n'est pas à lui, mais à son frère Louis qu'il faut imputer ses travers. La société ne juge pas cette raison suffisante et il est arrêté qu'il n'est plus membre et qu'il déposera la médaille. Les citoyens Fénis et Laurent sont nommés commissaires pour aller l'inviter à la remettre.

« Louis Béral vient après son frère, et après quelques discussions, la société convaincue qu'il mérite évidemment la qualification dont il s'agit, prononce contre lui, comme sur Raymond, son frère, et lui fait la même invitation.

« Clercye succède à Louis Béral, et malgré sa lettre, où il proteste qu'il demeurera renfermé dans sa caverne, la société instruite de ses propos, entre autres de sa déclaration que le meilleur certificat de civisme est en ce moment l'exclusion de la société, se détermine d'une voix unanime à lui donner ce certificat dont il est parfaitement digne.

« Tramond père est ensuite discuté. Quelques membres observent qu'il a été des premiers patriotes et membre de la société ; qu'il a deux fils aux frontières, dont l'un même est mort pour la République, et qu'enfin les reproches qu'on lui fait, quoique graves, ne

---

(1) C'est de Joseph-Anne Viallo, le continuateur et annotateur du Dictionnaire patois du Bas-Limousin qu'il s'agit.

touchent point à la Révolution. La société passe à l'ordre du jour sur Tramond (1).

« Le citoyen Barry, aîné, éprouve la même indulgence, fondée en partie sur les mêmes motifs.

« Enfin Sauty est nommé, et la séance est levée. »

Séance du 14 vendémiaire, an III (5 octobre 1794)

A l'avenir, deux commissaires se tiendront à l'entrée de la salle et n'en permettront l'accès qu'aux sociétaires ou membres des sociétés affiliées.

Lecture est faite d'une adresse des Jacobins de Paris, à laquelle il sera répondu.

On passe à l'ordre du jour « sur la conduite digne de reproches » du citoyen Chassang qui « a pillé des raisins et arracher sa médaille, et l'a jetée avec mépris. »

On passe aussi à l'ordre du jour sur une déclaration que fait le capitaine de gendarmerie au sujet de Combret « cy devant capitaine qui réclame de la gendarmerie un certificat dans lequel il invite les gendarmes d'attester l'exactitude avec laquelle il avait toujours rempli sa place, ainsi que le zèle qu'il avait toujours mis à faire exécuter les lois. »

Il sera écrit à la société de Marseille pour avoir copie de l'adresse qui a été lue à cette société comme venant de la société de Tulle (1). On écrira aussi au frère Leys, qui se trouve actuellement dans cette ville en qualité de commissaire de la société, ou enfin au citoyen représentant.

Le citoyen Tabanon étant depuis longtemps à Paris,

---

(1) En ce qui concerne Clercye et Tramond, voir les nombreux détails que donne notre ouvrage *Les Thermidoriens Tullois*, publié à Paris, librairie Schmit.

(2) On verra plus loin qu'il était question d'une mauvaise interprétation de cette adresse.

il sera remplacé dans ses fonctions de bibliothécaire par le citoyen Bardon, homme de loi. — Le cabinet de physique sera réuni à la bibliothèque.

Le citoyen Valadier, défenseur de la patrie, recevra un diplôme et un certificat de civisme et une médaille.

Un certificat de civisme est accordé au citoyen Bussières, « cy-devant communaliste (1) et hors d'état de se présenter lui-même à cause des infirmités qui sont inséparables de l'âge avancé où il est. »

Séance du 16 vendémiaire, an 3 (7 octobre 1794)

Lecture d'une lettre de la société de Collonges « exprimant d'une manière affectueuse et énergique ses sentiments de félicitation et de joie, ainsi que son adhésion aux principes développés dans l'adresse à la Convention nationale » qui lui a été envoyée avec les imprimés des séances des sociétés de Tulle et de Brive.

Ajournée une demande de diplôme et de médaille pour un citoyen qui, sans preuves, se dit membre de la société depuis 1790.

Ajournée aussi une proposition de ne délivrer de médailles de la société qu'à des membres habitant la commune et à ceux de la société de Brive.

« Lecture d'une lettre des citoyens Ouffaure et Berthelmy, commissaires révolutionnaires et membres de la société, ils invitent la société à engager les citoyens tanneurs à faire l'entreprise d'un moulin à tan, en leur faisant considérer combien cet établissement, peu coûteux pour l'entrepreneur, lui sera avan-

---

(1) Cette invitation à construire un moulin à tan était motivée par le grand nombre de chênes qui devaient être abattus pour les constructions prévues pour l'exécution des travaux de la nouvelle manufacture d'armes de Tulle. (Voir mon travail sur cette *Manufacture de la Montagne*).

tageux, en même temps qu'au département et même la République y trouvera un avantage considérable (1). Après quelques débats, le citoyen Darcambal offre de faire les avances nécessaires en invitant toutefois les citoyens experts dans cet art, à se joindre à lui. Pour parvenir plus efficacement à ce dernier but, on propose que la société invite la municipalité à faire une proclamation aux citoyens. Ce qui est arrêté. »

Les papiers nouvelles, à l'article de la Convention signalent « l'improbation d'une adresse de la société d'Ussel qui avait osé faire blasphémer Jean-Jacques Rousseau, en lui prêtant des sentiments qui n'étaient pas dans leur tête. » Il est arrêté qu'on fera une adresse à la Convention nationale pour lui témoigner combien la société populaire de Tulle était opposée aux principes de celle d'Ussel.

Un membre prétend qu'on « fait passer des petits enfants par les ouvertures des barreaux » pendant l'absence des commissaires pour soustraire les correspondances du bureau de poste de Tulle. Il demande que les paquets soient envoyés à Brive ou à Uzerche. — Ajourné.

« On lit une proclamation du bureau d'administration aux ouvriers de la manufacture. Cette pièce, dont il est aisé de connaître le rédacteur, au ton et au style qui y règne, contient, à la suite d'un considérant aussi absurde que ridiculement exprimé, quelques dispositions sages et prudentes, parce qu'elles sont tirées de la lettre de la commission des armes.

« Différents membres se plaignent de la mauvaise

---

(1) Communaliste était un nom qu'on donnait dans certaines sociétés religieuses aux membres de la communauté, et, dans quelques diocèses, aux prêtres habitués d'une paroisse.

qualité du fer qu'on fournit. Toutes les discussions relatives à ce sujet sont ajournées jusqu'à l'arrivée du représentant du peuple. »

Lecture d'une lettre du gendarme Mas qui contient, avec quelques détails intéressants sur les triomphes de l'armée du Nord, des nouvelles assurances de son dévouement à la République.

Un certificat de civisme est accordé à Maynard Cueille, jeune, qui va partir avec la compagnie des canonniers. Pareille demande est faite, mais ajournée, pour la citoyenne Maisonneuve, afin qu'elle puisse remplir les fonctions d'institutrice.

Séance du 18 vendémiaire an 3 (9 octobre 1794)

« Il est arrêté : 1° que les instituteurs et institutrices qui doivent fréquenter les écoles primaires remettraient un tableau ;

« 2° Que la municipalité serait invitée de faire proclamer de nouveau la loi concernant l'institution des écoles primaires, et qu'elle invitera les pères et mères à s'y conformer en envoyant régulièrement leurs enfants aux écoles ;

« 3° Que le primidi, le visiteur des écoles confrontera le citoyen instituteur Gendre avec la personne qui a fait une dénonciation contre lui, et qu'il sera invité de se rendre au comité pour se disculper ;

« 4° Que les citoyens Bardon et Béronie, bibliothécaires, seront chargés de mettre en ordre les bibliothèques dont ils sont chargés (1), ainsi qu'à rassem-

---

(1) Béronie, qui fut plus tard l'auteur du dictionnaire patois du Bas-Limousin, était bibliothécaire de l'Ecole centrale du département, qui venait d'être créée à Tulle. Anne Vialle, qui continua le Dictionnaire, après la mort de Béronie, dit que « plusieurs milliers de volumes, entassés sans ordre, avaient pris chacun la place que l'ordre des connaissances leur assignait, et qu'il était [Béronie] pour faciliter les recherches de l'homme studieux. »

bler et faire déposer dans le lieu désigné, tous les objets relatifs au cabinet de physique qui sont déposés tant dans la maison de feu Godaux qu'au ci-devant collège ;

« 5º Que les citoyens Mougene et Bussières demeurent nommés commissaires pour se rendre auprès de l'administration du district pour l'informer que le citoyen Bardon a été nommé par la société populaire à la place de bibliothécaire du district.

6º Le comité s'assemblera primidi pour s'occuper du choix des instituteurs à nommer ;

7º Le membre qui visitera demain les écoles, invitera le citoyen Magin de se faire remplacer pendant les quatre jours de son absence par quelqu'un de ses collègues. »

Séance du 21 vendémiaire, an 3 (12 octobre 1794)

On passe à l'ordre du jour sur une porposition que « l'inspecteur en chef de la manufacture d'armes à feu de Tulle, qui était aux tribunes, ait le droit d'entrer dans le sein de la société. »

Lecture de diverses lettres ou adresses de la société de Brive, de celle de Poitiers et « d'une lettre du comité des pétitions, correspondances et dépêches de la Convention nationale du 15 courant adressé à notre société, d'où il résulte que la Convention a décrété la mention honorable, l'insertion au bulletin et le renvoi au comité de salut public de l'adresse et des deux procès-verbaux relatifs à la réunion qui s'est opérée entre les deux sociétés de Brive et de Tulle.

Il est aussi donné lecture d'une adresse du club national de Bordeaux « tendant à entretenir une correspondance non interrompue entre toutes les sociétés populaires afin qu'elles s'éclairent mutuellement et se communiquent le moyen de perfectionner l'esprit public. La société arrête de prendre les mesures portées dans ladite adresse.

Un certificat de civisme est accordé au citoyen Seguy, fils, qui désire entrer à la manufacture.

« Un membre a demandé lecture d'un article du *Journal de la Montagne* et on a trouvé que le citoyen [ici le nom est resté en blanc] était le dénonciateur du citoyen Bardon. Un autre membre a dit que cette dénonciation était faite non seulement contre le citoyen Bardon, mais encore contre la société, en ce qu'elle était dirigée par un seul ; qu'il demandait que la société écrivît aux Jacobins pour leur dénoncer que des républicains ne se laissaient pas dominer. Sa proposition a été adoptée. »

« Plusieurs membres ont assuré que le citoyen Lanot avait été trompé par les cruels ennemis de la société, un membre, entre autres, a demandé au citoyen Peuch, fils, s'il n'était pas vrai que Béral, jeune, et son beau-frère Jumel, tenaient des propos injurieux contre la société. Peuch est monté à la tribune et n'a rien voulu déclarer ; enfin, étant descendu de la tribune, il a dit que cela était vrai. D'autres membres disent que ceux qui ont trompé Lanot sont les Robespierristes, que tout le monde connait, et demande qu'ils soient épurés. — La discussion a été longue et vive ; on nomme plusieurs de ces individus et enfin la société décide qu'on écrira aux Robespierristes nommés, de se défendre demain, 22 du courant, dans son sein, pour y être épurés, et que faute par eux de se rendre, ils déposeront la médaille et seront rayés de la liste des sociétaires. »

Séance du tridi de la 3ᵉ décade de l'an 3ᵉ de la République une et indivisible
(14 octobre 1794)

« L'agent national de la commune se présente dans

la salle de la société. On l'invite à monter à la tribune. Il expose qu'il a reçu du représentant de peuple, Musset, un mémoire contenant plusieurs questions auxquelles il est chargé de faire une prompte réponse ; que ne croyant pas devoir se charger en seul d'une opération aussi délicate, il avait demandé l'avis du conseil général de la commune, qui l'avait renvoyé à son tour à la société populaire pour y recueillir avec plus d'énergie et de succès la voix des citoyens ; en conséquence, il demande qu'il soit convoqué une séance extraordinaire pour y discuter cette matière avec la maturité qu'elle exige.

 Cette proposition est appuyée par plusieurs membres, mais d'autres observent que ce n'est là ni répondre au vœu du représentant du peuple, qui demande des renseignements à l'agent national et non pas à la société populaire, et que d'ailleurs l'ordre naturel des choses veut que la discussion du conseil général de la commune précède, sauf à demander ensuite, si on le juge à propos, l'avis de la société.

 Cette proposition est adoptée après quelques légères discussions.

 Un membre propose que pour couper court, s'il est possible, aux calomnies des malveillants, on enverra au représentant du peuple un exemplaire des différentes adresses faites à la société depuis le 10 thermidor, ainsi que du compte rendu à la Convention nationale. » Cette proposition est adoptée. »

 On passe à la lecture des papiers nouvelles, la société y remarque avec une satisfaction indivisible (sic) l'adresse de la Convention nationale au peuple français dans laquelle sont développés, avec une touchante énergie, les principes de justice et de vertu seul fondement du vrai patriotisme. Cette adresse est couverte d'applaudissements. »

Il est donné lecture d'une lettre de la commission

révolutionnaire chargée de la construction des usines de la manufacture d'armes de la Montagne. Elle fait part à la société des mesures qui ont été prises au sujet de ce nouvel établissement (1).

Les citoyens Dombré ; Amat et Duché sont épurés et la société convaincue que les erreurs dont ils ont pu être coupables, sont moins les fruits de leur propres principes que d'une influence étrangère, les conserve au nombre des membres épurés et les invite à être plus assidus aux séances. »

Il est donné lecture d'une lettre de Després qui excuse son absence par le mauvais état de sa santé. — Il est lu aussi une lettre « de Lagarde, dans laquelle confondant l'insolence avec la fierté des sentiments, il manque à la société qui ne s'en venge qu'en passant à l'ordre du jour.

Séance du 25 vendémiaire, an 3ᵉ (16 octobre 1794)

Le procès-verbal de la précédente séance est modifié. Il est ajouté que la société a décidé de « faire venir les journaux de feuillant et du républicain. » Et aussi qu'il serait fait mention honorable de la conduite qu'avait tenu le cinquième bataillon de la Corrèze dans la commune d'Avignon. — Sur la motion d'un autre membre, il est arrêté qu'il sera écrit à ce bataillon pour le féliciter de sa conduite énergique et républicaine tenue dans cette circonstance. » (2).

---

(1) On trouvera tous les détails de cette construction dans ma brochure : *Manufacture d'armes de la Montagne*.

(2) Dans son *Historique des Bataillons de Volontaires de la Corrèze*, M. Léon Vacher, député de la Corrèze, cite les lignes suivantes que le maréchal Massénat, le futur maréchal de France, dit l'*Enfant de la Victoire*, écrivait dans un rapport à la Convention nationale :

« Les *Barbets* (royalistes) font la guerre en voleurs et en assassins : ce sont des habitants du pays qui ont l'air de labourer leurs

Le représentant du peuple Elie Lacoste se présente à la séance il est accueilli par les cris mille fois répétés : Vive la République ! Vive la Convention nationale !

« Dans un discours souvent interrompu par les plus vifs applaudissements, le représentant développe avec énergie les sentiments de vertu et de justice qui feront désormais la base inébranlable du gouvernement révolutionnaire et républicain. Le président, au nom de la société répond en protestant de son attachement inviolable à la Convention nationale ; il est également applaudi. »

« La société adhère aux vues que la Convention a manifesté dans son adresse au peuple français. Le citoyen Bardon annonce que la citoyenne Vergne a été nommée institutrice et la citoyenne Valadier, institutrice suppléante. La société approuve ces nominations.

Les citoyens Berthelmy, Ouffaure et Vincent proposent d'ouvrir à Tulle une école publique de mathématiques et de dessin pour les jeunes gens au-dessus de quatorze ans. Les citoyens devront se faire inscrire sur un registre qui sera ouvert incessamment.

Le comité d'instruction publique est invité à faire au plus tôt un rapport sur la proposition d'accorder

---

champs et qui tuent à coups de fusils nos malheureux frères d'armes. Hier, je les ai fait charger à *la sans-culotte*. »

Le 5ᵉ bataillon de la Corrèze se trouvait encore en garnison à Avignon, en messidor an II (juillet 1794), ajoute M. Vacher. La récolte sur pied était superbe et impatiemment attendue après la terrible famine qu'on venait d'essuyer. Mais les bras manquaient pour couper les blés. Nos volontaires se transformèrent en moissonneurs. — Agricole Moreau écrivait alors : « Les ennemis du bien public se flattaient que les bras des agriculteurs ne suffiraient pas pour la moisson ; mais leur coupable espoir est encore trompé. — Ne voilà-t-il pas que la société populaire, *le bataillon de la Corrèze*... viennent de se faire inscrire au rang des moissonneurs ?... »

une indemnité aux tambours qui assistent aux fêtes publiques.

Le citoyen Mouton est épuré et obtient un diplôme et la médaille de la société.

Le citoyen Bardon obtient un certificat de civisme pour entrer dans la manufacture.

Le citoyen Molé monte à la tribune pour être épuré. « Il répond de manière à désorganiser la série de questions qui lui sont faites ; il mêle à la dureté de ses discours un mépris affecté et menaçant pour ceux qui le balottent... il arrache d'une main brutale la médaille de la société qu'il jette avec fureur sur le bureau. Le président est invité à la garder, et le citoyen Molé descend de la tribune couvert de l'improbation universelle de la société. »

Le citoyen Tenère est épuré et admis, mais invité à être plus assidu aux séances.

Sauty monte à la tribune et demande qu'on lui fasse connaître les inculpations portées contre lui. « On lui reproche d'avoir dit au sein de la société, après le départ de ceux qui furent envoyés au tribunal révolutionnaire par le comité des cinq, que *si le système de clémence qui paraissait vouloir prendre le dessus dans la Convention nationale* venait à s'établir, l'on aurait la douleur amère de voir revenir et peut-être entrer dans la société la plupart des contre-révolutionnaires.

« On le pressa d'expliquer dans quel sens il pouvait être vrai que la sévère justice substituée par la Convention à l'aveugle terreur fut une clémence dangereuse et funeste ; Sauty s'étendit sur les dispositions de la loi du 22 prairial, et assura que tant que cette loi subsisterait, le comité des cinq devait faire ce qu'il avait fait ; qu'aujourd'hui qu'elle avait été rapportée, quelques-uns des prévenus seraient acquittés, mais qu'il ne s'en suivait pas qu'il n'eût eu de bonnes raisons de témoigner sur cet objet des frayeurs qui n'étaient que l'effet de son zèle.

« On lui répliqua que si la loi du 22 prairial était, comme on n'en peut point douter, une loi sanguinaire et contre-révolutionnaire (1), ce n'était pas pour les vrais patriotes un motif pour être plus sanguinaires encore, mais de porter l'attention la plus rigoureuse sur ceux qu'on destinait à être jugés suivant ses dispositions.

« Sauty répondit que les mesures qu'on avait pris étaient outrées et iniques, il n'en était point responsable, puisqu'il n'était pas membre du comité des cinq.

« On lui observe que ce qu'il alléguait pour se justifier aggravait ses torts, puisque ce n'avait pas été par humanité, mais par lâcheté qu'il avait refusé de se charger d'un emploi si critique, et que, caché dans l'ombre, il n'en était pas moins le plus fougueux promoteur du système de terreur et de sang.

« Sauty ne répondit à cela qu'en faisant l'éloge de la manière dont il s'était conduit dans les places qu'il avait occupé, en protestant qu'il avait à la vérité proposé de rendre plus rigoureuses des mesures qui lui paraissaient trop faibles pour l'intérêt public, mais qu'il n'avait jamais été le partisan de la terreur dont on se plaint ; que Vialle avait fait le rapport contre lequel il s'élevait de violentes plaintes, mais que pour lui, il n'avait jamais parlé de doubler les gardes, ni de mettre les canonniers à leur poste, ni d'incarcérer quiconque oserait donner la moindre marque d'improbation concernant le rapport. Dans le cours de la discussion, Sauty a convenu qu'il avait été envoyé au

---

(1) Cette loi condamnait à la déportation les personnes convaincues de crimes ou délits non prévus par le code pénal ou les lois, et dont l'incivisme ou la résidence sur le territoire de la République seraient des sujets de trouble et d'agitation.

tribunal révolutionnaire des personnes qui n'étaient point coupables.

« Un autre membre lui reproche d'avoir demandé une commission pour réviser les jugements du tribunal révolutionnaire de Bordeaux et d'avoir ainsi voulu enchérir sur la barbarie de ce tribunal dont le président a été guillotiné.

« Sauty répond que cet homme ne fut pas guillotiné pour avoir été trop cruel mais pour avoir volé la République.

« On lui répliqua que cet homme a pu être un voleur public, mais qu'il n'est pas moins sûr qu'il était un homme sans humanité et qu'il a été puni comme tel.

« Enfin, après une discussion longue et vive, pendant laquelle on remarquera par les applaudissements dont étaient couvertes la plupart des inculpations qui étaient faites contre Sauty, la société jugea que ses longues et verbeuses réponses les laissent subsister dans presque toutes leurs forces, et déclara en conséquence que Sauty avait perdu sa confiance et qu'il était rayé du nombre des sociétaires. La médaille qu'il portait fut remise. »

Le citoyen Vergne, de Saint-Bonnet-Avalouze est épuré et reçoit la médaille.

Séance du 28 vendémiaire, an 3e (1er octobre 1794)

Des certificats de civisme sont accordés à : Léonard Combes, grenadier au 5e bataillon de la Corrèze ; Jean Margery, de Laguenne, volontaire ; Gabriel Delbos, aussi volontaire au même bataillon, et la citoyenne Maisonneuve, institutrice. — On passe à l'ordre du jour sur une invitation de la municipalité pour délivrer un certificat de civisme à Combret, de la Beysserie. Cet ordre du jour est motivé « sur l'incivisme notoire du pétitionnaire. »

Une lettre au 5e bataillon de la Corrèze est approuvée et applaudie.

Organe du comité d'instruction publique, le citoyen Berthelmy fait lecture du programme de la célébration de la fête des récompenses et de l'expulsion des ennemis de la République du sol français (1). La société charge Dulac de prononcer un discours à cette solennité.

« Les livres et autres objets destinés à l'instruction des élèves de l'école de mathématique et dessin seront donnés gratuitement à ceux qui n'auront pas les moyens de se les procurer. — La société fera des fonds pour fournir à cette dépense. »

Le citoyen Lafond, membre de la société de Marvejol, est admis sur présentation de son diplôme ; il reçoit la médaille de la société.

Maurel, qui a fait la guerre de la Vendée, est reçu membre de la société et reçoit la médaille.

« Sur l'observation faite que les élèves de l'école de la Montagne ont pris des médailles, ce qui devient le sujet des disputes fréquentes qui s'élèvent entre eux les instituteurs sont invités, au nom de la société, de leur faire poser ces médailles. »

L'inspecteur général près la manufacture et le représentant du peuple Élie Lacoste, entrent dans la salle. — Le président leur donne l'accolade et la médaille de la société. Ils sont acclamés.

Les citoyens Lacombe, marchand, et Sarget père, sont nommés pour se rendre auprès de la municipalité pour demander de diminuer le nombre des gardes des maisons d'arrêt.

_____

(1) La Convention nationale avait décrété, le 3 vendémiaire de cette même année (24 septembre 1794) : « L'émancipation entière du territoire de la République sera célébrée par une fête le décadi prochain. » Cela après avoir reçu la nouvelle de la reddition de Bellegarde.

Séance du 3 brumaire, an 3ᵉ (24 octobre 1794)

Il est fait lecture d'une lettre que le 5ᵉ bataillon de la Corrèze a adressé à la société. — Après cette lecture, un membre dit :

« Vous voyez, citoyens, que nos frères du 5ᵉ bataillon sont toujours dignes du nom de Corréziens, vous avez entendu avec enthousiasme les grands principes de vertu et de justice qu'ils professent et qui sont gravés dans tous les cœurs ; les ennemis de la chose publique redoutant l'énergie et le patriotisme de ce bataillon, avaient cherché à le diffamer, mais leur dénonciation n'a contribué qu'à les couvrir d'ignominie et à augmenter sa gloire et celle du département. Plus l'inculpation qui a été faite à ce bataillon a été grave et publique, plus la justification doit être authentique. Je demande donc qu'on fasse imprimer : 1º l'attestation de la société populaire de Marseille (1) ; 2º le décret de la Convention qui le déclare le sauveur de la commune d'Avignon ; avec la lettre qu'il vient d'écrire à la société. » Arrêté à l'unanimité (2).

EXTRAIT DES REGISTRES DE LA SOCIÉTÉ POPULAIRE ET MONTAGNARDE DE LA COMMUNE D'AVIGNON.

Séance du 26 fructidor, an 2ᵉ de l'ère française républicaine

« Un membre de la société a dit que le cinquième

---

(1) C'est par erreur que le scribe a écrit *Marseille* ; il faut lire *Avignon*.

(2. Il est à remarquer que depuis la séance du 5 vendémiaire an III (26 septembre 1794), jusqu'à celle du 8 brumaire, même année (29 octobre 1794), les douze procès-verbaux portés sur le registre n'ont été signés par personne, alors que depuis l'origine de la société tous les procès-verbaux ont été signés par le président et les secrétaires, ou par le président seul.

bataillon de la Corrèze qui a resté en garnison dans cette commune pendant plusieurs mois et y a donné des preuves de civisme constant et irréprochable par son attachement sincère à la Convention nationale, à la loi et au bon ordre, étant au moment de son départ pour aller déployer contre les ennemis extérieurs le même zèle et la même fermeté dont ils ont fait usage contre les ennemis intérieurs, il est de toute justice de certifier hautement qu'il n'a cessé de bien mériter de la patrie, qu'il n'a pas perdu un instant la confiance du peuple avignonais, surtout par la conduite ferme qu'il a tenu lorsqu'il a fallu déployer de l'énergie dans le temps que la faction Robespierre opprimait les patriotes. Un officier de ce même bataillon a parlé sur le même sujet et a exposé la conduite de ce bataillon avec cette franchise républicaine qui a toujours caractérisé la conduitte que les individus qui le composent ont constamment tenue.

« Plusieurs membres avaient déjà parlé sur cette motion. Les nombreux applaudissements qu'elle avait excité dans l'assemblée exprimaient le désir bien prononcé qu'elle avait de rendre à ce bataillon la justice qu'il a si bien mérité, lorsqu'un nommé Rayan, habitant depuis quelques années dans cette commune, a demandé la parole et a accusé les officiers de ce bataillon d'avoir soutenu le modérantisme. Cette injuste inculpation a excité une indignation générale, et il eut été à craindre qu'une injure aussi grave n'eust ammené des événements fâcheux, si le zèle de plusieurs membres du bataillon, présents à la séance, n'avoit soustrait cet individu au premier mouvement d'une indigatinon justement provoquée. Cet individu a été conduit au bureau et il a été invité de s'expliquer. Rayan a dit qu'il y avait deux partis dans cette commune, un des patriotes chauds et l'autre des patriotes moins chauds et modérés ; que les officiers de ce bataillon s'étoient prononcés en faveur de ce dernier party, ce qu'ils n'auraient pas du faire. Cette explication a ammené une discussion très vive, l'assemblée a vu avec peine qu'il existait dans la commune une faction, dont cet homme paraissait l'émissaire, qui avoit en vue, en calomniant le bataillon de jeter un nuage sur les principes de la société; elle n'a pu voir sans indignation qu'un émissaire sans doute lancé au milieu d'elle par des factieux eut osé taxer de modérantisme une société composée des mêmes hommes qui ont renversé le trône du despote mitré, qui ont combattu avec succès tous les genres d'aristocratie; le fanatisme et toutes les factions, qui ont cimenté de leur sang la chûte du fédéralisme, qui ont exprimé dans les termes les plus énergiques leur haine contre tous les tyrans, tous les fripons et tous les voleurs, dont elle ne cessera de poursuivre l'entière destruction. Tous les divers sentiments dont la société était animée ont été énergiquement exprimés par plusieurs membres. La circonstance a paru si grave, qu'un membre a fait la motion que Rayan fût mis sous la sauvegarde de la loi et abandonné à la disposition des authorités constituées qui fairont de luy ce qu'elles trouveront à propos. Cette motion a été mise aux voix et adoptée unanimement. Des membres de la municipalité présents à la séance ont pris alors le dit Rayan et l'ont conduit hors de la salle, escortés de quelques volontaires et d'un officier de la Corrèze. La motion principale a été remise en discussion. Plusieurs membres ont encore parlé avec chaleur et enfin ayant été mise aux voix, il a été délibéré à l'unanimité et au milieu des plus vifs applaudissements d'accorder au cinquiesme bataillon de la Corrèze une attestation dans les termes suivants:

« Nous, membres composant la société réépurée de
» la commune d'Avignon, certifions que le cinquiesme

» bataillon de la Corrèze n'a cessé de bien mériter
» de la patrie pendant tout le temps qu'il a résidé
» dans nos murs, attestons en outre que la société
» a dans sa séance, délibéré à l'unanimité et au milieu
» des plus vifs applaudissements que ce bataillon n'a
» pas perdu un instant la confiance du peuple avi-
» gnonnais, surtout par la conduite ferme qu'il a
» tenu lorsqu'il a fallu déployer de l'énergie dans le
» temps que la faction de Robespierre opprimait les
» patriotes, en foy de quoy nous luy avons remis
» le présent, pour luy servir et valoir ce que de
» raison.

« Avignon, les jour et an susdit. »

« Peu après, les membres de la municipalité qui avaient amené avec eux ledit Rayan, sont rentrés dans la salle et ont dit qu'ils l'avoient constitué prisonnier.

« Un membre a fait la motion de présenter à la municipalité et aux authorités constituées une pétition pour qu'elles poursuivent cet individu devant les tribunaux pour obtenir à la société la juste réparation qui luy est due par l'injure qu'elle a reçu de la part de Rayan. — Adopté.

« Les citoyens Roux, Tournel, Reynaud et Biouler fils, ont été nommés pour faire cette pétition et ont été invités de se rendre demain matin partout où il sera nécessaire ; délibéré l'impression du procès-verbal de cette séance et d'en délivrer un extrait au bataillon de la Corrèze, pour copie conforme à l'original

BÉRIDON, *président,*

BIOULÈS, *secrétaire.*

« *Extrait du procès-verbal de la Convention
» nationale du premier jour des sans-culottides,
» de l'an 2e de la République une et indivisible.*

« Sur le témoignage donné au cinquiesme bataillon de la Corrèze par la société populaire d'Avignon qui désigne ce bataillon comme ayant sauvé la commune d'Avignon, et n'ayant jamais cessé de bien mériter d'elle, un membre a demandé et la Convention nationale décrété la mention honorable au procès-verbal de la conduite du cinquiesme bataillon de la Corrèze et qu'extrait du procès-verbal luy sera adressé, visé par le représentant du peuple inspecteur aux procès-verbaux.

Signé: MONNEL, collationné à l'original par nous, représentants du peuple, secrétaires à la Convention nationale. A Paris, le 1er jour des sans-culottides de de l'an 2e de la République Française une et indivisible.

Signé: CORDIER, secrétaire,

BORIE, secrétaire.

Séance du 8e brumaire de l'an 3e (29 octobre 1794)

Renouvellement du bureau ; sont élus : président, Faure ; secrétaires, Mougenc, et Labounoux ; suppléants, Dulignon et Berthelmy.

Sauty demande par lettre copie du procès-verbal de la séance où il fut arrêté qu'il n'était plus membre de la société. — Refusé.

Lagarde, Vidalin et Desprès, accusés depuis longtemps d'être partisans du système de Robespierre, ont été invités à se rendre à la séance pour être épurés, mais ont répondu « que si la société avait des inculpations à leur faire, de les proposer par écrit, qu'il y répondraient. » La société décide de procéder à leur épuration malgré la constatation faite de leur absence.

« La discussion s'ouvre sur la conduite d'Antoine Lagarde. — Du bruit se fait entendre dans la tribune des femmes. Le président les rappelle à l'ordre. Le bruit augmente et l'orateur est insulté par la citoyenne Baraduc, sœur de Lagarde. Le président la rappelle au respect dû à la société, au public et à la liberté de la discussion. — Elle continue avec vivacité. Les déclarations sont suspendues. — Deux commissaires qui rentrent dans l'enceinte de la salle en rapportant qu'ils n'ont pu déplacer cette femme, ne voulant pas user de violence contre elle. — La discussion s'ouvre sur les moyens de répression contre cette femme, et la société arrête d'inviter la municipalité de luy infliger la peine due à son délit. »

» Antoine Lagarde est donc accusé d'avoir dit publiquement que depuis la dénonciation faite contre les partisans de Robespierre, la société était composée d'un tas de canailles ; on luy reproche d'avoir augmanté sa fortune de vingt mille livres au moins depuis dix-huit mois, et on observe qu'il est comptable envers la nation des fonds destinés à l'achat des fourrages et avoines pour les chevaux du département, ce qui fait présumer une malversation commise dans la régie des achats et des distributions de ces objets dont il est encore chargé ; on l'accuse aussy d'avoir employé à son service personnel et de sa famille les chevaux de la nation, soit pour faire des voyages à Limoges, à Miers, dans son bien, même à la chasse et à la pêche ; on l'inculpe encore d'avoir retiré du comité de surveillance une infinité de billets, souscrits de sa main, concernant l'achat des fourrages, et que cette soustraction confirmait les soupçons qui planaient sur sa tête depuis l'accroissement de sa fortune. Enfin, dans une lettre à la société, il a manifesté un mépris criminel pour la décoration républicaine que les sociétaires se font honneur de porter, il annonce, par cette même lettre, en disant qu'il répondra par écrit, qu'il est étroitement lié au party de ceux que la société a vomy de son sein, parce qu'elle les reconnait coupables du sistème de sang et de terreur qui fait les plus grands ravages dans cette commune. Enfin on a reproché à Lagarde de n'être pas venu à la société depuis plus d'un mois, quoiqu'il y avait un règlement qui en exclud ceux qui restent un mois sans paraître. A la suite de ces inculpations développées par des discours plus étendus, la motion a été faite d'exclure de la société Antoine Lagarde. — Cette motion, appuyée et mise aux voix, il a été arrêté à l'unanimité que Antoine Lagarde n'était plus membre de la société, que son nom serait rayé sur le tableau des sociétaires et attendu que par sa lettre il avait annoncé la perte de sa médaille, il a été dit n'y avoir lieu de prononcer sur la remise de la médaille.

La discussion s'ouvre sur le compte de Vidalin ; il est accusé d'avoir considérablement accru sa fortune pendant la Révolution, d'avoir fait l'agiotage des assignats, soit en les acceptant pour du numéraire, soit en échangeant les gros pour des petits, et toujours à un grand bénéfice ; on l'accuse d'affecter un insolent mépris pour la médaille de la société qu'il ne porte plus depuis quelque temps ; de ne fréquenter que des personnes entachées de la réputation d'être dans la queue de Robespierre et de s'être coalisé avec eux, en empruntant dans sa lettre à la société les réflexions banales aux membres qui en ont été expulsés. »

Vidalin est expulsé de la société. — Deux membres sont nommés pour aller lui réclamer la médaille.

Séance du 8 brumaire, an 3e (30 octobre 1794)

Une lettre écrite par « Romilhac, employé dans la direction et construction des ponts et chaussées du département, concernant l'avenue de la société reçoit la mention honorable au procès-verbal. »

Les citoyens Freysseline, Poulverel fils, et Puivarge fils, sont épurés et reçoivent des certificats de civisme à l'effet d'être reçus apprentis à la manufacture d'armes.

Le citoyen Elie Lacoste, représentant du peuple, est invité par deux commissaires, à assister à la séance. — Il fait répondre que « fatigué du voyage qu'il a fait par un temps de boue et de pluie, ne lui permet pas de venir à cette séance, mais qu'il assistera à celle de demain. Qu'à l'égard de la sortie de Roussel de la maison d'arrêt, il priait la société de faire un tableau précis de la vie civile et politique de cet individu. »

On lit une adresse du 5e bataillon de la Corrèze au comité de salut public. — Applaudie.

Le citoyen Vialle, agent national du district, est invité de faire connaître à la société les motifs de l'élargissement de Roussel. — Vialle « fait le rapport de la teneur littérale d'un arrêté du comité de sûreté générale, portant que Roussel serait mis sur le champ en liberté, que cet ordre étant adressé à l'agent national du district, luy Vialle, l'avait mis à exécution en requérant la mise en liberté de Roussel. La société, en adhérant à la demande qui lui est faite par le représentant, charge les citoyens Bardon et Dulac de rédiger un tableau de la vie civile et politique de Roussel pour être remis au représentant, après qu'il aura été lu à la société.

Le comité d'instruction publique ayant décidé la création d'un journal « pour propager l'esprit public de la Convention », le citoyen Bardon est chargé de la rédaction.

On passe à l'épurement de Desprès. — La discussion est longue : « dans plusieurs discours Desprès est peint comme un homme de terreur et de sang qui vote continuellement pour l'incarcération ou l'échafaud ; on lui reproche d'avoir, au commencement de la Révolution, concouru, en qualité de conseiller au cy-devant sénéchal de Tulle, à un jugement prévôtal qui condamna à mort deux cultivateurs violemment soupçonnés d'avoir brûlé des amorces dans une insurrection faite contre un château. (1) Ce jugement ayant été dénoncé à l'Assemblée Constituante, le tribunal présenta un mémoire justificatif de sa conduite, qui se trouve également signé par Desprès. On l'accuse d'avoir, à la société, travaillé à terrifier le peuple et encore le comité de surveillance qu'il accusait de n'être pas assez sévère, et pour le forcer à faire incarcérer arbitrairement les citoyens, il leur portait des listes de proscription sans motif ni signatures ; une de ces listes, où sont inscrits vingt-cinq citoyens de cette commune, est remise sur le bureau par un membre du comité de surveillance. Il est accusé de négligence dans l'exercice de la place de directeur des postes ; on prétend qu'il n'est rien moins exact dans la distribution des lettres qui sont adressées aux citoyens des campagnes, ce qui a occasionné la perte d'un grand nombre de ces lettres. On luy reproche d'avoir été un des membres le plus cruel des cinq, et d'avoir proposé pour vider le partage sur la question de savoir si un particulier serait envoyé au tribunal de Robespierre, de le tirer au sort à la plus belle lettre du mot de guil-

---

(1) Il s'agit ici de l'affaire dite de Favars dont nous avons raconté tous les détails dans notre ouvrage intitulé *L'Année de la Peur à Tulle*. Paris, librairie Cheronnet, 1906.

lotine ; que le citoyen Bussières, l'un des membres de ce comité, fut révolté par cette motion et en fit des reproches à Desprès en présence de ses collègues. Le citoyen Vialle, qui était aussi membre de ce comité, a été invité de dire ce qu'il savait à cet égard, il a répondu de manière à convaincre la société de la vérité de ces inculpations, à quelques circonstances près, ce qui a été exprimé dans l'assemblée par un mouvement d'indignation générale contre Desprès. De tous côtés on demande que la discussion soit fermée et que cet homme de sang soit déclaré indigne de rester membre de la société ». Desprès est exclu, la médaille de la société lui sera réclamée par Rochemont et Peuch, fils.

Séance du 10 brumaire an 3 (31 octobre 1794)

Alexandre Borderie et Jean Chassain, de la société d'Auriac, sont admis à la séance sur présentation de leurs diplômes.

Est ajournée à la prochaine séance la question présentée par un membre : « qu'il soit fait une liste des fonctionnaires publics qui ont fait banqueroute, et qu'en même temps on en fasse une autre qui comprenne ceux qui ont perdu la confiance publique, pour être présentées au représentant du peuple. »

« Le citoyen Vialle (1) présumé partisan du système de terreur et opposé aux principes de justice que la Convention a toujours dans son cœur, mais qu'elle n'a pu faire exécuter heureusement qu'après avoir secoué le joug de la tyrannie qui la secouait elle-même, est invité de monter à la tribune pour y être épuré. Un membre, après avoir obtenu la parole, reproche à Vialle d'avoir été le principal instrument

---

(1) C'est de Joseph-Anne Vialle, le continuateur du *Dictionnaire patois du Bas-Limousin*, qu'il s'agit.

de la terreur qui avait si fortement comprimé le département de la Corrèze ; que la contre révolution y était proposition il l'a inculpé d'avoir fait des motions ou faite si ce système n'eut été anéanti. A l'appui de sa trées et en second lieu d'avoir trop rigoureusement ramené a exécution une loi de sang qui faisait promener indistinctement la mort sur toutes les têtes, en préludant, dans le rapport qu'il fit au nom du comité des cinq, lorsqu'il fit traduire trente-cinq individus au tribunal révolutionnaire d'une manière à consterner et à intimider tous les cœurs. Il a dit que la terreur avait été porté à un tel excès que même deux représentants, qui étaient à cette époque dans le sein de la société, en avaient été saisis, en entendant les paroles effrayantes qui formaient le début du rapport : « Que la garde soit doublée, que les canons soient braqués, que le feu soit aux mèches, que les fonctionnaires publics soient à leur poste, et que le premier qui parlera soit déclaré suspect et fermé comme tel. L'auditoire fut si terrifié que personne n'osa élever la voix, et que le rapport passa à l'unanimité, sans discussion. »

« Vialle a répondu que s'il en avait agi ainsy, c'est parce qu'il craignait ce qui arrive aujourd'hui ; qu'au surplus on ne peut pas le blâmer d'avoir subi l'impulsion du mouvement révolutionnaire qui existait alors.

« Un autre membre, après avoir obtenu la parole, a dit que le comité des cinq avait excédé ses pouvoirs, qu'il avait abusé de l'ascendant qu'il avait sur la société, et qu'il n'avait pas le droit de faire traduire au tribunal révolutionnaire les individus qu'on y avait renvoyés ; que le but de son institution n'était que pour vérifier certaines signatures, qui étaient dans les listes qu'on avait trouvées. Il demande la représentation du registre, et qu'il soit fait lecture de l'arrêté portant la création du comité des cinq. — La motion adoptée, lecture a été faite ; il en est résulté que le comité avait excédé ses pouvoirs en ce qu'il n'avait été nommé que pour vérifier les signatures qui étaient dans les listes des monarchiens et des Carmes, et qu'en cela il avait abusé de la confiance de la société. — Un autre membre a reproché à Vialle d'avoir abusé de son autorité en faisant mettre arbitrairement en état d'arrestation ceux qu'il voulait, en épargnant les autres, notamment son père qui a été reconnu pour un fanatique, et son frère à qui on a de grands reproches à faire.

« Il a répondu à cela qu'il n'avait épargné personne et qu'il avait été sévère à cet égard. Que quand à son père et à son frère, ce n'était pas à luy à les inculper, que d'ailleurs ce n'était pas sur luy seul que reposait l'exécution des lois révolutionnaires, et que d'un autre côté, son père ny son frère n'étaient pas là pour se justifier et qu'il ne pouvait être question d'eux, mais de luy.

« Un autre membre lui a demandé la représentation d'un livre rouge où il y avait bien des têtes marquées, notamment celle du papa de la Barrière. Vialle a nié le fait du livre rouge, il a dit qu'on ne pouvait parler que d'un portefeuille où il avait la correspondance de Darche, de la Barrière, et autres où il y avait bien des personnes entâchées qui ne s'y attendaient pas.

« Une citoyenne des tribunes a été interpellée de s'expliquer, elle a soutenu la vérité de l'imputation faite à Vialle et a désigné un autre témoin.

« Un autre membre, après avoir obtenu la parole, a reproché à Vialle d'avoir dit que la société dominait, et que les patriotes étaient opprimés, mais qu'il ferait venir des campagnes, non pas des cultivateurs propriétaires, mais les bordiers, que ce ne serait plus une fête de Pâques, et qu'il ne resterait plus à Tulle pierre sur pierre.

« Vialle a nié le fait. Les témoins à l'appui de ce fait ont été interpellés, deux se sont trouvés à la séance, les deux autres absents. Le premier a déclaré qu'après l'arrestation de Roussel, étant à souper chez Hamo, dans un appartement au troisième, avec trois autres citoyens, sur la fin du repas, entrèrent dans l'appartement inférieur, les citoyens Vialle, Desprès, Durand et Béronie ; comme il n'y avait qu'un plancher très simple qui les séparaient, il entendit Vialle, après que Durand fut sorti, qui, dit que l'affaire de Mougeine n'était rien dans son principe, que Roussel, à la vérité, avait été trop vite lorsqu'il l'avait dénoncé, mais que les choses étaient actuellement dans un état qu'il fallait que la tête de Mougeine tombât. Ce témoin ajoute qu'à la suite de quelques propos qu'il ne put entendre, Vialle dit qu'il s'était formé un parti dans la Barrière, qu'il avait appris que la veille il y avait eu un repas chez Geneviève un repas de quatre-vingt personnes, et que cela commençait à s'annoncer comme l'affaire du Trech, mais que l'on y prit garde, car s'il faisait venir les campagnes, il n'appellerait point les propriétaires cultivateurs, mais les bordiers. Ce témoin ajoute encore qu'il demanda à Desprès qu'il conclut au plutôt son mariage avec la fille de Mons, qu'il lui avait donné beaucoup de temps, mais qu'il le priait de finir dans la décade, sans quoy il serait forcé de faire suite (sic) des pièces qu'il avait dans son portefeuille, qui prouvaient que Mons était un aristocrate et qu'en cette qualité il devait être fermé, et que s'il était blâmé dans la société de n'avoir pas fait son devoir à ce sujet, il ne saurait que répondre, parce qu'il était dans son tort à cet égard.

« Un autre témoin interpellé au même sujet a dit que les faits étaient à peu près les mêmes qui venaient d'être rapportés et il ajoute que Vialle a dit que les choses en étaient au point qu'il fallait que la tête de Mougeinc ou la sienne tombât.

« Vialle a répondu sur ces faits qu'il n'avait parlé qu'hypothétiquement, que ce n'était que les assemblées fréquentes qu'on lui avait dit qui se formaient à la Barrière qui l'avaient fait craindre ; qu'au surplus il avait dit que tant qu'il ne serait question que de personnes, il ne dirait rien, mais que s'il croyait la liberté compromise, il userait des moyens que la loi lui conférait, il appellerait les campagnes, non pas les propriétaires riches, parce qu'il n'avait pas confiance en eux, mais les bordiers, et qu'il mourrait s'il fallait pour la défense de la liberté.

« Il a été fait plusieurs autres inculpations graves ; il s'est justifié sur les unes, et il ne s'est justifié qu'imparfaitement sur les autres. La question de son admission ou rejection (*sic*) de la société, après avoir été mise aux voix, a paru incertaine, et, sur la motion d'un membre de l'ajourner, vu que la société n'était pas nombreuse, et qu'une partie des membres s'étaient retirés, la discussion a été renvoyée à la prochaine séance. »

Faure, président, Mougenc et Labounoux, secrétaires, ont signé le procès-verbal de la séance.

Séance du 11 brumaire de l'an 3e de la République une et indivisible (1er novembre 1794) (1)

« La séance a été ouverte par la lecture du procès-verbal de la veille qui a été adopté après quelques légères discussions et quelques amendements faits sur

---

(1) En raison de leur importance, le procès-verbal de cette séance, de même que celui de la séance précédente, en ce qui concerne Joseph-Anne Vialle, sont donnés *in-extenso*.

la motion de Vialle qui a adopté la motion du surplus du procès-verbal.

« Un membre observe qu'il a été nommé commissaire par la société avec deux autres pour faire le tableau des membres qui composent cette société ; que l'opération est même commencée mais qu'il est impossible de remplir le vœu de la loi qui exige qu'on insère dans le tableau les noms, prénoms, âges des sociétaires avec leur profession avant et depuis 1789, leur demande avant et depuis la Révolution, avec l'époque de la réception : tous ces préalables ordonnés par la loi imposent une tâche pénible à vos commissaires, et pour la remplir exactement, il faudrait qu'ils pussent connaitre tous les membres avec les qualités désignées par la loi et que le registre ne fournit pas les renseignements suffisants. Il demande qu'il soit adjoint deux commissaires pour faire le dépouillement des registres de la société, pour ensuite être fait une liste qui sera présentée à la société. La proposition mise aux voix est adoptée à l'unanimité, et le citoyen Villeneuve, caporal, et Régis ont été nommés commissaires adjoints 1.

« Un membre dit qu'une citoyenne des tribunes, veuve d'un défenseur mort aux frontières, a été se plaindre au représentant du peuple Élie Lacoste de

---

(1) Nous avons retrouvé cette liste, ou tout au moins un brouillon authentique, car elle ne semble pas être complète. — Elle porte 371 noms des membres de la société, avec indication de leurs prénoms, leur âge, leur lieu de naissance, la profession qu'ils exerçaient avant et après 1789 ; celle qu'ils exerçaient depuis 1789 ; le lieu de leur demeure avant et après 1789, enfin la date de leur admission dans la société. — Il y a aussi une colonne d'observations.

Nous reproduirons les noms et les diverses annotations les concernant à la fin du présent travail.

La liste que nous avons sous les yeux porte comme titre : *Tableau des Citoyens composant la Société populaire de Tulle, département de la Corrèze, d'après la loi du 25 vendémiaire de l'an 3e de la République française, une et indivisible* ce qu'elle avait été maltraitée à la société par deux commissaires qui furent la sommer de faire silence ou de se retirer ; il a dit qu'il était important de justifier la société qui paraissait inculpée et d'interpeller les citoyennes des tribunes qui pourraient être savantes du fait, de le déclarer tel qu'il s'était passé. La motion a été adoptée. Les citoyennes des tribunes ont été interpellées. La première a déclaré que lorsque les commissaires furent la sommer de se taire ou de sortir, elle se cramponna, les insulta, les outragea et les menaça de coups de pieds dans le ventre. — Les commissaires déconcertés, se retirèrent sans lui faire le moindre mal ; au surplus, cette citoyenne déclare qu'elle a trouvé le lendemain de l'affaire, la veuve Baraduc allant à la municipalité, ayant un bras blessé. Elle lui demanda comment elle avait fait cela. — On ne te fit pas de mal à la société ? — Non, répondit-elle, je l'ai fait à la barre.

Plusieurs autres citoyennes ont attesté la vérité du fait, et sur la motion d'un membre, il a été arrêté qu'extrait du procès-verbal serait envoyé au représentant du peuple Elie Lacoste.

L'ordre du jour appelait Vialle à la tribune pour y être épuré. Un membre a demandé qu'il fut procédé préalablement au rapport qui avait été demandé par le représentant du peuple sur la vie politique et morale de Roussel. Après quelques légères discussions, l'ordre du jour est adopté et Vialle est monté à la tribune.

La discussion a commencé par le résumé des inculpations qui lui avaient été faites la veille, et sur sa demande, la société lui a permis d'en faire lui-même le rapport. Mais comme il le faisait à son avantage, cela a donné lieu à des discussions qui ont aggravé les inculpations de la veille, notamment l'histoire du livre rouge, où il y avait tant de têtes désignées. La citoyenne des tribunes a été interpellée de nouveau sur ce fait par le citoyen Vialle pour déclarer si ce n'était pas avant qu'ils eussent fait leur envoi au tribunal révolutionnaire que le fait se passa. La citoyenne a déclaré que ce n'était qu'après.

« Un autre membre, après avoir obtenu la parole, a dit que le comité des cinq servait très bien le tribunal révolutionnaire qui ne voulait que du sang. Il se prêtait si fort à ses principes qu'en lui envoyant les trente-cinq individus désignés dans son rapport, il lui avait envoyé encore la liste de tous les monarchiens et des Carmes, et que ce comité n'ignorait pas que c'était dévouer (sic) à une mort certaine tous les individus compris dans les deux listes.

« Vialle a répondu qu'il n'avait pas coopéré à l'envoi de ces listes. Et sur différentes objections qui lui furent faites pour lui prouver qu'il n'était pas possible qu'il n'y eut participé, un membre a dit qu'il se faisait dans ce comité des motions qui faisaient frémir d'horreur ; qu'on y avait fait celle de traduire à ce tribunal de sang tous les détenus, sans examiner s'il y avait des patriotes ou non parmi eux.

« Vialle a dit qu'il n'avait pas fait cette motion, mais le membre a soutenu qu'elle avait été approuvée, et Vialle ne l'a pas contesté.

« La société, pénétrée d'indignation, a crié : « Aux voix ! » — La question de son admission ou rejection mise aux voix, il a été exclu de la société, à la presque unanimité des suffrages, et il a déposé sa médaille aux applaudissements réitérés des tribunes.

« Le citoyen Burg, qui s'intéressait vivement au sort de Vialle, a remis, dans le feu de la passion qui l'agitait, la médaille de la société, en disant qu'il ne voulait plus la porter dès qu'on l'enlevait à un patriote ; il l'a jetée brusquement sur le bureau. Le citoyen Pauphile en a fait autant.

La séance est levée.

MOUGENC, — FAURE, président.

*Séance du 14 brumaire, l'an 3e de la République
(4 novembre 1794)*

« La séance s'ouvre par la lecture du procès-verbal, qui est adopté. Après la lecture des papiers nouvelles et de la correspondance, le citoyen Jean Bonhoure, canonnier, obtient l'agrément de la société, pour un certificat de civisme.

« Antoine Lagarde est dénoncé pour avoir injurié la société en disant publiquement, dans une boutique de cette commune, que la société populaire était composée de coquins et qu'elle avait à sa tête le citoyen Bardon, dont le nom avait été brûlé deux fois sur la place publique. Le citoyen Bounhoure atteste la vérité de ces faits pour les avoir entendus de la bouche de Lagarde même. Il indique un autre témoin qui se trouve absent.

« La société arrête qu'il sera fait une adresse à la Convention nationale pour la féliciter sur son adresse aux Français. »

Séance du 16 brumaire, an 3e (6 novembre 1794)

« Un des secrétaires présente une lettre adressée à la société par les représentants du peuple délégués à Marseille. On y lit que c'est par erreur d'impression qu'on a lu dans leur correspondance que la société de Tulle avait fait une adresse conçue dans des mauvais principes et qui avaient été vivement applaudie par la société de Marseille dans le temps qu'elle était dirigée par des dominateurs robespierristes, que la société de Tulle, au contraire s'est toujours distinguée par son patriotisme et son attachement continuel aux principes de la Convention. Il est arrêté que la lettre des représentants sera imprimée et renvoyée dans les communes. »

Lecture est faite de l'adresse de félicitations à la Convention. — Elle est applaudie. « Elle sera signée individuellement par la société et les tribunes. Elle sera en outre imprimée et envoyée dans les communes. »

« Le tableau de la conduite de Cueille et politique de Roussel (sic) est soumis à l'examen de la société qui, en l'approuvant, arrête qu'il en sera fait un rapport au représentant du peuple Elie Lacoste.

« On fait aussi lecture d'un mémoire qu'on annonce que Roussel recevait des effets précieux de Lagarde d'Auberty, et cela en récompense de la protection qu'il luy accordait. — Un membre observe que pour prévenir les effets du sistème de calomnie que les robespierristes ont organisé contre la société, depuis qu'elle les a expulsés de son sein, il conviendrait d'instruire le représentant Musset du résultat des délibérations que nous avons prises depuis la révolution du 9 thermidor, que c'est le meilleur moyen de répondre victorieusement à tous les discours jacobins et calomnieux qui se débitent, dans la commune et aux environs, contre les travaux de la société ; discours qui sont parvenus sans doute à la connaissance de Musset, quoiqu'il soit dans le département du Cantal. — Il propose en conséquence d'envoyer au citoyen Musset, par l'organe de deux commissaires, une copye des procès-verbaux des séances où les causes de dénonciations faites contre les robespierristes, sont discutées et jugées.

Cette motion mise aux voix est arrêtée sans opposition.

« Un autre membre observe que la réputation que Vialle s'est faite dans l'exercice des fonctions d'agent national pourrait étonner ceux qui ont appris son expulsion de la société sans en connaître les motifs ; que pour arrêter les effets de cette surprise et démontrer à tout le district que Vialle a perdu à juste titre la confiance de la société, l'intérêt public exige l'expulsion de Vialle, qui sera adressée à toutes les communes. »

Cette proposition, mise aux voix, est arrêtée à l'unanimité.

A la suite de cette longue discussion, un membre observe que « la loi exclud des places les banqueroutiers » et qu'elle n'est pas en vigueur dans la commune de Tulle. Les citoyens Chastang et Salles sont invités à se rendre à la municipalité pour réclamer l'exécution de cette loi.

Un certificat de civisme est accordé à Lavergne fils. — Un diplôme et une médaille sont accordés à Floucaud, fils, qui part pour les frontières. Il est reçu membre de la société.

« Tous les membres se rendront demain pour donner leur nom pour la composition du tableau. »

Séance du 19 brumaire, an 3ᵉ (9 novembre 1794)

Lecture des papiers nouvelles.

Réception, comme membre de la société, du citoyen Martin Valadier fils.

Séance du 21 brumaire, an 3ᵉ (11 novembre 1794)

Une lettre de la société populaire d'Avignon fait l'éloge « de la bonne conduite du 5ᵉ bataillon de la Corrèze, dans la commune d'Avignon. »

Une lettre du comité de correspondance de la Convention nationale, en date du 16 brumaire, est adressée à la société de Tulle. « On y voit que notre adresse en réfutation de celle de la société d'Ussel a été très bien accueillie de la Convention et que l'insertion au bulletin en a été décrétée. »

Lecture d'une lettre de Valadier fils « employé dans

la marine, qui annonce la réception de son diplôme et de la médaille de la société. »

Le citoyen Bachellerie, membre de la société de Brive, est admis à la séance, « le président lui donne l'accolade fraternelle. »

Sont reçus membres de la société : Vergne ; — Martial Saugon, fils ; — Audubert, fils ; — Laira aîné ; — Laira, cadet ; — Coustillac, père ; — Antoine Queyrel et Bernard Morenic.

« Sur l'invitation faite à Morenic de raconter ce qu'il a entendu dire à Antoine Lagarde concernant la société, il déclare qu'Antoine Lagarde dit en sa présence et celle du citoyen Bounhoure que la société était une assemblée composée de coquins, qu'au lieu de travailler aux intérêts de la République, elle ne s'occupait que de bêtises, qu'elle était dirigée par un Bardon qui avait été brûlé plusieurs fois sur la place ; que trois ou quatre personnes seulement parlaient dans les séances, mais qu'il viendrait quelque chose de la Convention qui ne les ferait pas rire ; qu'ils étaient fâchés de la mise en liberté de Roussel, mais qu'il se foutait d'eux ainsi que de tous les robespierre. »

Séance du 23 brumaire, an 3ᵉ (13 novembre 1794)

Il est donné lecture d'une lettre adressée au président par trois religieuses « qui regrettent contre le serment qu'elles prêtèrent volontairement en présence du peuple dans une séance de la société. Les murmures d'une improbation générale contre ces trois personnes retentissent dans tous les coins de la salle, et il est unanimement arrêté que leur conduite sera dénoncée au comité de sûreté générale, à celui du salut public, au représentant du peuple délégué dans le département du Lot, où résident ces cy-devant religieuses, et aux autorités constituées de ce même département. »

Il est donné lecture d'une lettre émanant du 5ᵉ bataillon de la Corrèze par laquelle il « se justifie des inculpations calomnieuses qu'il a essuyées de la part des robespierristes. »

Après la lecture de cette lettre, un membre dit :

« Vous voyez, citoyens, que nos frères du 5ᵉ bataillon sont toujours dignes du nom de Corréziens ; vous avez entendu avec enthousiasme les grands principes de vertu et de justice qu'ils professent et qui sont gravés dans tous les cœurs ; les ennemis de la chose publique, redoutant l'énergie et le patriotisme de ce bataillon, avaient cherché à les diffamer, mais leur dénonciation n'a contribué qu'à les couvrir d'ignominie, et à augmenter sa gloire et celle du département. Plus l'inculpation qui a été faite à ce bataillon a été grande et publique, plus sa justification doit être authentique. Je demande qu'on fasse imprimer, avec la lettre qu'il vient d'écrire à la société, l'attestation de la société de Marseille, le décret de la Convention qui le déclare le sauveur de la commune d'Avignon. »

Cette proposition est adoptée à l'unanimité.

« Un membre remet sur le bureau un extrait du tableau décadaire du district [de Tulle], daté du 23 brumaire, où il est dit : L'esprit public est bon, l'adresse de la Convention nationale lui attire tous les cœurs. Le peuple respire l'air de la justice et de la liberté, leur retour a fait des milliers de partisans à la Révolution. — Signé : *Vergne* ; — *Daumard* ; — *Vastroux* ; — *Trainsoutrol* ; — *Duroux*, administrateurs, et *Brivezac*, secrétaire. — Les citoyens *Dufaure*, *Juyé* et *Jumel* ont déclaré ne vouloir signer.

« La société apercevant dans ce refus de signer, fait par ces trois membres, une protestation de leur part contre la pratique des principes de justice et d'humanité qui fait le bonheur du peuple, arrête que le citoyen Juyé, un de ses membres sera épuré. »

La société consultée au sujet du différent qui existe

entre le citoyen Peuch et son fils (1) dit que : « La répugnance que le citoyen Peuch fils montre pour le sistème de sang et de terreur que voudrait rétablir la queue de Robespierre, luy attire la disgrâce de son père qui lui refuse tout, jusqu'aux aliments de première nécessité. L'offre faite par le citoyen Libouroux de donner un logement à cet enfant abandonné est couverte d'applaudissements. »

Il est arrêté que des membres de la société se rendront devers la municipalité pour l'inviter de prendre des moyens de fournir des aliments à cet enfant jusques à l'arrivée du représentant, dans le cas où le père voudrait persister dans son refus. »

Sont reçus membres de la société et obtiennent un diplôme et la médaille, les citoyens dont les noms suivent, qui partent pour aller aux frontières : Floucaud, fils, et Beneyton, fils.

« La société arrête que tous les membres qui ne se sont pas fait inscrire sur le tableau, que la loi exige, se rendront demain à une heure après-midi dans la salle pour remplir cette formalité. »

Séance du 26 novembre, an 3e (16 novembre 1794)

Le citoyen Neuville, de Jos, est reçu membre de la société, on lui remet la médaille.

Un membre de la société observe « que la permanence de l'échafaud de la guillotine, sur la place, rappelle l'idée de ces temps de terreur et de carnage qui ont souillé l'histoire de la Révolution française, la société invite le commissaire national du district d'ôter au peuple l'image d'un instrument qui ne doit

---

(1) On n'a pas oublié que Jumel (le Père Duchêne de la Corrèze) avait épousé une fille Peuch. — De là provient certainement l'immixion de la société dans une affaire qui semblerait ne devoir concerner que la seule famille Peuch.

paraitre qu'au moment du supplice des scélérats. »

Passant à un autre ordre d'idées, et sur l'observation faite par un membre « que les continuateurs de Robespierre tâchent par toute sorte de manœuvres d'avilir les sociétés populaires, on propose de faire une adresse aux campagnes pour les prévenir contre les insinuation perfides de cette secte liberticide et dominatrice. Cette motion, mise aux voix, est arrêtée à l'unanimité, et les citoyens Dulac et Bardon sont nommés rédacteurs de l'adresse. »

Il est décidé que la société fera une liste des sujets les plus dignes d'entrer aux écoles normales de Paris pour y apprendre « les principes de l'éducation nationale. » Cette liste sera remise au district « qui sera invité à la prendre en considération. » Une séance extraordinaire sera consacrée à la formation de cette liste.

« Des plaintes sont portées contre certains instituteurs et institutrices qu'on accuse de négligence et même de perversité dans l'exercice de leurs fonctions. En conséquence, le comité d'instruction publique est invité de procéder incessamment à leur épuration.

Le citoyen Valade, membre de la société, est épuré. — Admis, il reçoit la médaille. — Sont reçus membres de la société, les citoyens Léonard Chambon et Jean Jacquet, tailleur d'habits.

Séance du 28 brumaire, an 3ᵉ (18 novembre 1794)

Il est décidé qu'une adresse de félicitation sera envoyée à la Convention nationale au sujet de son décret ordonnant la fermeture provisoire de la salle des Jacobins de Paris. — Elle sera lue à la prochaine séance.

Bien qu'il soit absent, la société décide de procéder à l'épuration de Juyé.

Il est accusé : « 1° D'avoir dep is deux ans fait les fonctions de président de la société pendant la moitié du temps à peu près, ce qui lui avait donné une prépondérance marquée sur tous les membres de la société.

« 2° D'avoir abusé de cette prééminence pour influencer les délibérations. Il accordait ou refusait arbitrairement la parole. Les propositions, quoique adoptées par la majeure partie des sociétaires étaient défigurées ou détruites par la manière de poser les questions. Il préparait par ce moyen, et avec le concours des partisans connus de Robespierre, le sistème de terreur qui a si longtemps comprimé la société. C'est luy seul qui choisit et nomma le fameux *comité des cinq*, qu'il le composa des quatre personnes les plus sanguinaires de la société, et s'il y ajouta un citoyen qui s'est montré sous des rapports bien opppsés, c'était dans le dessein de le perdre.

« Juyé a refusé de signer l'article de l'esprit public du tableau décadaire du district. — On l'accuse encore de ne fréquenter que ceux qui sont reconnus publiquement pour continuateurs de Robespierre et qui voudraient rétablir l'abominable système de terreur.

« Les différents chefs d'inculpation n'étant contredits par personne, Juyé est expulsé de la société au milieu des applaudissements réitérés. — Les citoyens Villeneuve et Laffeuillade fils sont invités de luy demander la médaille de la société. »

« La mention honorable au procès-verbal est accordée au citoyen Dezaga, maître canonnier, et à ses élèves, pour la fabrication de 206 canons qui ont tous résistés à la force des épreuves, à l'exception d'un seul qui s'est un peu ouvert par le bout. »

La société décide l'ouverture d'un cours public de géographie et d'histoire. Le citoyen Bardon, membre de la société, se charge de cet enseignement.

« La société invite le citoyen Dulac de présenter à la prochaine séance une lettre d'un individu ennemi, reconnu de la Révolution des 9 et 10 thermidor. »

Séance du 29 brumaire, an 3ᵉ (19 novembre 1794)

Tous les membres présents signent l'adresse à envoyer à la Convention nationale au sujet de la fermeture provisoire de la salle des Jacobins de Paris.

Le citoyen Laval, bourrelier, membre de la société, est épuré et conservé.

La médaille de Juyé est remise sur le bureau.

Séance du 3 frimaire, an 3ᵉ (23 novembre 1794)

A l'avenir, deux commissaires seront placés à la porte de la salle pour inviter les personnes étrangères à la société à se placer dans les tribunes. — Ces commissaires seront renouvelés à chaque séance.

Le citoyen Bernard Borie est épuré et conservé comme membre de la société. « Sensible aux témoignages de justice et d'amitié qu'il vient de recevoir de ses frères, il proteste de son union avec eux pour terrasser les continuateurs de Robespierre et anéantir par là tout espoir de retour à l'abominable sistème de terreur. — Il descend de la tribune au milieu des applaudissements. »

Les citoyens Pascal et Maisonneuves, militaires, sont admis comme membres de la société.

« On arrête qu'il y aura toujours dans la tribune des femmes un censeur pour contenir dans les bornes du silence et du respect dû au peuple réuni en société celles qui, par des motifs quelconques, tenteraient de troubler la tranquillité des délibérations. — La lecture des papiers nouvelles est souvent interrompue par le bruit qui se fait dans la tribune des femmes, ce qui force la société à lever la séance, après avoir arrêté que la tribune des femmes sera fermée pour une décade. »

Séance du 4 frimaire, an 3ᵉ (24 novembre 1794)

Les citoyens Pourchet et Rochemont sont chargés de la surveillance à l'entrée de la salle.

L'ouverture de la tribune des femmes aura lieu à la prochaine séance.

« La nouvelle de la mise en liberté de Léon Reyjal étonne la société et les tribunes ; plusieurs motions tendantes à ce qu'il soit pris des mesures promptes de réincarcérer cet individu, qu'on accuse d'être l'homme le plus dangereux du département, se terminent par une invitation faite aux citoyens qui sont instruits des faits imputés à Léon Reyjal d'en faire la dénonciation au comité de surveillance. »

« Sur l'observation faite de déjouer les intrigues ténébreuses des continuateurs de Robespierre, qui cherchent à corrompre l'esprit public par des insinuations perfides, auprès des personnes simples ou ignorantes, tous les membres de la société prononcent en masse le serment de rester unis pour prévenir à jamais le retour du système affreux de terreur.

« Le citoyen Bardon prononce à la tribune un discours expositif des malheurs qui ont affligé cette commune pendant la tyrannie des terroristes. L'orateur, souvent interrompu par les plus vifs applaudissements, est invité de toutes parts de publier encore cet ouvrage par la voie de l'impression, que la société arrête unanimement. — La motion faite par un membre d'envoyer ce discours aux communes et aux sociétés populaires est également arrêtée.

« Le citoyen Garroux parle de certains propos également injurieux à la Convention et à la société, qu'il dit avoir été tenus par le citoyen Trainsoutrot. Il cite pour témoins de ces faits les citoyens Farges, fils ;

Valéry, père ; Celor, platineur, le curé Saudes et Soubranne, limeur de bayonnettes. — Le citoyen Trainsoutrot demeure invité de se rendre à la prochaine séance, pour, en qualité de membre de la société répondre à ces inculpations.

« Au moment que la séance se lève, les citoyens Eyrolles et Valadier, gendarme, demandent à être épurés. — La séance est levée. »

Séance du 6 frimaire, an 3e (26 novembre 1794)

Le citoyen Vergne, administrateur du district, est épuré et conservé. Le citoyen Trainsoutrot se disculpe des inculpations portées contre lui. Il reste membre de la société, mais il est invité à assister plus souvent aux séances.

« Des excès commis nuitamment sur la personne de la citoyenne Maschat, deviennent le sujet des délibérations de la société, Béral, inspecteur de la manufacture est désignée comme l'auteur de ce délit. Déjà des membres sont désignés pour que justice soit rendue à cette citoyenne, qu'on dit avoir été assassinée (1). Mais sur l'observation faite par un membre que cette cause était dénoncée au juge de paix et qu'il procédait à l'audition des témoins, la société passe à l'ordre du jour. »

On arrête d'inviter la municipalité à ne plus laisser aux mains des Robespierristes les poudres et les armes. »

« Les citoyens Bardoulat, volontaires, remercient la

---

(1) Par les mots *assassin, assassiné* on n'entendait pas autrefois dire qu'il y eut eu *meurtre* ou *homicide*. Par extension, et surtout au tribunal, *assassinat* signifiait un outrage qualifié. Ainsi un homme qui donnait des coups de bâton à un autre sans défense était qualifié d'assassin. Il était puni selon la qualité de la personne *assassinée*, selon le fait et les circonstances. — Un grand nombre de personnes reconnues comme ayant été assassinées vécurent beaucoup plus longtemps que leurs assassins.

société à l'occasion de la mise en liberté de leur père. Les sentiments de patriotisme et de piété filialle qu'exprime cette lettre, leur attire des applaudissements réitérés. La société charge le bureau d'écrire à ces deux militaires en leur demandant cependant quel est le sens qu'ils ont attaché aux cris de *Vive la Montagne*, qu'on remarque dans leur lettre à la suite des cris de *Vive la Liberté et l'Egalité*.

Séance du 7 frimaire, an 3ᵉ (27 novembre 1794)

Lecture est faite de la pétition au district. — Elle est approuvée et signée individuellement.

Le citoyen Valadier, gendarme, est épuré et reçoit la médaille.

Séance du 11 frimaire, an 3ᵉ (1ᵉʳ décembre 1794)

Les papiers nouvelles donnent d'intéressants détails sur les victoires des armées « la société a fortement applaudy. »

Le citoyen Vergnolles, baïonnettier, est épuré, on lui remet la médaille.

Il est arrêté « que le nom de tout citoyen qui se présentera pour être reçu membre de la société, sera affiché pendant trois décades dans le lieu des séances et qu'il ne pourra être procédé à son épurement avant cet espace de temps. En conséquence, les noms de Gabriel Debès, Belleflamme, et de François Gagnière seront affichés pendant trois décades. »

Forest, limeur d'équipages, est reçu au nombre des membres épurés.

Le bureau est renouvelé. Sont élus : président, le citoyen Dodet, monteur. — Secrétaires, Dulac et Borie. — Secrétaires suppléants, Villeneuve, sergent au 3ᵉ bataillon, et Bardon.

Séance du 12 frimaire, an 3ᵉ (2 décembre 1794)

On applaudit la lecture d'une lettre du citoyen Duval, armurier.

On passe à l'ordre du jour sur l'approbation du certificat de civisme de la citoyenne Albert, épouse du citoyen Rossignol.

« Au nom du comité d'instruction, le citoyen Villeneuve propose la citoyenne Durand pour remplacer la citoyenne Albert, institutrice, qui est obligée de se retirer à Ussel. » La société l'accepte.

« La société accorde 30 livres par mois au citoyen Grangeau, tambour, et une livre 10 sols par décade, ou toute autre fête, à chacun des autres tambours.

Elle arrête en outre, qu'elle payera les dépenses pour la fête de Vialla et Barra. »

Les citoyens Bussières et Pineaud sont nommés commissaires pour la vérification de l'emploi des sommes mises à la disposition de Villeneuve, distributeur des secours.

« La société arrête à l'unanimité qu'on remettra au citoyen Laborderie, officier de santé de cette commune, l'argenterie qu'il avait donnée pour remplir la taxe qui luy avait été imposée. »

Lecture est faite « des divers avis donnés par les corps administratifs à la pétition des citoyens libres de la société populaire de Tulle, qui renvoyent de nouveau la pétition à la société pour désigner les partisans du système de Robespierre, ce qui donne lieu à une vive discussion. Un membre, dans un discours fort applaudi, fait connaître à la société les menées secrettes et puériles de ces hommes immoraux qui ne laisseraient pas néanmoins de devenir funestes à la chose publique, si elles n'étaient connues. Plusieurs motions sont faites pour arrêter les moyens perfides dont se servent ces hommes de terreur et de sang, et pour faire connaître leur criminelle conduite aux représentants du peuple, Elie Lacoste et Musset.

« Enfin, après une longue et vive discussion, la société arrête à l'unanimité, la proposition d'un membre, d'extraire coppye de tous les procès-verbaux qui constatent les motifs de l'expulsion de ces hommes connus sous la dénomination de queue de Robespierre, et de les envoyer aux représentants du peuple Elie Lacoste et Mussel. — Bardon et Bussières sont nommés commissaires » à cet effet.

Séance du 15e frimaire, an 3e (5 décembre 1794)

Deux députés de la société de Brive sont reçus par le président, qui leur donne l'accolade fraternelle. L'un d'eux a dit « que la société de Brive, après avoir entendu la lecture de la nouvelle des victoires remportées sur les Espagnols, par l'armée des Pyrénées-Occidentales, avait arrêté de nous en faire part. » Il a donné lecture de quelques-unes des dernières victoires. Le président est chargé par l'assemblée d'écrire une lettre de remerciements aux frères de Brive (1).

---

(1) Il est certain que les deux mois qui venaient de s'écouler marquent dans l'histoire de nos victorieuses armées républicaines : Le 2 octobre fut livrée la bataille de Aldenhaven (sur la Roër à une lieue de Juliers). Le prince de Cobourg, général des Autrichiens, est battu par Jourdan, notre compatriote Limougeaud. Le lendemain Bernadotte prend Juliers avec un arsenal important et soixante canons de fort calibre.

Le 7, Bois-le-Duc est pris par l'armée du Nord. — Le même jour, Cologne est occupée par l'armée de Sambre-et-Meuse.

Le 17, la vallée de Roncevaux est envahie et Moncey épousant douze mille Espagnols, entre en Navarre et s'empare des belles fonderies d'Orbaïcet et d'Eguy. Ces opérations furent les dernières de l'armée qui se retira sur la Bidassoa.

Le 23, Andernach et Coblentz sont enlevées de vive force par Jourdan.

Le 26, Pichegru prend Vanloo, après quatre jours de tranchée ouverte.

Le 4 novembre, Jourdan prend Maestricht, avec 300 pièces en bronze, et fait 7.000 prisonniers.

Le 8, notre compatriote Corrézien, le général Souham, bat les Anglais et prend Nimègue avec 86 pièces d'artillerie.

Le 20, fut livrée la bataille d'Escola, où dix mille Espagnols furent tués ou blessés.

Le 27, le commandant espagnol Torrés livra la place forte de Figuière à nos troupes.

Enfin la Vendée est pacifiée. Les rebelles qui déposent les armes ont amnistiés.

Il est fait lecture d'une lettre du citoyen Lamore-Lamirande et d'une adresse du citoyen Lequinio, représentant du peuple.

Une médaille de la société est accordée au citoyen Albert, lieutenant au 1ᵉʳ bataillon de la Corrèze.

Séance du 15ᵉ frimaire au soir

« Un membre développe avec énergie les trames odieuses des partisans de l'infâme système de Robespierre, de ces hommes dont l'art machiavélique a été de tout entreprendre et de tout diviser pour recouvrer une domination qui a malheureusement comprimé le peuple ; de ces hommes féroces qui, se voyant terrassés par le mépris et par la haine que leur vouent les hommes vertueux et justes, prétendent aujourd'hui avoir le peuple pour eux, après l'avoir lâchement calomnié. Des applaudissements réitérés se font entendre dans la salle et les tribunes.

« Un autre membre étonné de la réquisition faite à deux sans-culottes qui ont mérité la confiance de la société en occupant successivement la place de président (1), dit que cela ne peut être que l'effet de la malveillance et de l'intrigue des robespierristes qui ont trompé la religion du comité de salut public et qui, par un dernier effort de leur scélératesse, voudraient isoler les patriotes énergiques en les faisant requérir pour les différentes parties de la République, pour comprimer de nouveau le peuple et continuer leurs projets liberticides. Les applaudissements continuent.

« On fait plusieurs motions qui découvrent toutes les machinations des robespierristes, et sur la proposition d'un membre, la société arrête à l'unanimité de faire

---

(1) Il s'agissait des citoyens Brousse et Faure, ouvriers occupés dans les ateliers de la manufacture d'armes, qui avaient reçu l'ordre de se rendre l'un à Autun, l'autre à Bar-sur-Ornin.

— 522 —

deux pétitions, l'une à la Convention, et au comité de salut public pour les instruire de ce qui se passe dans la commune de Tulle. Bardon et Bussières en sont nommés les rédacteurs. L'autre au représentant du peuple Elie Lacoste, pour luy demander de suspendre le départ des deux sans-culottes requis, et la destitution du fameux Louis Béral. — Mougenc et Dulac sont nommés rédacteurs ».

Deux membres de la société de Brive sont reçus par le président qui leur donne l'accolade fraternelle. L'un d'eux fait un discours qui est applaudi. — Il est décidé qu'on les décorera de la médaille de la société.

On décide qu'une séance extraordinaire aura lieu demain matin à 8 heures, que tous les membres devront être présents pour signer les deux pétitions.

*Séance extraordinaire du 17 frimaire, an 3e
au matin (7 décembre 1794)*

« Plusieurs sans-culottes font connaître la conduite perfide de Louis Béral envers les ouvriers de la manufacture. La société applaudit. »

Les deux pétitions décidées la veille sont lues et adoptées. Il est procédé à l'appel nominal pour la signature de ces pétitions. Elles sont signées par tous les sociétaires présents et par les personnes des tribunes.

Séance du 17 frimaire, an 3e

Une lettre de la Convention annonce qu'elle a ordonné la mention honorable et l'insertion au bulletin de l'adresse de la société populaire de Tulle la félicitant « sur sa sublime adresse au peuple français ».

Les deux pétitions signées le matin sont remises sur le bureau couvertes de six grandes pages de signatures. Un membre dit qu'elles « feront connaitre à la Convention nationale que la vertu et la justice ont remplacé la terreur, et au représentant du peuple Elie Lacoste, que le peuple attend avec impatience la punition des terroristes, qui au lieu de demander pardon à la nature et à la morale des outrages multipliés qui luy ont été faits ne respirent encore, malgré leur chute, que domination, vengeance et calomnie.

« Différentes propositions sont faites pour le mode de renvoy de ces deux pétitions. — La société décide que celle destinée au représentant Elie Lacoste lui sera portée séance tenante par Mougene et Dulac. Celle adressée à la Convention sera portée au bureau de poste de Brive par Elie Boulle, attendu que le bureau de poste de Tulle fait éprouver beaucoup de retard aux paquets que la société populaire de Tulle envoye à Paris ».

Bardon et Bussières sont chargés de se rendre auprès du représentant Musset pour le féliciter sur le rétablissement de sa santé.

Interpellé pour savoir « la conduite du fameux Louis Béral, Rochemont monte à la tribune et dit qu'il avait rencontré un métayer de La Valade, de Germain-les-Vergnes (1), ayant des besaces pleines de grains et que le cultivateur avait dit en sa présence et celle des citoyens Croizi, marchand chapelier et Moreau, platineur, qu'il portait ce grain à Béral, de la manufacture, pour le changer avec de la poudre. Ce qui excite l'indignation de la société et du peuple qui a déjà manifesté ses craintes relativement à la poudre, qu'elle ne croit pas être entre des mains saines et sures. »

Les témoins indiqués interpellés sont absents.

Les commissaires de retour annoncent que le représentant Elie Lacoste a dit « qu'il prendrait en grande considération l'objet de leur demande. »

---

(1) *La Valade* était un ancien fief des Noffignac dont la famille fut la plus importante des environs de Saint-Germain-les-Vergnes. — C'est aujourd'hui un petit hameau situé au sud et à environ 2 kil. 500 du bourg de Saint-Germain-les-Vergnes. Les Chadebec viennent de s'en titrer l'an dernier (1910).

Le citoyen Jean-Pierre Brunet Daligny, de Miercourt [pour Mirecourt probablement], département des Vosges, est admis parmi les membres épurés. Il reçoit la médaille.

Séance du 19e frimaire, an 3e (9 décembre 1794)

Les citoyens Joseph Dupuy, garçon perruquier, et Antoine Mougene «sont reçus en qualité de défenseurs de la patrie et reçoivent la médaille».

Des observations sont faites, au sujet de Béral, sur le procès-verbal de la précédente séance. Maschal jeune «déclare qu'étant allé, il y a environ quinze jours, chez le citoyen Nicolas, aubergiste, il se trouva, par occasion dans l'appartement où était Béral avec plusieurs autres qui passaient pour avoir les mêmes principes ; Béral, qui paraissait présider avec son frère cette troupe, dit : Il nous manque ici Boulle et Pastric jeune ; et Béral aîné montrant un sabre enfoncé, assurait qu'il était récemment affilé jusqu'à la poignée. Il ajouta : si nous allions à la société armés d'un sabre chacun, personne n'oserait nous rien dire. Alors Maschal répondit : La société ferait bien de nommer quatre commissaires qui seraient chargés de prendre toutes les mesures pour vous faire mettre dedans.»

Après cela le procès verbal est adopté.

Les citoyens Croizi et Moreau, platineur [ici le nom est écrit Mozaud] confirment la déposition faite dans la précédente séance par Rochemond, au sujet de Béral.

«Pierre Petit ayant demandé la parole, a dit qu'un de ces jours il y avait chez Boule un attroupement des partisans du sistème de l'infâme Robespierre qui se concertaient sur les moyens à prendre pour réussir dans leurs projets. Le fils de Pierre Petit a déclaré que couchant chez Boule, il avait été à portée de voir et d'entendre les associés. Ce jeune citoyen a dit qu'ils étaient, suivant leur compte, quarante deux individus de leur party, qu'ils se flattaient de résister à la société entière et de la mettre en déroute. Il a ajouté qu'ils ont un mot d'ordre qui n'est connu que d'eux, et que le soir de l'attroupement, dont à parlé son père, ils avaient parlé de dénoncer plusieurs membres de la société. »

« Copie de ces déclarations sera envoyée à Élie Lacoste, représentant du peuple.

Les citoyens Blanc et Bachellerie sont chargés de se rendre auprès du représentant Élie Lacoste pour l'engager à permettre qu'il y eut demain une assemblée communale et l'inviter à épurer ou renouveller sans delay les authorités constituées et de luy demander une réponse à la pétition qui luy a été présentée pour suspendre le départ de nos deux concitoyens Brousse et Faure, et pour la destitution de Béral. »

Un membre dit que « depuis la chute de l'infâme Robespierre, ses partisans n'ont cessé de tendre des pièges au peuple. Ceux qui sont dans les corps constitués cherchent à entraver toutes les mesures de salut public, ils laissent tout dans l'ignation [inaction], ils voudraient même que le peuple manquât de subsistances pour luy faire assaillir les anciens persécuteurs Dans ces conditions, le peuple doit veiller d'une manière plus active à résister, il doit prendre l'attitude du premier peuple de l'univers et rester calme, mais porter des réclamations au représentant du peuple Élie Lacoste, et même à la Convention nationale, si le cas l'exige. La pénurie des subsistances n'est que fictive, mais cet objet mérite toute notre sollicitude (1). »

Une citoyenne des tribunes ayant obtenu la parole

---

(1) Cette pénurie des subsistances était si peu fictive que quatre mois plus tard la municipalité de Tulle était obligée de rassurer la population à ce sujet par une proclamation, ce qui n'empêcha pas les femmes de Tulle de se révolter autour de la halle et du marché. Le lecteur trouvera tous les détails de cette affaire dans mon tra-

« a déclaré que la femme de Coussau rapporta, il y a quelque temps, que Pauphile avait dit : On traite de Robespierre les patriotes de quatre-vingt-neuf, ainsy ils ne veulent plus se charger de faire venir de grains.

Chaverliange et Chastang ont déclaré avoir entendu dire les mêmes faits. »

Le citoyen Blanc monte à la tribune et rend compte de la visite faite au représentant Lacoste : « Les réponses d'Elie Lacoste ont surpris et vivement affecté la société. Un membre a demandé que les réponses de ce représentant fussent couchées sur le procès-verbal... Blanc a été chargé de cette opération. »

Plusieurs membres se plaignent des injustices que le Conseil d'administration de la manufacture commet envers les ouvriers, mais il n'est donné aucune suite à ces réclamations.

Un membre propose de « s'occuper des moyens à prendre en conséquence des réponses du représentant du peuple, mais sur l'observation de plusieurs membres qu'il fallait mettre de la sagesse et de la réflexion dans une matière de cette importance, la société a demandé l'ajournement sur cette question.

Copie du rapport fait par les commissaires

« La commission nommée par la société pour porter au représentant du peuple Elie Lacoste extrait des procès-verbaux des déclarations faites contre Louis Béral et les partisans de Robespierre, rapporte qu'après en avoir donné lecture au représentant, il a répondu

---

vail sur les *Thermidoriens tullois*, édité par la librairie Schemit, à Paris.

Cette disette des grains et autres subsistances n'était pas spéciale à Tulle : Par un décret en date du 15 mars 1795, la Convention nationale fixait la ration journalière de chaque habitant de Paris à UNE LIVRE de pain. Elle en accordait une livre et demie à l'ouvrier.

— 527 —

que cette affaire ne le concernant pas elle devait être portée devant le tribunal compétant et qu'il assurait que le dénommé, ou dénonciateur seraient punis.

» La commission, d'après le vœu de la société a demandé au représentant s'il avait répondu à la pétition qui luy avait été remise pour lui demander la suspension du départ de deux ouvriers attachés à la manufacture d'armes. A répondu qu'il n'était pas en son pouvoir de s'opposer à l'exécution d'une loi, que cependant les deux ouvriers désignés pourraient attendre la réponse du comité de salut public et se préparer toujours pour suivre leur destination.

» La commission, d'après le même vœu, a témoigné au représentant le désir qu'elle avait qu'il suspendit son voyage à Ussel jusques après demain ; il a répondu que si son retard avait pour but l'utilité publique il le ferai avec plaisir, alors la commission lui a dit que la société populaire avait intention de demander à la municipalité, ou à luy, que le peuple fut authorisé à se réunir en assemblée communale pour luy exprimer son vœu. Le représentant a répondu que ni la municipalité, ni luy n'avaient point le droit de faire assembler le peuple, que pour cela, a-t-il dit, il fallait un décret.

» Mais, citoyen, luy a observé la commission, les authorités constituées ont perdu la confiance du peuple, et il demande leur renouvellement.

» De quoi a-t-il à se plaindre le peuple?

» De l'abus de leur authorité, à répondu la commission, de ne pas s'opposer aux entreprises de continuateurs de Robespierre ; et puis la ville manque de subsistances et le peuple leur en attribue la cause.

» Le représentant a répondu que les authorités n'étaient pas responsables du manque de vivres, que cela regardait plus particulièrement les agents nationaux du district et de la commune, qu'eux seuls devaient être poursuivis et punis s'ils avaient négligé l'approvisionnement de la ville.

» La commission luy a renouvellé si elle pouvait assurer la société qu'il retarderait son voyage à Ussel.

» Le représentant a répondu que ne trouvant pas dans le retard de son voyage un sujet d'utilité publique, il ne pouvait le différer, au surplus a-t-il ajouté, j'ay à me plaindre de l'acharnement, de la passion avec laquelle la société poursuit plusieurs citoyens de la ville ; que certaines personnes égarent le peuple et le conduisait à des démarches dangereuses ; que le comité de salut public en avait été instruit par la députation en masse de la Corrèze, qu'il avait reçu des lettres à ce sujet, et qu'il n'avait pas voulu uzer du pouvoir qu'il a en main.

» La commission a observé au représentant que la société ne connaissait point de meneur dans son sein mais que les calomnies atroches (sic) que répandaient sur elle les continuateurs de Robespierre luy faisaient un devoir de les démasquer et de les dénoncer.

» Le représentant a manifesté son indignation des insultes faites au citoyen Lanot père par quelques individus, des obscénités commises en présence de sa belle-fille, de la manière avec laquelle quelques personnes s'étaient portées pour l'assassiner à coups de pierres, et de la mort de la citoyenne Roussel, institutrice, occasionnée par ce tumulte et le trouble qui s'était passé devant la porte à l'occasion de son frère. Enfin le représentant a terminé par dire qu'il était instant que chacun restat tranquille que c'était le moyen de se rendre heureux et qu'il verserait son sang pour assurer le bonheur du peuple.

» La commission l'a assuré que la société populaire n'avait point connaissance des actes qu'il reprochait à quelques individus, que les principes qu'elle professait la mettait à l'abry de toute inculpation, qu'elle ne respirait qu'après le règne de justice et de vertu et que dans toutes les occasions elle servirait de rempart à la représentation nationale, en qui elle avait pleine confiance. »

Séance du 21 frimaire, an 3e (11 décembre 1794)

Les papiers nouvelles annoncent que les armées des Pyrénées occidentales et orientales ont remporté de grandes victoires « sur les vils satellistes d'Espaigne et que la chute des tyranneaux modernes continuateurs de l'abominable système de Robespierre est prochaine ; la salle et les tribunes applaudissent vivement à plusieurs reprises. »

» Le citoyen Yvernat, garçon monteur, requis pour aller sur les frontières combattre les ennemis de la République présente une pétition à la société tendant à ce qu'il luy soit permis de demeurer à son atteiller, attandu qu'il est sur le point de finir son apprantissage. — Une discussion s'engage, et la société, toujours fidelle, dans l'exécution des lois, passe à l'ordre du jour.

» Le citoyen Yvernat expose qu'il laisse une mère dans le besoin et la société arrête, sur la motion d'un membre, qu'elle avisera un moyen de procurer des secours à la mère de ce défenseur de la patrie, arrête en outre de faire une collecte pour ce citoyen. Aussitôt les membres de la société s'empressent de porter sur le bureau leurs offres. Les citoyens et citoyennes des tribunes les imitent. La collection finie, le président remet le tout au citoyen Yvernat. »

» Le citoyen Bardon, délégué du peuple (*sic*) (1) de-

---

(1) C'est vraisemblablement un *lapsus calami* du secrétaire, ou du scribe qui a transcrit le procès-verbal sur le registre. Il faut lire *délégué de la société*, bien que plus loin Bardon se donne le titre de *délégué du peuple*.

vers le représentant du peuple Musset, à Ussel, avec le citoyen Labounoux, de retour de sa mission, monte à la tribune et dit, après s'être plaint que les délégués du peuple n'avaient pas pu se procurer de chevaux, que le représentant du peuple Musset étant parti par ordre de son médecin, il avait vu son frère et son médecin auquels il s'était annoncé en qualité de délégués du peuple ; ceux 'cy les reçurent favorablement et luy assurèrent que le représentant du peuple avait écrit depuis huit jours au comité de salut public pour luy demander un bon représentant pour le département de la Corrèze et que vraisemblablement nous aurions le bonheur de l'avoir sous peu de temps. — Le citoyen Bardon a ajouté que malgré que les robespierristes ne voulussent pas qu'on parla d'eux, il devait instruire le peuple que ses ennemis les continuateurs du système de terreur et de sang avaient répandu, dans tout le district d'Ussel que Tulle était dans le plus grand désordre, que nous nous mangions entre nous, qu'on y regrettait le calme qui y régnait, tandis que de leur temps nous avions la tranquillité de la mort. Après avoir rassuré le peuple que ces faux bruits étaient dissipés, il a terminé par ces paroles du président de la Convention : la tête de l'hydre est abattue, la queue ne remuera plus longtemps ».

Séance du 25 frimaire, an 3e (15 décembre 1794)
Une lettre du comité des dépêches de la Convention annonce que la Convention nationale a décrété la mention honorable et l'insertion au bulletin de l'adresse de notre société qui félicite la Convention nationale sur son adresse au peuple français et applaudit aux mesures de justice qu'elle a exercé envers un de ses membres. »

Les citoyens Siquart, soldat libéré du 2e régiment de chasseurs et Deguin, de Corrèze, militaire, sont reçus membres de la société.

Les citoyens Jean Rellier, cultivateur de la banlieue de Tulle, et Etienne Floucaud, employé à la manufacture de Tulle, « manifestent à la société leurs sentiments d'indignation contre l'affreux système de Robespierre et de ses abominables partisans..., sont rangés au nombre des membres épurés et en porteront la décoration. »

Le citoyen Gouttes, jeune, monte à la tribune pour son épuration, mais on passe à l'ordre du jour motivé sur ce que « ce citoyen s'est trouvé dans l'affaire du Trech. »

Séance du 28 frimaire, an 3ᵉ (18 décembre 1794)

Lecture du procès-verbal de la précédente séance.— Il est adopté.

Lecture des papiers nouvelles.

Séance du 1ᵉʳ nivôse de l'an 3ᵉ de la République (21 décembre 1794)

Lecture est faite des papiers nouvelles qui annoncent «que la justice nationale a prononcé sur le sort de l'abominable Carrier, de cet homme de sang qui a jetté le deuil sur la plus belle des révolutions en se rendant coupable des crimes multipliés et inconnus aux nations les plus barbares. La société et les tribunes applaudissent vivement et à plusieurs reprises à cette mesure de justice. (1). »

» Un membre, après avoir développé les effets merveilleux de la justice que nos sages représentants ont mis à l'ordre du jour, et qui fait mettre le sceau à la plus belle Révolution du monde, fait la motion de faire une adresse à la Convention nationale pour la féliciter

---

(1) Carrier, conventionnel, que Languinais avait baptisé le *tigre de l'Ouest*, fut condamné à mort par le nouveau tribunal criminel le 16 décembre 1794, et exécuté le même jour sur la place de la Révolution.

de l'acte de justice qu'elle vient de porter sur les soixante-treize représentants détenus, en les admettant dans son sein (1) et sur le supplice de l'infâme Carrier. » Accepté à l'unanimité.

Séance du 3e nivôse, an 3e (23 décembre 1794)

Une lettre du comité des pétitions de la Convention nationale, en date du 27 frimaire, annonce que l'adresse envoyée par la société de Tulle à la Convention au sujet des citoyens Brousse, platineur, et Faure, monteur, a été transmise au comité de Salut public.

Après un assez long débat, la société arrête qu'on fera une nouvelle pétition au représentant du peuple Elie Lacoste pour réclamer une réponse de la remise de la pétition qui lui a été adressée « par les citoyens libres de cette commune (2).»

Séance du 4 nivôse, an 3e (24 décembre 1794)

Les citoyens Lacombe ; Guillebeau, juge, et Massoulier aîné, perruquier, sont proposés pour l'admission. — Leurs noms resteront affichés suivant le règlement.

Après avoir obtenu la parole, « un membre expose que les partisans du système de sang, las de manœuvrer dans les villes, se sont répandus dans les campagnes et s'y érigent, par les cris forcenés de la rage, en disant que ceux qui veulent propager le système de justice que la Convention a mis à l'ordre du jour pour mettre le sceau à la plus belle Révolution du monde sont des contre-révolutionnaires, qu'ils veulent faire

---

(1) Le 8 décembre 1794, après un vote de la Convention nationale, 73 députés, proscrits, après le 31 mai 1793, rentrent au sein de la Convention. Parmi eux se trouvaient Lanjuinais, Boissy-d'Anglas, Daunou, Henri Larivière, etc.

(2) Pétition dont il a été question dans le rapport inscrit au registre (séance du 19 frimaire an 3 — 9 décembre 1794).

rentrer les émigrés, les mettre en possession de leurs biens et qu'ensuite les cultivateurs seront tenus de payer les redevances de l'ancien régime. Ce membre s'est résumé, à demander que la société fit une adresse aux habitants des campagnes pour les prévenir sur les menées criminelles des partisans du sistème de terreur et de sang et sur l'arrivée prochaine d'un nouveau représentant. Des membres ont exposé d'autres atrocités de la part de ces Catilina modernes et notamment un cultivateur qui a dit qu'on avait répandu dans les campagnes que les assignats n'auraient bientôt plus de cours (1). Enfin la motion faite de faire une adresse aux habitants des campagnes, vivement appuyée, est adoptée à l'unanimité. Bardon et Bussières en sont nommés rédacteurs.

Séance du 7 nivôse, an 3e (27 décembre 1794)

Après lecture de diverses correspondances, un citoyen, pris de vin, répétant sans cesse qu'il ne voulait point de roi, et sur ces propos, un membre a exposé que le bruit s'était répandu dans la commune de Tulle que la moitié de la Convention voulait un roy, ce qui inquiettait vivement les citoyens de cette commune, et il a fait la motion de prêter le serment de ne jamais reconnaître d'autre gouvernement que le républicain et de faire une guerre à mort à tous les rois et tyrans.

La société et les tribunes se sont élevés en masse et ont juré de mourrir plutôt que de voir un roi sur le throne en France. Les cris de vive la République et la Convention nationale se sont fait entendre de toutes parts et à plusieurs reprises.

» Pour donner du jour à ce bruit vraisemblable-

---

(1) A ce moment-là (décembre 1794) cent livres en assignats ne valaient plus, en Corrèze, que 28 livres de numéraire. Mais on peut consulter le tableau de la valeur des assignats de 1791 à août 1796 que j'ai donné dans mon livre sur les *Thermidoriens tullois*.

ment répandu par les cris forcenés de la rage robespierrine, le citoyen Borie, membre de la société, a déclaré que passant sur la place de l'Egalité entre 8 et 9 heures du matin, présent jour, il aperçut les citoyens Duval, vitrier, Seindriac, platineur, Monteil, tanneur, et Maschat, charpentier, en peloton, l'un d'eux lui fit signe. Borie les ayant abordés, Maschat luy dit : Duval nous apprend une belle nouvelle, il nous dit que la moytié de la Convention demande un roy, alors Duval dit en battant des mains : On battait des mains lorsque les Jacobins furent détruits, voilà le fruit de leur destruction. Seindriac répondit : Si on voulait nous donner un roy, il ne fallait pas détruire le premier, autant valait celui que nous avions que celui qu'on veut nous donner. — Borie dit qu'il avait juré la destruction du roy et qu'il tiendrait son serment jusqu'à la mort, et se retira.

« Ce propos a été prouvé par le citoyen Maschat, présent à la séance, et Duval luy même, aussi présent, a convenu de la vérité de la déclaration faite par Borye.

« Sur la motion d'un membre, la société arrête à l'unanimité que ce bruit répandu pour avilir la Convention, à laquelle la société est invariablement attachée, et de jeter le trouble et l'agitation dans l'esprit des citoyens de la commune de Tulle, qui ont abjurés les rois, les tyrans et les aristocrates, serait dénoncé individuellement par la société au comité révolutionnaire.

« Le citoyen Villeneuve, distributeur des secours pour les parents des défenseurs de la patrie, a présenté ses comptes, vérifiés par les commissaires, nommés par la société dans sa séance du 12 frimaire dernier, et a proposé d'échanger en assignats une somme de deux mille quatre cents livres en numéraire qui étaient dans une caisse. La société a arrêté que ce numéraire ne serait point échangé, et qu'on prendrait dans une autre caisse les sommes nécessaires pour subvenir aux secours décrétés en faveur des défenseurs de la patrie. Elle a arrêté, en outre, qu'on payera les marchands et autres qui ont fourny des marchandises et autres objets pour habiller les sans-culottes des écoles primaires ; — qu'on donnerait des habillements à une citoyenne totalement nue, et enfin qu'on payerait à chacun des instituteurs des enfants des écoles primaires la somme de cent cinquante livres pour indemnités, et que les fonds seront pris dans la caisse du citoyen Mariau, pour être versés dans celle du citoyen Dulignon. »

Le citoyen Bardon donne lecture de l'adresse à la Convention relative à la condamnation de Carrier et à la mise en liberté des 73 députés. Cette adresse sera imprimée.

Le même membre donne lecture de l'adresse aux campagnes « sur les menées criminelles des partisans du système de Robespierre ». Elle est adoptée.

Sur l'observation faite que la pétition de la société au représentant du peuple Elie Lacoste pour obtenir un sursis au départ des citoyens Brousse et Faure, avait été déposée au greffe du Tribunal civil du district de Tulle, avec une pétition de Louis Béral, où il expose que la demande de la société tendante à demander sa destitution d'inspecteur de la manufacture, ne fut ajoutée à la pétition de la société qu'après que les secrétaires et le peuple des tribunes eurent signé la demande en sursis du départ des citoyens Faure et Brousse. La société et les tribunes, en approuvant la plainte de Louis Béral, qui est recognue pour calomnieuse, ont déclaré, à l'unanimité, qu'après la lecture de la pétition qui avait pour objet d'obtenir du représentant Elie Lacoste un sursis au départ des citoyens Brousse et Faure, il fut arrêté d'ajouter à cette pétition la demande en destitution de Louis Béral de sa place d'inspecteur de la manufacture, en conséquence, le citoyen Dulac, l'un des secrétaires du bureau fut invité de consigner cet arrêté à la suite de la pétition, et encore d'appostiller, à cotté de cette pétition und note concernant Louis Béral, et que ce ne fut qu'après ces additions que la pétition fut présentée pour être signée par la société et par les tribunes, qui s'empressent d'en assurer la vérité et l'autenticité par leurs signatures individuelles. »

« La société a arrêté à l'unanimité qu'il sera extrait coppye de l'article qui regarde le citoyen Dulac, et qu'on luy fera passer cet extrait signé individuellement par les membres de la société. »

« Un membre déclare à la société que le citoyen Contrastin, présent à la séance, a retracté la signature qu'il avait apposée à la pétition de la société, tendante à demander un sursis au départ des citoyens Brousse et Faure, et à la destitution de Louis Béral.

« Constrantin (sic) monte à la tribune et déclare à la société qu'il n'a point retracté sa signature, qu'il a seulement déclaré que Béral ne luy avait jamais rien fait et qu'il n'avait pas à se plaindre de luy. — En conséquence Contrastin a donné à la société la déclaration suivante écritte et signée de sa main : « Je déclare que par l'écrit que j'ai donné au citoyen Béral, je n'ay point entendu rétracter ma signature que j'avais apposée au bas de la pétition par laquelle la société de Tulle demandait sa destitution et que je n'ay eu d'autre dessein que de luy donner la déclaration qu'il me demandait, qu'il ne m'avait jamais rien fait, et que, je n'avais pas à me plaindre de luy. En foi de quoy ay signé : Tulle le 7e nivôse, 3e année républicaine.

« Signé : *Contrastin*.

« La société a décidé que l'original de cette déclaration serait déposée dans les archives. »

Séance du 11e nivôse an 3e (31 décembre 1794)

Des commissaires sont envoyés au bureau de la poste pour prendre livraison du courrier. — Ils reviennent se plaignant « qu'on les a relégués dans un coin, à côté de la porte d'entrée du bureau de la poste, qu'on les a maltraités par les propos les plus durs, tandis que toutes les portes du bureau étaient ouvertes aux partisans du système de terreur, et qu'ils s'y érigeaient avec le despotisme robespierriste.

« Un autre membre, envoyé au dit bureau par un fonctionnaire public, pour prendre les paquets qui luy étaient adressés, s'est plaint qu'on l'avais mis à la porte et qu'on luy avait fait descendre l'escalier à coups de pieds dans le dos.

« La société, toujours ferme dans ses principes de justice et de vertu, ne voulant rien préjuger sans être suffisamment éclairée sur les faits dénoncés, a suspendu la discussion jusqu'à ce qu'elle sera pleinement instruite de la plainte des commissaires de la société et d'un autre membre envoyé par le fonctionnaire public, aussi membre de la société. »

Séance du 13 nivôse, an 3e (2 janvier 1795)

Le citoyen Faure, ex-président, occupe le fauteuil de la présidence, en l'absence du président Dodet.

En lisant les papiers nouvelles, la société applaudit « le zèle vrayment civique que manifestait à la Convention le citoyen Pénières, député de ce département, un de ceux qui a défendu et déffend encore avec le plus de courage les grands principes de la liberté ». (1)

---

(1) Il est ici fait allusion à la conduite de Pénières dans la séance du 30 frimaire (20 décembre 1794) lorsqu'il demanda que le représentant Elie Lacoste, en mission dans le département de la Corrèze fut rappelé « car il est nécessairement compris, dit-il, dans le nombre des membres qui composaient les anciens comités du gou-

La société nomme Bardon et Bussières pour recevoir les plaintes des ouvriers de la manufacture d'armes contre Louis Béral et plus spécialement pour rechercher pourquoi un atelier spécial est privé des gratifications qu'on accorde aux autres en raison de la cherté des vivres.

Est ajournée la discussion sur la plainte portée par Duval contre Lagrange au sujet de ce qui a été dit que la moitié de la Convention voulait un roi.

Divers membres racontent l'attentat qui eut lieu au caffé Crauffal, le 12 au soir ; il résulte du rapport de Crauffal, Bachellerye, Fayet, Fouillaud, cultivateur, Frédéric et Champeval, que Roussel, Boulle, Pauphille et Compagnon, armés de toutes pièces, se rendirent dans le caffé Crauffal, que là ils commencèrent par injurier, sans raison, le caffetier et quelques citoyens qui s'y trouvèrent, qu'après avoir brisé différents meubles de l'appartement, ils joignirent leurs menaces aux voies de fait ; que Roussel, armé d'un pistolet et d'un bâton, le porta sur la poitrine d'un citoyen ; que différents autres furent arrêtés et consignés, et que Roussel entre autres, ayant rencontré le citoyen Bachellerye dans l'escalier, avait dit à un de ses camarades : réponds moi de cet homme ; qu'alors, Bachellerye, se voyant entraîné, s'est débattu et échappé aux mains de son ennemy. Andrigue, chargé de garder Bachellerie, luy allongea un coup de perche qui ne l'atteint pas ; que ces hommes atroces ayant trouvé plus de fermeté qu'ils n'en attendaient, furent chercher un renfort, qu'alors Roussel eut l'impudeur de

---

vernement et dont les comités actuels sont chargés d'examiner la conduite. »

Pénières reproche en outre à Élie Lacoste de ne pas avoir épuré les autorités constituées du département de la Corrèze. Voir pour les détails mon livre sur les *Législateurs Corréziens sous la Révolution et le Consulat*.

boire à la santé des robespierristes de Tulle, et s'exala en invectives atroces contre les soutiens de la révolution du 9 thermidor ; qu'enfin plusieurs citoyens furent obligés de prendre la fuite.

« Après une longue discussion, la société a arrêté de nommer deux membres chargés de recueillir les faits et de faire une dénonciation à toutes les authorités constituées avec invitation de la porter à la séance de demain. » Blanc et Bussières sont nommés.

Un membre propose d'informer la Convention « tant de la conduite de la société que des moyens aussy odieux que multipliés qu'employent les ennemis du peuple pour le terrifier, l'égarer et le séduire. Il a fait sentir la nécessité d'instruire la Convention des entraves qu'a mis Elie Lacoste, représentant du peuple, pour empêcher les citoyens de jouir de la révolution du 9 thermidor. »

En acceptant, la société nomme Bardon et Bachellerie pour rédiger l'adresse et la présenter dans la séance du lendemain.

Lagrange et Duval s'expliquent et sont renvoyés auprès des commissaires chargés de rédiger la dénonciation au sujet de cette affaire.

Séance du 14 nivôse, an 3ᵉ (3 janvier 1795)

Le citoyen Bardon, commissaire, nommé pour recevoir les plaintes des ouvriers de la manufacture d'armes, constate « l'opiniâtreté de Louis Béral à priver les ouvriers de cet atelier [celui de Dezaga] des gratifications accordées aux autres, au mépris de l'arrêté du représentant du peuple ». Il ajoute que ces ouvriers sont « entièrement dégoutés. »

Le citoyen Blanc lit son rapport sur l'affaire du café Crauffal. — Il n'y est rien dit qui n'ait été mentionné dans le procès-verbal de la précédente séance.

Le citoyen Bachellerie dit que « lorsque Roussel lui

reprocha d'être revenu des armées, il lui avait répondu qu'il était muni d'un bon congé et d'un certificat des représentants près son armée, qu'alors Roussel avait dit : Oh ! tous les représentants auprès des armées sont des *fouteugeux* (sic) (*foutu gueux*). » Crauffal atteste la vérité de cette déclaration.

Bardon fait lecture de son rapport « sur la conduite qu'avait tenue Elie Lacoste dans cette commune. » Il est applaudi.

Séance du 15 nivôse, an 3e (4 janvier 1795)

Il est fait lecture d'un arrêté du représentant du peuple Elie Lacoste, portant qu'il n'y a pas lieu à accorder une gratification aux ouvriers de l'atelier de Saint-Pierre. Bardon et Bussières sont nommés pour rédiger une pétition qui sera adressée au comité des armes afin de l'intéresser à ces ouvriers « pour qu'ils obtiennent justice. » — Ils recueilleront aussi « la note des différentes plaintes, des vexations éprouvées tant par l'attellier Saint-Pierre que par la manufacture, et demanderont ensuite la destitution du conseil d'administration et de Louis Béral. »

Un extrait du procès-verbal sera envoyé à Dulac en indiquant qu'« une proposition de Dulac avait été adoptée pour une adition à la pétition notée par la société. »

Les citoyens Villeneuve fils et Lafeuillade fils obtiennent un diplôme.

Le citoyen Villeneuve est invité à faire chez un notaire la déclaration des propositions à lui faites par Baudoin et Deprès.

« Le citoyen Ducher est invité à monter à la tribune pour répondre aux inculpations à luy faites ; il s'élève entre luy et le citoyen Jarrige une vive discussion, et Ducher se porte à des voies de fait, ce qui excite une vive rumeur dans la salle. Le citoyen Ducher est conduit dehors, et le calme renait. Un membre propose, et la société arrête, que le citoyen Pineaud sera adjoint pour recevoir les déclarations de cette rixe, afin de prévenir les effets de la malveillance. »

Un compte présenté par Chirac, sera payé par le trésorier.

A la suite de ce procès-verbal se trouve un rapport intitulé : *S'ensuivent les dépositions des citoyens et citoyennes sur la rixe qui s'est passée entre Jarrige et Ducher.*

« Salonon ayné, monteur, déclare avoir entendu dire à Jarrige que Ducher monta à la tribune, qu'il avait des raisons à luy dire. Alors que le peuple cria : à la tribune, Ducher prenait le chemin pour monter à la tribune, retourna sur ses pas pour s'en aller. Les uns criaient qu'il monte à la tribune, et les autres qu'il s'en aille. Alors, il revint et portant la main sur la poitrine de Jarrige, luy dit qu'il était un aristocratte et un phanatique et qu'il le lui prouverait. Alors Jarrige lui dit de monter à la tribune pour se justifier, Ducher, faisant toujours des signes de la main à Jarrige, Jarrige lui dit : ne me pousse pas tant, et en même temps luy donna une poussée et fit tomber le citoyen Ducher. Alors Eynard Meneyrol voulait sauter sur Jarrige, en même temps Ducher se levant, a lancé un coup de batton, mais le citoyen Salanon ne sait pas qui l'a reçu. Alors toute la société cria : Ne frappez personne. Et une partye conduisit Ducher dehors en luy disant : On ne te faira pas de tort. »

Signé : SALONON.

Lafeuillade fils déclare que Ducher luy donna un coup de poins sur la poitrine, alors Jarrige luy donna une poussée et le renversa. »

La citoyenne Maschat déclare la même chose, ainsi que les citoyennes Marianne Vialle et Pétronille Duval

« La citoyenne Boudrie, femme au gendarme, déclare

que le 11 nivôse, étant à la séance de la société, que plusieurs ouvriers de la manufacture se plaignaient du conseil d'Administration de la manufacture et notamment de Louis Béral, qu'un membre de la société et ouvrier de la manufacture dit que Ducher avait été à l'atelier de chez Boulle en disant au maître et aux ouvriers qu'il n'y avait plus de charbon ny de fer pour eux, que le lendemain, à la séance du 15, Jarrige dit à Ducher qu'on avait fait une inculpation contre luy, et qu'il le priait de monter à la tribune. »

Le reste de cette déposition est semblable à celles précédemment faites, sauf pour le « coup de trique sur Jarrige qui l'atteint à la tête » dit la déposante qui signe VAUZANGES.

La citoyenne Françoise Mougein et le citoyen Bousquet attestent les mêmes faits.

Le citoyen Faure atteste les mêmes faits, mais « déclare avoir entendu le citoyen gendre de la veuve Guillaumette, Andrigue Saugon, dire que Ducher s'attendait bien à l'événement qui était arrivé. »

Séance du 16 nivôse de l'an 3ᵉ (5 janvier 1795)

Une lettre de remerciement du citoyen Bavert, grenadier, est applaudie.

Les citoyens monteurs Champanel, Rigonet, Bordas, platineur, sont proposés pour être membres de la société. Leurs noms seront affichés pendant trois décades.

Jos, Belle-Flamme et Jean Boëtte sont épurés et reçus.

« Le citoyen Puyreymond, interpellé sur ce qui s'est passé entre lui et quelques individus au caffé Ambasse, déclare que la société n'ayant aucun droit de l'interpeller, et que d'ailleurs la rixe étant particulière, il se voit dispensé de donner aucun détail ; la société passe à l'ordre du jour. »

Séance du 17 nivôse de l'an 3e (6 janvier 1795)

« Dans la lecture des papiers-nouvelles, l'attention se fixe sur l'esprit public qui anime la commune de Paris, et la société applaudit vivement aux pétitions des différentes sections contre les terroristes et royalistes qui cherchent, par toutes sortes de manœuvres, à arrêter les effets salutaires de l'heureuse révolution du neuf thermidor.

» Après avoir entendu un discours lumineux concernant les menées des Robespierristes de cette commune, la société demeure convaincue de la nécessité de surveiller la conduite ténébreuse de ces messieurs pour prévenir les coups funestes qu'ils veulent porter à la liberté et à la République. »

Sont reçus membres de la société: Luneville; Debise, platineur; François Gagnère, monteur, et Pierre Leyniac, de la commune de Naves.

Le lieutenant des vétérans se présente pour être admis. — Son nom sera affiché pendant trois décades.

Séance du 18e nivôse de l'an 3e (7 janvier 1795)

Après avoir demandé et obtenu la parole, un membre dit:

« Nous sommes calomniés par les continuateurs de Robespierre. Ces terroristes veulent jetter sur nous l'odieux de leur conduite, ils se tiennent par la main avec les royalistes, et cependant ils voudraient plonger la société dans l'opprobre du royalisme en dénaturant nos intentions et nos procédés. Vous sçavez qu'à l'occasion d'une plainte dirigée contre un membre de la société sur le fait d'une rixe à laquelle la société ne prit aucune part offensive, on s'est permis d'accuser la société d'avoir émis de son sein un sociétaire parce qu'il avait dit qu'il ne voulait pas de roy. C'est là, citoyens, une calomnie atroce; vous vous rappellez qu'un particulier, pris de vin, entra dans la société en disant qu'il ne voulait plus de roy. Tous les sociétaires luy répondirent qu'ils n'en voulaient pas plus que luy. Ce particulier, devenu importun par ses gestes et ses discours, fut invité par quelques membres à se retirer de la séance, mais d'après les réflexions d'un autre membre, qui dit que les malveillants pourraient, par une interprétation perfide, supposer que cet individu méritait l'improbation de la société parce qu'il disait qu'il ne voulait plus de roy, il fit la motion de le retenir dans la séance, ce qui fut arrêté, et en même temps la société et les tribunes se levèrent en masse en prononçant le serment à la République une et indivisible. Eh bien ! citoyens, quoique nous nous soyons prononcés de manière à ne laisser aucun doute sur la haine que nous avons pour les roys et les tyrans de toute espèce, les terroristes nous accusent dans la personne de Ducher d'être tous royalistes, et afin de donner à cette accusation toute la publicité possible, on l'a consignée dans une dénonciation en forme de plainte dirigée contre le citoyen Jarrige, membre de la société. Cette dénonciation calomnieuse est déposée à la municipalité : jugez, d'après cela, citoyens, si nous devons considérer d'un œil différent les manœuvres des terroristes. Ils veulent prouver par là que nous sommes coupables des crimes qu'ils ont commis avant et depuis le 9 thermidor, par leur attachement constant au système de sang et de pillage qui a plongé cette commune dans le deuil et la misère. Pour éviter ce grand malheur, je vous propose de nous prononcer de nouveau pour le gouvernement républicain, dans les expressions d'une adresse à la Convention nationale. »

« Un autre membre propose de demander à l'agent national de la commune une copie de la dénonciation faite contre Jarrige et copie d'une lettre du représentant Elie Lacoste à la commune. Cette dernière motion est arrêtée.

» Les citoyens Villeneuve cadet et Crauffard, chargés de l'exécution de cet arrêté, annoncent à leur arrivée que la société aura coppye de cette dénonciation ainsy que de la lettre.

» L'agent national de la commune entre dans la société et rappelle la conférence qui a eu lieu entre les deux membres de la société et luy, annonçant d'abord que sa démarche est provoquée par une invitation de la société et disant ensuite qu'étant dans la tribune, il est entré dans la salle pour rétablir les faits des discours qui avaient eu lieu entre les envoyés de la société et luy. Cette dernière réflexion est due à l'observation qui luy a été faite par un membre que la société, instruite de ses devoirs envers les authorités constituées, et n'oubliant jamais d'en surveiller l'exécution à l'égard de tous ses membres, elle est persuadée que les citoyens Villeneuve et Crauffard n'ont rien dit à l'agent national pour l'inviter de se rendre à la société pour y donner une explication quelconque concernant l'exercice des fonctions attachées à sa place. L'agent national approuve par son silence la vérité et la justice de ces observations, et étant invité aux honneurs de la séance, il se place au rang des sociétaires.

» Un autre membre, en appuyant la motion de faire une adresse à la Convention nationale, dit qu'il faut savoir si la tyrannie triomphera ou la liberté. Les ruses infernales des terroristes, de ces hommes que nous avons chassés de la société, ont pour objet de corrompre l'esprit public en nous peignant comme des royalistes couverts du masque républicain ; il est bien facile de distinguer le terroriste du républicain ; le premier veut dominer par la tyrannie, le vrai républicain, au contraire, ne veut d'autre maître que la raison et la loy. Et nous ne voulons ny Louis Capet pour roy, ny Louis Béral pour dominateur. — Je demande que pour fermer la bouche à ces monstres affamés de calomnies et d'injures, la société prête le serment à la république une et indivisible. — Aussitôt les sociétaires et les citoyens des tribunes, par un mouvement spontané, font le serment de verser jusques à leur dernière goutte de sang pour le maintien de la république et pour le soutien du gouvernement révolutionnaire bazé sur la justice et la vertu, une hayne implacable aux tyrans et à tous leurs vils suppots. Ce serment unanime est accompagné des cris de vive la République, vive la Nation, vive la Convention, à bas les tyrans et les robespierres.

» Le même membre demande en outre de faire une adresse aux membres du comité de salut public et de sûreté générale pour leur faire connaître l'esprit public qui anime la société populaire et le peuple de la commune de Tulle, et d'appuyer cette pétition par les procès-verbaux des séances où la société s'est exprimée d'une manière particulière en faveur de la Révolution du 9 thermidor et contre les roys et les tyrans, et les continuateurs de Robespierre. » Adopté.

L'adresse est rédigée, lue, adoptée et signée individuellement séance tenante.

Séance du 19 nivôse de l'an 3ᵉ (8 janvier 1795)

La lecture des papiers-nouvelles est souvent interrompue par des applaudissements prolongés et par les cris souvent réitérés de vive la Convention, la République une et indivisible, la justice et la vertu, à bas les tyrans et leurs vils suppots, sur les victoires signalées remportées par nos armées et sur l'esprit de justice qui règne dans la Convention et qui anime les citoyens des sections de Paris (1).

---

(1) Les papiers nouvelles dont la lecture fut couverte d'applaudis-

On applaudit une lettre du citoyen Bleyzac, capitaine au 3ᵉ bataillon de la Corrèze qui remercie pour l'envoi de la médaille de la société.

On passe à l'ordre du jour sur une demande de réintégration dans les ateliers de la manufacture faite par un volontaire qui est forgeron.

Une lettre de la société de Brive, datée du 16 nivôse, dépeint l'indignation dont ils ont été pénétrés en ap-

---

sement, contenaient une sorte de revue des moyens d'actions employés par la Convention pour défendre le territoire français.

Jetons un rapide coup d'œil sur ces faits :

L'année 1794, où fut versé, à flots, le sang de milliers de Français, fut aussi une année extraordinaire au point de vue de la défense du territoire. Les généraux remportaient des victoires, mais les savants dont s'était entouré le comité de salut public aidaient largement à l'œuvre des armées républicaines. Pour vaincre, il fallait à la France du fer, de l'acier, du salpêtre, de la poudre et des armes. Voici ce que donna 1794 à notre patrie :

Seize millions de salpêtre extraits du sol de nos départements dans l'espace de moins d'une année, alors que précédemment on en retirait à peine pour un million par année.

Quinze fonderies pour la fabrication des bouches à feu en bronze qui produisirent sept mille pièces dans un an. — Avant la Révolution il n'existait en France que deux établissements de ce genre.

Trente fonderies pour les bouches à feu en fonte de fer fournirent treize mille canons en 1794. — Au commencement de la guerre nous n'avions que quatre usines produisant ensemble neuf cents canons.

Les usines pour la fabrication des projectiles furent décuplées.

Vingt manufactures d'armes blanches furent créées. — Il n'en existait qu'une seule avant la guerre.

Une immense fabrique d'armes à feu fut créée à Paris. Elle fournit 140 mille fusils dans l'année 1794. — c'est-à-dire plus que toutes les autres manufactures anciennes de France réunies.

Cent quatre-vingt-huit ateliers pour les réparations des armes furent créés.

Une manufacture de carabines fut installée, c'était la première, car la fabrication de ce genre d'arme fut alors inventée.

On employa l'aérostation et la télégraphie comme engins de guerre.

On forma à Meudon un établissement secret pour les expériences des poudres nouvelles, muriate suroxygéné de potasse ; boulets incendiaires ; boulets creux, boulets à bague, etc., etc.

La France entière devint un atelier d'armes, une fabrique de salpêtre, un immense laboratoire. Aussi put-on dire du haut de la tribune française en s'adressant aux membres du comité de salut public : « Ces victoires, et toutes celles qui ont marqué l'immortelle campagne de 1794 sont à vous ; — elles sont l'effet des mesures qu'on nous reproche comme des crimes. — C'est avec ces succès que nous rendrons compte de tout le sang que nous avons versé. »

prenant l'horrible attentat commis par ces hommes expulsés de la société et sanguinaires dont justice devrait être faite depuis longtemps. — Applaudissements.

Une réponse est immédiatement rédigée pour la société de Brive. Elle est signée individuellement.

Les citoyens Bardon, Villeneuve et Bussières sont chargés de rédiger un rapport sur les moyens à prendre pour engager les cultivateurs à porter des subsistances aux marchés qui vont s'ouvrir, et les autorités constituées à mettre tout en œuvre pour cet objet de première importance.

«Un autre membre se plaint de la nomination faite par le district de Vialle, ex-agent national, à la place de jury d'instruction. Cette place, dit ce membre, qui est de la plus haute importance, a été donnée par le district a un homme qui a perdu la confiance du peuple, dans l'intention sans doute de donner une leçon à la société qui, dans sa sagesse et après un mûr examen, a déclaré que Vialle avait perdu sa confiance et a demandé que la société prit des moyens pour faire exclure Vialle de ce poste important. Un autre membre, rappelant la société à son institution et à ses principes, demande l'ordre du jour motivé sur l'arrivée prochaine d'un représentant et sur la délicatesse qu'aura sans doute Vialle de ne pas accepter cette place, après avoir perdu la confiance du peuple.» — Adopté.

Massoulier aîné, perruquier, et Rigonel, architecte, sont reçus au nombre des membres épurés.

Séance du 20 nivôse de l'an 3e (9 janvier 1795)

Les citoyens Pastrie, Jarrige et Lacombes, juges du district, sont reçus membres de la société. — Les citoyens Teilhac, tailleur d'habits ; Beneton, monteur, et Nicolas Delrenau, baïonnettier, sont proposés pour être membres de la société.

Après un discours applaudit, un membre propose :
« 1º de protéger la libre circulation des grains ; 2º de fraterniser avec les habitants des campagnes pour les engager à porter des subsistances dans cette commune ; 3º d'inviter la municipalité d'ouvrir au marché un bureau pour y recevoir le nom des personnes qui achèteront des grains, afin de prévenir les accaparements. » Ces trois propositions sont adoptées.

Séance du 23 nivôse de l'an 3ᵉ (12 janvier 1795)

La lecture des papiers-nouvelles est applaudie, « surtout à l'article qui nous apprend la nomination du représentant du peuple Chauvier pour le département de la Corrèze et de la Dordogne ».

Joseph Bac, de Naves, est épuré et conservé.

Le citoyen Maschat jeune dit que le citoyen Fénis, grenadier, lui a déclaré que Jumel, administrateur du district, avait tenu le propos suivant au café Ambasse : « que la société était menée par cinq ou six intrigants qui les trompaient et que la Convention elle-même trompait le peuple ».

Un sentiment d'indignation se fait entendre dans tous les coins de la salle et sur la proposition d'un membre, la société invite tous les citoyens présents à ces propos diffamants contre la Convention nationale et la société, qui sait ses principes, à aller faire leur déclaration au comité révolutionnaire, pour que justice soit faite de ces ennemis de la chose publique. Cette invitation a eu lieu par l'organe du président.

Un autre membre demande, et la société arrête d'envoyer coppye au comité révolutionnaire du procès-verbal de la présente séance par deux membres de la société. Ces deux citoyens sont Darcambal et Pinaud. »

On procède au renouvellement du bureau. « Le citoyen Baluze, bayonnettier, a réuni la grande majorité des suffrages ; il est proclamé président. » Sont élus secrétaires : Dulignon et le Blanc. Secrétaires-adjoints : Pineaud et Villeneuve, président du tribunal criminel.

« Un membre fait la motion d'envoyer chercher le nouveau président, mais un autre membre ayant observé qu'il était absent de la commune, la société arrête que deux de ses membres iront prévenir le citoyen Baluze à son retour de son élection à la place de président de la société, avec invitation de s'y rendre à la première séance. »

Séance du 25 nivôse de l'an 3e (14 janvier 1795)

Présidence des citoyens Dolet et Baluze. — Le citoyen Baluze prononce un discours applaudit.

Le citoyen Davene, officier des vétérans, est admis membre de la société.

Par une lettre remise sur le bureau le comité révolutionnaire du district de Tulle demande la désignation nominative des personnes indiquées dans la dénonciation de la société, dont l'original est entre les mains du citoyen Baudry, notaire public. Pour donner à cette désignation toute l'authenticité qu'elle mérite, la société arrête d'envoyer deux de ses membres chez le citoyen Baudry pour extraire copie des noms désignés dans sa dénonciation. »

La lecture des papiers-nouvelles est applaudie, surtout le décret portant qu'il sera célébré tous les ans l'anniversaire de la mort du dernier Roi. »

La lecture d'une lettre du représentant du peuple Penières est applaudie ; le bureau y répondra.

Les commissaires envoyés chez le notaire Baudry, de retour, donnent des noms portés dans la dénonciation. La société déclare avoir entendu désigner nominativement : Béral aîné ; Louis Béral ; Béral, sellier ; Roussel, ex-agent militaire ; Després, directeur de la poste aux lettres ; Clerey, aîné, membre du comité révolutionnaire ; Marsillou, fils aîné, membre du comité révolutionnaire ; Tramond, père, membre du comité révolutionnaire et autres qui devraient se connaître dans le tableau de leur conduite sanguinaire.

« Un membre se plaignant de l'inconduite de certaines femmes au dernier marché, de l'acte d'autorité qu'elles y ont exercé, ce qui a occasionné un surhaussement considérable des grains, a fait la motion d'envoyer deux membres de la société à la commune pour l'engager à prendre des mesures rigoureuses pour empêcher à l'avenir de pareilles voies de fait. » Adopté (1).

Séance du 28 nivôse de l'an 3e (17 janvier 1795)

Les citoyens Maschat jeune et Denis sont délégués vers la municipalité pour l'inviter à prendre les mesures nécessaires afin de maintenir l'ordre sous les halles pendant les marchés.

Les citoyens Villeneuve et Bardon sont envoyés auprès de l'administration du district pour « lui demander si les réquisitions pour deux mois d'approvisionnements sont faites, et l'inviter à ne pas perdre de vue cet objet important. »

Considérant que « les malveillants ne cessent de calomnier la société, qu'ils font courir le bruit qu'elle poursuit avec acharnement les patriotes, et qu'elle cherche leur destruction », un membre propose et fait adopter qu'une adresse sera envoyée au comité de salut public « pour l'instruire des menées qu'emploient les ennemis de la chose publique pour diviser les citoyens et ramener le règne de la terreur et de l'injustice ».

François-Médard Guillebeau est épuré et reçoit la

---

(1) On trouvera les détails de cette affaire, les prix des grains, du pain, de la viande, ainsi que la valeur des assignats dans les *Thermidoriens Tullois* par Victor Forot, chez Schemit à Paris.

médaille, ainsi que Léonard Brudieu, maire de la commune de Bar.

Les citoyens Mougein et Laval sont chargés de la vérification des comptes demandée par les citoyens Dulignon et Mariau, trésoriers de la Société.

Séance du 30 nivôse de l'an 3e (19 janvier 1795)

Le citoyen Pierre Pou, membre de la société de Donzenac, est admis comme membre affilié.

Le citoyen Bardon « fait le tableau succint des nouvelles menées des hommes attachés au sistème de sang qui ne cessent d'intervertir les motions les plus sages qui se font à la société et des calomnies mal adroitement répandues sur son compte ». Il donne ensuite lecture de l'adresse au comité de salut public dont il a été chargé dans une précédente séance, « qui développe d'une manière claire et précise la conduite criminelle de Malepeyre, administrateur du département de la Corrèze, qui a osé calomnier auprès de ce comité la société populaire et les citoyens de cette commune ». Cette adresse est approuvée et signée individuellement.

Il est donné lecture de deux projets de déclarations « qui attestent la vérité de la scène scandaleuse à laquelle le citoyen Duché, membre de cette société et du conseil d'administration de la manufacture d'armes, a donné lieu dans la société le 15 de ce mois. L'une pour être signée des gensdarmes présents à la séance et l'autre par les citoyens des tribunes aussi présents ». Ces deux déclarations sont approuvées, signées et seront envoyées au comité de salut public.

Le nom de Brugeau sera affiché pendant trois décades avant l'épuration de ce citoyen.

Le citoyen Thomas Vialle, ancien membre de la société, expose qu'en ayant été expulsé dans le temps de la tyrannie, désire y rentrer sous le règne de la justice où nous sommes». Il est admis et reçoit la médaille. La médaille de la société est aussi remise au citoyen Blanc.

Le citoyen Mariau, expulsé autrefois de la société, désire y rentrer. — On lui reproche «d'avoir abandonné la société dans un temps pour s'affilier à celle dite monarchienne et d'avoir assisté à l'enterrement du club». Il cherche à se disculper ; — une discussion s'engage ; plusieurs sociétaires sortent, — «la société devient peu nombreuse, ce qui donne lieu au renvoi de l'épurement du citoyen Mariau».

Séance du 1er pluviôse de l'an 3e (20 janvier 1795.)

Le citoyen Floucaud, père, membre de la société, expose qu'une lettre parvenue à l'adresse de la citoyenne Vergne, dont la lecture a été faite, paroit l'inculper gravement dans une relation faite au citoyen Baudrye, volontaire dans un régiment de chasseurs à cheval à l'armée du Nord, sur la mort de la citoyenne Roussel. Il demande que pour trouver sa justification, qu'il démontre déjà, la société écrive au général Vachot et à l'état-major du régiment où est attaché le citoyen Baudrye, pour éclaircir le fait». Proposition acceptée.

Une lettre du citoyen Dulac, «à présent à Paris, donne l'espoir du prochain retour de l'ordre et de la paix dans la Vendée».

La société nomme Bussières et Bardon pour se rendre auprès de la municipalité et l'engager d'aller avec le peuple au-devant du représentant du peuple [Chauvier], pour lui témoigner la joye qu'il ressent sur son arrivée et du bonheur qu'il en attend». Ils inviteront aussi la municipalité de choisir un local pour contenir le peuple dans les assemblées qui auront lieu.

On annonce à la société «la fête civique qui doit être célébrée demain en l'honneur de la chute du dernier tyran Roi. Il propose, pour prouver la joie que les citoyens doivent ressentir de la délivrance de ce puissant oppresseur, une farandolle pour l'après midi et bal le soir. Cette proposition, accueillie au milieu des applaudissements, est arrêtée à l'unanimité».

Le citoyen Bussière monte à la tribune et fait la lecture d'un libelle qui circule dans la ville, «aussi calomnieux qu'insultant pour la société et plusieurs de ses membres». Cet imprimé a pour titre : *Leur tête branle*. «Chaque page, chaque phrase de cette satyre, aussi mal conçue qu'elle est composée, excite l'indignation de la société qui voue ses auteurs au plus souverain mépris et livre l'ouvrage aux flammes.» Applaudissements.

Séance du 2 pluviôse de l'an 3ᵉ (21 janvier 1795)

Les corps adminsitratifs, le peuple et les sociétaires réunis dans le lieu des séances de la société populaire. L'agent national a fait lecture du décret qui ordonne la fête de l'anniversaire de la mort du tyran-roi. Cette loi reçoit les plus vifs applaudissements de la part des républicains de cette commune qui ont voué à l'exécration les rois, les royalistes et leurs partisans, et juré une guerre éternelle aux tyrans de toute espèce.

Un membre de la société fait lecture d'une lettre de la Convention nationale adressée aux citoyens composant la commune et la société populaire de Tulle, en date du 21 nivôse dernier. Cette lettre annonce que la Convention nationale a décrété la mention honorable, l'insertion au bulletin et le renvoi au comité de sûreté générale de la pétition de la société tendante à applaudir aux travaux de la Convention nationale et à lui demander l'envoi d'un de ses membres dans notre département. (Vifs applaudissements).

Le même membre donne connaissance des papiers-nouvelles du jour ; il en résulte que les armées du Nord et des Pyrénées-Orientales vont toujours de triomphes en triomphes, malgré la rigueur de la saison et la vive résistance de nos ennemis (1). Les applaudissements se prolongent.

» Une brillante musique annonce le départ pour la promenade civique, le peuple commence à exprimer sa haine pour les tyrans et défile en criant : vive la République, vive la Convention.

» Au retour de la promenade civique le peuple rentre dans la salle de la société et le citoyen Maison Neuve Lacoste (sic), membre du jury d'instruction, monte à la tribune et prononce un discours qui a été vivement applaudi à plusieurs reprises.

» L'agent national de la commune propose le serment à la République une et indivisible et une haine implacable aux tyrans. Le peuple de Tulle, élevé à la hauteur de la République, s'est levé par un mouvement spontané et a juré, au milieu des plus vifs applaudissements, une guerre éternelle aux tyrans de toute espèce et de poursuivre à mort les hommes de sang. Les cris à bas les buveurs de sang, les voleurs de portefeuilles, de montres et autres bijoux, les terroristes, les royalistes ; — vive la Convention, la République, la justice et ses défenseurs se sont faits entendre de toute part à différentes reprises et ont annoncé aux terroristes que leur règne était fini ; que le peuple voulait enfin être débarrassé de la vapeur du crime et jouir du bonheur que la Convention réserve à ses destinées. »

---

(1) L'avant garde de l'armée de Pichegru avait occupé Amsterdam le 5 janvier. La conquête de la Hollande avait été prescrite par le comité de salut public et elle fut exécutée sur les ordres formels des représentants du peuple en mission à l'armée du Nord : Roberjot, Alquier et Bellegarde, malgré les représentations et les refus multipliés du général Pichegru.

Le 20 janvier 1795 un fait unique peut-être dans l'histoire se passait près d'une des îles de la mer du Nord : La flotte hollandaise, que les glaces retenaient dans le Texel, fut prise par des hussards français. — Une flotte prise par une charge de cavalerie n'est pas une chose banale.

On vote l'impression du discours du citoyen Lacoste et « la fête des républicains s'est terminée par divers morceaux de musique analogues à la circonstance et par des applaudissements réitérés. »

Séance du 4 pluviôse de l'an 3ᵉ (23 janvier 1795)

Le citoyen Yvernat, volontaire, parti depuis peu pour l'armée, écrit demandant « que la société s'intéresse à lui pour le faire revenir à Tulle, afin de continuer son état d'armurier et le mettre à même de secourir sa mère qu'il a laissée dans l'indigence ». — La société lui répondra et communiquera sa lettre à l'Inspecteur de la manufacture d'armes « avec invitation d'avoir égard à la réclamation ».

Séance du 7 pluviôse de l'an 3ᵉ (26 janvier 1795)

« La société nomme une députation de vingt-cinq membres pour témoigner au représentant [Chauvier] le désir de le voir dans son sein concourir à ses délibérations ».

On lit les procès-verbaux qui sont adoptés concernant les dilapidations commises sur les portefeuilles, montres et bijoux des détenus ».

Le représentant du peuple Chauvier entre dans la salle « au milieu des cris de vive la République et la Convention nationale ».

On continue la lecture des papiers-nouvelles, interrompue par l'arrivée du représentant du peuple. Sont applaudies les adresses des sections de Paris « exprimant leurs vœux sur l'anéantissement du sistème de terreur et de sang, dont ils vouent les partisans subalternes à la peine de la déportation. »

Le représentant du peuple, « après avoir obtenu la parole, dit : Je n'ai pas su que la société tint séance aujourd'hui, j'en ai été averti par la députation de la société, et quoique je dus me rendre auprès des corps constitués, je me suis empressé de venir fraterniser avec les membres qui la composent et les citoyens de la ville de Tulle. L'esprit public de cette société est fondé sur les principes qui dirigent la Convention ; vos différentes adresses ont été bien accueillies, et dans mon voyage j'en ai lu une qui est rédigée dans des vues vraiment républicaines. Je pense que tous les membres des autorités constituées font partie de cette société et qu'ils y assistent, et si j'avais le bonheur d'être né dans cette commune, j'aurais été membre de cette société. »

Ce discours, vivement applaudi, a été suivi de la réponse du président qui a dit: la société étant comprimée par une poignée de tyranneaux avant la révolution du 9 thermidor, a recouvré sa première énergie à cette heureuse époque, et les ouvriers qui n'avaient pas le droit de dénoncer leurs opinions sous le règne de fer, parlent librement sous celui de la justice. La société, en se régénérant, a vomi de son sein tous les hommes de terreur et de sang, elle attend, citoyen représentant, que tu purgeras les autorités constituées des ennemis du peuple, comme elle a fait de ses membres gangrenés. » Applaudissements.

Le représentant du peuple, répondant au discours du président, a dit qu'avant de procéder à l'épuration des autorités constituées il consulterait le peuple sur tous les individus qui les composent, que ceux qui auraient perdu sa confiance ne compteraient plus au nombre de ses magistrats. Applaudissements.

Le représentant et son secrétaire reçoivent la médaille de la société. Le président cède son fauteuil au représentant.

Un membre expose les principes de la société depuis le commencement de la Révolution, les horreurs et les dilapidations des hommes de sang et des fripons, les trames aussi scélérates que lâches de la part de ces mêmes hommes contre une société qui n'a jamais cessé de bien mériter de la patrie, et qui a déployé la forte énergie pour la révolution du 9 thermidor, fait sa profession de foi ainsi conçue: Vive le Peuple, vive la République, la Convention nationale. Périssent les tyrans et tous leurs suppôts, les terroristes et les fripons. »

Cette profession de foi, qui a été faite plusieurs fois dans cette société, est répétée par tout le peuple au milieu des applaudissements. »

Un membre dénonce le fait suivant: Un citoyen de Tulle se trouvant pour affaires à Uzerche dit à trois particuliers de cette dernière commune que le représentant Chauvier arrivait dans le département de la Corrèze. — Oui, il arrive, les aristocrates vont bien lever la tête, disent ces trois particuliers. »

Le représentant quitte le fauteuil et dit: La Convention nationale ne veut pas plus d'aristocrates que de terroristes, elle ne veut que des républicains, et dans un gouvernement fondé sur la justice et l'égalité, la loi seule doit régner, et il faudrait abattre quiconque voudrait s'élever au-dessus d'elle. (1).

Une adresse à la Convention nationale pour la féliciter sur son décret ordonnant une fête en mémoire du supplice du dernier tyran roi et pour demander la punition des assassins et des fripons est ajournée à la première séance.

Une pétition sera faite par la société et envoyée

---

(1) *Les Thermidoriens tullois*, par Victor Forot, donnent les détails des premiers actes du représentant du peuple Chauvier en Corrèze: Révocation de la municipalité. — Les nouveaux administrateurs. — Les fonctionnaires publics destitués, etc., etc.

Il n'est pas sans intérêt de noter ici que la salle des Jacobins de Paris, qui avait été provisoirement fermée en raison du décret du 12 novembre 1794, suspendant les séances de la société, fut définitivement close le 3 pluviose an 3 (21 janvier 1795). Un décret ultérieur (17 mai 1795) devait ordonner la démolition de cette salle et un marché public remplaçait l'ancien couvent des Jacobins.

au représentant Chauvier pour lui demander « un sursis à l'exécution de l'arrêté du comité de salut public qui ordonne le départ des citoyens Brousse et Faure, l'un pour Autun et l'autre pour Bar-sur-Ornin. » Villeneuve et Bardon sont chargés de la rédaction.

Ajournée la proposition de demander au représentant Chauvier la nomination de commissaires « pour surveiller l'ouverture des paquets » qui arrivent à la poste, en raison « des abominations qui se commettent au bureau de la poste aux lettres et de la conduite contre-révolutionnaire que tiennent les employés à ce bureau. »

Séance du 8 pluviôse de l'an 3e (27 janvier 1795)

Lecture est faite de l'adresse à envoyer au représentant du peuple Chauvier « pour obtenir de lui la liberté provisoire, jusqu'à la décision du comité de salut public, ou l'arrivée du représentant du peuple Paganel (1), des citoyens Brousse et Faure, ex-présidents de la société, victimes de la fureur, de la calomnie et de la scélératesse des partisans du système du nouveau Catilina Robespierre. » Cette pétition est adoptée à l'unanimité et signée individuellement par les membres de la société et les personnes des tribunes. — Jarrige, Fayet, Laurent et Bousquet la présenteront au représentant du peuple.

« Sur les plaintes faites par différents membres qui ont exposé alternativement que Louis Béral faisait avec ses collègues, les hommes de sang, les terroristes, toutes les tentatives possibles pour surprendre la religion tant du comité des armes que de la Convention nationale, il a été arrêté qu'il serait fait un mémoire sur la vie morale et politique de Louis Béral, qu'il serait en outre

---

(1) Le représentant du peuple Paganel était envoyé par la Convention nationale tout particulièrement à Tulle pour s'occuper de la manufacture nationale d'armes de guerre.

nommé deux commissaires pour recevoir les déclarations de tous les citoyens ouvriers qui auraient à se plaindre de cet individu, qui s'étant emparé, avec les autres personnages de sa clique, du gouvernement révolutionnaire, ont déshonoré la Révolution et qui se disent encore patriotes, pour asservir leur patrie. » Bussière et Bardon sont chargés de ce mémoire.

« Un membre a fait lecture d'une pétition du fameux Clercy, membre du comité révolutionnaire, adressée audit comité. Cette pièce, aussi ridicule et aussi mal conçue que son auteur, a fait rire le peuple qui en a entendu la lecture et la société a arrêté à l'unanimité qu'elle serait imprimée, que 50 exemplaires seraient envoyés à l'auteur, quelques-uns aux différents comités de la Convention et enfin plusieurs exemplaires à la députation de la Corrèze, pour lui témoigner qu'elle a fait un bon choix en mettant le salut d'une grande commune entre les mains de Clercy (1).

Bardon et Bussières sont nommés rédacteurs de l'adresse à la Convention nationale. Ils devront la féliciter sur le décret établissant la fête annuelle de l'anniversaire de la mort du dernier tyran roi et demander que le glaive de la justice, qui est à l'ordre du jour, pèse sur la tête des chefs des hommes de sang, des terroristes, des dilapidateurs et des voleurs de portefeuilles qui respirent encore.

Borie et Paraut sont chargés de se rendre auprès de l'agent national de la commune pour l'inviter à poursuivre l'affaire de Ducher contre la société.

Deux commissaires sont nommés pour inviter l'agent national, de concert avec le conseil général de la commune, à adresser une pétition au représentant du

---

(1) Le lecteur qui s'intéresserait aux particularités de ce moment trouvera de nombreux documents concernant Béral, Clrecye, Brousse, Faure et autres hommes politiques de l'époque dans nos deux livres *Les Thermidoriens tullois* et *Tulle sous le Directoire*.

peuple Chauvier pour obtenir des fonds afin d'aller chercher des grains dans les départements voisins.

Un membre se plaint «des horreurs qui se passent au bureau de poste et de l'inconduite des employés à ce bureau. La société arrête de nommer des membres pour inviter le représentant du peuple à nommer des commissaires qui assisteront à l'ouverture des paquets.»

Séance du 16 pluviôse (4 février 1795)

Sont invités «aux honneurs de la séance des citoyens commissaires d'Ussel, venus donner des renseignements au représentant du peuple Chauvier sur la conduite des terroristes, des buveurs de sang et des partisans de l'infâme Robespierre qui s'agitent encore dans cette commune.»

Une lettre du citoyen Dulac est couverte d'applaudissements.

«Un membre fait la motion d'ouvrir les séances de la société par la lecture de la proclamation du représentant du peuple Chauvier aux citoyens de notre département. — Adopté à l'unanimité.»

Un membre manifeste sa surprise «sur le petit nombre d'exemplaires de la proclamation du représentant du peuple Chauvier qui fait connaître aux habitants de ce département déchiré par les fureurs de Robespierre et de ses infâmes partisans, les principes qui dirigent la Convention nationale, et ce représentant digne de notre amour et de notre confiance. Le département avait ordonné l'impression au nombre de 1.500 exemplaires de celui d'Elie Lacoste, qui avait été dicté pour enchaîner la liberté. Ce membre demande qu'il en soit imprimé 600 exemplaires aux dépens de la société.» Applaudit et accepté.

L'épurement du citoyen Davène, est «retardée jusqu'après la réorganisation générale des autorités constituées».

Séance du 17 pluviôse de l'an 3ᵉ (5 février 1795)

On fait lecture de la proclamation du représentant du peuple qui est toujours couverte d'applaudissements.

Lecture est faite d'une adresse de l'administration du district aux campagnes». «On y remarque surtout que les terroristes persistent dans leur endurcissement par le refus qu'ils ont fait de donner leur adhésion à cette adresse» qui est vivement applaudie.

«A la lecture du rapport d'un de nos représentants sur l'état actuel de nos forces de terre et sur les conquêtes nombreuses de nos braves armées dans cette dernière campagne», les membres de la société et les tribunes applaudissent.

«Un membre annonce à la société que le lendemain, 18 courant, le représentant du peuple Chauvier doit renouveller les autorités constituées et expose que cette importante opération doit attirer l'attention, le zèle et la surveillance de tous les bons citoyens. Il fait sentir d'une manière aussi ferme que touchante la nécessité de se prémunir contre les menées des intrigants et des terroristes. A la fin de son discours, il propose les moyens de rendre solennelle la cérémonie de cette journée qui délivre le peuple de ses oppresseurs».

«Après une longue discussion, la société charge le citoyen Bardon de faire des suscriptions et le citoyen Simon de les former en gros caractères, et arrête que tous les membres seront invités, par l'organe du président, de se rendre le lendemain, à 9 heures du matin, dans le lieu de ses séances où se rendront les citoyens musiciens.»

Lecture est faite d'une adresse à la Convention nationale pour la féliciter sur le décret qui conserve dans la France le dernier rejetton des Capets (1)

---

(1) On sait que Cambacérès, organe du comité de salut public, de sûreté générale et de législation, fit à la Convention nationale, le 22 janvier 1795, un rapport contre la mise en liberté de la famille de

et pour lui demander la punition des grands coupables qui l'ont couverte de crimes et de deuil. Cette adresse est vivement applaudie et la société en arrête l'impression. »

Séances du 21, du 25 et du 30 pluviôse de l'an 3ᵉ

Ces trois séances ont été uniquement employées à la lecture des papiers-nouvelles et des lois (1).

Séance du 5 ventôse de l'an 3ᵉ (23 février 1795)

Il est procédé au renouvellement du bureau. Le citoyen Libouroux est élu président ; Floucaud, fils, et Villeneuve, président au tribunal criminel sont élus secrétaires ; Dulac et Lacombe, secrétaires-adjoints.

Il est donné lecture d'une lettre venant de l'armée qui est devant Mayence ; elle annonce une victoire nouvelle.

La lecture d'une adresse envoyée aux pères de famille et aux instituteurs par le jury d'instruction est remise à la prochaine séance.

Il est décidé que l'adresse à envoyer à la Convention pour la remercier d'avoir envoyé Chauvier dans la Corrèze et la lettre à envoyer à Chauvier pour le féliciter ne seront envoyées qu'après le départ du représentant qui doit se rendre en Dordogne.

Bardon lit une pièce de vers faisant la louange de Chauvier pour « le bien qu'il a fait dans la Corrèze ».

_____

Louis XVI, c'est-à-dire du fils et de la fille de ce prince, et de ses parents éloignés prisonniers à Paris ou à Marseille. — La Convention passa à l'ordre du jour, c'est-à-dire laissa les enfants de Louis XVI dans la Tour du Temple, la duchesse d'Orléans au Luxembourg, la duchesse de Bourbon et le prince de Conti au fort Saint-Jean de Marseille.

(1) Dulignon seul a signé les procès-verbaux des séances du 28 nivôse an III à ce jour 30 pluviôse même année. Ces procès-verbaux ont été écrits de sa main sur le registre — La signature du président n'y figure pas.

Séance du 15e ventôse de l'an 3e (5 mars 1795)

Lecture de deux adresses, l'une de Cahors, l'autre de Painbœuf.

Lecture d'une lettre de Villeneuve fils, capitaine d'artillerie, qui annonce « la reddition des rebelles de la Vendée et la soumission à la République de Charette et des généraux brigands. » (1).

Berthelmy Manet est reçu membre de la société ainsi que Laurent Meneyrol et Trech.

« Le citoyen Dulac obtient la parole et après s'être hautement prononcé contre cette classe d'hommes qui se font un devoir et un cruel plaisir d'égarer le peuple, il conclut par demander que la société arrête qu'il sera fait une adresse aux défenseurs de la patrie de ce département pour leur faire connaître quels sont les vrais ennemis de la cause qu'ils défendent aux frontières. » On passe à l'ordre du jour, la société ayant déjà prévenu l'intention de Dulac

---

(1) Le 9 février 1795 avait été conclue à Jaunais (Loire-Inférieure) la première pacification de la Vendée entre les commissaires de la Convention nationale et Charette, l'un des principaux chefs royalistes. — Les Vendéens recevraient deux millions de francs pour indemnité. On leur accorderait la liberté du culte. Charette organiserait une garde territoriale, dont il sera le chef. Elle sera composée de tous les déserteurs et hommes sans aveu qu'il serait imprudent de licencier. Charette répond avec cela de faire rentrer tous les Vendéens sous l'obéissance de la République et de maintenir la police dans le pays ci-devant insurgé. Il promet d'y établir les nouvelles autorités et de veiller à l'exécution des lois générales.

A côté de cela, ce général vendéen écrivait à Monsieur, régent (Louis XVIII) que « les circonstances l'ont forcé de conclure cette
» pacification qui lui fournira les moyens de recommencer plus
» tard la guerre avec plus de vigueur; que cette trève n'est qu'un
» piège dressé aux républicains, et que jamais il n'existera de véri-
» table paix entre lui et la république… »

Le 26 février 1794, il entrait à Nantes avec son état-major royaliste et fraternisait avec les républicains. Peu après il rompait la pacification, était fait prisonnier, jugé par une commission militaire, condamné à mort et fusillé à Nantes le 29 mars 1796. — Il commanda lui-même le feu.

Séance du 23 ventôse de l'an 3e (13 mars 1795)

Deux frères de la société de Brive sont reçus en séance.

Le citoyen P. Champ, dit Bayou, fondeur, est reçu membre de la société. Il lui sera délivré un diplôme, attendu qu'il est sur le point de partir pour la défense de la patrie.

Il est fait lecture d'une lettre du citoyen Brossard, commissaire aux subsistances, qui écrit de Bordeaux qu'il a acheté des grains et des farines qu'il expédiera dans une vingtaine de jours au plus tard.

Le citoyen Simon Bounhoure, maître platineur, est épuré et reçu, de même que le citoyen Jean Vialle, limeur.

Les deux frères de Brive démentent la nouvelle répandue à Tulle par un de leurs concitoyens qu'une troupe de 10 mille hommes armés avec la moitié de la Convention étaient sortis de Paris.

Le citoyen Dulac démontre clairement que le département aurait assez de subsistances pour sa consommation, si la malveillance n'en empêchait l'exacte et égale répartition à tous les citoyens. Il demande que la société arrête que la lettre du citoyen Brossard soit imprimée et envoyée à toutes les municipalités de ce département.

Bardon et Dulac sont chargés d'inviter le district à faire imprimer cette lettre et à lui donner toute la publicité possible.

Dulac et Bardon demandent qu'on surveille les ennemis de la révolution du 9 thermidor. Ils attirent sur eux l'attention de tous les bons citoyens. Ils rappellent à la société ce principe qu'il vaut mieux s'épuiser en précautions superflues que d'avoir à se reprocher d'en avoir négligé une nécessaire. On arrête que toutes les fois qu'un membre dénoncera au président quelque mouvement secret ou suspect de la part des terroristes, la société sera convoquée extraordinairement afin de ne laisser échapper aucun moyen de les terrasser. »

Dulac et Bardon sont chargés d'inviter le comité de surveillance à interroger de nouveau le courrier de Brive qui a jeté l'alarme chez tous les bons citoyens. »

Séance du 25 ventôse de l'an 3e (15 mars 1795)

On adopte le procès-verbal de la précédente séance avec « l'amendement que nul opinant ne sera dénommé au procès-verbal. »

L'agent national du district transmet à la société quatre exemplaires imprimés de la lettre de Brossard, et quatre exemplaires aussi imprimés d'une adresse du représentant du peuple Paganel. — Cet agent national prend part à la séance et donne lecture d'une seconde lettre de Brossard adressée au comité des subsistances.

Séance du 29 ventôse de l'an 3e (19 mars 1795)

Lecture est faite d'une lettre du citoyen Xavier Villeneuve fils, datée de Paris, annonçant que « Malepeyre, ex-administrateur de ce département, a trouvé le moyen de se mettre à couvert de la surveillance des patriotes du département de la Corrèze en s'insinuant dans la trésorerie nationale. Il invite la société à ne pas perdre de vue que Malepeyre était comptable, que par conséquent il avait des comptes à rendre. Il l'invite à continuer une active surveillance sur les malveillants, fripons, terroristes et compagnie. » La société applaudit et le bureau répondra.

La société, après « des débats aussi longs qu'orageux », charge les citoyens Villeneuve et Bardon de rédiger et de présenter à la sanction de la société une adresse à la Convention nationale pour la remercier d'avoir envoyé dans ce département le représentant du peuple Paganel. »

Séance du 4 germinal de l'an 3e (24 mars 1795)

Sont reçus membres de la société : François Celaur, limeur ; Nicolas Dervaux, limeur de bayonnettes ; Pierre Roux, dit Calot, perruquier ; et Charles Bouchardie.

La séance est levée.

Ainsi se termine brusquement le registre des délibérations de la société de Tulle. De cette société aux noms multiples, mais qui fut toujours, en réalité, la *société des Jacobins*, et qui (les procès-verbaux de ses séances le prouvent surabondamment), suivi toujours la même ligne de conduite que la *société-mère* de Paris, tant que dura l'existence de cette dernière.

Il est encore de mode, dans certains milieux, de faire assaut contre la Révolution et de calomnier les révolutionnaires. On fait de l'histoire avec son opinion personnelle et on charge les Jacobins de toutes les fautes, de tous les crimes commis. Les phrases avec lesquelles le fougueux Rewbell obtint de la Convention le décret de suspension des séances des Jacobins sont encore répétées : «Où la tyrannie s'est-elle organisée ? Aux Jacobins. — Qui a couvert la France de deuil, porté le désespoir dans les familles, peuplé la république de Bastilles, rendu le régime républicain si odieux, qu'un esclave courbé sous le poids de ses fers eût refusé d'y vivre ? les Jacobins. — Qui regrette le régime affreux sous lequel nous avons vécu ? les Jacobins. — Si vous n'avez pas le courage de vous prononcer en ce moment, vous n'avez plus de république, parce que vous avez des Jacobins !» Voilà ce que clamait Rewbell le 12 novembre 1794. Mais à côté de ceci, ne convient-il pas de rappeler ce qu'écrivait Chateaubriant, en 1797, dans son *Essai historique, politique et moral sur les révolutions anciennes et modernes considérées dans leurs rapports avec la Révolution française.*

« On a beaucoup parlé des Jacobins et peu de gens les ont connus. La plupart se jettent dans des déclamations et publient les crimes de cette société, sans nous apprendre le principe général qui en dirigeait les vues. Il consistait, ce principe, dans le système de perfection vers lequel le premier pas à faire était la restauration des lois de Lycurgue... Que si, par ailleurs, on considère que ce sont les jacobins qui ont donné à la France des armées nombreuses, braves et disciplinées ; que ce sont eux qui ont trouvé le moyen de les payer, d'approvisionner un grand pays sans ressources et entouré d'ennemis ; que ce furent eux qui créèrent une marine comme par miracle, et conservèrent par intrigue et par argent la neutralité de quelques puissances ; que c'est sous leur règne que les grandes découvertes en histoire naturelle se sont faites et les grands généraux se sont formés ; qu'enfin ils avaient donné de la vigueur à un corps épuisé, et organisé, pour ainsi dire, l'anarchie ; il faut nécessairement convenir qu'ils avaient du talent. »

Certes, nos Jacobins tullois n'étaient qu'un infime rouage de cette grande machine qui avait sa répercussion dans la France entière, mais aussi petit fut-il, ce rouage fonctionnait et avait une grande force dans la machine motrice du département de la Corrèze et dans celle de Tulle son chef-lieu.

La publication que nous venons de faire d'un résumé exact, complet et absolument impartial des séances de la société des Jacobins de Tulle permettra de juger les révolutionnaires tullois avec connaissance de cause.

Appendice

I
LISTE DES PRÉSIDENTS DE LA SOCIÉTÉ

1790. — *Juin, juillet, août :* L'abbé Seigne, Dulignon et Bardon, avocat.
Septembre, octobre, novembre : Bardon, avocat, Seigne, Delmas, Reignac, homme de loi.
Décembre : Reignac et Seigne.

1791. — *Janvier, février, mars :* Berthelmy, Tramond, Reignac, Lanot aîné, Seigne, Bussières.
Avril, mai, juin : Bussières, Berthelmy, Lanot aîné, Brival, évêque, Després.
Juillet, août, septembre : Lanot, Bardon, juge ; Bardon, médecin ; Després, Lanot.
Octobre, novembre, décembre : Rabanide, vicaire épiscopal ; Lanot.

1792. — *Janvier, février, mars :* Juyé, Rabanide, Jumel, vicaire général.
Avril, mai, juin : Jumel, Dulac, Lanot.
Juillet, août, septembre : Jumel, Dulac, Després.
Octobre, novembre, Décembre : Després, Teyssier, Jumel

1793. — *Janvier, février, mars* : Jumel.
    Avril, mai, juin ; Jumel.
    Juillet, août, septembre : Jumel et Anne Vialle.
    Octobre, novembre, décembre : Anne Vialle, Villeneuve et Juyé.

1794. — *Janvier à juillet* : Juyé.
    Juillet à septembre : Jarrige.
    Septembre-octobre : Brousse.
    Octobre-novembre : Faure.
    Novembre-décembre : Dodet, Baluze.

1795. — *Janvier* : Bussière, Jarrige.
    Février : Libouroux.
    Mars : Daudet.

II

LISTE DES SECRÉTAIRES

1790. — *Juin à août* : Tramond, Reignac, Desfarges, Floucaud, Lanot aîné, Juyé, Bussières, Bardon, Berthelmy.
    Septembre à novembre : Bardon, Berthelmy, Bussières, Lanot, Ganne, Dulignon, Pineaud, Bardon, Beausoin, Béral.
    Décembre : Lanot, Béral, géomètre.

1791. — *Janvier à Mars* : Lanot, Béral, Roussel, Pauphille, Juyé, Lanot jeune, Després.
    Avril à juin : Juyé, Lanot cadet, Pineaud cadet, Reignac, Béral, Ludière, clerc tonsuré ; Ganne, Tainaut, Deschamps.

Juillet à septembre : Lanot cadet, Béral aîné, Borye, aumônier à l'hôpital ; Villeneuve, Deschamps, vicaire général ; Dufraysse, Reignac, Lanot jeune, Berthelmy.

Octobre à décembre : Bial, Lanot jeune, Mariau, Deschamps.

1792. — *Janvier à mars* : Delfaut, Laval, Lanot cadet, Villeneuve.

Avril à juin : Lanot cadet, Villeneuve, Borye aîné.

Juillet à septembre : Lanot, Barry, Borie, Beneytou.

Octobre à décembre : Borie, Beneyton, Roume, Béral.

1793. — *Janvier à juin* : Roume, Béral.

Juillet à septembre : Borie, Roussel.

Octobre et novembre : Jumel et Béral.

1794. — Dulac, Béral, Laval, Bussières, Pineaud, Mougenc, Libourou, Borye, Dulignon et Floucaud.

1795. — Pineaud, Bussières, Lacombe, Lafeuillade, Mougenc, Labounoux, Dulac, Borie, Dulignon, Blanc, Floucaud, Villeneuve.

III

Noms des citoyens composant la Société populaire de Tulle d'après la loi du 25 Vendémiaire, an 3e (1)

BERTHELMY Ambroise, 30 ans, ingénieur avant et après 89, habitant Tulle avant et après 89.

---

(1) Cette liste étant prise sur un document authentique, nous respectons l'orthographe des noms et des professions.

DULIGON Jean-Antoine, 42 ans, né à Angoulême, marchand avant et après 89, habitant Tulle avant et après 89, admis dans la société le 20 mai 1790.

BARDON Léonard, 38 ans, né à Tulle, officier de santé avant 89, maire après 89, habitant Tulle avant et après 89, admis dans la société le 20 mai 1790.

LANOT fils 1er du nom, né à Tulle, homme de loi avant 89, représentant du peuple après 89, habitant Tulle avant et après 89, admis dans la société le 20 mai 1790.

LANOT Jeune, François, né à Tulle, étudiant avant 89, aux frontières après 89, habitant Tulle avant 89, aux frontières après 89, admis dans la société le 20 mai 1790.

DELFAU Joseph, né à Tulle, étudiant avant 89, aux frontières après 89, habitant Tulle avant 89, aux frontières après 89, admis dans la société le 20 mai 1789.

BARDON, né à Tulle, homme de loi avant 89, bibliothécaire après 89, habitant Tulle avant 89, aux frontières après 89, admis dans la société le 20 mai 1790, chassé.

VIALLE Joseph-Anne, né à Tulle, homme de loi avant 89, agent national du district après 89, habitant Tulle avant 89, aux frontières après 89, admis dans la société le 20 mai 1790.

BUSSIÈRE Léonard, 33 ans, né à Tulle, étudiant avant 89, notaire après 89, habitant Tulle avant 89, aux frontières après 89, admis dans la société le 20 mai 1790.

DESPRÉS, 33 ans, né à Tulle, homme de loi, juge au présidial avant 89, directeur de la poste après 89, habitant Tulle avant 89, aux frontières après 89, admis dans la société le 20 mai 1790, chassé.

JUYÉ Jean-Baptiste, 31 ans, né à Tulle, procureur avant 89, administrateur après 89, habitant Tulle avant 89, aux frontières après 89, admis dans la société le 20 mai 1790, *ajourné*.

REIGNAC J.-Léonard, 56 ans, né à Tulle, homme de loi avant 89, entreposeur de tabac après 89, habitant Tulle avant 89, Paris après 89, admis dans la société le 20 mai 1790.

BORIE Léonard, 33 ans, né à Tulle, marchand avant 89, officier municipal après 89, habitant Tulle avant 89, Paris après 89, admis dans la société le 20 mai 1790.

TRAMOND père, né à Tulle, membre du Comité Révolutionnaire après 89, habitant Tulle avant 89, Paris après 89, admis dans la société le 20 mai 1790.

REIGNAC Pierre, 60 ans, né à Tulle, cultivateur, vivant de ses rentes avant 89, membre du Comité révolutionnaire et du bureau de pacification après 89, habitant Tulle avant 89, Paris après 89, admis dans la société le 14 juin 1790. Il n'est du comité révolutionnaire que depuis la chute du tyran Robespierre. Il est membre du bureau de pacification depuis trois ans.

PINEAUD Pierre, 29 ans, né à Tulle, marchand avant 89, membre du Comité Révolutionnaire et du bureau de pacification après 89, habitant Tulle avant 89, Paris après 89, admis dans la société le 14 juin 1790.

RIGOLLE Antoine, 4 ans, né à Tulle, officier de santé avant 89, membre du Comité révolutionnaire après 89, habitant Tulle avant 89, Paris après 89, admis dans la société le 14 juin 1790. Il n'est du comité révolutionnaire que depuis la chute du tyran Robespierre.

BARRY, né à Tulle, orfèvre avant et après 89, habitant

Tulle avant 89, Paris après 89, admis dans la société le 14 juin 1790.

POURCHET cadet, Léonard, 45 ans, né à Tulle, tailleur avant et après 89, habitant Tulle avant et après 89, admis dans la société le 8 juillet 1790.

BEAUDOIN, étudiant avant et après 89, habitant Tulle avant et après 89, admis dans la société le 14 juin 1790.

LABOUNOUX Antoine, 38 ans, né à Laroche, homme de loi, juge avant 89, juge de paix adjoint au juge de Tulle après 89, habitant Saint-Angel avant 89, Laroche et Tulle après 89, admis dans la société le 14 juin 1790.

FLOUCAUD aîné, né à Tulle, secrétaire au district avant et après 89, habitant Tulle avant et après 89, admis dans la société le 14 juin 1790.

POURCHET aîné, né à Tulle, tailleur avant 89, gendarme après 89, habitant Tulle avant et après 89, admis dans la société le 8 juillet 1790.

DUFAURE Antoine, 49 ans, né à Tulle, agent de l'hôpital avant 89, secrétaire au département après 89, habitant Tulle avant et après 89, admis dans la société le 8 juillet 1790.

BÉRAL aîné, Pierre, né à Tulle, greffier à la juridiction consulaire avant 89, membre du comité de surveillance après 89, habitant Tulle avant et après 89, admis dans la société le 8 juillet 1790.

LACOMBE Antoine, 31 ans, né à Tulle, géomètre avant 89, géomètre et commissaire du district après 89, habitant Tulle avant et après 89, admis dans la société le 13 juillet 1790.

PEUCH, marchand, admis dans la société le 13 juillet 1790.

MAROUBY Pierre, 42 ans, né à Tulle, cultivateur avant 89, greffier du juge de paix du canton après 89, habitant Tulle avant 89, admis dans la société le 13 juillet 1790.

BOISSET, né à Genis.

LIGEOIS, né à Peyssac, notaire avant 89, habitant Peyssac avant et après 89; admis dans la société le 19 juillet 1790.

DEPRÉ, né à Peyssac, habitant Peyssac avant 89, admis dans la société le 19 juillet 1790.

LASSAGNE, né à Peyssac, admis dans la société le 19 juillet 1790.

MANCHIER, admis dans la société le 19 juillet 1790.

VACHOT Jacques, 30 ans, né à Tulle, militaire avant 89, général de division après 89, à l'armée avant et après 89, admis dans la société le 26 juillet 1790.

BRIOUDE, né à St-Merd, notaire avant et après 89, habitant St-Merd avant et après 89 admis dans la société le 26 juillet 1790.

MAS aîné, de la Barussie, Joseph, né à Tulle, admis dans la société le 19 août 1790.

PINEAUD cadet, François, 25 ans, né à Tulle, étudiant avant 89, volontaire aux frontières après 89, habitant Tulle avant 89, à l'armée après 89, admis dans la société le 21 août 1790.

PAUPHILLE, né à Tulle, aubergiste avant 89, aubergiste et officier municipal après 89, habitant Tulle avant et après 89, admis dans la société le 21 août 1790.

FAGE Pierre, 54 ans né à Tulle, écrivain avant 89, habitant Tulle avant 89, Ussel après 89, admis dans la société le 21 août 1790.

JUYÉ jeune, né à Tulle, étudiant avant 89, militaire après 89, à l'armée avant et après 89, admis dans la société le 22 août 1790.

PAUPHILLE cadet, André, 26 ans, né à Tulle, horloger avant 89, militaire après 89, aux frontières après 89, admis dans la société le 25 août 1790.

MAS Jean-Hercule, 45 ans, né à Tulle, aubergiste avant 89, militaire après 89, habitant Tulle avant et après 89, admis dans la société le 1er septembre 1790.

DUCHER Jean-Louis, 41 ans, né à Tulle, platineur avant 89, militaire après 89, habitant Tulle avant et après 89, admis dans la société le 1er septembre 1790.

TEYSSIER, 64 ans, né à Tulle, percepteur d'impositions avant 89, officier municipal après 89, habitant Tulle avant et après 89, admis dans la société le 19 septembre 1790.

BRUNON Joseph, né à Saint-Etienne, graveur avant 89, habitant Tulle avant et après 89, admis dans la société le 26 septembre 1790.

VALADE Pierre, 33 ans, né à Tulle, chapelier avant et après 89, habitant Tulle avant et après 89, admis dans la société le 26 septembre 1790.

BAINE, né à Tulle, cordonnier avant 89, admis dans la société le 26 septembre 1790.

LANOT cadet, Antoine, 29 ans, né à Tulle, géomètre avant 89, commissaire des guerres après 89, habitant Tulle avant et après 89, admis dans la société le 26 septembre 1790.

MASSONIE Michel, 49 ans, né à Tulle, monteur avant et après 89, habitant Tulle avant et après 89, admis dans la société le 26 septembre 1790.

LAFEUILLADE Joseph, 53 ans, né à Tulle, homme de loi avant 89, commissaire national après 89, habitant Tulle avant et après 89, admis dans la société le 17 octobre 1790.

SAINDRIAC ainé, Pierre, 45 ans, né à Tulle, fondeur avant et après 89, habitant Tulle avant et après 89, admis dans la société le 18 octobre 1790.

CHAVERLIANGE fils, Pierre, 29 ans, né à Tulle, chapelier avant et après 89, habitant Tulle avant et après 89, admis dans la société le 18 octobre 1790.

MASCHAT ainé, Jean, 38 ans, né à Tulle, cordonnier avant et après 89, habitant Tulle avant et après 89, admis dans la société le 18 octobre 1790.

VINTÉJOUX fils ainé, 27 ans, né à Seilhac, étudiant avant 89, militaire après 89, habitant Seilhac avant 89, à l'armée après 89, admis dans la société le 18 octobre 1790.

MAUSSAC-DUBECH, né à Seilhac, notaire avant 89, admis dans la société le 18 octobre 1790.

GAGNY Pierre, né à Limoges, contrôleur avant et après 89, habitant Tulle avant 89, admis dans la société le 11 novembre 1790.

BRIVAL Jacques, 42 ans, né à Tulle procureur du roi avant 89, représentant du peuple après 89, habitant Tulle avant 89, Paris après 89, admis dans la société le 21 novembre 1790.

POULVEREL cadet, Pierre, né à Tulle, perruquier avant 89, aux frontières après 89, habitant Tulle avant 89, à l'armée après 89, admis dans la société le 21 novembre 1790.

POULVEREL jeune, Léonard, 28 ans, né à Tulle, perruquier avant 89, militaire après 89, habitant Tulle avant 89, à l'armée après 89, admis dans la société le 21 novembre 1790.

GOUDELOU Jean, 57 ans, né à Tulle, piqueur avant 89, gendarme après 89 habitant Tulle avant et après 89, admis dans la société le 21 novembre 1790.

BLEIZAT Martin, 35 ans, né à Tulle, bridier avant 89, aux frontières après 89, habitant Tulle avant 89, à l'armée après 89, admis dans la société le 24 novembre 1790.

TAILLANDIER Jean, 28 ans né à Tulle, mazelier avant et après 89, habitant Tulle avant et après 89, admis dans la société le 24 novembre 1790.

DUVAL François, 38 ans, né à Chamboulive, vitrier avant et après 89, habitant Tulle avant et après 89, admis dans la société le 24 novembre 1790.

CHATEIL Jean, 36 ans, né à Tulle, chapelier avant et après 89, habitant Tulle avant et après 89, admis dans la société le 24 novembre 1790.

YVERNAT Jean-Baptiste, 53 ans né à Bort, marchand avant 89, administrateur du département après 89, habitant Bort avant 89, Tulle après 89, admis dans la société le 28 novembre 1790.

CRAUFFON, né à Beynat, admis dans la société le 28 novembre 1790.

MONTEIL, né à Daguac, admis dans la société le 28 novembre 1790.

DELZORT cadet, étudiant avant 89, aux frontières après 89, admis dans la société le 28 novembre 1790.

TERSAT Pierre, 35 ans, né à Tulle, serrurier avant et après 89, habitant Tulle avant et après 89, admis dans la société le 28 novembre 1790.

BORIE François, 26 ans, teinturier avant 89, aux frontières après 89, habitant Tulle avant 89, à l'armée après 89, admis dans la société le 8 décembre 1790.

TOMPSON, 37 ans, né à Charleville platineur avant 89, aux frontières après 89, habitant Tulle avant 89, à l'armée après 89, admis dans la société le 12 décembre 1790.

MARBOT Pierre, 39 ans, né à Brive, homme de loi avant 89, aux frontières général de division après 89, habitant Tulle avant 89, à l'armée après 89, admis dans la société le 12 décembre 1790.

DELON, 46 ans, né à St-Hilaire, notaire avant et après 89, habitant St-Hilaire avant et après 89, admis dans la société le 12 décembre 1790.

MASSOULIÉ Bernard, 48 ans, né à Chanac, cultivateur avant 89, aux frontières après 89, habitant Chanac avant 89, à l'armée après 89, admis dans la société le 12 décembre 1790.

RIEU Pierre, 54 ans, né à St-Etienne, canonnier avant et après 89, habitant Tulle avant et après 89, admis dans la société le 12 décembre 1790.

BOULLE Antoine, né à Tulle, aubergiste avant et après 89, habitant Tulle avant et après 89, admis dans la société le 15 décembre 1790.

SALES Etienne, 41 ans, né à Chanac, cultivateur avant 89, aux frontières après 89, habitant Chanac avant 89, aux frontières après 89.

BEFFÉRAL François, 46 ans, né à Tulle, tailleur avant et après 89, habitant Tulle avant et après 89, admis dans la société le 15 décembre 1790.

MASSOULIER Julien, 31 ans, né à Chanac, cultivateur avant 89, aux frontières après 89, habitant Chanac avant 89, aux frontières après 89, admis dans la société le 15 décembre 1790.

TEYSSIER Jean-Joseph, né à Chanac, étudiant avant 89, instituteur après 89, habitant Chanac avant et après 89, admis dans la société le 15 décembre 1790.

MOURET Jean-Baptiste, 29 ans, né à Tulle, sculpteur avant 89, aux frontières après 89, habitant Tulle avant 89, aux frontières après 89, admis dans la société le 15 décembre 1790.

MALAURIE Jean, 41 ans né à Tulle, meunier avant et après 89, habitant Tulle avant et après 89, admis dans la société le 15 décembre 1790.

CONTRASTIN Pierre, 31 ans né à Tulle, huissier avant 89, adjoint à la commission après 89, habitant Tulle avant et après 89, admis dans la société le 22 décembre 1790.

JARRIGE fils, Pierre, 34 ans, né à Tulle, platineur avant et après 89, habitant Tulle avant et après 89, admis dans la société le 24 décembre 1790.

VILLENEUVE fils du négociant, Xavier, 20 ans, né à Tulle, étudiant avant 89, aux frontières après 89, habitant Tulle avant 89, aux frontières après 89, admis dans la société le 5 janvier 1791.

DUMOND François, 27 ans, né à Ussel, sellier avant 89, membre du comité révolutionnaire après 89, habitant Tulle avant et après 89, admis dans la société le 15 décembre 1791.

BORIE Bernard, 32 ans, né à Tulle, ministre avant 89, citoyen après 89, habitant Tulle avant et après 89, admis dans la société le 17 janvier 1791.

PASTRIE François, né à Tulle, mazelier avant et après 89, habitant Tulle avant et après 89, admis dans la société le 5 janvier 1791.

FOROT Noël, 44 ans, né à Tulle, monteur avant et après 89, habitant Tulle avant et après 89, admis dans la société le 5 janvier 1791.

LAGARDE cadet, Blaise, 36 ans, né à Tulle, militaire avant 89, aux frontières après 89, habitant à l'armée avant 89, aux frontières après 89, admis dans la société le 5 janvier 1791.

MAZEYRIE Gérard, né à Nonard, habitant Nonard avant et après 89, admis dans la société le 5 janvier 1791.

COLIN Pierre, 37 ans, né à Tulle, entrepreneur avant et après 89, habitant Tulle avant et après 89, admis dans la société le 5 janvier 1791.

COURSAT, né à Chanac, cultivateur avant et après 89, admis dans la société le 5 janvier 1791.

FARJEYRAT François, né à Chanac, admis dans la société le 5 janvier 1791.

MONTEIL François, 47 ans né à Tulle, tailleur avant et après 89, habitant Tulle avant et après 89, admis dans la société le 3 janvier 1791.

LACROIX Pierre, 32 ans, né à Ste-Fortunade, notaire avant 89, notaire et juge de paix après 89, habitant Ste-Fortunade avant et après 89, admis dans la société le 3 janvier 1791.

CHASTEIN Noël, 27 ans, né à Tulle, admis dans la société le 3 janvier 1791.

MANIÉ Léonard, 48 ans, canonnier avant et après 89, habitant Souilhac avant et après 89, admis dans la société le 3 janvier 1791.

GILLET Jean-Joseph, bayoneteur avant et après 89, habitant Laguenne avant et après 89, admis dans la société le 3 janvier 1791.

LUDIÈRE cadet, Etienne, 29 ans, né à Tulle, potier d'étain avant et après 89, habitant Tulle avant et après 89, admis dans la société le 13 janvier 1791.

PASTRIE fils, Pierre, 21 ans, né à Tulle, marchand avant et après 89, habitant Tulle avant et après 89, admis dans la société le 13 janvier 1791.

LAGRANGE Jean, né à Tulle, tisserand avant 89, garde au département après 89, habitant Tulle avant et après 89, admis dans la société le 13 janvier 1791.

PYRON Louis, 31 ans, né à Charleville, platineur avant et après 89, habitant Tulle avant 89, aux frontières après 89, admis dans la société le 13 janvier 1791.

MAISONNADE François, né à Chameyrat, admis dans la société le 26 janvier 1791.

PLANTADE Blaize, 42 ans, né à Tulle, mercier avant et après 89, habitant Tulle avant et après 89, admis dans la société le 30 janvier 1791.

TEYSSIER cadet, né à Chanac, habitant Chanac avant et après 89, admis dans la société le 30 janvier 1791.

PARATTE François, 43 ans, né à Tulle, marchand avant et après 89, habitant Tulle avant et après 89, admis dans la société le 30 janvier 1791.

TERRIOU Pierre, 37 ans, né à Corrèze, étudiant avant 89, militaire après 89, habitant Corrèze avant 89, à l'armée depuis 89, admis dans la société le 30 janvier 1791.

VACHOT Joseph, né à Tulle, étudiant avant 89, imprimeur après 89, habitant Tulle avant et après 89, admis dans la société le 30 janvier 1791.

MARSILLON fils, Pierre, 28 ans, né à Tulle, cuisinier avant 89, membre du comité révolutionnaire après 89, habitant Tulle avant et après 89, admis dans la société le 30 janvier 1791.

DESTOR Pierre, né à Tulle, aubergiste avant et après 89, habitant Tulle avant et après 89, admis dans la société le 30 janvier 1791.

TERRIOU Antoine, né à Tulle, monteur avant et après 89, habitant Tulle avant et après 89, admis dans la société le 30 janvier 1791.

DELFAU Guillaume, né à Tulle, habitant Tulle avant et après 89, *ajourné*.

MASSOULIER jeune, Joseph, 27 ans, né à Tulle, perruquier avant et après 89, habitant Tulle avant et après 89, admis dans la société le 9 février 1791.

BLEIZEAT François, 46 ans, né à Tulle, marchand avant 89, gardien des maisons d'arrêt après 89, habitant Tulle avant et après 89, admis dans la société le 9 février 1791.

MAZIN autrement dit le Faure, 32 ans, *ajourné* le 9 février 1791.

BERIL Jean-Joseph, 27 ans, né à Chameyrat, cultivateur avant et après 89, habitant Chameyrat avant et après 89, admis dans la société le 9 février 1791.

MONMORT François, 34 ans, né à Tulle, tailleur avant et après 89, habitant Tulle avant et après 89, admis dans la société le 9 février 1791.

DUCHET jeune, Pierre, 34 ans, né à Tulle, platineur avant et après 89, habitant Tulle avant et après 89, admis dans la société le 9 fév. 1791.

LACOMBE Jean, 50 ans, né à Tulle, chapelier avant et après 89, habitant Tulle avant et après 89, admis dans la société le 9 février 1791.

BROCQ, 36 ans, né à Tulle, imprimeur avant et après 89, habitant Tulle avant et après 89, admis dans la société le 9 février 1791.

MARGERY Antoine, 52 ans, né à Laguenne, habitant Laguenne avant et après 89, *ajourné*.

DARCAMBAL Jean-Baptiste, 40 ans, né à Tulle, secrétaire avant 89, agent militaire après 89, habitant Tulle avant et après 89, *ajourné*.

MAS cadet, de la Barussie, Joseph, né à Tulle, étudiant avant 89, aux frontières après 89, habitant Tulle avant et après 89, *ajourné*.

DELAY Jean, dit Jeandelay, 48 ans, né à Vigeois, canonnier avant et après 89, habitant Tulle avant et après 89, *ajourné*.

MAZIN Etienne, né à Laguenne, habitant Laguenne avant et après 89, *ajourné*.

BAYLE Pierre, 36 ans, né à Uzerche, *ajourné*.

MATHURIER Pierre, 53 ans, né à Tulle, émouleur avant et après 89, habitant Souilhac après 89, *ajourné*.

BORIE, 56 ans, né à Chamboulive, cultivateur avant et après 89, habitant Chamboulive avant et après 89, *ajourné*.

FERRIÈRES Pierre, 43 ans, né à Chamboulive, cultivateur avant et après 89, habitant Chamboulive avant et après 89, *ajourné*.

SALESSE, 27 ans, né à Chamboulive, cultivateur avant et après 89, habitant Chamboulive avant et après 89, *ajourné*.

ROUSARIE père, Antoine, 73 ans, né à Tulle, cultivateur avant et après 89, habitant Chamboulive avant et après 89, *ajourné*.

COLIN Joseph, né à Tulle, chapelier avant et après 89, habitant Tulle avant et après 89, *ajourné*.

DUVAL jeune, Pierre, 21 ans, né à Tulle, étudiant avant 89, aux frontières après 89, habitant Tulle avant 89, à l'armée après 89, *ajourné*.

VILLENEUVE fils, Antoine, 21 ans, né à Tulle, en Vendée après 89, habitant Tulle avant 89, à l'armée après 89, admis dans la société le 12 février 1791.

MONS dit Pébeyrol, 37 ans, né à Tulle, militaire avant 89, aux frontières après 89, habitant Tulle avant 89, à l'armée après 89, admis dans la société le 12 février 1791.

DAUDET Charles, 34 ans, né à Tulle, meunier avant et après 89, habitant Tulle avant et après 89, admis dans la société le 12 février 1791.

BARRY cadet, Joseph, né à Tulle, orfèvre avant 89, aux frontières après 89, habitant Tulle avant 89, à l'armée après 89, admis dans la société le 12 février 1791.

SAINT-YPOLY, 60 ans, né à Naves, notaire avant et après 89, habitant Naves avant et après 89, admis dans la société le 12 février 1791.

NOYER Jean, 42 ans, né à Sainte-Fortunade, voiturier avant et après 89, habitant Tulle avant et après 89, admis dans la société le 12 fév. 1791.

BALUZE Thomas, 34 ans, né à Tulle, canonnier avant et après 89, habitant Tulle avant et après 89, admis dans la société le 12 février 1791.

TRAMOND fils aîné, Pierre, 28 ans, né à Tulle, aux frontières après 89, habitant Tulle avant 89, à l'armée après 89, admis dans la société le 2 mars 1791.

BRUNIE François, 40 ans, né à Cornil, homme de loi avant 89, juge de paix après 89, habitant Cornil avant et après 89, admis dans la société le 2 mars 1791.

POUMIER Jacques, 36 ans, né à Chamboulive, admis dans la société le 2 mars 1791.

PLAISANCE François, 28 ans, né à Tulle, militaire avant et après 89, habitant Tulle avant et après 89, admis dans la société le 2 mars 1791.

GRILLÈRE Jean, 43 ans, né à Tulle, marguiller avant 89, marchand après 89, habitant Tulle avant et après 89, admis dans la société le 2 mars 1791.

ANTOINE Pierre, né à Tulle, platineur avant et après 89, habitant Souilhac avant et après 89, admis dans la société le 2 mars 1791.

FÉNIS aîné dit Claude, 30 ans, né à Tulle, manouvrier avant et après 89, habitant Tulle avant et après 89, admis dans la société le 2 mars 1791.

FÉNIS cadet dit Claude, 27 ans, né à Tulle, platineur avant et après 89, habitant Tulle avant et après 89, admis dans la société le 2 mars 1791.

SAUGON Martial, 45 ans, né à Tulle, monteur avant et après 89, habitant Tulle avant et après 89, admis dans la société le 2 mars 1791.

PENDRIGNE Bernard, né à Ste-Fortunade, cultivateur avant 89, officier municipal après 89, habitant Ste-Fortunade avant et après 89, admis dans la société le 2 mars 1791.

GALINON Pierre, 31 ans, né à Ste-Fortunade, cultivateur avant 89, juge de paix après 89, habitant Ste-Fortunade avant et après 89, admis dans la société le 9 mars 1791.

CLUZAN fils, Joseph, 27 ans, né à Tulle, maréchal avant et après 89, habitant Tulle avant et après 89, admis dans la société le 13 mars 1791.

DANIEL Martial, 28 ans, habitant Souilhac avant et après 89, admis dans la société le 13 mars 1791.

BESSE Pierre, 47 ans, né à Tulle, aux frontières après 89, à l'armée avant 89, aux frontières après 89, admis dans la société le 13 mars 1791.

ARMAND Etienne, 51 ans, né à Clergoux, cultivateur avant 89, maire après 89, habitant Clergoux avant et après 89, admis dans la société le 14 mars 1791.

PRADELET Pierre, né à Marcillac, cultivateur avant 89, agent national de la commune après 89, habitant Marcillac avant et après 89, admis dans la société le 14 mars 1791.

TABASTE, né à Marcillac, cultivateur avant 89, juge de paix après 89, habitant Marcillac avant et après 89, admis dans la société le 6 mars 1791.

BROCQ Antoine, né à Tulle, platineur avant et après 89, habitant Tulle avant et après 89, admis dans la société le 20 mars 1791.

AMBIER, 28 ans, né à Tulle, chef d'atelier avant et après 89, habitant Souilhac avant et après 89, admis dans la société le 20 mars 1791.

GANNE Jean, 33 ans, né à Tulle, canonnier, habitant Tulle avant et après 89, admis dans la société le 20 mars 1791.

FARGES Pierre, 43 ans, né à Naves, huissier avant et après 89, habitant Naves avant et après 89, admis dans la société le 20 mars 1791.

COURTOIS, 40 ans, né à Tulle, platineur avant et après 89, habitant Tulle avant et après 89, admis dans la société le 20 mars 1791.

FÉNIS jeune dit Claude, né à Tulle, habitant Tulle avant et après 89, admis dans la société le 20 mars 1791.

ROCHEMONT Nicolas, 42 ans, né à Tulle, huissier avant 89, gendarme après 89, habitant Tulle avant et après 89, admis dans la société le 20 mars 1791.

PUYREIMONT Joseph, né à Julien-Quinsac, cultivateur avant 89, agent national après 89, habitant Quinsac avant et après 89, admis dans la société le 20 mars 1791.

MASCHAT jeune, Antoine, 29 ans, né à Tulle, charpentier avant et après 89, habitant Tulle avant et après 89, admis dans la société le 20 mars 1791.

FAURE, né à Tulle, boulanger avant et après 89, habitant Tulle avant et après 89, admis dans la société le 20 mars 1791.

SAUGON Louis, 27 ans, né à Tulle, monteur avant et après 89, habitant Tulle avant et après 89, admis dans la société le 20 mars 1791.

FOUILLADE Pierre, né à Tulle, menuisier avant et après 89, habitant Tulle avant et après 89, admis dans la société le 20 mars 1791.

TRAINSOUTROT Jean-Louis, 35 ans, né à Gimel, cultivateur avant 89, administrateur du district après 89, habitant Tulle avant et après 89, admis dans la société le 20 mars 1791.

ROUBERTOU Jean, né à Gimel, cultivateur avant et après 89, habitant Gimel avant et après 89, admis dans la société le 20 mars 1791.

PEROUSSIE Léonard, né à Bar, habitant Bar avant et après 89, admis dans la société le 23 mars 1791.

TRAINSOUSTROC cadet Jean-Louis-Pierre, né à Gimel, cultivateur avant et après 89, habitant Gimel avant et après 89, admis dans la société le 23 mars 1791.

BRIVAL Jean-Joseph, né à Tulle, homme de loi avant 89, juge de paix à l'armée après 89, habitant Ussel avant 89, à l'armée après 89, admis dans la société le 25 mars 1791.

CHASTEING Joseph, au contrôle avant 89, admis dans la société le 25 mars 1791.

ROCHE Louis, 48 ans, né à Ussel, sculpteur avant et après 89, habitant Tulle avant et après 89, admis dans la société le 3 avril 1791.

BARON Marin, 32 ans, né à Cosne, musicien avant 89, instituteur après 89, habitant Tulle avant et après 89, admis dans la société le 3 avril 1791.

GUIOD Léonard, né à Tulle, canonier avant et après 89, habitant Tulle avant et après 89, admis dans la société le 3 avril 1791.

POURCHET Pierre, né à Naves, habitant Naves avant et après 89, admis dans la société le 6 avril 1791.

BALUZE Pierre, 36 ans, né à Tulle, gendarme avant 89, chef de bataillon après 89, habitant Tulle avant 89, aux frontières après 89, admis dans la société le 8 avril 1791.

DUBOIS cadet, né à Tulle, huissier avant et après 89, habitant Tulle avant et après 89, admis dans la société le 8 avril 1791.

BOUDRIE Antoine, 40 ans, né à Tulle, sellier avant 89, gendarme après 89, habitant Tulle avant 89, aux frontières après 89, admis dans la société le 8 avril 1789.

GRILLÈRE Bernard, 40 ans, né à Tulle, chapelier avant et après 89, habitant Tulle avant et après 89, admis dans la société le 8 avril 1791.

TERRIOU, né à Corrèze, greffier du juge de paix après 89, habitant Corrèze avant et après 89, admis dans la société le 8 avril 1791.

BROUSSE Léonard, 34 ans, né à Tulle, platineur avant et après 89, habitant Tulle avant et après 89, admis dans la société le 8 avril 1791.

LAVAL cadet, Jean-Joseph, 36 ans, né à Tulle, secrétaire avant 89, dans les fourrages après 89, habitant Tulle avant et après 89, admis dans la société le 8 avril 1791.

CEINDRIAC Martin, 36 ans, né à Tulle, serrurier avant et après 89, habitant Tulle avant et après 89, admis dans la société le 8 avril 1791.

FAURIE François, 23 ans, né à Tulle, platineur avant et après 89, habitant Tulle avant et après 89, admis dans la société le 8 avril 1791.

VILLENEUVE F.-Hélène, 43 ans, né à Tulle, homme de loi avant 89, président du tribunal criminel après 89, habitant Tulle avant et après 89, admis dans la société le 8 avril 1791.

DULAC Julien, 35 ans, né à Julien-Quinsac, homme de loi avant 89, accusateur public après 89, habitant Tulle avant et après 89, admis dans la société le 8 avril 1791.

BENEYTON Pierre, 48 ans, né à Chalons (Uzerche), notaire avant 89, greffier du tribunal après 89, habitant Uzerche avant 89 et Tulle après 89, admis dans la société le 8 avril 1791.

FLOUCAUD Jacques, 54 ans, né à Tulle, officier de santé avant 89, receveur du district après 89, habitant Tulle avant et après 89, admis dans la société le 8 avril 1791.

FLOUCAUD Pierre, 50 ans, né à Tulle, procureur avant 89, administrateur du département après 89, habitant Tulle avant et après 89, admis dans la société le 8 avril 1791.

DOMBRET Nicolas, 43 ans, Liégeois, canonnier avant et après 89, habitant Tulle avant et après 89, admis dans la société le 8 avril 1791.

BORIE, né à Tulle, marchand avant 89, instituteur après 89, habitant Tulle avant et après 89, admis dans la société le 8 avril 1791.

LIBOUROUX Jean-François, 32 ans, né à Tulle, cordonnier avant et après 89, habitant Tulle avant et après 89, admis dans la société le 8 avril 1791.

LUDIÈRE Léonard, 58 ans, né à Tulle, homme de loi avant 89, juge de paix après 89, habitant Tulle avant et après 89, admis dans la société le 8 avril 1791.

MONTEIL, né à Dagnac, agent national de la commune après 89, habitant Dagnac avant et après 89, admis dans la société le 8 avril 1791.

VINCENT Henri, 28 ans, né à Chalon-sur-Saône, ingénieur avant et après 89, habitant Tulle avant et après 89, admis dans la société le 8 avril 1791.

PASTRIE Joseph, né à Tulle, mazelier avant et après 89, habitant Tulle avant et après 89, admis dans la société le 8 avril 1791.

BARATIER Pierre, 39 ans, né à Tulle, maçon avant 89, entrepreneur après 89, habitant Tulle avant et après 89, admis dans la société le 8 avril 1791.

BURG Pierre, teinturier avant 89, vérificateur de la poste après 89, habitant Tulle avant et après 89, admis dans la société le 8 avril 1791.

CHARAIN 2ᵉ du nom, 29 ans, né à Tulle, étudiant avant 89, secrétaire du département après 89, habitant Tulle avant et après 89, admis dans la société le 8 avril 1791.

VERGNE, né à Tulle, marchand avant 89, juge au tribunal de commerce après 89, habitant Tulle avant et après 89, admis dans la société le 8 avril 1791.

AMAT Pierre, 33 ans, né à Tulle, monteur avant 89, réviseur après 89, habitant Tulle avant et après 89, admis dans la société le 8 avril 1791.

CHASTANG Pierre, 34 ans, né à Tulle, chapelier avant 89, membre du comité révolutionnaire après 89, habitant Tulle avant et après 89, admis dans la société le 8 avril 1791.

BOUDRIE Jean-Baptiste, 38 ans, né à Tulle, géomètre avant 89, juge de paix après 89, habitant Tulle avant et après 89, admis dans la société le 8 avril 1791.

BESSIONET Louis, 40 ans, né à Versailles, militaire avant 89, timbreur après 89, habitant Tulle avant et après 89, admis dans la société le 8 avril 1791.

LACOMBE Jean-Baptiste, 49 ans, né à Tulle, chapelier avant 89, membre du comité révolutionnaire après 89, habitant Tulle avant et après 89, admis dans la société le 8 avril 1791.

SARGET Joseph, 28 ans, né à Tulle, secrétaire avant 89, greffier du juge de paix après 89, habitant Tulle avant et après 89, admis dans la société le 8 avril 1791.

MAS aîné, né à Bar, habitant Tulle avant et après 89, admis dans la société le 8 avril 1791.

TALIN, 28 ans, né à Corrèze, étudiant avant 89, juge de paix après 89, habitant Corrèze avant et après 89, admis dans la société le 8 avril 1791.

MAZIN Etienne, 33 ans, né à Tulle, huissier avant 89, instituteur après 89, habitant Tulle avant et après 89, admis dans la société le 8 avril 1791.

SARGET père, Jacques, 62 ans, né à Tulle, gardien du tribunal avant 89, instituteur après 89, habitant Tulle avant et après 89, admis dans la société le 8 avril 1791.

VERGNE, 35 ans, né à Tulle, huissier avant 89, huissier du juge de paix après 89, habitant Tulle avant et après 89, admis dans la société le 8 avril 1791.

LUDIÉRE aîné, François, 30 ans, né à Tulle, étudiant avant 89, secrétaire du comité militaire après 89, habitant Tulle avant et après 89, admis dans la société le 8 avril 1791.

ROUME, né à Tulle, secrétaire avant 89, S^{re} au département après 89, habitant Tulle avant et après 89, admis dans la société le 8 avril 1791.

BOULLE Pierre, 28 ans, né à Tulle, aubergiste avant et après 89, habitant Tulle avant et après 89, admis dans la société le 8 avril 1791.

BESSE François, 49 ans, né à Tulle, huissier avant 89, instituteur après 89, habitant Tulle avant et après 89, admis dans la société le 8 avril 1791.

BALUZE Jean, 28 ans, né à Tulle, bayonetier avant et après 89, habitant Tulle avant et après 89, admis dans la société le 8 avril 1791.

TERRIOUX, né à Tulle, instituteur après 89, habitant Corrèze avant et après 89, admis dans la société le 8 avril 1791.

MONTEIL, né à Tulle, entrepreneur avant et après 89, habitant Corrèze avant et après 89, admis dans la société le 8 avril 1791.

ROMANEIX Léonard, 42 ans, né à Seilhac, maréchal avant et après 89, habitant Seilhac avant et après 89, admis dans la société le 8 avril 1791.

MAURISSANE Jean, habitant Paris avant et après 89, admis dans la société le 8 avril 1791.

ESTORGES Jean, 29 ans, né à Tulle, étudiant avant 89, officier municipal après 89, habitant Paris avant et après 89, admis dans la société le 8 avril 1791.

NOEL Gille, 46 ans, né à Charleville, monteur avant et après 89, habitant Paris avant et après 89, admis dans la société le 8 avril 1791.

SAUGON père, François, 54 ans, né à Tulle, monteur avant et après 89, habitant Tulle avant et après 89, admis dans la société le 8 avril 1791.

BASTID père, Jean, 41 ans, né à Tulle, fondeur avant et après 89, habitant Tulle avant et après 89, admis dans la société le 8 avril 1791.

BEYNE cadet, Bernard. 27 ans, né à Tulle, cordonnier avant et après 89, habitant Tulle avant et après 89, admis dans la société le 8 avril 1791.

MENEYROL Laurent, né à Tulle, taillandier avant et après 89, habitant Tulle avant et après 89, admis dans la société le 8 avril 1791.

MARY Jacques, limeur avant et après 89, habitant Tulle avant et après 89, admis dans la société le ?

TEREYGEOL, né à Seilhac, instituteur après 89, habitant Tulle avant et après 89, admis dans la société le ?

ROUX Pierre, 35 ans, né à Tulle, troulier avant et après 89, habitant Tulle avant et après 89, admis dans la société le ?

LEYMARIE aîné, Antoine, 32 ans, tailleur avant et après 89, habitant Tulle avant et après 89, admis dans la société le ?

PIRON Henry, 31 ans, né à Liège, fondeur avant et après 89, habitant Tulle avant et après 89, admis dans la société le ?

SAUVEUR Jean, 38 ans, né à Tulle, bayonetier avant et après 89, habitant Tulle avant et après 89, admis dans la société le ?

NOTA. — Pour les ? posés au sujet de l'admission dans la Société on devra se reporter aux dates des séances, le document que nous publions ne les indiquant pas.

LAGIER Jean, 38 ans, né à Tulle, fabricant de chandelles avant et après 89, habitant Tulle avant et après 89, admis dans la société le ?

VAL Pierre, 47 ans, cordonnier avant et après 89, habitant Tulle avant et après 89, admis dans la société le ?

VIALLE Jean, 48 ans, né à Corrèze, aubergiste avant et après 89, habitant Tulle avant et après 89, admis dans la société le ?

BOULLE Elie, 52 ans, né à Tulle, voiturier avant 89, employé aux fourrages après 89, habitant Tulle avant et après 89, admis dans la société le ?

DEZAGA Simon, 54 ans, né à Mézières, canonier avant et après 89, habitant Tulle avant et après 89, admis dans la société le ?

CHASTAING Noël, habitant Tulle avant et après 89, admis dans la société le ?

GARGOUILLAT Jérôme, 56 ans, né à Tulle, arquebusier avant et après 89, habitant Tulle avant et après 89, admis dans la société le ?

GILLET, émouleur de baïonnettes avant et après 89, habitant Tulle avant et après 89, admis dans la société le ?

MARY, né à Meymac, admis dans la société le ?

PIERRE DU DRAGON jeune, admis dans la société le ?

MADAGUES, travaille à Souilhac, habitant Souilhac avant 89, Tulle après 89, admis dans la société le ?

St-PRIECH, travaille à Souilhac, habitant Souilhac avant 89, Tulle après 89, admis dans la société le ?

SALANOM Jean, 27 ans, né à Tulle, monteur avant et après 89, habitant Tulle avant et après 89, admis dans la société le ?

ROUX Pascal, 34 ans, né à Tulle, cordonnier avant et après 89, habitant Tulle avant et après 89, admis dans la société le ?

CHAMPAGNAC Jean-Baptiste, 58 ans, né à Tulle, baguetier avant et après 89, habitant Tulle avant et après 89, admis dans la société le ?

ROUSSARIE , habitant Tulle avant et après 89, admis dans la société le ?

GRAFFAIL Pierre, 58 ans, né à Aurillac, cafetier avant et après 89, habitant Aurillac avant 89, Tulle après 89, admis dans la société le ?

SOUBRANE, limeur avant et après 89, habitant Tulle avant et après 89, admis dans la société le ?

BOUSSET Jean-Antoine, 28 ans, né à Tulle, platineur avant et après 89, habitant Tulle avant 89, aux frontières après 89, admis dans la société le ?

FRANCŒUR Jean, 36 ans, né à Tulle, chapelier avant et après 89, habitant Tulle avant et après 89, admis dans la société le ?

LAGIER dit Robert, platineur avant et après 89, habitant Tulle avant et après 89, admis dans la société le ?

MASCHAT jeune, Guillaume, 28 ans, né à Tulle, cordonnier avant et après 89, habitant Tulle avant et après 89, admis dans la société le ?

PLANTADE meunier avant et après 89, habitant Tulle avant et après 89, admis dans la société le ?

THÉNÈZE, né à Tulle, réviseur avant et après 89, habitant Tulle avant et après 89, admis dans la société le ?

COMBES, maître de machine avant et après 89, habitant Tulle avant et après 89, admis dans la société le ?

LION Joseph, 42 ans, né à Tulle, platineur avant et après 89, habitant Tulle avant et après 89, admis dans la société le ?

LAMORE jeune, 22 ans, né à Tulle, étudiant avant 89, aux frontières après 89, habitant Tulle avant 89, aux frontières après 89, admis dans la société le ?

MAS, huissier avant 89, gendarme après 89, habitant Tulle avant 89, aux frontières après 89, admis dans la société le ?

DURAND Jean, 52 ans, né à Briev, gendarme avant 89, capitaine de gendarmerie après 89, habitant Tulle avant 89, aux frontières après 89, admis dans la société le ?

VILLENEUVE aîné François, né à Tulle, étudiant avant 89, militaire après 89, habitant Tulle avant 89, à l'armée après 89, admis dans la société le ?

FLOUCAUD 3ᵉ du nom, Alexandre, 19 ans, né à Tulle, étudiant avant 89, travaille à la manufacture après 89, habitant Tulle avant et après 89, admis dans la société le ?

MATHURIN fils, Joseph, 19 ans, né à Tulle, habitant Tulle avant et après 89, admis dans la société le ?

BRUDIEU Antoine, 48 ans, né à Condat, cultivateur avant 89, portier à la maison d'arrêt après 89, habitant Tulle avant et après 89, admis dans la société le ?

CHARLIER, monteur avant et après 89, habitant Tulle avant et après 89, admis dans la société le ?

RATONNIE, habitant Tulle après 89, admis dans la société le ?

SOULIABOUX Pierre, 26 ans, né à Tulle, monteur avant et après 89, habitant Tulle avant et après 89, admis dans la société le ?

ENOM dit la La Paillette Jean, 30 ans, né à Tulle, canonier avant et après 89, habitant Tulle avant et après 89, admis dans la société le ?

VOLTOUAM, imprimeur avant et après 89, habitant Tulle avant 89, Ussel après 89, admis dans la société le ?

MOURELOU.

Ici se trouve un nom qui a été surchargé de façon à le rendre illisible. Cette surcharge, faite d'une autre main et d'une autre encre que celles qui ont rédigé la liste, n'empêche pourtant pas de lire : MAUGEIN... âgé de 42 ans, né à Tulle... — ... — habitaut Tulle avant et après 89. — Une autre main a ajouté en marge : reçu après le 9 thermidor.

DOUBIÈS.

MAURICE Antoine, 46 ans, né à Bâle, pâtissier avant 89, cafetier après 89, habitant Tulle avant et après 89, admis dans la société le ?

VERDIER, cultivateur avant et après 89, habitant Peyrelevade avant et après 89, admis dans la société le ?

LEYGONIE Jean, charron avant et après 89, admis dans la société le ?

PINEAUD François, 25 ans, né à Tulle, étudiant avant 89, officier de santé à l'armée après 89, habitant Tulle avant 89, aux armées après 89, admis dans la société le ?

NOUGEIN Jean, 40 ans, né à Laroche, maréchal avant 89, gendarme aux armées après 89, habitant Laroche avant 89, aux armées après 89, admis dans la société le ?

LAFON Antoine, 46 ans, né à Beaulieu, contrôleur des actes avant 89, receveur de l'enregistrement après 89, habitant Marvejol avant 89, Tulle après 89, reçu le 10 janvier 1790 à Marvejol.

VEINTÉJOL Jean, 28 ans, né à Tulle, poêlier avant et après 89, habitant Tulle avant et après 89, admis dans la société le ?

CHONAC Pierre, 23 ans, né à Tulle, bayonetier avant 89, limeur après 89, habitant Tulle avant et après 89, admis dans la société le ?

VERGNE Pierre, 41 ans, né à Exupéry, plafonneur avant et après 89, habitant Tulle avant et après 89, admis dans la société le ?

BOUSQUET Pierre, 38 ans, né à Tulle, monteur avant et après 89, habitant Tulle avant et après 89, admis dans la société le ?

MADELOR Mathias, 20 ans, né à Limoges, platineur avant et après 89, habitant Limoges avant 89, Tulle après 89, admis dans la société le ?

DEZAGA Simon, 54 ans, né à Mézières, canonier avant et après 89, habitant Tulle avant et après 89, admis dans la société le ?

LAFEUILLADE Pierre, 21 ans, né à Tulle, étudiant avant 89, volontaire après 89, habitant Tulle avant 89, admis dans la société le ?

BASSALER J.-Baptiste, 30 ans, né à Naves, cultivateur avant 89, administrateur du district après 89, habitant Naves avant et après 89, admis dans la société le ?

BRUZEILLES Marie-Antoine, 40 ans, né à Floirac, cultivateur avant 89, aubergiste après 89, habitant Tulle avant et après 89, admis dans la société le ?

MASCHAT Joseph, 65 ans, né à Tulle, sargetier avant et après 89, habitant Tulle avant et après 89, admis dans la société le ?

VIGNE Jean, 28 ans, né à Tulle, chapelier avant et après 89, habitant Tulle avant et après 89, admis dans la société le ?

LUDIÈRE Antoine, 28 ans, né à Tulle, potier d'étain avant et après 89, habitant Tulle avant et après 89, admis dans la société le ?

VALADIER fils, Martin, 18 ans, né à Tulle, étudiant avant 89, commissaire du district après 89, habitant Naves avant 89, Tulle après 89, admis dans la société le ?

PLANOR Martial. 40 ans, né à Tulle, cultivateur avant et après 89, habitant Tulle avant et après 89, admis dans la société le ?

COUSTY Jean, 55 ans, né à Lubersac, marchand avant et après 89, habitant Tulle avant et après 89, admis dans la société le ?

SAUGON Jean, 23 ans, né à Tulle, monteur avant et après 89, habitant Tulle avant et après 89, admis dans la société le ?

SOURDET Jean, 32 ans, né à Tulle, platineur avant et après 89, habitant Tulle avant et après 89, admis dans la société le ?

BUISSON Antoine, 50 ans, né à Tulle, tailleur avant et après 89, habitant Tulle avant et après 89, admis dans la société le ?

VALERY Pierre, 53 ans, né à Tulle, courrier avant et après 89, habitant Tulle avant et après 89, admis dans la société le ?

NEYRAT Jean, 38 ans, né à Bar, maçon avant et après 89, habitant Tulle avant et après 89, admis dans la société le ?

FOUR François, 36 ans, né à Champagnac-le-Doustre, cultivateur avant et après 89, habitant Champagnac-le-Doustre avant et après 89, admis dans la société le ?

GUENIER Denis, 36 ans, né à Auxerre, pâtissier avant 89, fondeur après 89, habitant Tulle avant et après 89, admis dans la société le ?

GUINOT Claude, 47 ans, né à St-Étienne, bayonetier avant et après 89, habitant Tulle avant et après 89, admis dans la société le ?

THENÈZE Jacques, 49 ans, né à Tulle, monteur avant 89, réviseur après 89, habitant Tulle avant et après 89, admis dans la société le ?

FLOUCAUD 4ᵉ du nom, François, 16 ans, né à Tulle, étudiant avant 89, volontaire après 89, habitant Tulle avant 89, à l'armée après 89, admis dans la société le ?

BERGER Joseph, 28 ans, né à Valenciennes, militaire avant 89, inspecteur de la manufacture après 89, à l'armée avant 89, habitant Tulle après 89, admis dans la société le ?

PARRAUT Nicolas, 41 ans, Liégeois, platineur avant et après 89, habitant Tulle avant et après 89, admis dans la société le ?

BROCQ Pierre, 40 ans, né à Tulle, chapelier avant et après 89, habitant Tulle avant et après 89, admis dans la société le ?

BROCQ Jean, 39 ans, né à Tulle, sergetier avant et après 89, habitant Tulle avant et après 89, admis dans la société le ?

YVERNAT Jean, 22 ans, né à Bort, monteur après 89, habitant Tulle avant 89, aux frontières après 89, admis dans la société le ?

DUBOIS Pierre, 40 ans, né à Tulle, huissier public avant et après 89, habitant Tulle avant et après 89, admis dans la société le ?

LEYRAT Joseph, 47 ans, né à Tulle, huissier aux tailles avant et après 89, habitant Tulle avant et après 89, admis dans la société le ?

SAUVEUR Pierre, 22 ans, né à Tulle, Mᵉ de Broche avant 89, canonier après 89, habitant Tulle avant et après 89, admis dans la société le ?

MASCHAT Joseph, 32 ans, né à Tulle, perruquier avant 89, fondeur après 89, habitant Tulle avant et après 89, admis dans la société le ?

SALLES père, Martial, 54 ans, né à Tulle, huissier avant 89, platineur après 89, habitant Tulle avant et après 89, admis dans la société le ?

MONTMORT Jean, 47 ans, né à Lostanges, tailleur avant
    et après 89, habitant Tulle avant et après 89,
    admis dans la société le ?
CHAVERLIANGE père Elie, 53 ans, né à Tulle, chapelier
    avant et après 89, habitant Tulle avant et
    après 89, admis dans la société le ?
RODOT Jean, 25 ans, né à Tulle, canonier avant et après
    89, habitant Tulle avant et après 89, admis
    dans la société le ?
ANTOINE Baptiste, 22 ans, né à Charleville, assiérreur
    avant et après 89, habitant Tulle avant et
    après 89, admis dans la société le ?
AMBIER Bernard, 25 ans, né à Tulle, canonier avant et
    après 89, habitant Bergerac avant et après
    89, admis dans la société le ?
RENAUD Gaspard, 50 ans, né à Charleville, platineur
    avant et après 89, habitant Tulle avant et
    après 89, admis dans la société le 10 floréal.
LACOMBE Joseph, 27 ans, né à Tulle, chapelier avant
    et après 89, habitant Tulle avant et après 89,
    admis dans la société le ?
GARROU Antoine, 23 ans, né à Tulle, monteur avant et
    après 89, habitant Tulle avant et après 89,
    admis dans la société le ?
RATONIE Jean, 27 ans, né à Tulle, fournier avant et
    après 89, habitant Tulle avant et après 89,
    admis dans la société le ?
NEUVILLE Jean, 39 ans, né à Jos, cultivateur avant et
    après 89, habitant Jos avant et après 89, ad-
    mis dans la société le ?
LAVAL Ge François, 22 ans, né à Tulle, bourrelier avant
    89, habitant Tulle avant et après 89, admis
    dans la société le ?
ESTORGES Jean, 29 ans, né à Tulle, homme de loi avant
    89, officier municipal après 89, habitant Tulle
    avant et après 89, admis dans la société le ?

RÉGIS Vincent, 46 ans, né à Tulle, négociant avant 89, membre du comité révolutionnaire après 89, habitant Tulle avant et après 89, admis dans la société le ?

DUVAL Martial, 30 ans, né à Tulle, militaire avant et après 89, habitant l'armée avant et après 89, admis dans la société le ?

DESGRANGES Jean, 25 ans, né à Tulle, limeur avant et après 89, habitant Tulle avant et après 89, admis dans la société en ?

PAUQUINOT Pierre, 40 ans, né à Tulle, chapelier avant 89, platineur après 89, habitant Tulle avant et après 89, admis dans la société le ?

MAUREL Joseph, 47 ans, né à Tulle, huissier avant et après 89, habitant Tulle avant et après 89, admis dans la société en 1794.

SERRE Jean, 37 ans, né à Tulle, taillandier avant et après 89, habitant Tulle avant et après 89, admis dans la société en 1791.

FRAGNE Jean, 27 ans, né à Lubersac, papetier avant 89, serrurier après 89, habitant Tulle avant et après 89, admis dans la société en 1794.

BIGOURIE, dit Saint-Amour, Jacques, 40 ans, chapelier avant et après 89, habitant Tulle avant et après 89, admis dans la société le ?

SERRE Pierre, 18 ans, né à Tulle, platineur avant et après 89, habitant Tulle avant et après 89, admis dans la société en 1794.

AUDUBERT Etienne, 18 ans, né à Tulle, étudiant avant 89, secrétaire au district après 89, habitant Tulle avant et après 89, admis dans la société en 1795.

SAUGON Martial, 18 ans, né à Tulle, platineur avant et après 89, habitant Tulle avant et après 89, admis dans la société en 1795.

QUEYREL Antoine, 19 ans, né à Tulle, platineur avant et après 89, habitant Tulle avant et après 89, admis dans la société en 1795.

PEUCH Etienne, 19 ans, né à Tulle, étudiant avant 89, limeur après 89, habitant Tulle avant et après 89, admis dans la société en 1795.

LEJEUNE Gaspard, 40 ans, né à St-Etienne, platineur avant et après 89, habitant Tulle avant et après 89, admis dans la société en 1795.

VERGNE Jean, 35 ans, né à St-Bonnet-la-Valouze, cultivateur avant 89, maire après 89, habitant St-Bonnet-la-Valouze avant et après 89, admis dans la société en 1795.

MARIE Jacques, 35 ans, né à Tulle, limeur avant et après 89, habitant Tulle avant et après 89, admis dans la société en 1795.

CHAMPEVAL Jean, 35 ans, né à Tulle canonier avant et après 89, habitant Tulle avant et après 89, admis dans la société en 1795.

LACOUR Claude, 58 ans, né à Tulle, négociant avant et après 89, habitant Tulle avant et après 89, admis dans la société en 1795.

BOUCHET Louis, 28 ans, né à Tulle, platineur avant et après 89, admis dans la société en 1795.

BOUSSET Jean, 50 ans, né à Tulle, tailleur avant et après 89, habitant Tulle avant et après 89, admis dans la société en 1795.

CEYRAC Pierre, 18 ans, né à Tulle, forgeron avant 89, platineur après 89, habitant Tulle avant et après 89, admis dans la société le 22 brumaire an 3.

GRANDJEON Claude, 37 ans, né à Tulle, opérateur avant 89, tambour major après 89, habitant Tulle avant et après 89, admis dans la société le ?

CHARLIER J.-Baptiste, 50 ans, né à Tulle, monteur avant et après 89, habitant Tulle avant et après 89, admis dans la société en 1791.

VEDRENNE Henry, 32 ans, né à Tulle, platineur avant et après 89, habitant Tulle avant et après 89, admis dans la société en 1791.

VAUZANGES Michel, 44 ans, né à Tulle, huissier avant et après 89, habitant Tulle avant et après 89, admis dans la société en ?

VAUZANGES Jean, 43 ans, né à Tulle, huissier avant et après 89, habitant Tulle avant et après 89, admis dans la société en ?

VAUZANGES Jean-Baptiste, 29 ans, né à Tulle, étudiant avant 89, militaire après 89, habitant Tulle avant 89, à l'armée après 89, admis dans la société en ?

MORNETAS Jean-Baptiste, 28 ans, né à Tulle, platineur avant et après 89, habitant Tulle avant 89, à l'armée après 89, admis dans la société en ?

POURCHET père, Pierre, 76 ans, né à Tulle, tailleur avant et après 89, habitant Tulle avant 89, à l'armée après 89, admis dans la société en ?

QUEYREL Léonard, 53 ans, né à Tulle, forgeron avant et après 89, habitant Tulle avant 89, l'armée après 89, admis dans la société en 1794.

BUISSON J.-Baptiste, 27 ans, né à Tulle, tailleur avant et après 89, habitant Tulle avant 89, à l'armée après 89, admis dans la société en l'an 2.

BLANC J.-J., 36 ans, né à L'Isle du Tarn, négociant avant 89, employé aux fourrages après 89, habitant St-Domingue avant 89, Tulle après 89, admis dans la société le 17 floréal an 3.

PASCAL J.-Baptiste, 31 ans, né à Tulle, militaire avant et après 89, habitant l'armée avant et après 89, admis dans la société en ?

IV
Certificat de Civisme

Extrait du registre des délibérations du Conseil général de la commune de Tulle chef lieu du département de la Corrèze

Séance du 17 février 1793 l'an 2º de la république française une et indivisible

En cette séance le citoyen Jacques Floucaud receveur du district a demandé la parole et après l'avoir obtenue a dit que pour se conformer à la loi, il désirait obtenir un certificat de civisme, le président a mis sa proposition aux voix, le conseil général a arrêté qu'il y serait procédé par la voie du scrutin, le recensement fait, il en est résulté que le citoyen Jacques Floucaud a recueilli l'unanimité des suffrages.

En conséquence le conseil ayant pris en considération la conduite du citoyen Jacques Floucaud receveur du district a arrêté oui le procureur de la commune qu'il était un bon citoyen. fait à Tulle en la maison commune le dix sept février mil sept cent quatre vingt treize l'an 2º de la république française une et indivisible dans l'assemblée du conseil général tenue par devant les citoyens villeneuve maire, bardon, vouffel, beral, lyssier, soleilher, panphille, vigandie, et que officiers municipaux, jugé procureur de la commune, borie, beral cadet, mouquin, brival, faust père, Dubois, Dascambal, Joubret, tibouroux, laval, cignous, prevost, dumont, pouchet notables et mauchier secrétaire greffier.

Vu et approuvé par le Comité de surveillance
des sans-culottes de Tulle et Naves
de l'autre part, Tulle le 14 pluviôse l'an II
le second de la République française une et
indivisible. Supp....

[signatures]

Vu et approuvé le Certificat de Civisme délivré
par la Commune de Tulle à Jacques Flamand
Receveur du district, par Nous administrateurs
du district de Tulle le quatorze pluviôse de l'an
second de la Rép. une et ind. &c.

[signatures]

Fête célébrée à l'être Suprême le 20 Prairial au Champ de Mars à Tulle.

DU MÊME AUTEUR

Victor FOROT, a Bourrelou, Tulle

Projet d'Installations et d'Améliorations du Port de Dakar (Sénégal), gr. in-8° de 32 pp. Imp. Souza, Lisbonne (Portugal), 1885. (Epuisé).

Quelques Notes sur le Port de Lisbonne, gr. in-8° de 30 pages, Imp. Souza et Cie, Lisbonne, 1885. (Epuisé).

Architecture, Plans et Installations du Chemin de fer de la Valsugana, à l'Exposition universelle d'Amsterdam, 1re classe, MÉDAILLE D'ARGENT, in-4° de 16 pp. avec plans, Imp. Scotoni et Vitti, à Trente (Tyrol), 1895. (Epuisé).

Un Chemin de fer en Tyrol méridional, in-4° de 16 pages, 34 plans ou dessins des travaux exécutés, 2° édition, Imp. Scotoni et Vitti, Trente, 1895. Exposition universelle d'Amsterdam (Construction de voies ferrées), MÉDAILLE D'ARGENT (Epuisé).

Albums des plans et dessins des Travaux exécutés pour un Chemin de fer à la voie de 1 m. 50, Deux vol. in-1° contenant environ 100 planches. Imp. de l'Institut géographique militaire d'Autriche, Vienne 1895. Exposition internationale de Bordeaux, 1895 (genie civil), MÉDAILLE D'ARGENT. (Epuisé).

Etudes sur les Monnaies et Médailles antiques et modernes, gr. in-8°, Imp. Scotoni et Vitti, à Trente, 1897. (Epuisé).

Le Chemin de fer de la Valsugana à l'Exposition universelle de Paris 1900, MÉDAILLE D'ARGENT, in-4°, avec nombreux dessins et plans, en 3 volumes, Imp. Mazeyrie, 1900. (Epuisé).

L'Avenir de la Vallée de Morata, province de Murcie (Espagne), in-4°, avec plans et photographies, Paris 1901. (Epuisé).

Le Port de Santander et ses Améliorations in-8° de 36 pages, avec cartes, plans et photographies, Paris, 1901. (Epuisé).

Les Mines de l'Espagne méridionale, in-8° de 70 pages, avec plan et photographies, Paris, Imp. Delpy, 1901. (Epuisé).

Le Canal de l'Oder au Danube, in-8° de 30 pages, avec carte et profil en long du canal projeté, Paris, Imp. Delpy, 1901. (Epuisé).

Le Pain à Tulle au XVIII° siècle, gr. in-8°, de 8 pp. Tulle, Imp. Mazeyrie, 1901. (Epuisé).

La Chasse volante, poésie, gr. in-8° de 6 pp. Tulle, Imp. Mazeyrie, 1902. (Epuisé).

Le Maitre-Autel de Naces et son Rétable, ouvrage orné d'une carte de la commune et de 21 simili-gravures hors texte, gr. in-8° de 41 pp. Tulle Imp. Mazeyrie, 1902. — 2 francs. (Epuisé).

La Guerre des Bonnets à Tulle. Episode révolutionnaire en 1792, gr. in-8° de 34 pp. Tulle, Imp. la Gutenberg, 1903. 2° édition — 1 franc. (Epuisé).

Une Vicairie civile en Bas-Limousin (anciennes divisions territoriales et administratives du IX° au XIII° siècle), avec 2 cartes et 13 gravures, gr. in-8° de 55 pp. Tulle, Imp. Mazeyrie, 1 fr. 50, 1903. (Epuisé).

Arrestations à Tulle sous la Terreur, Episodes révolutionnaires en 1793-1794, gr. in-8°, de 55 pp. Tulle, Imp. Crauffon, 1904. — 1 fr. 50. (Epuisé).

Sculptures de l'Eglise de Naces, album de phototypies d'un chef d'œuvre du XVII° siècle, gr. in-8°, orné de 21 gravures, Tulle, Imp. Crauffon, 1904. 2° édition, 0 fr. 90. (Epuisé).

Les Fêtes nationales et Cérémonies publiques à Tulle sous la Révolution et la première République, avec une gravure hors texte, gr. in-8°, de 159 pp. Brive, Imp. Roche, 1904. — 3 francs.

Monographie de la commune de Naces (Corrèze), avec trois cartes géographiques, quinze gravures et cinq photogravures, deux volumes gr. in-8° de 230 et 184 pp. Tulle, Imp. Crauffon, 1905 et 1911. — 12 francs.

Etude sur les Ruines gallo-romaines de Tintignac (Corrèze), avec une carte, sept plans, trente-trois gravures, dans le texte, phototypie hors texte, gr. in-8° de 126 pp. Tulle, Imp. Crauffon, 1905. — 5 francs.

L'Aliénation des Biens du Clergé à la Révolution, étude initiale sur des documents inédits. Première partie : Diocèse de Tulle. gr. in-8° de 78 pp. Tulle, Imp. Crauffon, 1905. — 2 francs.

Le Royal-Navarre Cavalerie et ses Chefs en Corrèze. Episodes Révolutionnaires en 1791, gr. in-8° de 114 pp. Paris, librairie Paul Cheronnet, 19, rue des Grands-Augustins, 1906. — 2 fr. 50.

Une Seigneurie du Bas-Limousin, avec gravures, gr. in-8° de 109 pp. Paris, librairie Paul Cheronnet, 19, rue des Grands-Augustins, 1906. — 3 francs.

L'Année de la Peur à Tulle. Episodes Révolutionnaires en 1789-1790, gr. in-8° de 116 pp. avec planche hors-texte. Paris, librairie Paul Cheronnet, 19, rue des Grands-Augustins, 1906. — 2 fr. 50.

La Fabrication des Armes à Tulle il y a un siècle, gr. in-8° de 14 pp. Tulle, Imp. Crauffon, 1905. — 50 centimes.

La prise de Possession d'une Cure en Bas-Limousin au XVIII° siècle, in-12, de 8 pp. Limoges, librairie Ducourtieux et Gout, 1906. — 50 centimes.

Le Trousseau d'un Bourgeois de Tulle au XVIII° siècle, in-12 de 20 pp. Tulle Imp. Crauffon, 1906. — 50 centimes.

Carnavals et Semaines Saintes à travers le Monde, in-12, de 113 pp. Paris, librairie Paul Cheronnet, 19, rue des Grands-Augustins, 1906. — 2 francs.

Un Duel mortel à Tulle au XVIII° siècle, gr. in-8° de 23 pp. Tulle, Imp. la Gutenberg, 1906. — 50 centimes.

La Corrèze pittoresque, monumentale et artistique, in-12, de 8 pp. Almanach-Annuaire limousin pour la Corrèze. Imp. Ducourtieux, Limoges, 1907.

Les Cardinaux limousins, in-12, de 51 pp. Paris, librairie de l'Art Français, 52, rue Laffitte, 1907. — 1 franc.

Le Culte des Morts à travers le Monde, gr. in-8° de 123 pp. Paris, librairie de l'Art Français, Jean Schemit, 52, rue Laffitte, 1907. — 2 fr. 50.

L'an 1789 en Bas-Limousin, gr. in-8° de 128 pp. Paris, librairie de l'Art Français, 1907. — 3 fr. 50.

Les Thermidoriens Tullois, gr. in-8°, de 100 pp. Paris, librairie de l'Art Français, 52 rue Laffitte. — 2 fr. 50.

Comment on a fait les Papes, depuis saint Pierre jusqu'à nos jours, gr. in-8°, de 71 pp. Paris, librairie de l'Art Français, 52, rue Laffitte. — 2 fr. 50.

Les Papes limousins, gr. in-8°, de 116 pp. Paris, librairie de l'Art Français, 1907. — 4 fr.

Un Domaine royal en Bas-Limousin, gr. in-8°, de 96 pp. Librairie de l'Art Français, Jean Schemit, 52, rue Laffitte, Paris, 1908. — 2 fr. 50.

Un Hôpital-Hospice industriel aux XVII° et XVIII° siècles, in-12, de 61 pp. Imp. Crauffon, à Tulle. — 1 franc.

Tulle sous le Directoire, grand in-8°, de 109 pp. Paris, Librairie de l'Art Français. — 2 fr. 50.

Principes de civilité il y a un siècle, gr. in-8°, de 15 pp. Librairie de l'Art Français, Paris. — 50 centimes.

Un Autographe de Lamennais, gr. in-8°, de 16 pp. Paris, librairie de l'Art Français. — 50 centimes.

Le Bas-Limousin minéralogique, (mines et minières de la Corrèze). gr. in-8°, de 212 pages, avec une carte des gîtes miniers de la Corrèze. — Ouvrage honoré d'une souscription du Ministère des travaux publics, 1909. Paris, Dunod et Pinat, éditeurs, quai des Grands-Augustins, 19. Paris. — 7 fr. 50. (Epuisé).

Episodes de la vie de Jeanne d'Arc, d'après un manuscrit enluminé du XV° siècle, gr. in-8°, de 10 pp. Paris, librairie de l'Art Français. — 50 centimes.

La Vérité sur la Colombe eucharistique de Lagueune, in-12 de 8 pp. avec trois gravures dans le texte. — Brive, Imp. Pornier, 1907. (Epuisé).

Les Filles à marier et leur patron, gr. in-8°, de 10 pp. — Tulle, Imp. la Gutenberg, 1908. (Epuisé).

Le Cinquantenaire Franco-Italien, (Journal le *Corrézien* 1909). Tulle. Imp. Crauffon.

La Bombarde de Brive-la-Gaillarde, gr. in-8°, de 8 pp. avec une photogravure, et deux gravures dans le texte. — Brive, Imp. Roche, 1909. (Epuisé).

Les Marguilliers des Mathurins en Limousin, gr. in-8°, de 21 pp. avec deux gravures dans le texte. — Brive, Imp. Roche, 1909. (Epuisé).

Les Souvenirs de la Bastille à Tulle, in-12 de 11 pp. Tulle, Imp. la Gutenberg, 1910 (Epuisé).

Le Kaolin, in-12 de 16 pp. publié par la revue *Limoges illustré*, 1910. (Epuisé).

La Fête-Dieu à Séville (Journal le *Corrézien*), Tulle, Imp. Crauffon, 1910.

La Pentecôte à la cour de Versailles (Journal le *Corrézien*). Tulle, Imp. Crauffon, 1910.

La Semaine-Sainte à Jérusalem, (Journal le *Corrézien*). Tulle, Imp. Crauffon, 1910.

Les Danses hiératiques (Journal l'*Action Républicaine*), 1910, Tulle, Imp. la Gutenberg.

Pierre Jarrige (biographie des anciens élèves du collège de Tulle). Imp. la Gutenberg. 1910 1 fr. 25.

Un Bourg fortifié en Bas-Limousin : LAGUENNE, in 12 de 175 pp. avec 9 gravures. -- Tulle, Imp. Crauffon, 1910.

L'Ingénieur Godin de Lépinay, gr. in 8°, de 54 pp. avec un portrait (eau forte), un dessin du canal de Panama et deux photogravures hors texte. Brive Imp. Roche, 1910.

Une Page d'Histoire Franco-Limousine (la Prise d'Uzerche). Tulle, Imp. Crauffon, 1911.

Les Surnoms en Corrèze (journal le *Corrézien*). Tulle, Imp. Crauffon, 1911.

5° *Additions à la Vicairie Civile de Naves*. Dans *Limoges Illustré*, 1910.

EN COURS DE PUBLICATION

1° Dans le Bulletin de la Société scientifique historique et archéologique de la Corrèze : (Brive) *Les Sculpteurs et Peintres du Bas-Limousin et leurs œuvres aux XVII° et XVIII° siècles*.

2° Dans le Bulletin de la Société des Lettres, Sciences et Arts de la Corrèze. (Tulle). *Le Club des Jacobins de Tulle*.

3° Dans le journal l'*Indépendant de la Corrèze*, en feuilleton : [*Tableaux, Types et Croquis Limousins*.

4° Dans le même journal : *Recueil de Proverbes, Adages et Sentences du Bas-Limousin*.

SOUS PRESSE

Jacques Boufes (biographie des anciens élèves du Collège de Tulle).

L'Eglise de Chameyrac (Corrèze).

Essais historiques sur les environs de Tulle.

Monographie de Sainte-Fortunade près Tulle (Corrèze).

Les Curiosités et Coutumes du Mariage à travers le monde.

Les Législateurs corréziens pendant la Révolution et le Consulat.

Les Emigrés Corréziens pendant la Période Révolutionnaire, ouvrage donnant les noms de tous les émigrés, la désignation de leurs biens séquestrés, l'indication des familles qui figurent sur la liste des membres de la noblesse réunis à Tulle en septembre 1789 pour la nomination des députés aux Etats Généraux. — L'état indicatif des noms des personnes rayées des listes des Emigrés. — Renseignements sur les familles marquantes des Emigrés.

POUR PARAITRE PROCHAINEMENT

Histoire des Guerres et des Fortifications de Brive-la-Gaillarde.

Une Châtellenie de la Montagne limousine.

L'abbé Nicolas Béronie (Biographie).

Anne Vialle (Biographie).

Alexis Boyer (Biographie).

Jean-Louis Gouttes (Biographie).

La Bénédiction des eaux en Pologne.

Le Jeudi-Saint à Vienne (Autriche).

Le Veau d'or en Bas-Limousin.

Un document inédit sur les Baluze.

Voyages gastronomiques à travers l'Europe.

Les Amours de Marmontel.

Las Navaizas et le Donjon de Facars
Les Bernardines de Tulle.
Le Parasite de Montmaur.
Analyse du livre de raison de Teyssier de Chaunac.
L'Histoire d'un Pont.
La Manufacture de la Montagne à Tulle en 1791-1795.
Histoire de la Ville de Brive, d'après un manuscrit inédit de 1758.
Documents pour servir à l'Histoire de Brive.
La Vente des Biens Nationaux dans le District de Tulle (ouvrage écrit en collaboration avec M. Georges Mathieu, archiviste du département de la Corrèze.

EN PRÉPARATION

Les Métiers en Limousin. — Notes historiques sur plus de 350 métiers anciens ou modernes.

Les Papiers marqués en Limousin. — Description, avec gravures à l'appui, de tous les papiers marqués utilisés en Limousin depuis leur origine.

Chansons et bourrées limousines.

Recueil de Proverbes patois.

Les Annales de Saint-Robert, ancien chef-lieu de canton de la Corrèze.

Un Canton de la Corrèze sous la République (Ste-Fortunade.)

Octrois et Patrimoniaux de la ville de Tulle, de la fin du XVII° siècle à nos jours.

Monographie d'un quartier tullois (La Barussie).

Les Moulins à papiers des environs de Tulle.

La Criminalité en Bas-Limousin avant la Révolution.

La Guillotine à Tulle.

Dictionnaire des noms des hommes ayant joué un rôle pendant l'époque révolutionnaire en Corrèze.

Catalogue raisonné des oiseaux qui vivent en Bas-Limousin et de ceux qui y sont habituellement de passage.

Biographies Corréziennes.

Guide Corrézien — VADE MECUM du touriste en Corrèze, indiquant les noms de toutes les communes du département de la Corrèze, avec les renseignements utiles aux voyageurs, touristes et amateurs. Donnant pour chaque commune l'indication des sites et paysages remarquables, des points de vue, des beautés naturelles, des ruines pittoresques, des curiosités archéologiques, des monuments anciens et modernes, etc., etc.